国家出版基金项目
NATIONAL PUBLICATION FOUNDATION

“十二五”国家重点图书出版规划项目

兰州大学“985工程”敦煌学哲学社会科学创新基地资助

敦煌讲座书系

荣新江　朱丽双　著

于阗与敦煌

读者出版传媒股份有限公司
甘肃教育出版社

图书在版编目（CIP）数据

于阗与敦煌／荣新江，朱丽双著. -- 兰州：甘肃教育出版社，2013.12（2021.6重印）
（敦煌讲座书系）
ISBN 978-7-5423-3054-3

Ⅰ. ①于… Ⅱ. ①荣… ②朱… Ⅲ. ①于阗－地方史 Ⅳ. ①K294.52

中国版本图书馆CIP数据核字(2013)第295597号

于阗与敦煌

荣新江 朱丽双 著

策　　划 王光辉 薛英昭
项目负责 秦才郎加 王露莹
责任编辑 段山英 何佩佩
封面设计 徐晋林
版式设计 赵 鹏

出　版 甘肃教育出版社
社　址 兰州市读者大道568号 730030
网　址 www.gseph.cn　E-mail gseph@duzhe.cn
电　话 0931-8436483（编辑部） 0931-8773056（发行部）
传　真 0931-8773056
淘宝官方旗舰店 http://shop111038270.taobao.com

发　行 甘肃教育出版社　印　刷 兰州新华印刷厂
开　本 787毫米×1092毫米 1/16 印 张 32 插 页 4 字 数 430千
版　次 2013年12月第1版
印　次 2021年6月第2次印刷
印　数 2 001~3 000册
书　号 ISBN 978-7-5423-3054-3 定 价 96.00元

总 序

位于河西走廊西端的敦煌，曾经是游牧民族驰骋的舞台，也是中原王朝的边镇和经营西域的基地，更是东西文化交往的丝路重镇，蕴涵着多元文化。公元4世纪开始开凿的敦煌莫高窟，迄今仍保留大量的洞窟、塑像、壁画，而在莫高窟第17窟藏经洞发现的大量写本和绘画等，数以万计，内容丰富多彩。

敦煌石窟的美术作品和藏经洞的各种语言文字的文献，构成了百年来敦煌学研究的基本资料，加上周边石窟、简牍、墓葬出土文物，敦煌学研究的内涵并非仅仅限于敦煌。敦煌学研究的范围，涉及宗教、思想、历史、考古、语言、文学、美术、科技等等许多学科，利用敦煌保存的材料，学者们对于这些学科的研究构成了现代学术的一个新兴的分支学科——“敦煌学”。

20世纪二三十年代，中国学界有的学者把敦煌学看做是一部伤心史，陈寅恪先生虽然不太赞同这种说法，但也指出当时中国研究敦煌学者不过三数人而已，且“罕具通识”。历史的车轮转到21世纪初，中国敦煌学已经有了长足的进步，成果涉及多个领域，可谓蔚为大观。

然而，敦煌学越是深入发展，也有着题目越来越小、视野越来越窄的倾向。敦煌学的成果越来越多，有自己的刊物和专题会议，与学界其他领域的沟通因此受到一定程度的影响，外界面对如此庞大的敦煌学研究成果，即使想略知一二，也不知从何下手。这样的倾向其实严重影响着敦煌学的发展和进步。

在21世纪，敦煌学的发展不仅仅要追求新材料，还要向其他学科学习，进一步更新方法，思考新问题。

我们发起编纂《敦煌讲座》书系，就是希望利用集体的力量，来撰写一套敦煌学各个分支领域的通论性著作，体现百年来国内外敦煌学各个学科的研究成果，代表中国敦煌学研究的整体水平。这套书的作者队伍以中青年敦煌学研究者为主，希望新人写新书，把相关领域的敦煌学研究水平系统地呈现出来。每本著作既是作者对某一领域研究的代表作，又是能够让敦煌学领域外的人阅读、参考的读物，可以引导读者进入敦煌学的相关领域。

日本学者在20世纪80年代曾出版过9本一套的《讲座敦煌》丛书，主要以不同类别的文献为基础，对敦煌学的材料做了通论性的阐述。现在30年过去了，各国收藏的敦煌文献资料基本上刊布于世，敦煌石窟的图像资料也比较容易见到了。因此，我们编纂的《敦煌讲座》书系，力图区别于传统的敦煌文献研究，希望以跨学科的研究方法，从文献到历史，从文献到艺术，从文献到各个领域，把敦煌文献与历史、艺术等学科中的某个专题结合，把敦煌学的基础知识用新的方法、新的脉络串联起来，用新的视角来阐述敦煌学的各个方面。

敦煌学博大精深，在某些方面我们做得还远远不够，《敦煌讲座》书系可以说是我们努力的一个阶段性成果，我们期待今后敦煌学的新人谱写更加美好的篇章。

《敦煌讲座》书系编委会

（荣新江执笔）

2013年9月30日

目 录

前言

本书集中探讨公元10世纪前后于阗及其与敦煌关系的历史。之所以只就10世纪这个时段来研究，完全是因为材料的限制。

古代的于阗王国，不同时期的范围有所不同，最盛时大概相当于今天新疆和田地区的范围。于阗是位于塔克拉玛干大沙漠西南边缘地带的绿洲王国，自身没有什么史书记载流传下来，于阗史的建构，过去主要依靠其周边汉、藏、波斯、阿拉伯文献的记载，19世纪末20世纪初以来，和田当地出土了大量古代于阗语、汉语、藏语佛典和文书，还有梵文佛典，以及钱币、壁画、雕像和各种质地的器物。这些文献和文物资料大大丰富了于阗史的内容，特别是从公元1世纪到公元9世纪于阗佛教王国时代。

然而，这些周边记录和出土文献各有偏颇，传世的汉文文献主要是于阗王国与中原王朝政治关系的记载，或者是一些佛经翻译的序跋，以及僧侣走访于阗胜迹的记录；藏文大藏经中保存的于阗资料主要是一些带有很多传说色彩的佛教史，特别是授记（预言）类的佛教典籍；出土文献主要是各种语言的佛典和于阗文、汉文、藏文官私文书，它们基本上都是公元9世纪中叶以前的，主要是唐朝和吐蕃统治时期的产物，于阗语佛典和个别木函文书可能时间略早一些。这些资料中不能说没有关于敦煌的记载，但主要是于阗当地的记录，是研究西域史、中原王朝与西域关系史的材料，而不能构成单独研究于阗与敦煌关系史的内容。

非常幸运的是，在上述资料非常缺乏的9世纪中叶以后到11世纪初于阗佛教王国灭于信奉伊斯兰教的黑韩王朝之间的时段，正好是敦煌文书记录最为丰富的时期，敦煌不仅保存了一大批各种内涵的于阗人自身书写的于阗语文献，而且在汉文、藏文、回鹘文文献中，也有不少有关10世纪敦煌与于阗关系的记载，这些资料构成了我们今天研究于阗史的一项重要材料来源。

10世纪的敦煌与于阗，不仅有着密切的交往，而且还建立起非常友好的姻亲关系，因此有关两地交往的文书十分丰富，而皇亲国戚、使者、僧侣、商人的往来，也把各种不同类型的书籍和文书带到敦煌，把于阗带来的画样绘制到敦煌的石窟当中，加之于阗人对敦煌石窟的开凿和供养，敦煌石窟和藏经洞保存的于阗资料，可谓琳琅满目，美不胜收。

敦煌的于阗语文书包括佛典、文学作品、地理文书、使者报告、使团账簿等等，由于这是一种死语言，因此还有不少世俗文书解读上有困难，迄今为止还没有完整地翻译出来，特别是伯希和收集品中的材料。因此，敦煌汉文文献中的于阗材料，是我们研究10世纪敦煌与于阗关系史，以及于阗佛教王国灭亡前一百多年间于阗本土历史的主要史料依据。

敦煌保存的有关于阗的材料并不是今天才开始研究的，一百年来，各个专业的学者都有所贡献。早在20世纪初叶敦煌于阗语文献被斯坦因攫取拿到伦敦以后不久，语言学家柯诺夫（Sten Konow）就撰写翻译了几部长篇的佛典，以后又整理过敦煌出土的药方，他还和藏学家托马斯（F. W. Thomas）一起撰写翻译了钢和泰（A.von Staël-Holstein）所获一件包含许多地理、历史、民族信息的于阗语、藏语同卷的文书。贝利（H. W. Bailey）教授几乎穷尽毕生精力，收集整理、转写了所能找到的大量于阗语文献，并做了其中相当一批文书的翻译和考释。德莱斯顿（M. J. Dresden）、恩默瑞克（R. E. Emmerick）、施杰我（P. O. Skjærvø）、熊本裕、马吉（M. Maggi）等对敦煌于阗语文书的考释均有很多贡献。托马斯和恩默瑞克还翻译了有关于阗的敦煌藏文文献，而乌瑞（G. Uray）、武内绍人等，则翻译考释过大部分藏文文书。汉文文献也随着不同类型文书的整理渐次出版，但系统的收集整理开始于20世纪80年代张广达先生和笔者对敦煌与于阗关系的研究。到目前为止，敦煌的汉文文献基本上都已经刊布发表，其中有关于阗的记录现在基本上已经辑录出来。敦煌石窟中有关于阗的瑞像、守护神、供养人像，近年来也有学者做了系统的调查和整理研究。

公元9世纪后半叶到11世纪初的于阗史以及于阗与敦煌关系史的研究，由于资料是陆续发表出来，研究工作也是缓慢地进行。从20世纪80年代初开始，张广达先生和笔者合作研究10世纪于阗王统世系和于阗语文献的年代问题，并且与哈密屯（J. Hamilton）、熊本裕往复论辩，研究课题也渐次展开。我们的研究题目逐渐扩大到敦煌文献所能支持的于阗瑞像、于阗佛寺等方面，但因为那时候敦煌资料还没有全部发表出来，所以无法做系统的关照。而且这项合作研究后来由于天各一方而无法持续下去，先前的研究在1993年汇集成《于阗史丛考》出版。此后合作撰写的三篇文章，仍然是此前课题的延展，这些文章收入2008年出版的增订本《丛考》。

2009年，朱丽双博士进入北大博士后工作站，和我合作进行于阗研究，她的主要工作是重新整理、翻译有关于阗的藏文文献，包括敦煌发现的藏、汉文《于阗阿罗汉授记》、《于阗教法史》等。这一工作又燃起笔者对于阗史的兴趣，正好此时《敦煌讲座》书系也在谋划之中，于是我们就报了一个题目，叫“于阗与敦煌”，这并不是要把从汉代以来中原王朝与于阗关系史中敦煌与于阗的联系做全面研究，而是就敦煌文献、图像所集中反映的10世纪的情形，做一次比较系统的阐述。因为笔者和张广达先生合作的论文，以及后来独立发表的一些文章，都是专题性的研究，而非系统的论述，其他学者的研究也往往如此，比如我们有很多笔墨讨论于阗王李圣天，但李圣天这个在位长达半个世纪的于阗王的全貌，并没有一篇文章做系统的叙述。因此，我们希望利用这本小书，来系统阐述这一时段的于阗历史，包括于阗与敦煌之间的交往史，这也是当时于阗史或敦煌史的重要内容。在我们撰写书稿的过程中，仍然不时感到许多问题从来没有人考察过，有些有争议的问题也很长时间没有人利用新的资料加以回应，所以有些本来是希望做系统阐述的问题，又不得不变成论文的形式。于是今天形成的书稿，仍然是论、述兼有，但总体上来说，是把10世纪于阗史做了一次系统、全面的梳理，这一方面可以给希望了解这段历史的读者一个较为全面的轮廓，另一方面也是为今后的深入研究奠定一个基础。这就是本书的缘起和目的。

感谢敦煌研究院、英国图书馆、法国国立图书馆等单位允许发表他们的图片，感谢薛英昭总编辑和责任编辑段山英所付出的劳动，感谢包晓悦同学帮忙整理图片。

我们深信，书中一定还有很多不足之处，期盼读者不吝赐正。

荣新江

2013年12月3日

第一章

于阗历史概说（公元 10 世纪以前）

第一节

汉魏晋南北朝时期的于阗

于阗，又称“于寘”，这可能是 **Godan* 的对音，其完整形式 *Gostāna* 由古代于阗人种名 *go* 加伊朗语后缀 *-stāna* 组成，意为“牛地”、“牛国”。当地佛教徒编造的建国传说附会为梵文的 *Gostana*，意为“地乳”[①]。于阗一名的早期于阗语形式作 *Hvatana*，发展成晚期于阗语的 *Hvamna-/Hvana-/Hvam-*，汉文对应词为“涣那”。因受原始阿尔泰语圆唇音谐和律的影响，于阗一名音变为 * *'Odan*，故元代又称“五端”、“兀丹”、“斡端”等[②]。清朝在伊里齐新城设和阗直隶州，在克里雅（Keriya）设于阗县，使旧名易地。于阗的古代居民属塞种（Saka），操印欧语系伊朗语族东伊朗语支的于阗语（Khotanese），一称于阗塞语（Khotan Saka）。11 世纪初，于阗佛国为信奉伊斯兰教的黑汗王朝（Karakhanid）所灭，以后人种和语言逐渐回鹘化。

于阗地处塔里木盆地南沿，中心地区在发源于昆仑山的喀拉喀什河（Kara kash，墨玉河）和玉龙喀什河（Yurung kash，白玉河）之间，东

---

① 张广达、荣新江《上古于阗的塞种居民》，原载《西北民族研究》1989 年第 1 期，此据作者《于阗史丛考》（增订本），北京：中国人民大学出版社，2008 年，第 164 页。

② Paul Pelliot，*Notes on Marco Polo*，I，Paris: A. Maisonneuve，1959，pp. 408–425.

通且末、鄯善，西通莎车、疏勒，盛时领地包括今和田、皮山、墨玉、洛浦、策勒、于阗、民丰等县市，都西城（今和田约特干遗址）。于阗位于塔里木盆地南沿，居民依城郭而居，以农耕为业。虽然于阗在西域诸王国之中势力较强，但在不同的历史时期，常常被周围更强大的政治势力所控制，从公元前1世纪的匈奴以来，汉朝、贵霜、曹魏、西晋、柔然、嚈哒、西突厥、唐朝等不同文化系统的强大政治集团，都曾先后统治过于阗，其结果之一，是使于阗的文化变成东西南北各种文化的混血儿，甚至于失掉了自身文化的某些本色。

西汉时，于阗有户三千余，人口一万九千余，士兵两千四百人[①]。东汉初，于阗被莎车王贤攻破，莎车徙于阗王俞林为骊归王，而另立其弟位侍为国王，但后来莎车又把位侍杀死，不立国王，而由莎车将君得镇守于阗[②]。

汉明帝永平三年（60），于阗贵族都末兄弟杀君得，不久都末兄弟复为于阗贵族休莫霸和汉人韩融所杀。休莫霸自立为王，两败莎车，但未捷先死。永平四年（61），休莫霸兄子广德继位，灭莎车，从精绝西北到疏勒十三国皆服从于阗。匈奴得知，遣五将率焉耆、龟兹等十五国兵围于阗。广德降，以太子入质匈奴，每年纳罽、絮，匈奴派使者监护其国[③]。

汉明帝永平十六年（73），汉军司马班超至于阗，广德杀匈奴使者降汉，班超以此为根据地，北攻姑墨，西破莎车、疏勒，于阗都出兵相助[④]。汉章帝元和三年（86），于阗杀匈奴所立莎车王，另立新主[⑤]。汉

---

①《汉书》卷九六上《西域传》上于阗国条，北京：中华书局，1962年，第3881页。

②《后汉书》卷八八《西域传》于阗条、莎车条，北京：中华书局，1965年，第2916、2925页。

③《后汉书》卷八八《西域传》于阗条、莎车条，第2916、2925—2926页。

④《后汉书》卷四七《班超传》，第1573—1582页。

⑤《后汉书》卷八八《西域传》莎车条，第2926页。

安帝永初元年（107）以后，西域复乱，相互攻伐，莎车叛归疏勒[①]。汉顺帝永建二年（127），班勇攻降焉耆，于阗服属于汉[②]。永建四年（129），于阗王放前杀拘弥王兴，立己子为王。永建六年（131），遣侍子赴汉贡献。汉朝让放前重立拘弥国，放前不应。阳嘉元年（132），敦煌太守徐由派疏勒王臣磐率兵二万击破于阗，重立拘弥王成国而还[③]。汉桓帝元嘉元年（151），西域长史赵评在于阗病死。翌年，王敬继任长史，拘弥王成国因与于阗有仇，诬称赵评为于阗王建害死。王敬至于阗，杀建。于阗侯将输僰率众斩敬，欲自立为王。国人不服，杀之而立建子安国[④]。汉灵帝熹平四年（175），于阗王安国攻杀拘弥王，汉戊己校尉、西域长史各发兵辅立拘弥在汉的侍子定兴为王，时拘弥仅辖人口千余[⑤]。于阗在东汉时势力强盛，户增至三万二千，人口八万三千，胜兵号称三万余人[⑥]。公元2世纪末，在贵霜和汉朝的影响下，于阗王曾打制一种钱币，铭文一面是汉文重量单位，一面用佉卢文记王名，名“汉佉二体钱”。

汉末魏初，于阗仍向中原王朝进贡，国王山习曾向魏文帝曹丕献名马[⑦]。又兼并戎卢、扜弥、渠勒、皮山等国[⑧]。西晋时，与鄯善、焉耆、龟兹、疏勒并为西域大国，晋朝封国王为“晋守侍中大都尉奉晋大侯亲

---

①《后汉书》卷四七《班超传附班勇传》，第1587页；《后汉书》卷八八《西域传》疏勒条，第2927页。

②《后汉书》卷四七《班超传附班勇传》，第1590页；《后汉书》卷八八《西域传》焉耆条，第2928页。

③《后汉书》卷八八《西域传》拘弥条、于阗条，第2915、2916页。

④《后汉书》卷八八《西域传》于阗条，第2916页。

⑤《后汉书》卷八八《西域传》拘弥条，第2915页。

⑥《后汉书》卷八八《西域传》于阗条，第2915页。或称所谓“胜兵三万余人”有误，“万”当作“千”。见本条校注，第2936页。

⑦《梁书》卷五四《诸夷传》于阗国条，北京：中华书局，1973年，第814页。

⑧《三国志·魏志·乌丸鲜卑东夷传》注引《魏略·西戎传》，北京：中华书局，1959年，第859页。

晋于阗王”[①]。前凉建兴二十三年（335），张骏遣杨宣伐西域，于阗遣使入贡[②]。前秦灭前凉后，于阗向前秦朝贡[③]。北魏太平真君六年（445），魏太武帝拓跋焘击败吐谷浑，吐谷浑王慕利延率众西逃，攻入于阗国，杀死国王并百姓数万人。吐谷浑走后，于阗复国，但势力已衰[④]。北魏文成帝太安三年（457），于阗遣使入贡[⑤]，并纳女于文成帝为夫人，号“仙姬”[⑥]。北魏献文帝末年（468—470），柔然攻袭于阗，于阗向北魏求援，北魏以道远未出兵[⑦]。柔然退后，于阗又隶属于西方强国嚈哒，纳贡物。太和末（495）、景明中（502）及其后，于阗又与北魏往来[⑧]。梁天监九年（510）以后，于阗还不断遣使南朝，曾向佞佛的梁武帝萧衍献外国刻玉佛[⑨]。北周建德三年（574），于阗进贡名马[⑩]。

---

① 尼雅出土木简（N.V.Nxv.73+93a，b）。该遗址所出汉文木简纪年为晋泰始五年（269），见林梅村编著《楼兰尼雅出土文书》，北京：文物出版社，1985年，第87页，No. 706。王国维考此简不记车师王，实因咸宁初（275—276）车师王役属鲜卑故（《观堂集林》卷十七，北京：中华书局，1959年，第868页），则此简可定为咸宁初年。

②《十六国春秋辑补》卷七〇《前凉录》四，《丛书集成初编》本，第501页。

③《十六国春秋辑补》卷三五《前秦录》五，《丛书集成初编》本，第278页。

④《魏书》卷四《世祖纪》下，北京：中华书局，1973年，第99页；《魏书》卷一〇二《西域传》于阗国条，第2263页；《北史》卷九六《吐谷浑传》，北京：中华书局，1973年，第3182—3183页；《北史》卷九七《西域传》于阗国条，第3209—3210页。

⑤《魏书》卷五《高宗本纪》，第116页；《北史》卷二《魏本纪》，第69页。

⑥《魏帝先朝故于夫人墓志》，朱亮主编《洛阳出土北魏墓志选编》，北京：科学出版社，2001年，第96页。参见刁淑琴、朱郑慧《北魏鄯乾、鄯月光、于仙姬墓志及其相关问题》，《河南科技大学学报》2008年第6期，第15页。

⑦《魏书》卷一〇二《西域传》于阗国条，第2263页；《北史》卷九七《西域传》于阗国条，第3210页。

⑧《魏书》卷八《世宗本纪》，第194、205、212、213页。

⑨《梁书》卷二《武帝本纪》，第50、54、59页；《梁书》卷五四《诸夷传》于阗国条，第814页；《南史》卷六《梁本纪》上，北京：中华书局，1973年，第192、194、197页；《南史》卷七九《夷貊传》下于阗条，第1985页。

⑩《周书》卷五《武帝本纪》，北京：中华书局，1973年，第86页；《周书》卷五〇《异域传》下于阗国条，第918页；《北史》卷一〇《周本纪》下，第361页；《北史》卷九七《西域传》于阗国条，第3210页。

第二节
唐代于阗政治史进程

7世纪初，西突厥统叶护可汗势力强盛，霸有西域，于阗也臣属于西突厥[①]。统叶护对西域的统治方式是，授予西域各国国王以突厥官号颉利发（Iltäbär），并派一名突厥吐屯（Tudun）驻守该国，以监督统治，征收赋税[②]。628年，统叶护被杀，汗国内部各派势力连年相互攻战，势力衰落，对西域的控制力也逐渐削弱。同时，在中原刚刚登上皇位的唐太宗，正在锐意向外扩张。632年，于阗王尉迟屈密首次遣使至唐，献玉带，受到太宗款待[③]。640年，唐灭吐鲁番盆地的高昌王国，势力开始进入西域。644年，从印度取经回国的玄奘，途经于阗，受到热诚的招待，并被护送至唐境[④]。646年，新立的西突厥乙毗射匮可汗遣使向唐请婚，太宗令其割让龟兹、于阗等西域五国为聘礼[⑤]，反映了唐朝希求占

---

①《旧唐书·西戎传》于阗条，北京：中华书局，1975年，第5305页；《新唐书·西域传》于阗条，北京：中华书局，1975年，第6235页。

②《旧唐书·突厥传》下，第5181页。

③《旧唐书·西戎传》于阗条，第5305页；《新唐书·西域传》于阗条，第6235页。“屈密”，《新唐书》作“屋密”，似以“屈密”为是。参见Paul Pelliot, *Notes on Marco Polo*, vol. Ⅰ, pp. 419–420.

④《大慈恩寺三藏法师传》卷五，北京：中华书局，2000年，第121—124页。

⑤《资治通鉴》卷一九八，北京：中华书局，2011年，第6349页。

领西域的意向。648年，唐攻破龟兹，于阗王伏阇信惧，派其子驱驼慰劳唐军。唐行军长史薛万备率五十骑至于阗，伏阇信随万备入朝，被唐朝拜为右骁卫大将军，数月后返国，留子弟宿卫[①]。650年，西突厥阿史那贺鲁乘太宗去世之机反叛唐朝，控制了整个西域。经过几番攻战，唐朝最后在657年消灭了贺鲁的势力，西突厥各部及其所控制的西域各国全都归唐，唐朝正式掌握了包括于阗在内的西域各国的宗主权。翌年，唐将安西都护府自吐鲁番盆地的交河城迁到龟兹国都，下设龟兹、于阗、焉耆、疏勒四镇[②]，把唐朝的军事镇防系统推行到塔里木盆地，以期牢固掌握西域的腹心，并切断南北游牧民族势力的联系。

唐朝在西域建立的统治秩序并没有因此而稳定下来。659年，活动于碎叶、怛罗斯之间的西突厥余部阿悉结阙俟斤都曼，率疏勒、朱俱波、喝槃陀三国叛，击破于阗，旋即被唐将苏定方平定[③]。664年，唐朝又派安西都护高贤率军出击弓月以救于阗[④]。665年，弓月、疏勒引吐蕃再攻于阗，唐派西州都督崔知辩等率军救援，取得了胜利[⑤]。阿悉结、弓月等西突厥余部的反叛活动，和兴起于青藏高原的吐蕃王国开始向西域扩张有关。吐蕃进入西域，最初是走从藏北高原越于阗南山（昆仑山和喀喇昆仑山），直下于阗或朱俱波（今叶城）的道路[⑥]。因此，于阗首当其冲，连年战火不息，《旧唐书·音乐志》记661年在东都洛城门随唐高宗观乐的于阗王，大概就是避乱而暂居中原的。670年，吐蕃先占

① 《旧唐书·西戎传》于阗条，第5305页；《新唐书·西域传》于阗条，第6235页。

② 关于安西府初迁龟兹及四镇设立年代，据张广达《唐灭高昌国后的西州形势》，《东洋文化》第68号，1988年，第87—89页。

③ 《资治通鉴》卷二〇〇，第6433页。详见华涛《唐代西突厥都曼起兵史事考》，《新疆社会科学》1989年第3期，第105—114页。

④ 《资治通鉴》卷二〇一，第6453页。

⑤ 同上。详见荣新江《新出吐鲁番文书所见西域史事二题》，《敦煌吐鲁番文献研究论集》五，北京：北京大学出版社，1990年，第345—351页。

⑥ 王小甫《唐吐蕃大食政治关系史》，北京：北京大学出版社，1992年，第20—32页。

于阗，继而攻陷龟兹拨换城（今阿克苏），唐罢安西四镇，吐蕃取得了全面胜利。唐朝先派阿史那忠安抚西域，收拾残局，继派萧嗣业于673年率兵进攻弓月、疏勒，迫使两国王入朝请降①。翌年十二月，于阗王伏阇雄入朝。于是，唐朝以于阗为毗沙都督府，分境内为十个羁縻州，伏阇雄因击吐蕃之功受封为毗沙都督②。同时，唐朝又增设了疏勒、焉耆二都督府，安西四镇得以恢复。其后，西突厥阿史那都支、李遮匐的势力与吐蕃联合，对安西四镇形成包围之势，仪凤初（676—677），再次攻占四镇。唐派裴行俭出兵碎叶，一举擒获都支与遮匐。679年，唐朝再立四镇，并以碎叶代焉耆，以加强对西突厥余部的控制。武周初年，东突厥复兴，与唐对敌，吐蕃乘机大举进攻西域。686年，唐朝被迫再次放弃四镇。692年，唐将王孝杰率军收复安西四镇，唐朝并采取了一项重要的措施，即征发汉兵三万人镇守四镇地区③，汉军由镇守使统领，由此大大增强了四镇抵御外敌的能力，使唐朝有效地控制了西域。在此后的将近一百年内，虽然个别地区不同程度地受到过侵袭，但安西四镇的建置和各个镇守中心，始终没有动摇，于阗也在唐朝的统治下发挥着它的作用。

调发三万汉军戍守安西四镇，也是唐朝军事体制由行军向镇军转化的结果。据孟宪实的最近研究，四镇确立镇守军系统是在武后时期，但在当时还没有更上级的节度使。到了开元时期，四镇确立了节度使的体系，安西的军镇化体系建设至此宣告完成④。从于阗的情况来看，敦煌写本《沙州图经》卷三（P.2005）记714年前后的于阗镇守使，是“游

① 《资治通鉴》卷二〇二，第6371—6372页。详见荣新江《吐鲁番文书〈唐某人自书历官状〉所记西域史事钩沉》，《西北史地》1987年第4期，第53—54页。

② 《旧唐书·高宗本纪》，第99页；《新唐书·西域传》于阗条，第6235页。

③ 《旧唐书·西戎传》龟兹条，第5304页。

④ 孟宪实《于阗：从镇戍到军镇的演变》，《北京大学学报》2012年第4期，第124页。

击将军、守右玉钤卫西州蒲昌府折冲都尉、摄本卫中郎将、敦煌郡开国公张怀福”[①]，说明其时只以折冲都尉兼任镇守使。718年，唐朝设四镇节度使[②]（其后或称安西节度、安西四镇节度），完善西域地区的防戍体制，于阗等四镇实际已从“镇”上升为“军”，但仍合称四镇。天宝中（750年左右），唐将杨和“自武卫将军、四镇经略副使，加云麾将军兼于阗军大使”[③]，由四镇经略副使来兼于阗军镇守大使，说明了于阗在安西四镇中具有重要的地位。杨和后来又迁“金吾大将军、四镇节度副使”[④]，其驻地应在于阗。另外，743年，四镇节度副使夫蒙灵詧（察）在于阗监护三藏沙门达摩战涅罗（Dharmacandra，法月）葬仪[⑤]。和田出土的Hedin 24号牒文书和MT.c.iii号文书《建中七年（786）榜牒》，均由节度副使签发[⑥]。760年，唐朝曾任命滞留中原的于阗王尉迟胜之弟、在于阗执政的尉迟曜“同四镇节度副使，权知国事”[⑦]。以上表明，到开元时期，于阗在镇守使之外，又存在一个四镇节度副使，这一职位有时由汉人充任，有时由于阗王兼领。但是，于阗的四镇节度副使不管军事，于阗地区最高的军事指挥官，仍是于阗镇军使，他听命于安西节度使；唐朝另在于阗设毗沙都督府，由于阗王兼任，听命于安西都护府[⑧]。

总而言之，于阗在安西四镇中的军事战略地位仅次于安西都护府的

---

① 池田温《沙州図経略考》，《榎博士還暦記念東洋史論叢》，東京：山川出版社，1975年，第370页；菊池英夫《西域出土文書を通じてみたる唐玄宗時代における府兵制の運用》（上），《東洋学報》第52卷第3号，1969年，第37—38页注10。

②《唐会要》卷七八，上海：上海古籍出版社，2006年，第1690页。

③ 杨炎《四镇节度副使右金吾大将军杨公神道碑》，《文苑英华》卷九一七，北京：中华书局，1966年，第4829页。

④ 同上。

⑤ 圆照《贞元新定释教目录》卷一四，CBETA本《大正藏》第55册，第878b—879a页。

⑥ 张广达、荣新江《〈唐大历三年三月典成铣牒〉跋》，《新疆社会科学》1988年第1期，此据作者《于阗史丛考》（增订本），北京：中国人民大学出版社，2008年，第112—114页。

⑦《资治通鉴》卷二二一，第7209页。

⑧ 孟宪实《于阗：从镇戍到军镇的演变》，第124—125页。

首府龟兹。于阗军及其下属的蔺城、坎城、胡弩、固城、吉良、皮山、杰谢等镇[①]，构成完整的军事镇防体系，使于阗成为唐朝在塔里木盆地南沿的一个坚固堡垒。

① 《新唐书》卷四三下《地理志》七下，第1150页。参见张广达、荣新江《〈唐大历三年三月典成铣牒〉跋》，第108—110页；朱丽双《唐代于阗的羁縻州与地理区划研究》，《中国史研究》2012年第2期，第71—90页。

第三节

七至八世纪于阗的王统世系与制度建制

唐朝派镇守使率汉军驻扎在于阗，但是并没有取消于阗王对其臣民原有的统治权力，于阗尉迟氏的王统连绵未断，他们身兼于阗国王和毗沙都督府都督的双重身份，与汉军镇守使一起共同实施着唐朝羁縻州形式下的胡汉双重管理体制。

有关于阗的汉文史籍中保存了十位于阗王的名字，现将他们的世系次序列出，并括注他们出现的年代[①]：

尉迟屈密（632—639）

伏阇信（648—649）

伏阇雄（674—692）

尉迟瑕（璥）（692—713+，伏阇雄之子）

尉迟眺（眺）（？—725）

尉迟伏师战（728+）

伏阇达（736）

尉迟珪（740，伏阇达之子）

尉迟胜（746？—756/764/767，尉迟珪之长子）

---

① 据两《唐书》、《通鉴》、《册府元龟》、《悟空行记》等资料。

尉迟曜（756/764/767—787+，尉迟胜之弟）[①]

尉迟、伏阇都是于阗文 Viśa'的音译，梵文作 Vijaya。藏文典籍和于阗文文书也记录了一些于阗王名，但多数还无法与汉文所记比定[②]，只有一点是肯定的，即于阗王位始终由尉迟氏传承。

于阗王国内部的行政官员，也按唐朝的规定，由当地胡人担任。和田出土的《唐大历三年（768）典成铣牒》（M.9）和《唐大历七年（772）羯摩师纳布条记》（Balawa.0160），均由刺史阿摩支（大臣）尉迟某签署，表明各羁縻州刺史一职也例由王族尉迟氏世袭担任[③]。这正是唐朝所规定的"以其首领为都督、刺史、皆得世袭"的制度[④]。羁縻州的刺史及其下属长史，因为都由于阗人担任，所以这两种官称也被直接借入于阗文，分作写作 tsīṣī 和cāṃṣṣī [⑤]。此外，和田出土汉文和于阗文文书中，还见有萨波（spāta，首领）、破沙（pharṣa，法官）[⑥]、叱半

① 安史之乱后，尉迟胜于肃宗至德元年（756）十二月率兵入唐赴难，而令其弟曜摄国事；广德二年（764），代宗令尉迟胜回国，但尉迟胜固请留宿卫，请以本国王授其弟曜，诏从之。但是，由于河西路阻，这一诏令大概在永泰二年（766）末才到达于阗，尉迟曜的正式即位年份则从767年开始。参见张广达、荣新江《8世纪下半叶至9世纪初的于阗》，原载《唐研究》第3卷，北京：北京大学出版社，1997年，此据作者《于阗史丛考》（增订本），第248—250页。

② 参看井ノ口泰淳《ゥテソ語資料によゐViśa王家の系譜と年代》，《龍谷大学論集》第364号，1960年，第27—43页；John E. Hill，"Notes on the Dating of Khotanese History"，*Indo-Iranian Journal*, 31. 3, 1988, pp. 179–190；P. O. Skjærvø，"Kings of Khotan in the Eighth Century", in P. Bernard and F. Grenet eds., *Histoire et cultes de l'Asie centrale préislamique*, Paris: Editions du Centre National de la Recherche Scientifique, 1991, pp. 255–278；朱丽双《有关于阗的藏文文献：翻译与研究》，北京大学博士后研究工作报告，2011年12月，第17页。

③ 张广达、荣新江《唐大历三年三月典成铣牒跋》，第115—116页。

④《新唐书·地理志》，第1113页。

⑤ H. W. Bailey，*Khotanese Texts,* IV, London：Cambridge Univeristy Press，1980，pp. 54, 118.

⑥ H. W. Bailey，*Khotanese Texts*，IV，pp. 55, 56.

(村坊小吏)[①]等于阗固有的官职。与羁縻州的官僚体制相应，于阗国的州县之下，也有同内地一样形式的乡里村坊建制，和田出土汉文文书中见有“勃宁野乡”、“厥弥拱村”、“政声坊”、“安仁坊”、“镇海坊”、“补仁里”、“薛拉村”、“桑拱野村”、“善政坊”、“□货坊”等名，乡村名称用当地语言，而坊里名称则取汉意[②]。这种胡汉糅合的行政体制，还贯穿在于阗王国的财政、兵役等许多方面，并且在文化上也有所体现。

① MT.b.09 号文书《于阗某寺支出簿》，池田温《中国古代籍帐研究》，东京：东京大学东洋文化研究所，1979 年，第 348—350 页。

② 张广达《唐灭高昌国后的西州形势》，第 98 页。

第四节

于阗的民俗与佛教文化

于阗是西域佛教文化中心之一，特别是弘扬大乘佛教的中心。644年，著名的唐朝取经僧玄奘从印度回国途中，在于阗住了七八个月，他对于阗的环境、物产、人民、风俗、文化各方面，作了简明的叙述。《大唐西域记》卷十二云：

> 瞿萨旦那国周四千余里，沙碛太半，壤土隘狭，宜谷稼，多众果。出氍毹细毡，工纺绩絁紬，又产白玉、黳玉。气序和畅，飘风飞埃。俗知礼义，人性温恭，好学典艺，博达技能。众庶富乐，编户安业，国尚乐音，人好歌儛。少服毛褐毡裘，多衣絁紬白氎。仪形有礼，风则有纪。文字宪章，聿遵印度，微改体势，粗有沿革。语异诸国，崇尚佛法。伽蓝百有余所，僧徒五千余人，并多习学大乘法教。①

“瞿萨旦那”是于阗的梵文化名称。玄奘还详细描述了赞摩寺、牛角山、

① 季羡林等《大唐西域记校注》，北京：中华书局，1985年，第1001—1002页。

地迦婆缚那伽蓝、娑摩若僧伽蓝、麻射僧伽蓝等佛教圣地[①]。近代在和田地区古寺遗址中，发现了一大批于阗文、梵文、汉文、藏文佛教文献，如于阗文写本《理趣般若经》(*Adhyardhasatikā-prajñāpāramitā-sūtra*)[②]、《药师如来本愿功德经》(*Bhaisajyaguru-vaidūryaprabharāja-tathāgata-sūtra*)[③]、《法身经》(*Dharma-śarīra-sūtra*)[④]、《僧伽吒经》(*Saṅghāṭa-sūtra*)[⑤]、《首楞严三昧经》(*śūraṅgama-samādhi-sūtra*)[⑥]、《金光明经》(*Suvarṇa-bhāsottama-sūtra*)[⑦]、《维摩诘所说经》(*Vimala-kīrti-nirdeśa-sūtra*)[⑧]，等等[⑨]，梵文写本《妙

---

① 季羡林等《大唐西域记校注》，第1009—1029页。详见张广达、荣新江《于阗佛寺志》，原载《世界宗教研究》1986年第3期，此据作者《于阗史丛考》(增订本)，第224—234页。

② 渡辺照宏《理趣経于闐文並に語彙》，《智山学報》新7/8号，1935年，第174—204页；收入《渡辺照宏仏教学論集》，東京：筑摩書房，1982年，第331—354页。

③ R. E. Emmerick, "A Khotanese Version of the *Sūtra of the Lord of Healing*", *Buddhism and Its Relation to Other Religions. Essays in Honour of Dr. Shozen Kumoi on His Seventieth Birthday* (《雲井昭善博士古稀記念：仏教と異文化》), Kyoto: Heirakuji Shoten, 1985, pp. 225-232.

④ G. M. Bongard-Levin & E. N. Tyomkin, "Fragment of Saka Version of the *Dharmaśarirasūtra* from the N. F. Petrovsky Collection", *Indo-Iranian Journal* XI.4, 1969, pp. 269-280.

⑤ G. Canevascini, *The Khotanese Sanghātasūtra. A Critical Edition* (*Beiträge zur Iranistik* 14), Wiesbaden: L. Reichert Verlag, 1993.

⑥ R. E. Emmerick, *The Khotanese Śūrangamasamādhisūtra* (London Oriental Series 23), London: Oxford University Press, 1970.

⑦ P. O. Skjærvø, *The Most Excellent Shine on Gold, King of Kings of Sutras. The Khotanese Suvarṇabhāsottamasūtra. Vol. I: The Khotanese text with English translation and the complete Sanskrit text; Vol II: Manuscripts, commentary, glossary, indexes* (Central Asian Sources V-VI), Cambridge, Mass.: Department of Near Eastern Languages and Civilizations, Harvard University, 2004；段晴《新发现的于阗语〈金光明最胜王经〉》，《敦煌吐鲁番研究》第9卷，北京：中华书局，2006年，第7—22页。

⑧ P. O. Skjærvø, "Khotanese Fragments of the *Vimalakīrtinirdeśasūtra*", in Eivind Kahrs ed., *Kalyāṇ-amitrārāgaṇam: Essays in Honour of Nils Simonsson*, Oslo: Institute for Comparative Research in Human Culture, Norwegian University Press, 1986, pp. 229-260+pls.

⑨ 参见 R. E. Emmerick, *A Guide to the Literature of Khotan. Second Edition* (Studia Philologica Buddhica, Occasional Paper Series III), Tokyo: The International Institute for Buddhist Studies, 1992, pp. 17-36.

法莲华经》（*Sad-dharma-puṇḍarīka-sūtra*）[①]、《大集经》(*Mahāsaṃnipāta-sūtra*)等[②]，汉文写本《大般若波罗蜜多经》(*Maha-prajñā-pāramitā-sūtra*)[③]，等等[④]，反映了大乘佛教在于阗的兴旺景象。于阗的佛教对于西域一些地区和中原的佛教文化发展都产生了程度不同的影响。武则天时，于阗国高僧实叉难陀（śiksānanda，学喜，652—710）、提云般若(Devaprajñā，天智）来中原翻译《华严》（*Avataṃsaks-sūtra*）圣典[⑤]，弘扬大乘佛教，是更为突出的事例。贞元初(785—790)，于阗大法师尸罗达摩(Śīladharma，

---

① *Sanskrit Manuscripts of Saddharmapuṇḍarīka-sūtra, Collected from Nepal, Kashmir and Central Asia,* compiled by Institute for the Comprehensive Study of Lotus Sutra, Rissyo University, 12 vols., Tokyo: Hokekyō Bunka Kenkyūjo, 1977–1982; K. Wille, *Fragments of a Manuscript of the Saddharmapuṇḍarīkasūtra from Khādalik* (Lotus Sutra Manuscript Series 3), Tokyo: Soka Gakkai, 2000. 有关梵本《法华经》的研究文献极多，参看 A. Yuyama, *A Bibliography of the Sanskrit Texts of the Saddharmapuṇḍarīkasūtra* (Faculty of Asian Studies Oriental Monograph Series 5), Canberra: Centre of Oriental Studies in Association with Australian National University Press, 1970，但 1970 年以后的成果没有这样方便的指南性目录。

② A. F. R. Hoernle, *Manuscript Remains of Buddhist Literature found in Eastern Turkestan*, Oxford: The Clarendon press, 1916.

③ G. M. Bongard-Levin, "A Fragment of the *Pañcavimśatisāhasrikā Prajñāpāramitā-sūtra* from Eastern Turkestan", *Journal of American Oriental Studies* 114: 3, 1994, pp. 383–385; G. M. Bongard-Levin & T. Kimura, "New Fragments of the *Pañavimśatisāhasrikā Prajñāpāramitā* from Eastern Turkestan", *East and West* 45:1–4, 1995, pp. 355–358; S. Karashima, "Two Sanskrit Fragments of the *Pañcavimśatisāhasrikā Prajñāpāramitā* in the Mannerheim Collection", *Annual Report of the International Research Institute for Advanced Buddhology, Soka University* 8, 2005, pp. 81–104; N. Kudo, "A Sanskrit Fragment of the Larger *Prajñāpāramitā* in the Stein Collection"; K. Suzuki, "A Sanskrit Fragment of the *Prajñāpāramitā*stotra in the Stein Collection", Seishi Karashima and Klaus Wille eds., *Buddhist Manuscripts from Central Asia. The British Library Sanskrit Fragments*, Vol. I, Tokyo: International Research Institute for Advanced Buddhology, Soka University, 2006, pp. 255–259, 261–262.

④ E. Chavannes, *Les documents chinois découverts par Aurel Stein dans les sables du Turkestan orienta,* Oxford: Impr. de l'Université, 1913, pp. 202–203.

⑤《宋高僧传》卷二《唐洛京大遍空寺实叉难陀传》、《周洛京魏国东寺天智传》，北京：中华书局，1987 年，第 31—34 页。

戒法）曾在北庭主持译场，将悟空从印度带回的梵本《十地经》（*Daśabhūmika-sūtra*）、《回向轮经》译成汉文[①]。敦煌发现的安西（龟兹）刘和尚（昙倩）译《金刚坛广大清净陀罗尼经》（P.3918），所据即于阗佛藏中的梵文写本[②]。于阗对唐朝文化的贡献不仅仅表现在佛教的传播上，也反映在尉迟跋质那与乙僧父子入唐所传于阗绘画技法上[③]。

---

① 《宋高僧传》卷三《唐北庭龙兴寺戒法传》，第 46 页。

② 上山大峻《曇倩訳〈金剛壇広大清浄陀羅尼経〉》，《龍谷大学論集》第 399 号，1972 年，第 60—82 页；同《敦煌仏教の研究》，京都：法藏馆，1990 年，第 640—641 页。

③ 庄申《隋唐时代于阗祖籍之父子画家》，《历史语言研究所集刊》外编第四种上册，1960 年，第 403—454 页。

第五节

从安史之乱到吐蕃统治

755年，唐朝爆发安禄山叛乱，于阗王尉迟胜亲自率五千兵赶往中原赴难[①]。敦煌县博物馆藏敦煌写本《天宝十道录》（拟）记于阗有“户四千四百八十七”[②]，新、旧《唐书》称于阗“胜兵四千人”。尉迟胜所率应当包括驻于阗的汉军和出自本地的番兵，显然于阗的精锐部队至此已随之而去。此后，于阗在尉迟胜弟尉迟曜的统领之下，和唐朝的镇守军一起，抗击吐蕃的进攻。从近年和田出土的汉文文书来看，于阗在这一过程中逐渐军镇化，整个于阗都受制于军事及其系统的影响，甚至于阗的当地军人也并入镇守军系统之中[③]。经过三十多年的坚守，大约在790—796年左右，于阗被吐蕃占领[④]。

吐蕃同唐朝一样，在于阗采取羁縻性质的统治方式。和田出土的一

---

① 《资治通鉴》卷二一九，第7010页。

② 唐耕耦等编《敦煌社会经济文献真迹释录》（一），北京：书目文献出版社，1986年，第57页。

③ 孟宪实《于阗：从镇戍到军镇的演变》，第125—128页。

④ Yutaka Yoshida, “The Karabalgasun Inscription and the Khotanese Documents”, in Desmond Durkin-Meisterernst, Christiane Reck and Dieter Weber eds., *Literarische Stoffe und ihre Gestaltung in mitteliranischer Zeit: Kolloquium anlässlich des 70. Geburtstages von Werner Sundermann*, Wiesbaden: Dr. Ludwig Reichert, 2009, pp. 349-362.

件于阗文写本（IOL Khot 50/4=M.T.b.ii.0065）是对于阗王尉迟讫多（Viśa' Kīrti）的颂词，其中称："自吐蕃大人统领于阗国，其统治已进入第十六个年头。"①表明于阗尉迟氏王统并未断绝。属于同一国王时期的另一件于阗文文书（IOL Khot 54/2=M.T.c.0018）称："于阗王尉迟讫多四年 Rrāhaja 月十八日。刺史（tcīṣī）、阿摩支(āmāca)、ṣṣau 官尉迟罗迦（Viśa' Raka）之年。"②可见于阗尉迟氏王族在地方的统治体制也没有被打破③。和田地区出土的藏文材料也表明，在吐蕃统治时期，于阗的行政体制，包括从国王到地方官员，如萨波（spāta）和破沙（pharṣa）等，皆保持不变④。吐蕃官员也不干预于阗乡（tshar)、坊（srang)、村等基层的行政管理。但是，于阗王的地位低于吐蕃派驻于阗的大臣（li'i blon），即大使（thaiṣṣī）⑤，而且，于阗人需要为吐蕃军队提供物资⑥。

从军事体制来看，吐蕃曾先后将约二十个分属吐蕃本地各翼的千户

---

① H. W. Bailey, *Saka Documents, Text Volume*, London: Percy Lund, Humphries and Co. Ltd., 1968, pp. 90–91, 79; P. O. Skjærvø, *Khotanese Manuscripts from Chinese Turkestan in the British Library: A Complete Catalogue with Texts and Translations*, London: The British Library, 2002, p. 285.

② H. W. Bailey, *Saka Documents, Text Volume*, pp. 90–91, 79; P. O. Skjærvø, *Khotanese Manuscripts from Chinese Turkestan in the British Library*, pp. 290–291.

③ 参见 F. W. Thomas, *Tibetan Literary Texts and Documents concerning Chinese Turkestan, Part II: Documents*, London: The Royal Asiatic Society, 1951, p. 313.

④ Tsuguhito Takeuchi, "The Tibetan Military System and Its Activities from Khotan and Lob-nor", in S. Whitfield ed., *The Silk Road: Trade, Travel, War and Faith*, London: British Library, 2004, p. 55.

⑤ Tsuguhito Takeuchi, "*Tshar, srang, and tshan*: Administrative Units in Tibetan-ruled Khotan", *Journal of Inner Asian Art and Archaeology* 3/2008 [2009], p. 147.

⑥ F. W. Thomas, *Tibetan Literary Texts and Documents concerning Chinese Turkestan, Part II: Documents*, 420; P. O. Skjærvø, "Iranians, Indians, Chinese and Tibetans: The Rules and Ruled of Khotan in the First Millennium", in Susan Whitfield ed., *The Silk Road: Trade, Travel, War and Faith*, pp. 34–42.

部落调驻于阗[①]，吐蕃驻军大概把于阗组成一个军镇（Khrom），其首脑为军镇将军（dmag (d)pon）[②]，由吐蕃派来的论，即大使兼任。大使的住地在于阗都城（'U ten），但他经常驻扎在于阗国都北、和田河中游的神山堡（Shing shan，今麻札塔格），那里是吐蕃军队的总部[③]。其下有专统一城的节儿（rtse rje）等军政官吏[④]。吐蕃统治下的于阗军镇的军队组成，不仅有吐蕃人，也有于阗人[⑤]。

在吐蕃统治之下，吐蕃人和于阗人的关系如何呢？敦煌藏文文书P.t.1089有如下记载：

> 也可以奏上这样一个例子，即于阗国主的情形：因为〔他〕称臣纳贡，故受到〔赞普〕恩诏，被赐予王号，并允许其保有王法，但其地位却在〔统治〕于阗的、银字告身的〔吐蕃〕论（blon）之下。于阗的阿摩支（A ma ca）等被授予金字告身和绿松石告身，

---

① F. W. Thomas, *Tibetan Literary Texts and Documents concerning Chinese Turkestan, Part II: Documents*, pp. 455–470.

② G. Uray, "Khrom: Administrative Units of the Tibetan Empire in the 7th–9th Centuries", in M. Aris & Aung San Sun Kyi eds., *Tibetan Studies in Honour of Hugh Richardson: Proceedings of the International Seminor on Tibetan Studies, Oxford 1979*, Warminster, England: Aris & Phillips, 1979, p. 314.

③ Tsuguhito Takeuchi, "*Tshar, srang, and tshan*: Administrative Units in Tibetan-ruled Khotan", pp. 146–147.

④ 杨铭《唐代吐蕃统治于阗的若干问题》，《敦煌学研究》（《西北师院学报》增刊），1986年，第41页；Tsuguhito Takeuchi, "The Tibetan Military System and Its Activities from Khotan and Lob-nor", p. 55；Idem, "*Tshar, srang, and tshan*: Administrative Units in Tibetan-ruled Khotan", p. 147.

⑤ Tsuguhito Takeuchi, "The Tibetan Military System and Its Activities from Khotan and Lob–nor", p. 53.

但地位却在〔吐蕃方面任命的〕赤铜字告身的节儿之下。①

于阗国王虽然保有王者的威仪，但地位在只有银字告身的吐蕃军镇将军之下；于阗拥有“阿摩支”称号的大臣，虽然可以得到吐蕃金字告身和绿松石告身的阶位，但实际地位却在只有赤铜告身的吐蕃节儿之下，这充分说明了吐蕃占领者与于阗旧统治阶层的关系。

吐蕃对于阗的统治的另一面，是使于阗和藏族的文化交往更加紧密。敦煌发现的于阗文医药文献巨著《悉昙娑罗》（*Siddhasāra*），其序言明确说到是从藏文译成于阗文的②，这对于增进于阗的药物学知识起到了不可估量的作用。藏文《大藏经》或敦煌藏文写本中保存的《于阗国授记》（*Li yul lung bstan pa*）、《于阗阿罗汉授记》（*Li yul gyi dgra bcom bas lung bstan pa*）、《于阗教法史》（*Li yul chos kyi lo rgyus*）等，是从于阗文译成藏文或用藏文编成的著作③，它们代表了于阗对藏族佛教文库的贡献。

842 年，吐蕃赞普郎达磨（Glang dar ma，即 Khri ’u’i dumbrtan，

---

① 山口瑞鳳《沙州漢人による吐蕃二軍団の成立とmkhar tsan軍団の位置》，《東京大学文学部文化交流研究施設研究紀要》第 4 号，1980 年，第 16 页；Tsuguhito Takeuchi，“The Tibetan Military System and Its Activities from Khotan and Lob–nor”，p. 55.

② R. E. Emmerick，“Some Remarks on Translation Techniques of the Khotanese”，in K. Röhrborn & W. Veenker eds.，*Sprachen des Buddhismus in Zentralasien. Vorträge des Hamburger Symposions vom 2. Juli bis 5. Juli 1981*（Veröffentlichungen der Societas Uralo-Altaica 16），Wiesbaden in Kommission bei O. Harrasowitz，1983，pp. 17–28.

③ F. W. Thomas，*Tibetan Literary Texts and Documents concerning Chinese Turkestan，Part I：Literary Texts*（Oriental Translation Fund，New Series XXXII），London: The Royal Asiatic Society，1935；R. E. Emmerick，*Tibetan Texts concerning Khotan*（London Oriental Series 19），London: Oxford University Press，1967. Cf. G. Uray，“The Old Tibetan Sources of the History of Central Asia up to 751 A. D.: A Survey”，in J. Harmatta ed.，*Prolegomena to the Sources on the History of Pre-Islamic Central Asia*，Budapest: Akadémiai Kiadó，1979，pp. 275–304.

r. 841—842）被刺身亡，统一王国迅速崩溃，其在西域的统治也随之瓦解。据敦煌发现的于阗文和汉文文书以及中原史料记载，可以推测吐蕃势力退出于阗以后，于阗获得了完全的独立，尉迟氏王族重新掌握了实权。

第二章

于阗的复兴与李圣天的统治

第一节

李圣天其名及其称号

对于于阗和敦煌的研究者来说，五代宋初的于阗国王李圣天的名字并不陌生，他既见于中原正史的记录，又在敦煌莫高窟留下了画像和题名。然而，有关李圣天的事迹是研究者在讨论于阗年代或王统世系时渐次表彰出来的，迄今为止，我们对于李圣天的形象缺乏一个整体的认识。因此，本章拟利用前人研究成果，加之我们最新的一点心得，大体按照时间顺序，对李圣天一生的事迹做一个总体的考察，希望大致描绘出他的历史全貌。

五代宋初的汉文史料告诉我们，当时统治于阗的君主名叫“李圣天”，他“自称唐之宗属”①。查唐代史料，于阗“王姓尉迟氏”②，唐朝史料对于阗王和进入中原的于阗人大多冠姓“尉迟”。唐朝皇帝虽然曾给一些外蕃君王赐姓为“李”，但似乎从未赐李姓给于阗的尉迟家族，所以，李姓和“唐之宗属”应当都是李圣天的自称。从现存的于阗语文

---

* 本章系在拙撰《于阗国王李圣天事迹新证》（《西域研究》2012 年第 2 期）基础上略作修订而成。

① 《宋史》卷四九〇《外国传》于阗条，北京：中华书局，1977 年，第 14106 页。

② 《新唐书》卷二二一上《于阗传》，北京：中华书局，1975 年，第 6235 页。

献来看，李圣天的于阗语名字是 Viśa' Saṃbhava[①]。Viśa'，也作 Viśa，藏文作 Bi dza ya，即汉文“尉迟”之语源。其名 Saṃbhava 与藏文典籍《于阗国授记》（*Li yul lung bstan pa*）所列历史上若干于阗王名相同，学界一般汉译作“散跋婆”[②]。中外学者的研究表明，在 8 世纪末至 9 世纪中叶吐蕃统治于阗期间，并没有改变于阗国的王统世系，而是采取了类似唐朝的羁縻统治，一方面派吐蕃军队驻守于阗，另一方面要求于阗称臣纳贡。另外我们也知道,李圣天的继承者是尉迟苏罗(Viśa' Śūra，967—977 年在位)，再后为尉迟达磨（Viśa' Dharma，978—982 年在位），更后有尉迟僧伽罗摩（Viśa' Saṃgrama，983—1006/1007？年在位）。也就是说，10 世纪于阗王位仍为尉迟氏所执掌[③]。看来,李圣天本名 Viśa' Saṃbhava，在与敦煌归义军及中原王朝交往的时候，他采用汉式的李圣天一名。

作为于阗国的君主为何“自称唐之宗属”呢？细究史书记载，于阗王李圣天与李唐皇室具有某种姻亲关系倒也并非纯属子虚乌有。我们从新旧《唐书》的《尉迟胜传》知道，天宝中，于阗王尉迟胜曾入唐朝觐，“玄宗嘉之，妻以宗室女”。天宝十四载（755）安史之乱爆发，尉迟胜亲率五千兵赴唐救援。安史之乱后，他并未回国，而是让位于其弟尉迟曜，自己在长安修筑里第，穿凿池观，“盛饰林亭，以待宾客”[④]。

---

① E. R. Pulleyblank, "The Date of the Staël -Holstein Roll", *Asia Major*, new series, vol. 4.1, 1954, pp. 90–91.

② 寺本婉雅《于闐国史》，京都：丁字屋書店，1921 年，第 22 页。

③ 张广达、荣新江《关于唐末宋初于阗国的国号、年号及其王家世系问题》，原载《敦煌吐鲁番文献研究论集》，北京：中华书局，1982 年，此据作者《于阗史丛考》（增订本），北京：中国人民大学出版社，2008 年，第 15—37 页。

④《旧唐书》卷一四四《尉迟胜传》，北京：中华书局，1975 年，第 3924—3925 页；《新唐书》卷一一〇《尉迟胜传》，第 4127—4128 页。

尉迟胜入唐赴难以后直至8世纪末9世纪初，于阗为尉迟曜所统治[①]。唐德宗贞元初年，尉迟曜曾经上疏，称于阗“有国以来，代嫡承嗣”，希望让王位于时在长安的尉迟胜之子锐，但这一要求被尉迟胜坚决推辞。尉迟胜本人于贞元十年（794）去世，以后尉迟胜之子是否回国即位，我们不得而知。但是，李圣天在唐朝已经灭亡的情况下而“自称唐之宗属”，当不应纯属空穴来风。尉迟胜既曾娶唐玄宗之“宗室女”为妻，作为尉迟王族后裔的李圣天自称唐之宗属也就在情理之中。从另一角度来看，大唐的声威并没有因为唐朝的灭亡而泯灭，吐谷浑、奚族、粟特、沙陀、党项的首领都曾赐姓李氏，并延续下来。李圣天恐怕还是摄于昔日唐朝之声威而冒称李氏[②]，是有意识地希望继承唐朝在西域的某种政治遗产[③]。

学界公认李圣天的于阗语本名是Vīśa’ Saṃbhava，这是由所谓《钢和泰卷子》（Staël-Holstein Miscellany）的于阗语文书部分来确定的。该文书第32—33行记年份如下：

> salī 10 4 māśtä siṃjsīṃja haḍā 20 ṣi′ kṣuṇä miṣḍāṃ ḡyastä hvaṃnä rruṃdä sarau viśa′ saṃbhatä
>
> 圣天、于阗狮子王尉迟散跋婆统治第14年，鸡年，Siṃjsīṃja月20日。[④]

学者已经论证，据这里的于阗王尉迟散跋婆（Vīśa’ Saṃbhava）治

---

① 张广达、荣新江《8世纪下半叶至9世纪初的于阗》，原载《唐研究》第3卷，北京：北京大学出版社，1997年；此据作者《于阗史丛考》（增订本），第240—263页。

② 荣新江《九、十世纪于阗族属考辨》，《新疆社会科学》1987年第4期，第77页。

③ 文欣《中古时期于阗国政治制度研究》，北京大学历史学系硕士论文，2008年6月，第23页。

④ H. W. Bailey, “The Staël-Holstein Miscellany”, *Asia Major*, new series, vol. 2.1, 1951, pp. 3-4, 44.

下第 14 年为鸡年，可知其统治的元年正是汉文史籍记载的同庆年号的元年（912）、猴年，14 年相当于公元 925 年，此处的于阗王即李圣天[①]。饶有意味的是，上引文字告诉我们，李圣天名字的“圣天”二字存在于其于阗语的称号之中，即 miṣḍāṃ gyastä。Miṣḍām 为于阗语形容词形式，意为“神圣的”，gyastä意为“天”、“神”，佛教文献中常用来对译梵文的 deva（天），两词合起来，即是“神圣之天神”，简称可作“圣天”。Miṣḍām gyastä也作 midäm jaśti，常被英译作 gracious god，在于阗语文献中十分常见，很早就是于阗王的称号，也用作一种尊称来代指于阗国王。李圣天的名字“圣天”大概正本于此[②]。这一称号似也见于归义军时期的藏文文书 P.t.1120v，作 yu then gyi she zhin then［ce］，意为“于阗之神圣天子”[③]，显然，此音译自汉语。

在上引《钢和泰卷子》中，李圣天的另一于阗语称号是“狮子王”（rruṃdä sarau），同文书第 7 行作 sarau rruṃdä，藏文部分作 lha rgyal po seng ge（狮子天王）、rgyal po seng 'ge（狮子王）或 seng 'ge rgyal po（狮子王），意思相同[④]。Sarau 是一个伊朗语词汇，意思与梵文 Siṃha 相同，即狮子[⑤]。这个称号的来源可能与藏文《于阗国授记》记载的唐代以前某位尉迟散瞿罗摩（Sang gra ma）王的一则事迹有关：“［王］英勇骁武，为抗击众多外敌，杀却众多生灵。尔后，出现一攻击人之狮子，军人击之，亦畏惧。国王单独与狮子搏斗，擒而杀之，故得‘狮

① E. R. Pulleyblank, “The Date of the Staël-Holstein Roll”, pp. 90-91.

② 荣新江《九、十世纪于阗族属考辨》，第 76—78 页。

③ 荣新江、朱丽双《一组反映 10 世纪于阗与敦煌关系的藏文文书研究》，沈卫荣主编《西域历史语言研究集刊》第 5 辑，北京：科学出版社，2012 年，第 88—89 页。

④ H. W. Bailey, “The Staël-Holstein Miscellany”, p. 8.

⑤ 荣新江《九、十世纪于阗族属考辨》，第 78—79 页。

子’称号。”[①]《于阗国授记》还记载了另外两位名叫僧诃（Sing ha）的于阗王（按 Sing ha 的梵文还原作 Siṃha，即狮子之意），皆很有作为，前者曾与疏勒王作战而败之[②]；后者据称曾至兜率天宫（dGa’ ldan），得睹弥勒圣容[③]。大概在于阗历史上，由于“狮子”王皆很英勇，“狮子”一词便渐渐成为授予英勇君主的一种称号。李圣天的于阗语称号中出现这个词并非偶然（图 2–1）。

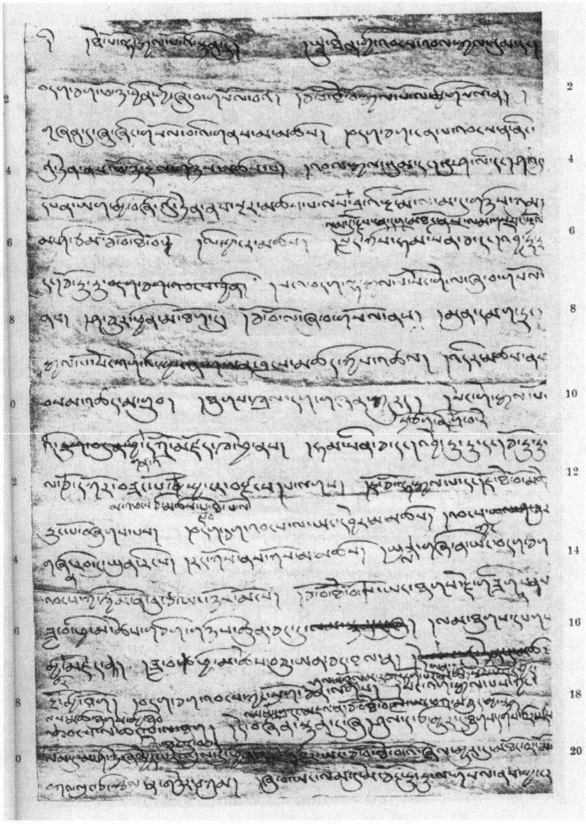

图 2–1　《钢和泰卷子》藏文部分

（F. W. Thomas and S. Konow. “Two Medieval Documents from Tun-huang”, *Publications of the Indian Institute* I.3: *Oslo Etnografiske Museums Skrifter* III.3，1929）

---

①《于阗国授记》，德格版《丹珠尔》（*bsTan ’gyur*）书翰部（spring yig）nye 函，173 卷，第 182b1–2 叶。参见 R. E. Emmerick，*Tibetan Texts concerning Khotan*（London Oriental Series 19），London：Oxford University Press，1967（简称 *TTK*），pp. 48—49；朱丽双《〈于阗国授记〉译注》（上），《中国藏学》2012 年 s1 期文献、档案增刊，第 261 页。

②《于阗国授记》，第 181b4–5 叶。参见 *TTK*，pp. 44—47；朱丽双《〈于阗国授记〉译注》（上），第 258 页。

③《于阗国授记》，第 183b2–5 叶。参见 *TTK*，pp. 52—55；朱丽双《〈于阗国授记〉译注》（上），第 263 页。

李圣天还被称作śiṃ kūṃ rruṃd nä rrre“圣君、王中之王”①。《天兴七年（956）十一月于阗回礼使索子全状》言李圣天是“翼祥传圣之君，仁德盛明之主”，于阗语“圣君”二字来自汉语音译，大概即是“传圣之君”的意思吧②。“王中之王”的称号来源于印度，常见于贵霜王朝的钱币上，在和田出土的大约属于二三世纪的汉佉二体钱上，于阗王即有此尊称③。但据文欣研究，这个称号至晚从于阗王尉迟曜（Viśa' Vāhaṃ，767—802?年在位）始即废弃不用④。从吐蕃统治时期至李圣天之前的于阗王亦皆未见此称号，李圣天重新使用此称号，似表明其有意恢复祖先荣光的雄心。

在汉文史料中，李圣天还被称为天子和皇帝，如莫高窟第98窟供养人题记写作“大圣大明天子”⑤，P.3016《天兴七年十一月于阗回礼使索子全状》称作“菩萨天子”⑥，S.3180《请僧就衙设供疏》称作“大宝国皇帝”⑦，Дx.2148（1）《天寿二年九月弱婢员孃、祐定牒》称作“佛现皇帝”⑧等等。天子和皇帝一向为中原王朝的帝王所用，于阗王李

① 出自于阗语文书P.3510《从德太子发愿文》。转写见H. W. Bailey，*Khotanese Buddhist Texts*，revised edition，London: Cambridge University Press，1981，p. 52；英译见R. E. Emmrick，“The Verses of Prince Tcūṃ-ttehi:”，*Studia Iranica*，9.2，1980，p. 188.

② 张广达、荣新江《敦煌文书P.3510（于阗文）〈从德太子发愿文〉（拟）及其年代——〈关于于阗国的国号、年号及其王家世系问题〉一文的补充》，原载《1983年全国敦煌学术讨论会文集·文史遗书编》上，兰州：甘肃人民出版社；此据作者《于阗史丛考》（增订本），第43页。

③ 夏鼐《“和阗马钱”考》，原载《文物》1962年第7—8期；收入《夏鼐文集》下，北京：社会科学文献出版社，2000年，第12—17页；林梅村《佉卢文及汉佉二体钱所记于阗大王考》，《文物》1987年第2期，第40—42页；同作者《再论汉佉二体钱》，《中国钱币》1987年第4期，第3—11、20页。

④ 文欣《中古时期于阗国政治制度研究》，第15—23页。按文欣引用P.4099《文殊师利无我化身经》的题记说明李圣天曾用过“王中之王”的称号，但此题记写作时，李圣天已经逝世。

⑤ 敦煌研究院编《敦煌莫高窟供养人题记》，北京：文物出版社，1986年，第32页。

⑥ 张广达、荣新江《于阗史丛考》（增订本），第30页。

⑦ 同上，第75页。

⑧ 同上，第292页。

圣天采用这两个称号，表明他是以一个独立王国之君主的形象出现在世人面前。我们知道，李圣天所处的10世纪前半叶是一个混乱的时代，周边王国林立，联系到他以李为姓并“自称唐之宗属”，或许的确有希望继承唐朝在西域之某种政治遗产的意思。另一方面，于阗一向以佛教王国著称，940年到达于阗的后晋使者高居诲称于阗“俗喜鬼神而好佛”，李圣天之居处，“尝以紫衣僧五十人列侍”[①]。“菩萨天子”一词有其对应的于阗语词汇，作 baudhasattä ḡyastä[②]。前述敦煌藏文文书P.t. 1120v 也称李圣天为 byang chu s[e]m pa’“菩萨”、she zhin rje ’phrul“圣神圣主”，《钢和泰卷子》的藏文部分称他作 lha rgyal po“天王”[③]。文欣认为，在和田出土的于阗语佛教文献中，gyasta 常用来指称神佛，这个词被转用于于阗王，体现了于阗王的神圣性，说明在于阗人的认识里，他们的国王既是世俗之王，又是转世之神[④]。赤木崇敏进一步指出这些称谓当是来自“转轮王”（cakrrivarttä）的观念[⑤]。可以说，李圣天的各种称号体现了于阗传统的佛教思想与中原汉地王统思想的结合。

① 《新五代史》卷七四《四夷附录》，北京：中华书局，1974年，第918页。

② H. W. Bailey, “The Staël-Holstein Miscellany”, pp. 4，44.

③ 荣新江、朱丽双《一组反映10世纪于阗与敦煌关系的藏文文书研究》，第96页。

④ 文欣《中古时期于阗国政治制度研究》，第29页。

⑤ 赤木崇敏《十世紀敦煌の王權と轉輪聖王觀》，《東洋史研究》第69卷第2号，2010年，第76—77页。

第二节

即位年代与同庆年号

后晋天福三年（938），供奉官张匡邺、彰武军节度判官高居诲奉命出使于阗，两年后抵达，时于阗王李圣天在位，年号为“同庆二十九年”[①]。同庆二十九年即相当于公元940年，那么同庆元年当是912年，猴年。考虑到966年李圣天仍然在位[②]，912年应该是李圣天的即位之年。我们知道，于阗在8世纪末9世纪初开始受吐蕃统治，当时的于阗王是尉迟曜，他在767年正式继其兄尉迟胜为王，已知其治下最长的年数为36年，即公元802年[③]。而后继其位者为尉迟讫多（Viśa’ Kīrtta），已知其治下最长的年数是16年[④]。由于资料欠缺，再后的于阗王我们不得而知。文欣总结麻札塔格（Mazar-Tagh）出土的于阗文文书指出，在尉迟讫多王之后、李圣天即位以前，至少有五位不同的于阗王，他们的

① 《新五代史》卷七四《四夷附录》，第917页。高居诲，或称当作平居诲。见娄雨亭《后晋〈于阗国行程记〉作者订讹》，《中国历史地理论丛》1990年第4期，第114—115页；收入辛德勇《历史的空间与空间的历史》，北京：北京师范大学出版社，2005年，第267—269页。

② 《续资治通鉴长编》卷七：“是岁［乾德四年（966）］，于阗国王李圣天遣其子德从来贡方物。”北京：中华书局，1979年，第167页。

③ 张广达、荣新江《8世纪下半叶至9世纪初的于阗》，第246—260页。

④ 荣新江、朱丽双《七至八世纪于阗王考》，待刊。

统治年数加起来，确知者超过 55 年[①]。802 年加上尉迟讫多王在位的 16 年，再加上以后的 55 年，至少已到 871 年。我们知道，842 年，吐蕃赞普朗达玛（Glang darma，即 Khri ’u’i dum brtan，r.841—842）被刺身亡，吐蕃帝国随之崩溃。848 年，沙州土豪张议潮举兵赶走吐蕃守将，861 年，张议潮率蕃汉兵收复凉州，吐蕃在敦煌及河陇的统治相继结束。865 年，仆固俊率部攻克西州等地，建立西州回鹘政权。虽然于阗具体在何时重新取得独立我们不得而知，但是当与周边各政权推翻吐蕃统治的时间大体一致。如果我们推测李圣天于 912 年即位不误，则于阗重新独立当在李圣天的父祖之时，只是我们目前无法得知其具体情况。上述 938 年出使于阗的高居诲曾著《行程记》，虽然对“其往复所见山川诸国”记述颇详，但“不能道圣天世次”[②]。

9 世纪后半叶至 10 世纪初，河西和西域的不同部族与王国之间持续争战，各个政权更替，势力不断被重组，李圣天即位的年代大概也不太平。《钢和泰卷子》藏文部分在指称他时，用了一个别处未见之名，即 Mun dmag trang。如同托玛斯所言，trang 同 ’dren，意为“率领”[③]，dmag 即“军队”，mun 的基本含义是“黑暗”，合起来，Mun dmag trang 的意思大概是“率领军队破灭黑暗的英勇将领”[④]。10 世纪初期，于阗的北面和西面有西迁回鹘的势力，东部先后有璨微、仲云及其他吐蕃余部，高居诲《行程记》言：“自灵州渡黄河至于阗，往往见吐蕃族帐，而于阗常与吐蕃相攻劫。”[⑤]958 年前往于阗的敦煌使者□富住还称

① 文欣《中古时期于阗国政治制度研究》，第 18—20 页。

②《新五代史》卷七四《四夷附录》，第 917 页。

③ F. W. Thomas and S. Konow, “Two Medieval Documents from Tun-huang”, *Publications of the Indian Institute* I. 3: *Oslo Etnografiske Museums Skrifter*, III. 3, 1929, p. 129.

④ 荣新江、朱丽双《一组反映 10 世纪于阗与敦煌关系的藏文文书研究》，第 97—98 页。

⑤《新五代史》卷七四《四夷附录》，第 917—918 页。

李圣天“鸾驾亲征西幸”[①]。大概李圣天曾率领军队东征西战，故被称作 Mun dmag trang。

“同庆”年号的于阗语，业经学者比定为 thū khī[②]。按此词出自 P.2027 的书信体诗歌(epistolary poems)部分,作 thū khī [*] kṣailmye kṣūṇa(thū khī 六年)[③]。1956 年贝利曾在一篇文章中引用到这首诗歌的部分文字,称诗人言及其父逝于“thū khī 六年之吉时”[④]。1991 年，熊本裕比较全面地将这首诗歌译成英文发表，从中我们得知诗人是一位在沙州的僧人，名叫 Javendrākarasiṃha，他写作此诗的年代是猪年。在诗中，诗人表达他对家乡金国的思念,然后问候他的父亲ṣau Ṣanīra 及其他亲友ṣau Kharäsanä、ṣau Śvāñaka、Aiyasa Kharūṣai、Li-tcai、rDo rje dpal Tcū-tcaka、Yuṃ ’Dro dpal、大德 Nāgendra(dha)rmasiṃha 和三藏 Deve(ndra)siṃha 等，祝他们尊体万福。诗人还说，他的父亲在“Thū khī 六年之吉时”出生（而非去世!)，他愿诸佛、八大菩萨（haṣṭa̧ baudhasa̧tva)和八大守护神(haṣṭa jsā parvālā)护佑他[⑤]。

按诗人父亲之名Ṣanīra 是一个十分常见的于阗语名字，比如 Hedin 16 尉迟曜统治第 35 年（801）的于阗语、汉语双语文书中即有其名，汉语部分作“瑟昵洛”[⑥]。据我们排比相关资料，这位瑟昵洛在 785 年以前任萨波（spāta)，在 8 世纪末 9 世纪初于阗进入吐蕃统治之时，瑟昵

---

① 张广达、荣新江《关于唐末宋初于阗国的国号、年号及其王家世系问题》，第 31—32 页。

② E. R. Pulleyblank, “The Date of the Staël-Holstein Roll”, p. 94.

③ H. W. Bailey, *Khotanese Texts*, II, London: Cambridge University Press, 1954, p. 80; H. Kumamoto, “Some Khotanese Letters in Verse”, *Tokyo University Linguistics Papers*, 12, 1991, p. 63.

④ H. W. Bailey, “Iranian Miṣ̈ṣa, Indian Bīja”, *Bulletin of the School of Oriental and African Studies,* 18.1, 1956, p. 33.

⑤ H. Kumamoto, “Some Khotanese Letters in Verse”, pp. 61–68.

⑥ H. W. Bailey, *Khotanese Texts*, vol. IV, London: Cambridge University Press, 1969, pp. 106–107, 175, 178.

洛从萨波官而升为ṣau 官[①]。785 年以前即任萨波官的瑟昵洛在他有生之世自然不会有 thū khī 年号，故可以排除和 P.2027 的ṣau Ṣanīra 为同一人之可能性。另外，ṣau Kharäsanä 见于同样出自敦煌的 IOL Khot S.1（Ch.0042)，可惜文书残破，我们仅知时在马年。另有“卑贱的仆人 Kharasanaña”写给朝廷的报告，见于 IOL Khot S. 2（Ch. 0043)，不过这是一份学童练习本，我们从中无法获得可资断代的信息[②]。

无论如何，P.2027 文书中被诗人问候的亲友除了于阗人名，还有汉人的（Li-tcai）名字[③]和吐蕃人的名字（rDo rje dpal Tcū-tcaka、Yuṃ 'Dro dpal)，这在某种程度上反映了于阗在先后被唐朝、吐蕃统治之后民族融合的情形。今天由于大量于阗语文书的刊布和释读，人们可以总结出，使用年号纪年的于阗语文书大体上属于 10 世纪。如果学者对 10 世纪天兴（950—963)、天寿（963—966)、* 天尊（967—977)、* 中兴（978—982）等于阗国年号的起讫年代比定不误[④]，从发音上考虑，thū khī 二字作为年号最有可能比对的还是李圣天的同庆年号（912—949)[⑤]。这一中原式样的、用汉字表示的年号的采用，在于阗历史上是具有开创性的，我们知道此前的于阗王国自己不用年号，唐朝统治时期曾使用唐朝的年号，而李圣天之后的于阗则保持了使用汉字年号的做法。

---

① 荣新江、朱丽双《七至八世纪于阗王考》，待刊。

② P. O. Skjærvø, *Khotanese Manuscripts from Chinese Turkestan in the British Library. A complete catalogue with texts and translations*, London: British Library Publishing, 2002, pp. 480–483. See also H. Kumamoto, “Some Khotanese Letters in Verse”, p. 69.

③ H. Kumamoto, “Some Khotanese Letters in Verse”, p. 70.

④ 张广达、荣新江《关于唐末宋初于阗国的国号、年号及其王家世系问题》，第 36 页。

⑤ 当然，仅据发音相似难以作为定论，特别是确认为李圣天统治第 14 年即鸡年的《钢和泰卷子》的于阗语部分没有出现此词（H. W. Bailey, “The Staël-Holstein Miscellany”, pp. 3–4, 44; Idem, *Khotanese Texts*, II, p. 74)，这一点颇令人难以释怀。由于我们不能排除 912 年以前和 982 年以后的于阗王使用年号的可能性，所以若要完全确定同庆 = thū khī，仍然有待新材料的出现。

第三节

交聘敦煌与和亲曹氏

已知于阗与敦煌交往的最早记录是在899—901年间，时有于阗使梁明明等一行在敦煌[①]，应是李圣天即位前的某位于阗王所派遣。此后直至920年未有记录，这大概是由于两地之间的道路为其他部族所阻隔的缘故。天复十年（910）秋，张承奉创建西汉金山国后，曾派国相罗通达率兵征讨鄯善地区的璨微部落，S.4654《罗通达邈真赞》记述此事，有“于阗路阻，璨微艰危”的用语[②]，可见当时两地的交通并不畅达。在911—914年之间，金山国屡遭甘州回鹘进攻，数度战败。914年，曹议金代张承奉执掌瓜沙政权，去敦煌国号，称归义军节度使留后，与甘州回鹘修好。916年，曹议金娶甘州回鹘天睦可汗女为妻，号圣天公主，随后得可汗旨准，首次遣使入贡中原朝廷。918年，梁朝遣使西至沙州，授曹议金节度使职[③]。看来，这些年敦煌自存不逮，无暇西顾。因此直至贞

① 见P.4640背《己未至辛酉年（899—901）归义军军资库司布纸破用历》，池田温《中国古代籍帳研究》，東京：東京大学出版会，1979年，第610页。

② 饶宗颐《敦煌邈真赞校录并研究》，台北：新文丰出版公司，1994年，第230—232页。

③ 荣新江《归义军史研究——唐宋时代敦煌历史考索》，上海：上海古籍出版社，1996年，第14—16页。

明六年(920)六月始有沙州客将张幸端出使于阗的记录(P.2161–1)[①]。

至于于阗方面，大概从未停止东行的尝试。《钢和泰卷子》于阗语部分的年代在李圣天统治第14年、鸡年，即公元925年，其中提及于阗使末结心（'Bal rGyal sum）曾六次出使沙州，熟知沿途的所有城市，这次出使是第七次。他与其他使者一起在敦煌大修佛事，比如张都督（Cāṃ ttūttū）建瞿摩帝（Gūmattīra）佛塔，高过6米（20 feet）；Ṣaṃdū 朝拜了121个佛龛，为敦煌寺院共用去香油502升[②]。如此巨大数目的供养实非寻常。

图 2–2　于阗王像 敦煌莫高窟第 220 窟甬道北壁
(Ning Qiang, *Art, Religion and Politics in Medieval China: The Dunhuang Cave of the Zhai Family,* p.103, Figure 2.32)

在925年这些于阗使者来到沙州之时，正是归义军押衙翟奉达建造莫高窟第220窟甬道并在甬道北壁绘制新样文殊的时候，新样文殊中出现了于阗王的形象，为一俊秀青年的样子（图2–2），或许与这些使臣的

① 沙知《敦煌契约文书辑校》，1998年，第177—178页。

② H. W. Bailey, "The Staël-Holstein Miscellany", p. 44.

到来有关[①]。虽然于阗守护神的形象早已出现在晚唐景福元年（892）前后修建的莫高窟第 9 窟[②]，于阗王形象在 220 窟的出现仍然值得特别注意。220 窟主室南壁整整一铺描绘佛教史迹画和瑞像图，其中表现于阗建国传说的毗沙门和舍利弗决海的情景占据了约 1/4 铺的画面空间[③]，其他与于阗有关的瑞像还有"迦叶如来从舍卫国腾空至于阗国"、"石佛应现于阗国时"、"释迦牟尼佛白檀真容从汉国来次（坎）城住"、"□毗婆尸佛从舍卫国腾空至于阗国时"、"濮州镶（铁）[ ] 至于阗国时"、"南无拘留孙佛 [ ] 来住于阗国"、"北（?）方众（?）□天王决海至于阗国"[④]。宁强先生认为，这些瑞像与于阗建国传说的画像以及新样文殊中出现的于阗王形象一起，反映了敦煌归义军希望加强与于阗外交联系的姿态[⑤]。联系到前述于阗使者在敦煌的盛大佛事活动，很有可能，925 年是于阗与敦煌建立此后终 10 世纪未曾中断的亲善关系的重要开端。

925 年以后，于阗与敦煌之间的往来开始增多，敦煌文书所见有

---

① 荣新江《归义军史研究——唐宋时代敦煌历史考索》，第 252—253 页；Ning Qiang, "Diplomatic Icons: Social and Political Meanings of Khotanese Images in Dunhuang Cave 220", *Oriental Art*, 44.4, 1998, pp. 13–14；沙武田《敦煌石窟于阗国王画像研究》,《新疆师范大学学报》2006 年第 4 期，第 24 页。

② 荣新江、朱丽双《图文互证——于阗八大守护神新探》，樊锦诗、荣新江、林世田合编《敦煌文献、考古、艺术综合研究——纪念向达教授诞辰 110 周年国际学术研讨会论文集》，北京：中华书局，2011 年，第 190—218 页。

③ Ning Qiang, "Diplomatic Icons: Social and Political Meanings of Khotanese Images in Dunhuang Cave 220", pp. 8, 12–13.

④ *Grottes de Touen-Houang carnet de notes de Paul Pelliot: Inscriptions et Peintures Murales*, II, Paris: Collège de France, 1983, pp. 33–34. 参见张广达、荣新江《敦煌"瑞像记"、瑞像图及其反映的于阗》，第 183 页。按 220 窟主室南壁瑞像图在 1943 年为剥出下层初唐时期的经变画而被破坏，今天只能靠伯希和、罗寄梅拍摄的照片和伯希和记录的部分榜题了解其概貌。

⑤ Ning Qiang, "Diplomatic Icons: Social and Political Meanings of Khotanese Images in Dunhuang Cave 220", p. 15.

931年沙州僧政范海印出使于阗（P. 3718-2）[①]；同年归义军押衙氾润宁、阴员住等充使往于阗（P. 4638）[②]，等等。933年10月，于阗宰相来敦煌（P. 2704）[③]。于阗的宰相亲自去敦煌，这大概是为次年于阗王李圣天娶曹议金女为后做准备。我们将在其他章节专门论述于阗与敦煌的婚姻关系，此不赘述。而两地建立婚姻关系后，联系益加紧密，人员往来频繁。从于阗方面来说，除一般使臣外，前往敦煌的还有太子、公主及僧侣、商人、工匠等。

① 饶宗颐《敦煌邈真赞校录并研究》，台北：新文丰出版公司，1994年，第276—277页。

② 唐耕耦、陆宏基《敦煌社会经济文献真迹释录》第4辑，北京：全国图书馆文献缩微复制中心，1990年，第508页。

③ 伯希和、羽田亨《燉煌遗书》活字本第1集，上海：东亚考究会，1926年，第9—14页。

第四节

遣使后晋与受封“大宝”

我们不知李圣天登位后从何时开始试图遣使与中原朝廷建立联系，时当乱世，河陇地区羌、龙、嗢末、回鹘、汉等民族杂处，路途榛梗。前述曹议金曾于916年遣使中原，然使至凉州，即遭嗢末剽劫，无功而返[①]。又史载回鹘入贡后唐使也多为河西杂虏剽劫[②]。李圣天若曾遣使，大概也是同样结果。显然，于阗要与中原王朝建立联系，必须先通好河陇地方政权。934年，李圣天娶曹议金女为后，与敦煌归义军建立姻亲关系，这无疑是明智的举措。汉文史料记载，天福三年（938）九月，李圣天所遣使臣马继荣、张再通、吴顺规等抵达后晋朝廷，贡献红盐、郁金、牦牛尾、玉毡等物。他们的身份分别是进奉使、检校太尉，使副黄门将军、国子少监和监使殿头承旨、通事舍人。同年十二月，晋授马继荣为镇国大将军，张再通为卫尉卿，吴顺规为将作少监[③]。从中我们看到，于阗的使团中有主使（进奉使）、副使（使副）和监使（通事舍

---

① 荣新江《归义军史研究——唐宋时代敦煌历史考索》，第15、20页。

②《册府元龟》卷九八七《外臣部》，北京：中华书局，1982年，第11595页。

③《旧五代史》卷七七《晋高祖纪》，第1021—1023页；《新五代史》卷八《晋高祖纪》，第83页；《新五代史》卷七四《四夷附录》，第917页；《五代会要》卷二九，北京：中华书局，1998年，第355—356页。

人），而在他们离开中原王朝之前，中原王朝还往往会授给他们荣誉官衔。这些使臣的名字都是汉名，可能是随着唐朝一百多年的统治而前往于阗的汉人军吏留下的后代，也可能是当地于阗人取的汉名。他们的官称都出自汉制，不知是为方便起见而暂时借用中原官称呢，还是于阗当时的职官制度就是如此。大概前者的可能性更大一些。

由于当时于阗至中原约需时两年，这些使者大概在天福元年已从于阗出发。不过他们在后晋没有停留多少时间，天福三年九月他们抵达晋朝，十月晋册封李圣天为"大宝于阗国王"[1]。册封制书载《册府元龟》卷九六五《外臣部·封册》三：

> 晋高祖天福三年（938年）十月制曰：于阗王李圣天境控西陲，心驰北阙，顷属前朝多事，久阻来庭，今当宝历开基，乃勤述职，请备属籍，宜降册封，将引来达之恩，俾乐无为之化，宜册封为大宝于阗国王，仍令所司择日备礼册命。以供奉官张光（匡）邺克使。

十二月，晋廷授使者各级职官，随之遣回，同时，晋以供奉官张匡邺假鸿胪卿充正使，彰武军节度判官高居诲为判官，持节前往于阗，册封李圣天。次年秋，中原与于阗使团一起抵达敦煌，归义军节度使曹元德因患病不起，遣弟沙州刺史曹元深郊迎[2]。

不论对于于阗还是敦煌，李圣天被册封为大宝于阗国王都是一件大事。此事亦被残留的于阗文文书所记录，后晋的册封使被称为"天使"

① 《旧五代史》卷七七《晋高祖纪》，第1021页；《新五代史》卷八《晋高祖纪》，第83页。

② 《新五代史》卷七四《四夷附录》，第917页。参见荣新江《归义军史研究——唐宋时代敦煌历史考索》，第22页。

(thyena ṣī) [1]。而且在大约一年之后，曹议金功德窟莫高窟第98窟内明显的位置上，绘制了大幅的李圣天及曹氏皇后的供养像，前者题名作“大朝大宝于阗国大圣大明天子”[2]（图2-3）。我们知道98窟始建于后唐同光年间(923—925)，李圣天的供养像与题名均为后来的新作，这应当是在李圣天接受后晋使者的正式册封诏命后绘制的。李圣天体态雍容，气宇轩昂，头戴冕旒，身着衮服，腰佩玉剑，一副中原帝王的装扮，显然是大宝于阗国皇帝的样子[3]。按，98窟共绘有二百多身供养人，其中除曹氏家眷外，还绘有归义军的文臣武将、僧官大德，体现了曹氏归义军政权的基础[4]。另一方面，该窟东壁门内南面北向第一身补画了于阗王李圣天，与东壁门内北面南向第一身原来已绘制的曹议金回

图2-3　李圣天和曹氏供养像 敦煌莫高窟第98窟东壁南侧（《中国石窟·敦煌莫高窟》(五)，图13）

① 段晴《几件与册封于阗王有关的于阗文书》，叶奕良编《伊朗学在中国论文集》（第二集），北京：北京大学出版社，1998年，第9—13页。

② 敦煌研究院编《敦煌莫高窟供养人题记》，第32页。

③《中国石窟·敦煌莫高窟》五，北京：文物出版社，1987年，图13。

④ 荣新江《归义军史研究——唐宋时代敦煌历史考索》，第241—243页。

鹘夫人布局对称，一代表于阗，一代表回鹘，则是反映了曹氏归义军的外交联盟[①]。

后晋的使者在于阗停留的时间较长，大概于942年前后始踏上返程。李圣天遣都督刘再昇等随行[②]。敦煌出土文书表明，天福七年（942）十一月张匡邺等与刘再昇至敦煌，沙州曹元深、瓜州曹元忠皆遣使与之一同入晋朝贡。曹元深并请僧念经三日，祈求沙州专使得达中朝(P.4046)。这次路途较为平安，使者们一个月后即达晋廷[③]。次年春，刘再昇被授以怀化大将军官衔，尔后被遣回国[④]。

刘再昇之名也见于敦煌藏文文书P.t.1256v，作yu then gi pho nya li'u si-koug“于阗使刘司空”，同行者另有其他十人，时间在猪年。由于“司空”之职衔高于“都督”，结合其他文书的记载，我们推测刘再昇此次出使敦煌的时间在951年[⑤]。他此次的身份全称似是“大宝于阗国进奉使司空刘再昇”[⑥]，所以他的使命仍然是前往中原王朝，进贡方物。

在刘再昇951年出使之前，于阗还派出另一批使者前往中原。汉文史书记载，乾祐元年（948）五月，李圣天遣使臣王知铎、张文华、秦元宝、刘行立等抵达后汉朝廷[⑦]。这批使者曾于947年6月到达沙州，

① 参见Ning Qiang, “Diplomatic Icons: Social and Political Meanings of Khotanese Images in Dunhuang Cave 220”, pp. 13–15；沙武田《敦煌石窟于阗国王画像研究》，第28—29页。

②《新五代史》卷七四《四夷附录》，第919页。

③《旧五代史》卷八一《晋少帝纪》，第1074页；《新五代史》卷九《晋出帝纪》，第91页。

④《旧五代史》卷八一《晋少帝纪》，第1075页。“刘再昇”误作“刘再成”。

⑤ 荣新江、朱丽双《一组反映10世纪于阗与敦煌关系的藏文文书研究》，第103—105页。

⑥ 此为P.5535于阗体梵文《陀罗尼咒》后的汉文题记。见张广达、荣新江《巴黎国立图书馆所藏敦煌于阗语写卷目录初稿》，原载《敦煌吐鲁番文献研究论集》第4辑，北京：北京大学出版社，1987年，此据作者《于阗史丛考》（增订本），第146页。

⑦《新五代史》卷七四《四夷附录》，第918页；王溥《五代会要》卷二九，第464—465页。

时在沙州的于阗太子及归义军官府皆设宴款待（P.2641）。948 年 6 月，后汉朝廷分别授给他们检校司空、检校左右仆射、检校兵部尚书等职①，大概随后不久他们就启程回国。宋朝建立后，史载 961 年、965年、966 年皆有于阗使“来贡方物”，“愿结欢好”②。看来，自 938 年以后，李圣天遣使中原的活动未曾停止。

最后谈一下李圣天统治时期于阗的国号问题。938 年李圣天被后晋册封为“大宝于阗国王”，此后相当长一段时间，于阗以“大宝国”为人所知，比如前述 98 窟李圣天的题名中有“大宝于阗国”，951 年出使中原王朝的刘再昇的身份是“大宝于阗国进奉使”；又 956 年敦煌的于阗回礼使索子全称于阗为“龙庭大宝国”(P.3016)；961 年的一份授戒牒称“大宝于阗国”（S.6264）；莫高窟第 444 窟有写于 964 年前后的“大宝于阗国皇太子从连供养”、“大宝于阗国皇太子琮原供养”等题记，直至 966 年前后李圣天去世，于阗一直被称为大宝国③。这一名称也反映在于阗语中，作 ttayi pū yūttyenä kuhä: jinave 或 ttaya pau yūttyaina kūauha 等，其中 ttayi pū 和 ttaya pau 都是对汉语“大宝”的音译④。过去这个看法曾受到某些学者的质疑，从而否定“大宝”国号具有年代学上的意义⑤。今天我们重新审视，仍然感到至少在汉文文书和敦煌洞窟

---

① 王溥《五代会要》卷二九，第 464—465 页。

②《续资治通鉴长编》卷二，第 56 页；卷六，第 154、161 页；卷七，第 167 页；《宋会要辑稿》，北京：中华书局，1957 年，蕃夷四，第 7714 页；蕃夷七，第 7840、7841 页；释道二，第 7891 页。

③ 张广达、荣新江《关于唐末宋初于阗国的国号、年号及其王家世系问题》，第 21—22 页。

④ H. W. Bailey，*Khotanse Texts*，II，pp. 85-86. 参见 H. W. Baiey，“Hvatanica IV”，*Bulletin of the School of Oriental and African Studies*，10.2，1942，p. 919；Idem，“Altun Khan”，*Bulletin of the School of Oriental and African Studies*，30.1，1967，p. 102.

⑤ H. Kumamoto，“Some Problems of the Khotanese Documents”，in R. Schmitt & P. O. Skjærvø eds.，*Studia Grammatica Iranica. Festschrift für Helmut Humbach*，München：R. Kitzinger，1986，pp. 227–230.

题记中，“大宝国”是作为一个专有名词而被使用，代表着10世纪中叶于阗国的一个历史阶段[①]。

① 张广达、荣新江《关于敦煌出土于阗文献的年代及其相关问题》，原载北京大学中国中古史研究中心编《纪念陈寅恪先生诞辰百年学术论文集》，北京：北京大学出版社，1989年，此据作者《于阗史丛考》（增订本），第73—75页。

第五节

改元天兴与天寿

在同庆年号行用38年后，950年李圣天改元“天兴”，于阗文作thyenä hīṇa或thyaina hīja。学者们已经根据敦煌汉文文书和于阗语文书中带有天兴年号的纪年文书，判断出天兴共有十四年，从950年至963年①。天兴纪年的起始年份和与公元纪年对应的圆满考订，主要是依据S. 6264《天兴十二年（961）正月八日大宝于阗国匝摩寺八关戒牒》中的授戒师道圆与五代宋初往西天取经僧道圆的比定，以及于阗语文书IOL Khot S. 25（Ch. c. 002）中有thyenä hīṣa naumya kṣauṇa aśa salya ttuṃjera māśte dasamye haḍe “天兴九年马年Ttuṃjārā月十日”②和IOL

① 井ノ口泰淳《ウテン語資料によるViśa王家の系譜と年代》，《龍谷大学論集》第364号，1960年，第36—37页；收入作者《中央アジアの言语と仏教》，京都：法藏館，1995年，第217—238页；张广达、荣新江《关于唐末宋初于阗国的国号、年号及其王家世系问题》，第32—58页。

② IOL Khot S. 25 （Ch. c. 002），P. O. Skjærvø，*Khotanese Manuscripts from Chinese Turkestan in the British Library*，p. 533. 另见H. W. Bailey，*Codices Khotanenses: India Office Library Oh. ii 002, Oh. ii 003, Oh. 00274 reproduced in facsimile with an introduction by H. W. Bailey*，Copenhagen: Levin and Munksgaard，Ejnar Munksgaard，1938，Introduction，p. xi. 井ノ口泰淳《ウテン語資料によるViśa王家の系譜と年代》，第36页和第42页注55（汉译见荣新江《于阗语资料所记之尉迟王家的系谱和年代》，《新疆文物》1988年第2期，第118页）。

Khot S.16（Ch. 00272）有 thyaina hīja tcaulasamyi kṣauṇa pvaisa salya kaja māśtai haṣpabe'stamyi haḍai “天兴十四年猪年 Kaja 月二十八日”的记载[①]。

虽然我们对改元天兴的原因不得而知，但是既然年号使用汉字，那当然是用汉文的意思。“天兴”可以理解为天下兴旺，也就是说彼时于阗国蒸蒸日上，这或许是说李圣天统治下的于阗王国正处于最兴盛的时期，从以后与疏勒的征战来看，这样理解应当是可以成立的。

关于天兴年间李圣天及其统治下的于阗，我们所知材料很少，上述两件于阗语文书以及另外一件记有“天兴九年马年 Rarūya 月十九日”的文书（P.2028）[②]，内容都是习字一类，没有太多内容可言。但现存几条汉文材料似略微透露出一些信息。

P.3016v《天兴七年（956）十一月于阗回礼使索子全状》是归义军的于阗回礼使、都头、前寿昌县令索子全在于阗写给于阗国的指挥、都衙、都头等的状，所以使用了于阗的天兴纪年，文字如下：

奉辞奖擢关拜，恩辉睿泽，天波共同，台造敢竭万国之赆命，庆祚千里之山河，兆祝南山，怙然皎靖。爰于柒月柒日，告辞本道，星驰朔余，达于朝庭。捌月贰拾贰日，宣旨迎接接[③]，便令朝见。皇帝幸于暑宫。儛袖称臣，具奏本道回礼进贡大朝事，别勑宣问河隍道归义军使臣卿，于（予）虚受东朝之臣节，为朕国之血属，膺娉诸域，来朝万里，柱国良弼，并迈远昔，任土作贡，开天

---

① P. O. Skjærvø, *Khotanese Manuscripts from Chinese Turkestan in the British Library*, p. 518.

② H. W. Bailey, *Khotanse Texts*, II, p. 82, lines 88-90; H. Kumamota, "Miscellaneous Khotanese Documents from the Pelliot Collection", *Tokyo University Linguistics Papers*, 14, 1995, pp. 239-242.

③ 衍一“接”字。

未有。仍选拣进贡皇后内殿筝妓，及添太常寺乐人，特回天睠。宣问皇后，于虚此理。何者，圣后所奏承天，骨肉庆幸。两朝所为，翼禅傅圣之君，仁德盛明之主，乾坤再佑，菩萨天子，日月重明，兆民父母，所以不惧众云、炎摩多，将军将弓弩偻罗之人，尽命血战，不虑死生，但愿圣躬宝祚长春，紫陌成于洛驿。一仁有感，万国赖之，路不拾余（遗），万万余载，即臣妾之，后殿幸也。微臣子全……谨具朝觐回礼进贡龙庭大宝国事仪，岂敢隐匿。圣情超三迈五之化，乃文乃武披图，时惟不具。伏惟指挥、都衙、都头等，尊体起居万福，即日子全蒙恩偏佑，伏惟顺时，柱国善佳（加）保重，卑情所望。不宣，伏惟察悉，谨状。

天兴柒年拾壹月　日于阗回礼史（使）内亲从都头前寿昌县令御史大夫检校银青光禄大夫上柱国索子全状（钤“寿昌县印”）

指挥等　挥右

谨空。①

索子全等一行于天兴七年（956）七月七日离开敦煌，八月二十二日抵达于阗都城，朝见皇帝李圣天，并给归义军节度使曹元忠的姐姐——于阗国皇后致送了伎乐等礼物。李圣天在暑宫接见来使，受领贡物。状文对于阗国的“菩萨天子”倍加赞颂，甚至说“一仁有感，万国赖之，路不拾遗，万万余载”，虽然不无谀媚之嫌，但也是因为李圣天正处在如日中天的时代。

P.3016v 保存的另一篇《天兴九年（958）九月西朝走马使□富住状》是归义军新受内亲侍、都头、西朝走马使□富住在于阗上给于阗国指挥都衙、宋都衙、周都衙、小宋都衙及两班诸都头等的报告，文称：

---

① 图版见上海古籍出版社、法国国家图书馆编《法国国家图书馆藏敦煌西域文献》第 21 册，上海：上海古籍出版社，2002 年，第 61—62 页。

季秋霜冷，伏惟指挥都衙、宋都衙、周都衙、小宋都衙及两班诸都头等，尊体起居万福。即日富住蒙恩不审，近日拜别赞傭府庭，为社稷生灵，尊用何似，伏惟依时，倍佳（加）保治，卑情所望。于陆月贰拾壹日出于本道，沿路虽逢奸危贼寇，上下一行，并无折欠，其于国朝信物，亦无遗失，于柒月贰拾叁日得达西朝（于阗）。鸾（銮）驾亲征西幸，富住等至捌月拾壹日出迎接朝覲，奏奉本道太师令公（曹元忠）差充走马，奏回礼使索子全等贰人于伍月伍日入沙州，不逢贼寇，亦无折欠，宣诰军府内外官班僧道等，兴庆钦奉皇恩，天高海阔，限以参傭，守职远方，不获朝覲。限以富住未获回走马参拜起居。伏惟照察，兼未及信物，谨状。

天兴玖年九月　日前检校银青光禄大夫新受内亲侍都头西朝走马使□富住状

指挥都衙等阁下

谨空。①

这篇状文报告天兴七年出使于阗的索子全等已于本年五月五日还至敦煌。随后归义军又在六月二十六日派出□富住等一行出发，前往于阗，路上虽遇贼寇，但人员与信物都无损失。七月二十三日抵达，正巧遇到于阗皇帝銮驾西征。到八月十一日，才得以朝见于阗皇帝。据于阗语文书 IOL Khot S. 16（Ch. 00272）和 P.5538a 文书，天兴十四年（963）时于阗正与疏勒作战②。由此推测，958 年李圣天“鸾驾亲征”的对象恐怕也是疏勒。文中把李圣天的率兵西征说成是“西幸”，班师回国即接见归义军使者，说明于阗与疏勒的战争虽然开始，于阗尚处在优势的地

① 图版见上海古籍出版社、法国国家图书馆编《法国国家图书馆藏敦煌西域文献》第 21 册，第 62—63 页。

② H. W. Bailey, “Śrī Viśa̧ Śūra and Ta-uang”, *Aisa Major*, new series, 11.1, 1964, p. 19; P. O. Skjærvø, *Khotanese Manuscripts from Chinese Turkestan in the British Library*, p. 518.

位。

S. 6264《天兴十二年（961）正月八日大宝于阗国匝摩寺八关戒牒》是一件授戒牒（图 2–4），授戒师是“左街内殿讲经谈论兴教法性大师赐紫沙门道圆”，授戒弟子为曹清净。文书虽然发现于敦煌，但授戒的地点在“大宝于阗国匝摩寺”。匝摩，于阗文作 Tcarma，藏文作 Tsar ma，汉文又作赞摩、拶摩等。匝摩寺是于阗国兴建的第一座寺院，而且一直是于阗重要的寺院之一，另据 P. 2139《释迦牟尼如来像法灭尽之记》保留的有关于阗佛教的传说，匝摩寺也是于阗佛法灭尽时最后一个毁灭的佛寺①。这次授戒活动，授戒弟子当不止一人，时间选在正月八日，也一定有其用意。此次授戒的主持人是从中原往天竺取经的高僧道圆，他当时称“左街内殿讲经谈论兴教法性大师赐紫沙门”，这应当是他在于阗受封的称号。高居诲称李圣天之居处“尝（常）以紫衣僧五十人列侍”，在天兴十二年前后，道圆大概正是李圣天身边的紫衣僧之一。两三年后，道圆与李圣天派遣的于阗使者一起东行，经过敦煌，最后在乾德三年(965）十二月到达宋朝首都，道圆奉献贝叶经及舍利，“上喜，赐以紫衣

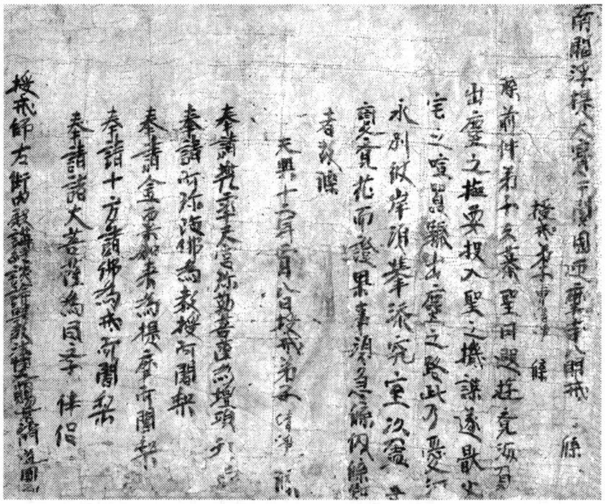

图 2–4　S.6264《天兴十二年（961）正月八日大宝于阗国匝摩寺八关戒牒》（IDP）

① 张广达、荣新江《于阗佛寺志》，原载《世界宗教研究》1986 年第 3 期；此据作者《于阗史丛考》（增订本），第 225—228 页。P.2139《释迦牟尼如来像法灭尽之记》和与之内容相同的敦煌藏文本 IOL Tib J 597、598 和 601.2《于阗阿罗汉授记》的最新整理本，见朱丽双《<于阗阿罗汉授记>对勘与研究》，同书编辑委员会编《张广达先生八十华诞祝寿论文集》，台北：新文丰出版公司，2010 年，第 605—676 页。

及金币”[①]。这件牒文说明，到了李圣天时期，匝摩寺仍然是于阗重要的佛教寺院，其法会在国王李圣天的支持下隆重举行。李圣天还善于利用道圆这样中原西行取经的僧人，来沟通于阗与中原王朝的往来。

天兴十四年（963），李圣天再次改元，号为“天寿”，于阗语作 thyaina śīva。此名见于于阗语文书 P. 2928 开头叙述年代的部分，作 thyaina śīva dīde kṣuṇa gūha salye rarūya māśta dasamye haḍai “天寿三年牛年 rarūya 月十六日”[②]。学界也已经圆满比定出天寿纪年与公元纪年的对应关系，这有赖于俄藏敦煌文书 Дx.1400+Дx.2148+Дx.6069 保存的几件天寿二年（964）的牒状，特别是其中提到的从敦煌派去的使者“押衙安山胡”与 P.2703v《沙州归义军节度使曹元忠致于阗王书》所提到的安山胡的比定[③]。天寿年号从 963 年延续到大概 966 年或 967 年李圣天去世为止。

至于李圣天在统治五十余年之后改元天寿的原因，当如同隋文帝在开皇二十年（600）五十大寿时改元“仁寿”一样，目的是为自己颂寿[④]。

天寿纪年的文书，主要集中在天寿二年，除了上举俄藏 Дx.1400+Дx.2148+Дx.6069 号文书外，还有法藏 P.4518（2）《天寿二年宝胜状》。综合这些文书的内容及归义军官府文书的记载，我们得知，天寿二年于阗与敦煌之间有着不寻常的紧密交往。这一年从正月至十月，归义军频繁地有供于阗使酒、宴请于阗使、衙内看于阗使等记录。留住敦煌的于阗太子、公主，由弱婢员孃、祐定服侍（Дx.2148）；八月七日，有于阗

① 《宋会要辑稿》道释二所记大致同，第 7891 页。

② 张广达、荣新江《巴黎国立图书馆所藏敦煌于阗语写卷目录初稿》，《敦煌吐鲁番文献研究论集》第 4 辑，北京：北京大学出版社，1987 年，此据作者《于阗史丛考》（增订本），第 118—148 页。

③ J. Hamilton, “Les règnes khotanais entre 851 et 1001”, in M. Soymié ed, *Contributions aux études sur Touen-houang* (Hautes études orientales 10), Genève: Droz, 1981, pp. 49–54；张广达、荣新江《关于唐末宋初于阗国的国号、年号及其王家世系问题》，第 34 页。

④ 张广达、荣新江《关于唐末宋初于阗国的国号、年号及其王家世系问题》，第 35 页。

太子三人至敦煌，在佛堂内供养诸佛（P.3184v）；九月，右马步都押衙张保勋也自沙州牒上于阗皇帝（Дx.1400），弱婢祐定等则牒上于阗天女公主、宰相，切望发遣绢、画彩、钢铁、绀城细緤等，以供宕泉造窟（Дx.6069），还有新妇小娘子阴氏上于阗公主状（Дx.6069）等[①]。联系前述958年李圣天“鸾驾亲征西幸”和963年于阗与疏勒作战，那么，964年于阗太子在敦煌供养诸佛、祐定等在敦煌造窟，或许也是为战事未靖而祈福。于阗国的太子和公主在敦煌生活自然是为躲避本国的战火，至于诸多“看于阗使”等记录，可能反映了李圣天派遣使臣东来寻求支持或建立进一步联盟的活动。

需要说明的是，近年吉田豊提出新说，认为天寿年号始于963年，终于965年。尔后“开运”（khạyi gyịnä）年号继之，始于965，终于967年，这是李圣天与曹氏之前的妻子所生的某位短命王子所用的年号。他还推测天寿年号也可能是另外一位短命王子所用的年号[②]。这一假说推测成分太多，此处不取。

---

① 施萍亭《本所藏〈酒帐〉研究》，《敦煌研究》创刊号，1983年，第146页；张广达、荣新江《10世纪于阗国的天寿年号及其相关问题》，原载《欧亚学刊》第1辑，北京：中华书局，1999年，此据作者《于阗史丛考》（增订本），第297—298页。

② 荣新江、广中智之译《有关和田出土8-9世纪于阗语世俗文书的札记》(二)，朱玉麒主编《西域文史》，北京：科学出版社，2008年，第97—98页。

第六节

逝世与追念

汉文史料记载，宋乾德四年（966），“于阗国王李圣天遣其子德从来贡方物”[①]。“德从”当作“从德”，他于967年即位为于阗王，年号天尊（thyena/thyainä tcūnä）。看来，李圣天是在966年的某个时间去世的。

敦煌汉文文书S. 3180v记某年某月二十八日“就衙奉为大宝国皇帝百辰追念疏”[②]。“大宝国皇帝”显然指李圣天，“百辰”是指去世后百日，可见在他去世之后，作为有姻亲关系的敦煌归义军官府也为他举行了追念活动，而活动的地点是“衙”，这当指归义军官府的正衙。所以这里主持追念活动的不是别人，正是当时的归义军节度使曹元忠。

---

①《续资治通鉴长编》卷七，第167页。

② 图版见沙知、艾兰等主编《英藏敦煌文献》第5卷，成都：四川人民出版社，1992年，第23页。

第三章

尉迟苏罗王

第一节

李圣天的继承人

自 20 世纪 80 年代开始，由于对 10 世纪于阗王国王统世系的讨论，逐渐揭示出一位于阗史上的重要人物——从德太子，并且把他和继李圣天（Viśa' Saṃbhava,912—966 年在位）为王的尉迟苏罗（Viśa' Śūra，967—977 年在位）比定为同一人。不论汉文文书的记载，还是于阗文史料的记录，尉迟苏罗王时代的于阗无疑是于阗佛教王国最后的辉煌时刻。虽然我们没有像中原王朝的史籍那样系统的记载，但如果我们把陆续发现的各类有关从德太子和尉迟苏罗王的于阗文、汉文文献集中起来，就可以描绘出一个在 10 世纪于阗及其与敦煌、中原王朝交往史上有血有肉的人物，他书写了一段辉煌的于阗历史。本章拟钩稽零散史料，以系统地阐述他的生平事迹。

Viśa' Śūra“尉迟苏罗”之名见于于阗文文书 P.4099《文殊师利无我化身经》（*Mañjuśri-nairātmyātvatarā-sūtra*）背面第 436—439 行的题记，其中的发愿文字写道（转写前的编号为笔者所加）：

（1）tta ṣṭa pūña parya ya-śaina rradāna rrada vīśa'sabava jsa habrrīhe ba'yasaśta brruva “我愿证悟者、王中之王尉迟散跋婆以此功德而早升净土。”

(2) tta ṣṭa pūña hedava cakrravaratta rrada vīśa'śura jsa habrrīha jsana hūṣa'ya “我愿天竺转轮王尉迟苏罗以此功德而已躬永寿。”

(3) tta ṣṭa pūñai: ṣacu ttavā jsa habrrīhe jsīne hūṣa'ya : “我愿沙州大王以此功德而已躬永寿。”[①]

如前所述，尉迟散跋婆王即李圣天，写经发愿人称他已经证悟并祈祷他早升净土，表明他已经“成佛”，即已经去世。发愿人接着祈祷尉迟苏罗王已躬永寿，表明他仍然在世，而且从文意来看，后者当是前者，即尉迟散跋婆王之子。发愿人又祈祷沙州大王已躬永寿。Ttavā，过去井之口泰淳译作“太傅”[②]，今据高田时雄汇集的于阗语与汉语对译材料，当作“大王”[③]。尉迟苏罗王在位的时间是967—977年（详见下文），彼时称“大王”者仅曹元忠，始于964年[④]，则此文书写于967—977年之间。

尉迟苏罗王应当是李圣天与其皇后曹氏所生的孩子。由于于阗实行嫡长子继承制，所以很有可能他是李圣天的第一个太子，也是曹氏的长子。曹氏是归义军节度使曹议金的女儿、曹元忠的姐姐，所以在上述发愿文中还特别提到在世的曹元忠。在汉文文献中，尉迟苏罗王被称作

---

① 文书转写见 H. W. Bailey, *Khotanese Texts*, II, London: Cambridge University Press, 1954, pp. 123-124; 部分英译见 E. G. Pulleyblank, "The Date of the Staël-Holstein Roll", *Asia Major*, new series, 4.1, 1954, pp. 92-93; 日译见井ノ口泰淳《ウテン語資料によるViśa王家の系譜と年代》，《龍谷大学論集》第364号，1960年，第28—29页（汉译文见荣新江《新疆文物》1988年第2期，第114页）。

② 井ノ口泰淳《ウテン語資料によるViśa王家の系譜と年代》，第28—29页。

③ 高田时雄《于阗文书中的汉语语汇》，钟翀等译，原载《漢語史の諸問題》，京都大学人文科学研究所研究報告，1988年，收入作者《敦煌·民族·语言》，北京：中华书局，2005年，第221页。

④ 荣新江《归义军史研究——唐宋时代敦煌历史考索》，上海：上海古籍出版社，1996年，第132页。

“从德”，于阗文音译作 Tcūṃ ttehi: [1]，这大概是他身为于阗太子时在敦煌生活所用的名字。

确认从德为曹氏之子的主要依据，是于阗语文书 P.3510《从德太子发愿文》。文书共有 43 小节，末尾有题记，作 “Tcūṃ ttehi:太子一切恭敬，敬礼佛法，命人写讫”。1951 年贝利（H. W. Bailey）刊布了文书的转写[2]；1960 和 1965 年贝利和阿斯木森（J. P. Asmussen）分别发表文书 12—13 和第 6—9 小节的译文[3]；1980 年，贝利发表《从德太子》一文，翻译了文书的第 38—40 小节从德发愿部分和末行题记[4]；同年，恩默瑞克（R. E. Emmrick）发表文书全部 43 小节及题记的英译[5]。1983 年，上述张广达和荣新江在讨论从德太子时，曾据恩默瑞克的英译而将文书摘要译作汉文[6]。今转录如下，括号内数字为各小节之数：

(1—2) 一切恭敬，敬礼一切诸佛并诸菩萨、八圣贤、佛说真谛及常住三宝。(3—4) 叹佛亿万功德，不能一一称颂，谨默诵在心，并数万次匍匐礼拜。(5) 伏愿诸佛慈悲于我从德太子，佑我

① 详参张广达、荣新江《敦煌文书 P.3510（于阗文）〈从德太子发愿文〉（拟）及其年代——〈关于于阗国的国号、年号及其王家世系问题〉一文的补充》，《1983 年全国敦煌学术讨论会文集·文史遗书编》上，兰州：甘肃人民出版社，1987 年，第 163—175 页；此据作者《于阗史丛考》（增订本），北京：中国人民大学出版社，2008 年，第 58—47 页。

② H. W. Bailey, *Khotanese Buddhist Texts*, first published 1951; revised edition, London: Cambridge University Press, 1981, pp. 47–53.

③ H. W. Bailey, “Arya”, *Bulletin of the School of Oriental and African Studies*, 23.1, p. 29; J. P. Asmussen, *Xuāstvānīft. Studies in Manichaeism*, tr. N. Haislund, Acta Theologica Danica VII, Copenhagen: Prostant apud Munksgaard, 1965, pp. 256–257.

④ H. W. Bailey, “The Great Prince Tcūṃ- ttehi”, in Lokesh Chandra ed., *Studies in Indo-Asian Art and Culture*, Volume 6, *Commemoration Volume on the 78th Birthday of Acharya Raghuvira*, New Delhi: International Academy of Indian, 1980, p. 49.

⑤ R. E. Emmrick, “The Verses of Prince Tcūṃ-ttehi:”, *Studia Iranica* 9.2, 1980, pp. 185–193.

⑥ 张广达、荣新江《敦煌文书 P.3510（于阗文）〈从德太子发愿文〉（拟）及其年代》，第 39—40 页。按，个别文字略有增损。

得悟真识。(6—9)从无始时来，因痴生身而至今日，由身语意三行，由不崇敬信徒，由众多烦扰而有无数行为，今并一切忏悔；因嗔、染痴而对母、对父、对诸师乃至对三宝造罪得罪，无量无间，无论记忆与否，今并发露，许我忏悔（deśanā）。(10)至心发愿，愿借菩萨善戒力而脱我虚妄，并借菩萨五力导我以正。(11—20节内容为罗列真心施舍之诸宝、法具等物，从略)(21—25)至心发愿，愿借三宝，脱离生死（轮回），并借六婆罗密多而得识十地，得脱五毒。(26—34)至心发愿，向有生各界宣扬佛法，以此功德普及一切众生，庇佑疾苦，共成佛道，并愿自身敬信佛法无碍，恒至涅槃，如佛所行。(35—37)愿生而为男，有德有勇，有智有慧，孔武健壮，盛福大贵，肢躯为金刚（Vajra）身，神威无敌。(38)我至亲至善（manāpa）之父、圣君（śiṃ kūṃ）、王中之王功德无量。伏愿其命居三聚（trivarga）而宝位恒昌。(39)我至亲至善之母、大汉皇后（mista ciṃgāni），予我此生性命（gati）。伏愿其命居三聚而坚远永隆。(40)又愿诸王子、小娘子（公主）身体安泰，已躬永寿。诸臣仆效力至忠，亦愿其灾病俱消，福庆相资，永不分袂。(41)又愿自身我从德太子灾祛孽除，瘳疾不作，破诸烦恼，永泰增寿。(42)愿我诸世皆识前生，愿我拯救诸界众生皆得涅槃。(43)愿我亲见诸佛，永无疾苦，愿我因虔敬而往生极乐世界（Abhirati）。

(末题)从德太子一切恭敬，敬礼佛法，命人写讫。

按文书第39小节从德太子祝福其母，称其母为 mista ciṃgāni“大汉皇后”。据贝利研究，在10世纪于阗作者的笔下，Ciṃgga“汉”总是指归义军政权治理下的敦煌[①]。遍检史料，除于阗文文献 Ch.i.0021a（IOL Khot S.21）记载尉迟达磨王曾派使臣到沙州求嫁公主而未知结局如何外[②]，只有李圣天曾取曹议金女为妻。因此，“大汉皇后”除李圣天的曹氏皇后外没有其他任何角色身份相符，则从德为李圣天和曹氏之子可确定无疑[③]。由于其父以李为姓，从德的姓名全称当是李从德，虽然汉文文献中从未出现这样的写法。

① H. W. Bailey, *Khotanese Texts*, VII, Cambridge: Cambridge University Press, 1985, pp. 12-15.

② P. O. Skjærvø, *Khotanese Manuscripts from Chinese Turkestan in the British Library. A Complete Catalogue with Texts and Translations*, with contribution by U. Sims-Williams, London: British Library Publishing, 2002, pp. 522-524.

③ 张广达、荣新江《敦煌文书P.3510（于阗文）〈从德太子发愿文〉（拟）及其年代》，第44页。

第二节

青少年时代在敦煌的生活与学习

莫高窟第 244 窟甬道南壁第一身供养人为归义军节度使曹议金像，后为一童子像，再后是持弓箭侍从，童子的题记是：

1　戊□□五

2　月十□日

3　□□太子

北壁第一身为曹元德像，后为一童子像，再后是持弓箭侍从，童子的题记是：

1　德从子 [

2　□德太子[1]

对于北壁童子题记，1983 年张广达先生与荣新江参观此窟时，还可以见到第 2 行“德”字上有“从”字的残画。若此识读不误，那么这位“从

① 敦煌研究院编《敦煌莫高窟供养人题记》，北京：文物出版社，1986 年，第 108 页。

德太子”应当就是 P.3510 于阗文《发愿文》的作者太子从德。因为莫高窟 244 窟为沙州节度使曹元德在 935—940 年间重修[①]，而李圣天是在 934 年娶曹氏为后的，从德当出生于 935 年或其后不久。从德在 244 窟的甬道壁画上为一孩童形象，可见他在孩童时曾在沙州舅家生长，并在莫高窟 244 窟的甬道上留下了题名，他作为归义军节度使的外甥而画在乃舅曹元德的身后[②]。对于南壁童子题记，施萍亭先生曾提供一个更详细的录文：“戊辰□五 / 月十五日 / 从□太子”，并将“戊辰”考订在 968 年[③]。但是 968 年从德已经成年，不是孩童。大概“戊辰”的释读有较多推测的成分，故随后出版的《敦煌莫高窟供养人题记》不取，以“戊□”处理。查 934 年以后至 968 年之间的戊年有 938 年（戊戌）、948 年（戊申）、958 年（戊午）三个年份，其中以 938 年的戊戌可能性最大，而且相较于“戊申”和“戊午”，“戊戌”与施萍亭先生推测的“戊辰”在字形上比较接近。如果戊戌岁即 938 年的看法成立，则和上述从德可能的出生年份以及曹元德的执政时间都基本吻合。从这个时间来看，从德当是曹氏生育的长子。

至于北壁第 1 行题记的“德从子（后缺）”云云，张广达、荣新江 1983 年最早曾把这位“德从”疑为尉迟苏罗王和尉迟达磨王时期两朝重臣张金山(Cā Kīmä śanä)的叔伯张德从(Cā Ttaiha tcainä Kharūṣa)[④]，“德从”这个汉文名字为金子良太据张金山请人编译的《佛本生赞》(*Jātakastava*) 题记上的 Cā Ttaiha tcainä而复原的[⑤]。但根据高田时雄总

① 贺世哲、孙修身《瓜沙曹氏与敦煌莫高窟》，敦煌文物研究所编《敦煌研究文集》，兰州：甘肃人民出版社，1982 年，第 241—242 页。

② 张广达、荣新江《敦煌文书 P.3510（于阗文）〈从德太子发愿文〉（拟）及其年代》，第 42 页。

③ 施萍亭《敦煌随笔之一》，《敦煌研究》1985 第 3 期，第 73 页。

④ 张广达、荣新江《敦煌文书 P.3510（于阗文）〈从德太子发愿文〉（拟）及其年代》，第 45 页。

⑤ 见所撰《敦煌出土張金山関係文書》，《豊山学報》第 19 号，1974 年，第 111 页。

结的于阗语音韵规则，Cā Ttaiha tcainä看来不能比定为“张德从”。Cā对“张”、ttaiha 对“德”没有问题，但 tcainä却不能等同于“从”，其声母 tc 可比对为汉语的精母、清母或从母，韵母 ainä则与臻摄比对，大概与“辰”或“晨”比较接近[①]，还因为禅母和精母、清母、从母同属齿音，这样，Cā Ttaiha tcainä或可比对“张德辰”。施萍亭先生把这两行连读为“德从子□（从）德太子”，并据“戊辰”为 968 年的看法，认为德从即《宋史》所记乾德四年（966）入宋朝贡的李圣天子德从，从德太子是德从的儿子[②]。2009 年，梅林先生发表《莫高窟第 244 窟于阗太子题记再审查》一文，认为“德从子”因为与“□(从）德太子”不接续，且字体较小，是从德太子身份的解释性文字，他重申施萍亭先生的观点，力图建立李圣天——德从——从德太子这样的世袭关系[③]。但是，这一看法没有对有关从德的相关材料进行全面的解说，对于其他相关资料和人物的年代也没有展开讨论，所以对于从德何时成为于阗国王这样的关键问题也无法解说，因此，这里只备一说，似乎难以接受。

从德不仅孩童时曾至敦煌，长大后似乎还在敦煌生活过较长时间，并留下不少文献。于阗文 P.3513 写本是一部由几种佛教文献组成的合集，包括：(1)《佛名经》，第 1—12 叶；(2)《般若心经疏》，第 13–42 叶；(3)《普贤行愿赞》，第 43—58 叶；(4)《金光明最胜王经·忏悔品》，第 59—75 叶；(5)《礼忏文》，第 76—84 叶[④]。其中第 5 部分《礼忏文》虽未提及作者的名字，仅称“我太子”（aysa rraispūrrä）云云，但由于其开头部分文字与 P.3510《从德太子发愿文》的第 9—10 叶相同，所以翻译这份文献的贝利教授认为 P.3513 当与 P.3510 的作者为同

① 郭锡良《汉字古音手册》（增订本），北京：商务印书馆，2010 年，第 365 页。
② 施萍亭《敦煌随笔之一》，《敦煌研究》1985 第 3 期，第 73 页。
③《敦煌研究》2009 年第 2 期，第 4—7 页。
④ 张广达、荣新江《巴黎国立图书馆所藏敦煌于阗语写卷目录初稿》，第 142—143 页。

一人，即从德太子[1]。《忏悔文》前面的四种文献多与忏悔思想有关，而且连续工整地抄写在一起，表明它们应同属于从德太子。这些文本在敦煌被完整地保存下来，似乎表明供奉这些作品的从德太子曾长期在敦煌生活[2]。而且从这些文书看来，从德太子对佛教颇有造诣。

对此的另一个证明是从德太子拥有佛教“大师”的称号，见敦煌汉文写本 P.3804-3 中的一则《斋文》：

某乙闻：大雄立教，至觉垂文。八万门众妙宏开，十二部真经广设。自昙花西谢，贝叶东来，累硕德而弘宣，九州敬仰；积高僧而演化，千帝归崇。然则前后匡持，古今隆盛。是时也，韶年媚景，仲序芳春，皇储出俗之晨，帝子弃荣之日。

于是幡花影日，金容出现于郊源；铃毂轰天，道俗云奔于法席。经开八相，不异祇园，论讲百般，有同鹫岭。如斯胜善，尘累难量，则我府主大王，盛匡佛事矣。

伏惟我天皇后，大罗禀气，鼎族间生，名花夺于颊红，初月偷于眉细。数载而治化大国，八表昭苏；即今而慈育龙沙，万民忻怿。加以低心下意，敬佛礼僧，弃贵损荣，听经闻法者，即我天皇后之德也。

伏惟我府主大王，六眸表瑞，一角呈祥，禀岳渎之奇精，应星辰之秀气，习武则武包七德，六番跪伏于沙场；揽文则文擅九功，四境输琛于阶下。加以四弘在念，十信寘怀，隆建法幢，年常不替者，即我大王之德也。

伏惟大师，圣皇贵胤，天帝良苗，阐大教而声播九州，绍真宗

① H. W. Bailey, "The Profession of Prince Tcūṃ-ttehi", in E. Bender ed., *Indological Studies in Honor of W. Norman Brown*, New Haven, 1962, pp. 18–22; Idem, *The Culture of the Sakas in Ancient Iranian Khotan*, New York: Caravan Books, 1982, p. 68.

② 张广达、荣新江《关于敦煌出土于阗文献的年代及其相关问题》，第 83—84 页。

而劳笼一郡者，即我太子大师之德也。

伏惟我都僧统大师（下略）[①]

施萍亭先生曾经指出，五代时回鹘把王后称“天公主”，于阗则把王后称“天皇后”[②]。这件文书第6—8行的“天皇后”当指出嫁于阗国皇帝李圣天的曹氏，她在莫高窟第61窟和第98窟的题记中亦皆作“天皇后”。文书第11—13行称颂的“大师”、“太子大师”是“圣皇贵胤，天帝良苗”，则自然为“天皇后”所育。向达先生曾在《西征小记》中谈及一中空木塔，内有银塔一座，上镌“于阗国王大师从德”云云，“原出敦煌千佛洞……五代时于阗与瓜沙曹氏互为婚姻，则此当是于阗国供养千佛洞之物。”[③]（图3-1、3-2）由此推测，P.3804-3《斋文》的

图3-1 彩绘木塔（《甘肃省博物馆文物精品图集》，第233页）

图3-2 彩绘木塔上的菩萨像（《甘肃省博物馆文物精品图集》，第232页）

① 上海古籍出版社、法国国家图书馆编《法藏敦煌西域文献》第28册，上海：上海古籍出版社，2004年，第106页；录文见张广达、荣新江《10世纪于阗国的天寿年号及其相关问题》，原载《欧亚学刊》第1辑，北京：中华书局，1999年，此据作者《于阗史丛考》（增订本），第299—300页。

② 施萍亭《敦煌随笔之一》，第72—73页。

③ 向达《唐代长安与西域文明》，北京：三联书店，1957年，第340页。

“太子大师”应当就是后来的“于阗国王大师从德”，也就是李圣天的继承人尉迟苏罗，而且在他做于阗王之后，大师的称号仍旧使用。

在这份《斋文》中，从德的身份仍是“太子”，也就是说他尚未即位为王，那么这份《斋文》当写于967年以前。《斋文》主要赞颂了敦煌的府主大王，在935—967年之间称大王者仅有964—966年间的曹元忠[1]，则这位府主大王当指归义军节度使曹元忠，而《斋文》写作的时间也可判定在964—966年之间。《斋文》依次提及府主大王曹元忠、天皇后曹氏、太子大师从德、都僧统大师，其中又有“皇储”、“帝子”之语，从种种迹象看来，虽然此次讲经法坛开设在敦煌，但讲经的功德主恐怕是从德太子。如下所示，从德太子曾于964年在敦煌参加法会，而后于966年抵达宋廷朝贡。看来，《斋文》当写于此次他停留敦煌期间。《斋文》赞颂从德“阐大教而声播九州，绍真宗而劳笼一郡”，所以“大师”的称号可以说是当之无愧的。另外，《斋文》对从德太子之母大加赞颂，却只言未及其父，大概当时曹氏和从德一起在敦煌，而李圣天因为年事已高，身在于阗。

另外，P. 2896写本主要有三项内容：(1) 第1—48、56—68行是几篇书信的草稿；(2)第2—15行是《善财童子譬喻经》(*Sudhanāvadāna*)；(3) 第49—55行是抒情诗[2]。就在第(1)项书信草稿第34—36行的地方，杂写着一些不规范的汉字，可以辨认出的有“太子”、“从德”、“侯司空”、“敕”等[3]。此处之“从德”，应当就是李圣天与曹氏之子从德太子，旁边所写的“太子”称号也应当属于他。看起来这组文书也是从德太子在敦煌留下的文本。

---

① 荣新江《归义军史研究——唐宋时代敦煌历史考索》，第132页。

② 分别见 *Khotanese Texts*, III, pp. 94–96; *Khotanese Buddhist Texts*, pp. 11–12; *Khotanese Texts*, III, p. 36.

③ 图见黄永武编《敦煌宝藏》第125册，第100页。参看张广达、荣新江《巴黎国立图书馆所藏敦煌于阗语写卷目录初稿》，第136页。

还有，中国国家图书馆藏丽字 73 号写本背面有七行于阗文，内容是《善财童子譬喻经》，第 1 行于阗文的前面残存有三个不规则的汉字："］常宗德"[①]。熊本裕认为，这里的残名"□常"应与"宗德"断开，前者可能是《宋史》所记开宝二年（969 年）入贡于宋的于阗"国王男总尝"，其所对应的于阗语或是 Ch.00267 号文书中的太子 Tcū syau；至于"宗德"，当即从德[②]。按 969 年在位的于阗王是尉迟苏罗，所谓"国王男总尝"云云，则总尝当是尉迟苏罗王之子。"□常"的确令人想到总尝，但与于阗语文书 Ch.00267 的 Tcū syau 太子似不能勘合。这件文书是 Tcū syau 太子发愿文，今重编作 IOL Khot S.11，已由施杰我全文英译发表[③]。从文书内容来看，Tcū syau 是尉迟僧伽罗摩王之后的太子，若从发音上考虑，似可对应于汉语"总绍"（详见下文），因此两人不应等同。

至于熊本对"宗德"与"从德"的比定，我们认为也有待新材料予以证明。汉文文书 P.4792 是一件杂写，其中有"壬申年五月廿日太子从原、顺德贰人写字书记耳"[④]。这里的壬申年最有可能是 972 年，从原太子的名字与从德太子、从连太子一样，都以"从"字开始，当为弟兄辈。顺德太子与他们的辈分不明，但这至少说明，于阗太子的名字中有"德"字的，除了从德太子之外，还有顺德太子，因此若另有一位宗德

① 野村博最早注意到这件于阗文写本，见所著《北京圖書館藏敦煌文书"麗字 73 号"于闐文》，载《東洋史苑》第 7 号（1973 年），第 16—25 页，但他没有详论这三个汉字。按陈垣《敦煌劫余录》第七帙（北京，1931 年）叶 323 背，许国霖《敦煌石室写经题记》上辑（上海：商务印书馆，1937 年）叶 4 背，都把"常宗德"看作一个人名。

② H. Kumamoto, "Some Problems of the Khotanese Documents", in R. Schmitt & P. O. Skjærvø eds., *Studia Grammatica Iranica. Festschrift für Helmut Humbach*, München: R. Kitzinger, 1986, p. 332.

③ P. O. Skjærvø, *Khotanese Manuscripts from Chinese Turkestan in the British Library*, pp. 499–502.

④ 上海古籍出版社、法国国家图书馆编《法藏敦煌西域文献》第 33 册，上海：上海古籍出版社，2005 年，第 181 页。

太子，也是在情理之中吧。“宗”和“总”发音相似，或都对应于于阗语文书中出现的于阗太子的名字 Tcū也说不定。若确实如此，总尝和宗德有可能是弟兄辈，也就是从德太子，即后来的尉迟苏罗王的晚辈。

第三节

入贡于宋

乾德四年（966）二月，从德曾入贡于宋，这出自《续资治通鉴长编》卷七乾德四年的一条记载："是岁，于阗国王遣其子德从来贡方物。""德从"当系"从德"之误[①]。

莫高窟第444窟东壁盛唐画《见宝塔品》南北两侧有后人的题名："南无释迦牟尼佛说《妙法华经》，大宝于阗国皇太子从连供养；南无多宝佛为听法故来此法会，大宝于阗国皇太子琮原供养。"[②] 对于这两位于阗太子，贺世哲、孙修身先生认为就是P.3184背面题名的于阗太子。该文书称："甲子年八月七日，于阗太子三人来到佛堂内，将《法华经》第四卷。"他们推断这个甲子年即宋乾德二年（964）[③]。对此我们完全同意，而且推测从连和琮原之外的另一位太子就是从德，他在乾德二年八月和从连、琮原一起参加了敦煌法会，而后启程前往宋朝进贡[④]。

---

① 张广达、荣新江《敦煌文书P.3510（于阗文）〈从德太子发愿文〉（拟）及其年代》，第44页。

② 谢稚柳《敦煌艺术叙录》，上海：古典文学出版社，1957年，第299页。

③ 贺世哲、孙修身《〈瓜沙曹氏年表补正〉之补正》，《甘肃师范大学学报》1980年第1期，第78页。又，其录文和《敦煌遗书总目索引》第281页的录文，皆漏一"内"字。

④ 张广达、荣新江《关于唐末宋初于阗国的国号、年号及其王家世系问题》，第21页。

从德返国后，于967年即位为王，于阗语文献称作 Viśa' Śūra “尉迟苏罗”。两年后，尉迟苏罗王派使臣直末山到宋朝进贡，称有玉一块，重237斤，希望宋朝遣使去取。史书告诉我们，同年至宋朝的于阗使还有善名法师和尉迟苏罗王之子总尝，而且从史书的叙述来看，他们并非一起到达，而是分批而来[①]。为什么不让直末山、善名或总尝随身带着这块玉去宋朝呢？史书未载。我们推测，新即位的于阗王可能想借取玉之名，让宋朝遣使对他册封，从而提高自己的威望，就如同当年晋朝遣使册封其父李圣天一样。可惜宋朝反应冷淡，史书称，宋朝为善名法师赐号“昭化大师”，令他回国取玉[②]。至于善名是否把这块重量级的玉石送到宋朝，我们不得而知。又过两年，宋朝开宝四年（971），尉迟苏罗王遣吉祥法师持书至宋廷，言称打败疏勒，获舞象一头，欲以为贡，宋朝“诏许之”[③]。但我们同样不清楚这头舞象最后是否确被送到了宋朝。再后于阗与黑汗王朝战事日重，似已无暇东事了。

① 《宋史》卷四九〇《外国传》于阗条，北京：中华书局，1977年，第14107页。
② 同上。
③ 同上。

第四节

即位为王，年号天尊

967年，从德自宋朝返回于阗未久即登上皇位，改年号为天尊（thyenä tcunä）。“天尊”这个年号的汉字写法是1951年由蒲立本(E. G. Pulleyblank)教授据于阗语发音构拟的①，至今尚未在汉文文献中发现其踪迹。如上所述，从德在于阗语文献中被称为 Viśa’ Śūra，我们音译作“尉迟苏罗”，在下面的行文中我们将主要以此名称之。

人们确定尉迟苏罗王在967年登位主要依据于阗语文书P.5538a《尉迟苏罗王致舅曹大王书状》，书状写作的时间是 thyęnä tcūnä sūhye: bäḍä tcūrmye kṣuṇä aśä salya paḍauysye māśti nmye haḍai “天尊四年之吉时，马年，正月九日”。书状提及与疏勒（Khyeṣa）作战得胜，获战利品甚多，其中包括一头大象②。如上所述，宋开宝四年（971），有于阗僧吉祥持国王书至，“自言破疏勒国得舞象一，欲以为贡”。971年是羊年，其前一年的970年为一个马年，正可与天尊四年的马年勘同。由此，尉迟苏罗王即位之年当是967年。关于此点，还有另一件于阗语文书可作旁

---

① E. G. Pulleyblank，“The Date of the Staël-Holstein Roll”，p. 92.

② H. W. Bailey，“śrī Viśa̧ Śūra and Ta-uang”，*Aisa Major,* new series，11.1，1964，pp. 17–26.

证，即 IOL Khot S.47（Ch.i.0021b.a）张金山（Cā Kīmä śanä）写《金刚乘赞文》，赞文末标年代为天尊五年，羊年①。自 967 年开始下数五年至天尊五年，正是 971 年，羊年②。

关于尉迟苏罗王的称号，贝利提示有以下几种：(1) śrī vīśa' śūrrä mistye rruṃdä "吉祥、仁慈之王尉迟苏罗"；（2）hedava cakrravaratta rrada vīśa' śura "天竺转轮王尉迟苏罗"；(3) dā rāysą nāṃdi baudhasą tvu vīśa' śūrä "汉王中之王、菩萨、尉迟苏罗"③。其中（1）出自 IOL Khot 74/3（Ch. 00274）《佛本生赞》（*Jātakastava*），赞文中还有"愿转轮王、世尊（śai tcunä）宝位恒昌！……愿金刚王(vajra-rāja)已躬永寿"④，以及"大宝于阗国转轮王、王中之王"⑤的说法。(2) 出自 P.4099《文殊师利无我化身经》第 438 行题记⑥。（3）的文献出处即前引 IOL Khot S. 47（Ch. i.0021b.a）张金山写《金刚乘赞文》，除了"汉王中之王、菩萨"之语，赞文第 16 行还写道："愿圣尊（śena tcunä）、王及天皇后，诸公主与太子已躬永寿。"⑦

综合以上，在于阗语文献中，尉迟苏罗王的称号有吉祥、仁慈之王、菩萨、圣尊、世尊、金刚王、转轮王、印度转轮王、王中之王、汉王中之王，真是丰富多彩。其中"吉祥"、"仁慈之王"、"菩萨"、"王中之王"皆曾为其前的于阗王所用，不足为怪⑧。但"天竺转轮王"

---

① P. O. Skjærvø, *Khotanese Manuscripts from Chinese Turkestan in the British Library,* p. 553.

② 以上一并参见 Pulleybank，"The Date of the Staël-Holstein Roll"，pp. 91–92.

③ *Khotanese Texts* IV，p. 5.

④ P. O. Skjærvø, *Khotanese Manuscripts from Chinese Turkestan in the British Library,* p. 299.

⑤ M. J. Dresden，"Jātakastava or 'Praise of the Buddha's Former Births'"，*Transactions of the American Philosophical Society*，new series，45:5，p. 422.

⑥ *Khotanese Texts*，II，p. 123.

⑦ P. O. Skjærvø，*Khotanese Manuscripts from Chinese Turkestan in the British Library*，pp. 552–553.

⑧ 文欣《中古时期于阗国政治制度研究》，北京大学历史学系硕士论文，2008 年 6 月，第 11—24 页。

和“汉王中之王”则值得琢磨。对于前者，文欣认为是佛教影响下与阿育王等比附的结果；对于后者，他引用了另外几件于阗语文书和敦煌汉文文书P.2826《于阗王致沙州节度令公书》，说明虽然这个称号有点奇怪，但确实为尉迟苏罗王所用[①]。联系到流传甚广的于阗建国传说中于阗先祖与天竺阿育王及东土汉王的紧密联系[②]，我们认为，所谓“天竺转轮王”与“汉王中之王”的用法，正是于阗立国传统在尉迟苏罗王称号上的反映。

尉迟苏罗王的上述称号中另一可堪注意的是śai tcunä，此词施杰我(P. O. Skjærvø)未译。其实贝利很早以前即把它比定为汉语的“世尊”[③]。我们认为可以接受。我们还注意到，汉文文书中有称于阗王作“佛现皇帝”或“佛现”者。前者见于Дx.2148（1）《天寿二年九月弱婢员孃、祐定牒》，天寿二年为李圣天在位的964年，则这件文书中的“佛现皇帝”当指李圣天[④]；后者见于S.4274《管内两厢马步军都校拣使阴某起居状》[⑤]，此阴某即是撰写于980年的S.289《李存惠墓志》中的阴住延，其时阴住延已死，则S.4274当撰写于980年以前[⑥]。S.4274中的“佛现”可能指李圣天或是尉迟苏罗，但以后者的可能性较大（详后）。无论如何，所谓“佛现”指的是佛陀现世，这与于阗语文献以śai tcunä“世尊”来指称尉迟苏罗王（也用于其后的尉迟达磨王）是一致的，是说他如法治理国土，就如同世尊释迦牟尼护持众生一般。联系前述尉迟苏罗王以佛学造诣而被称为“大师”、“世尊”称号的来源或与此有关。

另一饶有意味的事，是“大宝于阗国”的国号继续被使用，见上引

---

① 文欣《中古时期于阗国政治制度研究》，北京大学历史学系硕士论文，2008年6月，第25—26页。

② 张广达、荣新江《上古于阗的塞种居民》，第158—163页。

③ *Khotanese Texts*，IV，p. 4，n. 1.

④ 张广达、荣新江《10世纪于阗国的天寿年号及其相关问题》，第292页。

⑤《英藏敦煌文献》第6册，成都：四川人民出版社，1992年，第13页。

⑥ 张广达、荣新江《10世纪于阗国的天寿年号及其相关问题》，第294页。

IOL Khot 74 / 3（Ch. 00274）《佛本生赞》。李圣天的政治遗产不限于此，“皇帝”称号也为尉迟苏罗王所继承，见于汉文文书 P.4065（3）归义军节度使曹元忠致于阗王尉迟苏罗的书状，其中称后者为“皇帝陛下”[①]。

① 这件文书最早由李正宇先生录出，见其著《敦煌遗书 P.4065 表文三件的初步考释》，《新疆社会科学》1988 年第 3 期，第 95 页，但他推断这是曹元忠致于阗王李圣天的表文。

第五节

与敦煌的交往

前面说过从德太子在孩童时就曾在敦煌生长，成年后也在敦煌生活过较长时间。从留存下来的汉文与于阗文文献来看，在他即位为王后，两地往来依旧频繁。敦煌的使臣继续前往于阗，仍有一些于阗的太子和公主在敦煌生活，于阗的使臣和僧人也不断来到敦煌，出入节度使府，或在莫高窟供养礼拜[①]。

尉迟苏罗王本人也对敦煌洞窟做过供养，前述向达先生曾记述，出自敦煌千佛洞的小银塔上刻"于阗国王大师从德"云云，放置于一座木塔当中[②]。"从德"为尉迟苏罗王的汉文名字，这当是他即位为于阗王之后供养的物品。向达先生所说的木塔，原藏武威文庙，现陈列在甘肃省博物馆的丝绸之路展厅中。

另外，一些学者认为莫高窟第454窟主室东壁门南北向第一身所画

---

① 荣新江《于阗王国与瓜沙曹氏》，《敦煌研究》1994年第2期，第113页。

② 向达《唐代长安与西域文明》，第340页。关于银塔外木塔的下落，见张广达、荣新江《敦煌文书P.3510（于阗文）〈从德太子发愿文〉（拟）及其年代》，第42页，注2。

的中原帝王形象装扮的供养人是尉迟苏罗王[①]。按，一般认为454窟为归义军节度使曹延恭始建，而由其弟、继任节度使曹延禄在976年以后最终建成[②]，其间在位的于阗王正是尉迟苏罗。如果说98窟描绘的李圣天画像反映了曹议金时代两地政治联盟的确立，那么454窟的尉迟苏罗王画像则是这种政治联盟进一步巩固的体现。

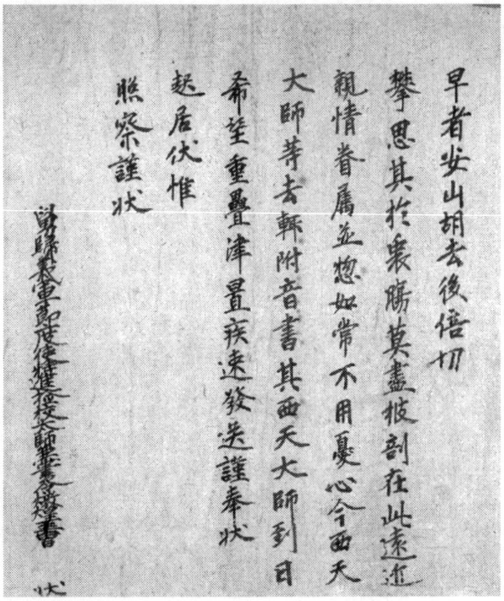
早者安山胡去後倍切
攀思其於衷腸莫盡披剖在此遠近
親情眷屬並惣如常不用憂心今西天
大師等去輒附音書其西天大師到日
希望重疊津置疾速發遣謹奉狀
起居伏惟
照察謹状

图3–3　P.2703v《沙州归义军节度使曹元忠致于阗王书》(IDP)

尉迟苏罗王在位的时间是967—977年，这期间敦煌方面的节度使先后是曹元忠、曹延恭和曹延禄，前者是他母亲的弟弟，故在身份上为其舅舅，后面两位和他则是表兄弟关系。现存汉文与于阗文文书保存有尉迟苏罗和曹元忠往来的书信，反映了双方的密切联系。比如P.2703背面有曹元忠写给尉迟苏罗王的两封书信的草稿或录副，文字如下：

A.《沙州归义军节度使曹元忠致于阗王书》(图3–3)：

1　早者安山胡去后，倍切

2　攀思，其于衷肠，莫尽披剖。在此远近

3　亲情眷属，并总如常，不用忧心。今西天

① 沙武田、段小强《莫高窟第454窟窟主的一点补充意见》，《敦煌研究》2003年第3期，第7—9页；沙武田《敦煌石窟于阗国王画像研究》，《新疆师范大学学报》2006年第4期，第23页；郭俊叶《敦煌莫高窟第454窟研究》，兰州大学博士论文，2010年，第27页。

② 贺世哲《从供养人题记看莫高窟部分洞窟的营建年代》，《敦煌莫高窟供养人题记》，第229页。参见沙武田《敦煌石窟于阗国王画像研究》，第28页。

4 大师等去，辄附音书。其西天大师到日，

5 希望重迭津置，疾速发送。谨奉状

6 起居，伏惟

7 照察。谨状。

8 舅归义军节度使特进检校太师兼中书令敦煌王曹 状

B.《沙州归义军节度使曹元忠致于阗王书》：

1 不审近日

2 圣体何似，伏惟俯为

3 社稷生灵，倍加

4 保重，远情恳望。谨状。

5 舅归义军节度使特进检校太师兼中书令敦煌王曹元忠状①

两封书状不仅提示我们曾有归义军的使者安山胡和西天大师前去于阗，而且其中流露的“亲情眷属，并总如常”的感情，我们在千载之后披读，仍能有所感受。

S.4274《管内两厢马步军都校拣使阴某起居状》上有涂改的痕迹，当是去于阗之前写的草稿，所以留在了敦煌(图 3–4)。今录文如下：

1 管内马步军

2 管内两厢马步军都校拣使银青光禄大夫检校工部尚书兼御史大夫阴

① 张广达、荣新江《10 世纪于阗国的天寿年号及其相关问题》，第 295 页。

3　本厶伏审

4　佛现圣躬万福。不获蹈舞　　丹墀，无任瞻

5　天激切之至。但先以从　　銮驾，已达

6　皇都。日承　　曲泽以重重，每受

7　偏恩而垒垒，譬喻世间事而算有尽，此

8　覆荫而极难量。某一身荷圣天地同，九

9　族感铭山河对。今则合陈　　贺礼，缘缁类西

10　行，一则恐落遭䟽危，二乃怕逢贼打劫，以此之因，

11　不敢献难。谨具状　　起居，陈［

（下缺）①

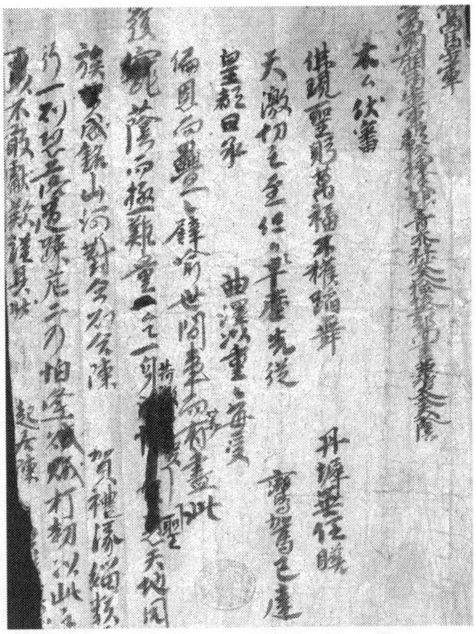

图 3-4　S.4274《管内两厢马步军都校拣使阴某起居状》（IDP）

此阴某即 S.289《李存惠墓志》所记“亡男内亲从都头知左右两厢马步军都校练使检校兵部尚书兼御史大夫上柱国阴住延”②。墓志撰于太平兴国五年（980）③，其时阴住延已亡，而其亡时的检校兵部尚书官职较 S.4274 的工部尚书要高。阴住延的状文应撰写于 980 年以前，但也不能远到 967 年以前的李圣天时期。我们推测，这里的“佛现”极可能指尉迟苏罗王，因为文书称，阴住延过去

①《英藏敦煌文献》第 6 册，第 13 页。

② 荣新江《唐五代归义军武职军将考》，《中国唐史学会论文集》（1993），西安：三秦出版社，1993 年，第 82—83 页；冯培红《晚唐五代宋初归义军武职军将研究》，郑炳林编《敦煌归义军史专题研究》，兰州：兰州大学出版社，1997 年，第 122 页。

③ 郑炳林《敦煌碑铭赞辑释》，兰州：甘肃教育出版社，1992 年，第 553 页。

曾扈从佛现皇帝至于阗国都，这很可能是指 966 或 967 年从德太子从中原经敦煌返回于阗一事，因为随后从德即位为尉迟苏罗王，状文追述，称作“鸾驾”回到“皇都”。此状或写于 967—977 年尉迟苏罗在位时期，当有僧人（缁类）西行前往于阗时，阴住延不忘旧情，致书尉迟苏罗王，称本应带上贺礼，但十分担心路上被贼人打劫，所以具状问候起居平安。

第六节

与疏勒王国的战争

大约10世纪初，喀喇汗王朝占领喀什噶尔，汉文史籍称为黑汗王朝，于阗文作Khyeṣa，即疏勒。黑汗王朝继续东进，首先遇见的可能是回鹘、葛逻禄与吐蕃余部，这些部落位于于阗国的西边，在当时大概附属于于阗。上一节谈及李圣天曾在958年“鸾驾亲征西幸”，这很可能与黑汗王朝东进有关。明确记载的战争则始于963年，于阗的天兴十四年/天寿元年，猪年①。我们知道这场战争的最终结果是于阗战败，但在尉迟苏罗王时期，于阗仍占上风，至少一度得胜，获宝物无数，包括妇女、儿童、舞象、良马等等，这反映在天尊四年（970）尉迟苏罗王致曹元忠的书状当中②。尉迟苏罗王还曾派遣吉祥法师前去宋朝报告此事，可能兼带寻求军事援助的意思吧，不过没有下文。

就敦煌方面来讲，当然是乐闻于阗对疏勒的战争取得胜利。汉文文书P.4065之《表文三》即是曹元忠得知这一消息后所写的致尉迟苏罗王的贺表。表文称赞尉迟苏罗王“作张良计教，设韩信机谋，不放官界之

① IOL Khot S.16（Ch. 00272）见P. O. Skjærvø, *Khotanese Manuscripts from Chinese Turkestan in the British Library*, p. 518；P. 5538a见H.W.Bailey，“śrī Viśą Śūra and Ta-uang”，p. 19.

② H. W. Bailey，“śrī Viśą Śūra and Ta-uang”，p. 17.

中，逆头便施作略”，所以疏勒军队恰是“如蛾赴火，寻即灰烬，片时似蓬，风吹飞出他方世界”，结果大败而逃①。既然“不放官界之中”，则彼时战火仍未波及于阗国境之内。前述尉迟苏罗王被称为“世尊”，良有以也。

关于尉迟苏罗王时期与喀喇汗王朝的战争情形，已详述于第十二章，此不赘述。

① 文书录文见李正宇《敦煌遗书 P. 4065 表文三件的初步考释》，第 95 页。

第七节

入土为安——布扎克彩棺的主人是否为尉迟苏罗王

S.6249《归义军时期军资库司纸破历状稿》记某年某月三日，“准旧佛现忌日斋，打钱纸一贴，法事纸一贴。”[①]如上节所述，S.3180称某月二十八日“就衙奉为大宝国皇帝百辰追念疏”，“大宝国皇帝”当指于阗王李圣天。从此月二十八日上推一百天，大宝国皇帝当逝于某月的十五至十六日左右，无论如何也不会落在某月三日。故S.6249的“佛现”和S.3180的“大宝国皇帝”所指不同，辅以前述S.4274《管内两厢马步军都校拣使阴某起居状》以“佛现”指称尉迟苏罗王，我们推测这里的“佛现”也是指尉迟苏罗王，他在977—978年的某月三日去世。

1984年，在和田布扎克（Buzak）墓地一男子墓中发现一卷草纹白绫，据专家实地考察，这幅绫“长75厘米，宽56厘米，其中56厘米是幅宽。以白色卷草纹绫制成，组织为三枚和六枚斜纹织成的同向绫”，年代在五代宋初。织物的一面边缘上面有一个图案，像是中间系住的两个粗绳穗，下有汉文墨书“夫人信附　男宰相李旺儿”，另一面幅边

① 唐耕耦、陆宏基《敦煌社会经济文献真迹释录》第3辑，第604页。

有墨书于阗文*ḍītsai syāṃ hīye*，意为“此属于李宰相”[①]。吉田豊推测此“夫人”指嫁给于阗王李圣天的曹议金女，李旺儿为于阗王李圣天与曹氏所生，也就是继李圣天之后为于阗王的尉迟苏罗，布扎克墓葬中的死者即其本人[②]。但这一看法推测过多，我们认为尚难成立。特别在已知的敦煌文书和洞窟题记中，曹氏一般被称为“天皇后”，她送礼物给自己的儿子，似不应自称“夫人”。10世纪时生活在敦煌的于阗太子和公主人数并不在少，虽然史料缺载，但是于阗皇室和敦煌大族的联姻当不仅限于李圣天与曹氏[③]。对于这件织物我们现在只能说，由于它上面书写有汉字，考虑到当时于阗与敦煌的密切关系，故很可能来自敦煌，而且大概是住在敦煌的某位于阗贵妇寄给自己的儿子宰相李旺儿的，又由于10世纪于阗王家的汉姓作“李”，则可以推测这位李姓的宰相也出自王室。

---

① 正背面的局部图版，见新疆维吾尔自治区文物事业管理局等编《新疆文物古迹大观》，乌鲁木齐：新疆美术摄影出版社，1999年，第99页，图0230。墓主的彩棺情况，见李吟屏《新疆和田出土彩棺及其相关问题》，《考古与文物增刊》2002年，第52—57页；小山满《ホータン地區ブザク古墓出土の木棺》，《シルクロード研究》第3号，2002年，第1—11页。织物考证，见赵丰、王乐、万芳、李甍《和田布扎克彩棺墓出土的织物与服饰》，赵丰、伊弟利斯·阿不都热苏勒编《大漠联珠——环塔克拉玛干丝绸之路服饰文化考察报告》，上海：东华大学出版社，2007年，第94页；Zhao Feng and Wang Le, “Textiles and Clothing Excavated from the Tombs of Buzak in Khotan”, *Journal of Inner Asian Art and Archaeology*, III, 2009, ed. J. Lerner and L. Russel-Smith, p. 172, figs.17-20, colour pl. 6. 关于于阗文的释读，见吉田豊《コータン出土8—9世紀のコータン語世俗文書に関する覺え書き》，神户：神户市外国語大学外国学研究所，2006年，第35—36页（熊本裕转写翻译）。

② Y. Yoshida, “Viśa' Śūra's Corpse Discovered?”, *Bulletin of the Asia Institute*, new series, 19 (Iranian and Zoroastrian Studies in Honor of Prods Oktor Skjaervo), 2005 (2009), pp. 233-238.

③ 张广达、荣新江《10世纪于阗国的天寿年号及其相关问题》，第298页；沙武田、赵晓星《归义军敦煌时期文献中的太子》，《敦煌研究》2003年第4期，第45—51页。

第四章

尉迟达磨王与尉迟僧伽罗摩王

第一节

尉迟苏罗王的继承人——尉迟达磨王

前人已经指出，继尉迟苏罗（Viśa' Śūra，967—977 年在位）为于阗王的是 Viśa' Dharma，我们汉译作“尉迟达磨”。学者之所以确认他是尉迟苏罗王的继承人，主要依据的是与于阗使张金山（Cā Kīmä Śanä）有关的几件文书。上一章曾谈及于阗语文书 IOL Khot S.47(Ch.i.0021b.a) 为张金山写《金刚乘赞文》，文末标年代为尉迟苏罗王在位的天尊五年，羊年[①]，学者考订相当于公元 971 年。此外，张金山又以汉文名字出现在 IOL Khot S.21（Ch.i.0021a）《壬午年于阗使张金山供养文》中，文称壬午年十二月二十一日，于阗使张金山前来窟头焚香礼佛云云[②]

① P. O. Skjærvø, *Khotanese Manuscripts from Chinese Turkestan in the British Library. A Complete Catalogue with Texts and Translations*, with contribution by U.Sims-Williams, London: British Library Publishing, 2002, p. 553.

② 图版见 H. W. Bailey ed., *Saka Documents*, III, London: School of Oriental and African Studies, 1963, pl. xlix；录文见 K. Enoki, “Chinese Manuscript Fragments”, in L. de la Vallée Poussin, *Catalogue of the Tibetan Manuscripts from Tun-huang in the India Office Library*, London: Oxford University Press, 1962, pp. 261-262；金子良太《敦煌出土張金山関係文書》，《豊山学報》第 19 号，1974 年，第 48 页；金岡照光《敦煌本贊偈數則》，《東方宗教》第 46 号，1975 年，第 7 页；张广达、荣新江《关于敦煌出土于阗文献的年代及其相关问题》，原载北京大学中国中古史研究中心编《纪念陈寅恪先生诞辰百年学术论文集》，北京：北京大学出版社，1989 年，此据作者《于阗史丛考》（增订本），北京：中国人民大学出版社，2008 年，第 91 页。

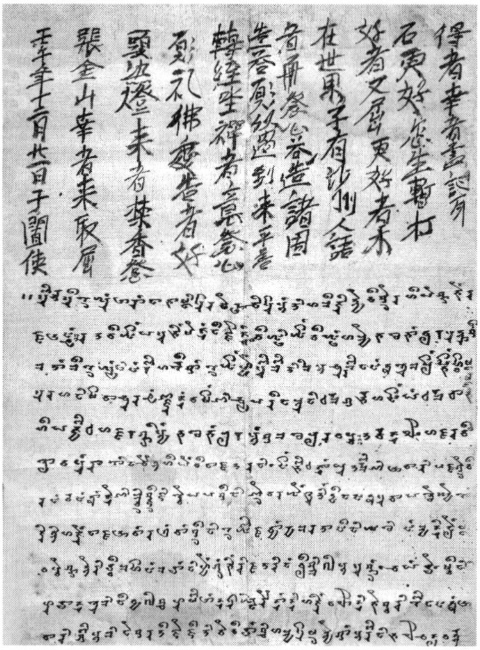

图 4-1　IOL Khot S.21(Ch.i.0021a)《壬午年于阗使张金山供养文》(IDP)

(图4-1)。这个壬午应当是982年。紧接着这件汉文文书之后的，即于阗语文书 IOL Khot S.21 (Ch.i.0021a.a) 尉迟达磨王颂词,年代是中兴五年①，由此可以把中兴五年比定为 982 年，尉迟达磨王应当就是和尉迟苏罗王王位相承的一位于阗王。由于人们已经确定尉迟苏罗王继其父李圣天(Viśa’ Saṃbhava，912—966 年在位) 登位，那么尉迟达磨王就只能在尉迟苏罗王之后。

大概因为与敦煌交往密切的缘故，10 世纪的于阗王常常有一个汉文名字，如李圣天、〔李〕从德。关于尉迟达磨王，我们尚未在汉文文献中发现其名的踪迹，但是出现在于阗语文书 IOL Khot S.47 (Ch.i.0021b.b) 第 50 行的“Rau Tcū”②，很可能是他的汉文名字，以下试做申论。

上述 IOL Khot S.47 (Ch.i.0021b.a) 张金山写《金刚乘赞文》撰写于尉迟苏罗王在位的 971 年。在赞文中，张金山祝愿圣尊尉迟苏罗王、皇后及诸公主、太子已躬永寿。这件文书的另一面即是 IOL Khot S. 47 (Ch.i.0021b.b)，也是张金山写《金刚乘赞文》③，但未标年代。考虑到

① P. O. Skjærvø, *Khotanese Manuscripts from Chinese Turkestan in the British Library*, pp. 522–524.

② Ibid., p. 554，556.

③ Ibid., pp. 553–556.

两面文书的内容相近，作者又是同一人，所以写作年代不应相差太远。在这份文书中，张金山同样祝福当时的国王、皇后及诸公主、太子已躬永寿，但对国王的称呼与前件不同，作Śiṃ Kūnä Rau Tcū。Śiṃ Kūnä可比定为汉语的"圣君"，Rau Tcū也当来自汉语，但其意不可解。由于张金山曾在982年作为于阗使出使在敦煌，所以敦煌保存的几件与张金山有关的于阗语文献很可能都是张金山这次出使带去的，或者也可能是在敦煌写成的。因此，我们推测IOL Khot S.47（Ch.i.0021b.a）可能是张金山971年在于阗时所写的赞文，而它的另一面，即IOL Khot S.47（Ch.i.0021b.b）则可能是张金山来到敦煌之后所写的赞文。其时尉迟苏罗王已逝，故文书赞祝的于阗王圣君Rau Tcū当是尉迟苏罗王的继承人尉迟达磨王。

关于此点的另一证明，是这件赞文的开头两诗节与IOL Khot S.21（Ch.i.0021a.a）中兴五年尉迟达磨王颂词的开头诗节用语几乎完全相同[①]，而且后者的前面写的就是汉文文书Ch.i.0021a《壬午年于阗使张金山供养文》。我们引用施杰我(P. O. Skjærvø)的翻译两两对照如下，其中A=IOL Khot S.47(Ch.i.0021b.b);B=IOL Khot S.21(Ch.i.0021a.a)，相似部分以下画线表示：

(A)［1］Welfare!［There be］reverence toward the buddha kings, all of them Āryā-Vairocana and the others, arisen from the *gotra of his vajra*, born in a jewel.

(B)［1］Reverence to the buddha kings, Āryāvalokiteśvara and all the others, -arisen from that lineage of the *vajra*, born in a jewel, upholders of the consecration.

(A)［2］The holder of the *abhiṣeka*, born in a lotus, arisen

① Ibid., pp. 523–524.

in a lotus, having the nature of truth (*tathatā-prakṛti*), his nam Non-empty, a buddha lion, siddha-vīdyādhara giver of……by (his) fourfold act.

(B) [2] Born in a lotus, arisen in a lotus, having the nature of truth (*tathatā-prakṛti*), his name Not Empty, a buddha lion, -great example of profit for all the buddhas, as well as the best bodhisattvas, having reached the *bhūmis*.

Rau Tcū二字无疑音出自汉语。《宋史》记 969 年有于阗“国王男总尝”至宋朝进贡[①]，总尝当是尉迟苏罗王之子。Tcū可与“总”勘合无误，但 rau 与“尝”（蒲立本构拟晚期中古音 ʂɦiaŋ[②]）的发音相差较远，或可比定为“饶”（蒲立本构拟晚期中古音作 riaw[③]），喻意富足。若进一步推测，由于尉迟苏罗王的晚辈中至少有总尝太子和宗德太子，所以 Rau Tcū可能是 Tcū Rau 的误写。此名来自汉语“总饶”，总饶在尉迟苏罗之后继承为王，即尉迟达磨王。

至于尉迟达磨王与尉迟苏罗王的关系，我们目前尚没有确切的材料可资论断。由于于阗一般遵循嫡长子继承制，所以他为尉迟苏罗王之长子的可能性是很大的。不过，在敦煌藏文文书 P.t.1284（3）《河西节度使曹太保致于阗王书状》中，曹太保称于阗王为“父”（yab），曹氏称太保者虽有曹议金（925—927）、曹元德（939）、曹元忠（947/950—955）、曹延恭（975）和曹延禄（976—980）几种可能，但是，由于李圣天曾娶曹议金女为妻，因此不能被曹议金及其子元德和元忠尊称为“父”，尉迟苏罗王是李圣天与曹氏的孩子，与曹延恭、曹延禄当是直系

---

① 《宋史》卷四九〇《外国传》于阗条，北京：中华书局，1977 年，第 14107 页。

② E. G. Pulleyblank, *Lexion of Resonstructed Pronunciation in Early Middle Chinese, Late Middle Chinese, and Early Mandarin*, Vancouver: UBC Press, 1991, p. 50.

③ Ibid., p. 264.

弟兄关系，也不能被后者尊称为“父”，剩下就只有尉迟达磨王与曹延禄的可能性了。再结合汉文文书P.2826《于阗王致沙州令公书》中于阗王称归义军节度使为“沙州节度使男令公”，以及莫高窟第61窟和榆林窟第25窟供养人题记所揭示的曹延禄曾娶于阗金玉国皇帝的公主李氏为妻。我们认为，P.t.1284（3）和P.2826中的曹太保和令公皆指曹延禄，而相应的于阗王则是尉迟达磨[①]。但是，如果尉迟达磨是尉迟苏罗王的儿子，则是曹延禄的直接晚辈，似亦与理不合。因此我们推测，大概由于某种特别的原因，尉迟达磨以尉迟苏罗王的同父异母的兄弟之子的身份而登上皇位。于阗尉迟氏和沙州曹氏皆非汉族，只要没有直接的血缘关系，那么他嫁女给曹延禄为妻应该是可以接受的。

---

① 荣新江、朱丽双《一组反映10世纪于阗与敦煌关系的藏文文书研究》，沈卫荣主编《西域历史语言研究集刊》第5辑，北京：科学出版社，2012年，第105—109页。

第二节

尉迟达磨即位为王，年号中兴

尉迟达磨王的即位之年是978年，年号中兴，于阗语作 cū hīṅa。如同尉迟苏罗王的天尊年号一样，“中兴”二字也出自蒲立本教授对于阗语 cū hīṅa 的复原构拟[①]，学者至今未能在汉文文书中发现其实际使用的例证。

尉迟达磨王即位年代与年号的确立同样依据于阗语文书 IOL Khot S. 21（Ch.i.0021a.a）第20—21行标记的年代：

> śe tcūnä miḍāṃjä ttye vīśa’ darma baudasatv rāṃdä kṣuṇi ye pūha cū hīṅa kamala aśi rä bāstḭ salī haudama māścä “仁慈之世尊、尉迟达磨菩萨王统治中兴第五年，马年，七月。”[②]

如上所述，由于尉迟达磨王的中兴年号在尉迟苏罗王的天尊五年(971)之后，又由于这件文书的前面写的是 IOL Khot S.21(Ch.i.0021a)

---

① E. G. Pulleyblank, "The Date of the Staël-Holstein Roll", *Asia Major, new series*, 4.1, 1954, p. 94.

② P. O. Skjærvø, *Khotanese Manuscripts from Chinese Turkestan in the British Library*, pp. 523–524.

《壬午年于阗使张金山供养文》，971年以后最近的一个壬午年是982年，即中兴五年。既然五年为马年，则尉迟达磨的统治始于978年的虎年[①]。

尉迟达磨王的称号，除“仁慈之世尊”、“菩萨”、“王”之外，还有“吉祥”（Śrī）[②]。这些称号皆曾为以前的国王所用，而且看起来，这些称号仅具宗教意义，而不包含世俗权力的意味。与尉迟苏罗王的“天竺转轮王”、“王中之王”、“汉王中之王”等称号比起来，尉迟达磨王的称号似有收缩之势，这或许是现存尉迟达磨王的资料不多的缘故。另一方面，尉迟达磨王的统治年数不长，仅有5年，大概作为不是很大，故没能拥有显赫的尊称。不过从他的统治年号“中兴”二字来看，可能在尉迟苏罗王的统治后期，于阗国势有所削弱，而在尉迟达磨王统治之时，又有所复兴吧。

① E. G. Pulleyblank，“The Date of the Staël-Holstein Roll”，p. 94；井ノ口泰淳《ウテン語資料によるViśa王家の系譜と年代》，《龍谷大学論集》第364号，1960年，第37页。

② P. O. Skjærvø，*Khotanese Manuscripts from Chinese Turkestan in the British Library*，pp. 522–524.按贝利提及一位尉迟达磨王被称作“仁慈之神”、“于阗大王”、“王中之王”，出自于阗语文书Or. 9268（*Khotanese Texts*，vol. IV，p. 5）。这位达磨王是8世纪的一位于阗王，与我们这里讨论的10世纪的尉迟达磨王不同。文书新译见P. O. Skjærvø，*Khotanese Manuscripts from Chinese Turkestan in the British Library*，p. 67.

第三节

尉迟达磨王保持与敦煌的亲善关系

尉迟达磨统治的年代是978—982年，其时敦煌方面的归义军节度使为曹延禄（976—1002），两地保持亲善关系依旧，使臣与僧侣往来不绝。曹延禄曾娶尉迟达磨王之女为妻，这桩婚事大概在980年前后举行[①]。中兴五年（982）七月，为使皇室子孙绵延，尉迟达磨复派使臣前去敦煌求娶汉女为皇后。使团成员共115人，由杨廷使（Yāṃ thye śī）、薛副使（Sera hvūṃ śī）与张监使（Cā kama śī）率领，据说他们曾至敦煌的瞿摩帝（Gūmattīra）寺礼佛[②]。按，写于925年的《钢和泰卷子》于阗语部分曾叙述于阗使张都督在敦煌修建了一座高过6米的瞿摩帝佛塔[③]。我们知道于阗有瞿摩帝大寺，《法显传》即有记录，是一座非常著名的大乘寺院，至10世纪仍然香火不绝[④]。显然，敦煌的瞿摩帝寺当是模仿

---

① 荣新江、朱丽双《一组反映10世纪于阗与敦煌关系的藏文文书研究》，第107页。

② P. O. Skjærvø，*Khotanese Manuscripts from Chinese Turkestan in the British Library*，p. 524.

③ H. W. Bailey，"The Staël-Holstein Miscellany"，*Asia Major*，new series，2.1，1951，p. 44.

④ 张广达、荣新江《于阗佛寺志》，原载《世界宗教研究》1986年第3期；此据作者《于阗史丛考》（增订本），第229—230页。

于阗的瞿摩帝寺而修建的，而且应当是在张都督的瞿摩帝佛塔基础上建成。这座佛寺仅出现在于阗语文献中，因此很可能是生活在敦煌的于阗人所供养的佛寺。

同样在982年，于阗使张金山也在敦煌，他在同年12月21日前往敦煌的“窟头燃灯”，焚香礼佛，并发心造塔[①]。这里的“窟”很有可能指的是莫高窟。如上所述，张金山此次的礼佛供养文与于阗求婚使所做的尉迟达磨王颂词是写在同一张纸上面的，所以张金山来敦煌当与求婚使的活动密切相关，而且很有可能，他就是尉迟达磨王颂词中的张监使。

尉迟达磨王是在978年即位为王的，为什么在他统治5年之后派使臣前去敦煌求亲呢？一种可能是他幼年即位，尚未婚娶。但考虑到969年尉迟苏罗王曾派其子总尝出使宋朝，不论尉迟达磨为尉迟苏罗王之子或弟弟，总之他幼年即位的可能性似可排除。那么，另一种可能就是他曾经娶妻，但其妻在981年前后早逝，故需另娶皇后。关于此，请参阅第六章《于阗与沙州归义军的婚姻关系》。

---

① 张广达、荣新江《关于敦煌出土于阗文献的年代及其相关问题》，第91页。

第四节

尉迟僧伽罗摩即位为王

在敦煌所出10世纪的于阗语文书中，有一位于阗王名叫Viśa' Saṃgrāma，我们汉译作“尉迟僧伽罗摩”。由于从912年至982年的于阗王统世系明确，先后有尉迟散跋婆王（李圣天）、尉迟苏罗王（李从德）和尉迟达磨王，所以人们推测尉迟僧伽罗摩是于阗佛教王国被黑韩王朝灭掉之前的最后一位于阗王①，又由于于阗语文书S.2469标记年代为某王统治第24年，马年②。我们从前面几节的叙述知道，尉迟散跋婆的统治始于912年，其治下24年是935年，为一羊年，所以可以排除。尉迟苏罗王的统治时期是967—977年，不足24年。尉迟达磨王的统治始于978年，若曾统治至24年，则是1001年，为一牛年，所以也当排除。反之，若尉迟达磨王的统治至982年结束，983年开始为尉迟僧伽

① 张广达、荣新江《关于唐末宋初于阗国的国号、年号及其王家世系问题》，原载北京大学中国中古史研究中心编《敦煌吐鲁番文献研究论集》，北京：中华书局，1982年；此据作者《于阗史丛考》（增订本），第23—24页。

② P. O. Skjærvø, *Khotanese Manuscripts from Chinese Turkestan in the British Library*, p. 26.

罗摩王的统治年份，那么从983年下数24年至1006年，正是一个马年①。综合以上考虑，尉迟僧伽罗摩王的统治时间很可能是983—1006年或稍后。考虑到此前的于阗王都有年号，所以尉迟僧伽罗摩王也应当有他的年号。不过由于史料缺载，我们不得而知。

关于尉迟僧伽罗摩王与他之前的于阗王尉迟达磨的关系，我们也不甚了了。当然，如同我们一再强调的，由于于阗一般实行嫡长子继承制，所以他作为尉迟达磨王的长子而继承皇位的可能性是很大的。

关于尉迟僧伽罗摩王的称号，于阗语文书P.2787提供了较为丰富的信息。这件文书共195行，据贝利（H.W.Bailey）意见，文书包括七方面内容：（1）第1—34行，阿阇梨为俗人演说佛法；（2）第34—83行，尉迟僧伽罗摩王颂词；（3）第66和100行，演说佛法；（4）第82行以下：自姿请（pravāraṇā）；（5）第101—144行，夏安居（varṣāvāsa）和斋戒期（upoṣadha days）；（6）第91行，修建Viṣṇavakrrārma寺院；（7）第155—195行，迦腻色迦王传说（the tale of Kaṇaiska）。其中第二部分四次提及尉迟僧伽罗摩王，第35行作śai kū mīḍāṃ jastä “圣君、圣天”；第51行作śī kū śrī vījītta sagrāma rāṃdāna rāṃda“圣君、吉祥、王中之王尉迟僧伽罗摩”；第62—63行作śaina kūna mịḍāṃ jästä śrī vīśạ’ sagrāma hīyi ṣā’ cakrravarttāna rāṃdāna“神君、圣天、吉祥、尉迟僧伽罗摩转轮王”；第84行作śai kū miḍä jasta śri viśa’samgrāma “圣君、圣天、

① 按：S.2469背面汉文《金光明经》卷四有题记：“丙戌年五月十四日弟子杜日新为合家愿平善记。” L. Giles，*Descriptive Catalogue of the Chinese Manuscripts from Tunhuang in the British Museum*，London：Trustees of the British Museum，1957，no. 2199以为是746年（天宝五载），但正背面写本的年代相差260年，似有点长。池田温《中国古代写本識語集録》（東京：東京大学東洋文化研究所，1990年），第427页，no. 1982定年在866年（咸通七年）。相对而言，池田的看法更可取，因为天宝时期的敦煌文书较少用甲子纪年。从归义军时期的情形看，926年（同光四年）、986年（雍熙三年）也都可能是这件佛经写成的年份。于阗人利用这件百年前书写的废弃佛经起草文书，是可以理解的。

吉祥、尉迟僧伽罗摩”[①]。贝利认为śī kū、śaina kūna 和śai kū都是汉语“圣君”的对音[②]，高田时雄则认为，śī kū和śai kū对应于“圣公”，śaina kūna 对应于“神君”[③]。若纯粹从语音上考虑，当然是高田时雄的比定更为合理。但若从典章制度上考虑，以“圣公”来作为国王的称号似很少见，因此还是贝利比定的“圣君”更为可取，其意正如我们在李圣天节所讨论的是“传圣之君”、“神君”的含义当也相同。

尉迟僧伽罗摩王的称号也都被以前的国王曾经用过，而且以宗教意味的称号为主，没有展示世俗权势的显赫尊称，于阗国力之衰弱，由此似可略窥一二。

---

① 文书转写见 H. W. Bailey，*Khotanese Texts*，II，London: Cambridge University Press，1954，pp. 102–104.英译见 H. W. Bailey，“Viśa’ Saṃgrāma”，*Asia Major, new series*，11.2，1965，pp. 103–105；汉译参见文欣《中古时期于阗国政治制度研究》，北京大学历史学系硕士论文，2008 年 6 月，第 27 页。

② H. W. Bailey，“Viśa’ Saṃgrāma”，p. 110.

③ 高田时雄《于阗文书中的汉语语汇》，钟翀等译，作者《敦煌·民族·语言》，北京：中华书局，2005 年，第 223 页。

第五节

尉迟僧伽罗摩王与敦煌及辽、宋的交往

尉迟僧伽罗摩王一如既往保持与敦煌的亲善关系，而且他还派使臣分别前往宋朝和辽朝联系。前述971年时,于阗僧吉祥至宋廷,言破疏勒得舞象云云。《宋会要》记淳化五年(994),于阗僧吉祥来,献《大乘秘藏经》二卷[①]。尽管相隔二十余年,两处的僧吉祥当为同一人。又《佛祖统纪》记宋太宗太平兴国二年(977),“西天沙门吉祥来,进贝叶梵经”[②],颇疑也是同一位吉祥。

另外，在辽统和七年（989）的二月和十一月，有两般于阗国使人到达辽朝，其中十一月的于阗使者名叫张文宝，他进献的《内丹书》为《辽史》所记录[③]。次年二月，复有于阗使至辽朝[④]。这二年内于阗使如此频繁地前往辽朝，可能是为黑韩王朝的战事不利而寻找外援吧。再下一次见于《辽史》记载的“于阗国来贡”要到二十五年以后的辽开泰四年，即1015年，其时于阗已为黑韩王朝所灭。但是《辽史》和宋朝的史料一样，仍然记录于阗进贡之事。大概黑韩王朝对于阗的统治具有某

---

① 《宋会要辑稿》道释二，北京：中华书局，1957年，第7892页。

② 志磐撰《佛祖统纪校注》卷四四，释道法校注，上海：上海古籍出版社，2012年，第1027页。

③ 《辽史》卷一二、一三《辽圣宗本纪》，北京：中华书局，1974年，第136页。

④ 《辽史》卷一三《辽圣宗本纪》，第139页。

种羁縻的性质，所以于阗虽然臣服于黑韩王朝，却可以单独派遣使节出使辽、宋，进行朝贡贸易。

第六节

尉迟僧伽罗摩王的皇太子总绍（Tcū Syau）？

于阗语文书 IOL Khot S.11（Ch.00267）为 Tcū Syau 太子发愿文，1942 年贝利翻译了其中的第 2—35 行[①]，近年施杰我将全文转写并翻译[②]。在发愿文中，Tcū Syau 太子愿吉祥尉迟僧伽罗摩王（śrī vīja̡tti saṃgrauma）得见诸佛[③]，这表明僧伽罗摩王已经谢世，时间当在 1006 年马年之后。

由于这份发愿文明确说到"沙州城的诸守护神，其影像在此"云云[④]，故当写于敦煌。而且有意思的是，Tcū Syau 太子在祝愿僧伽罗摩王得见诸佛之后，紧接着祝愿沙州的太保和诸太子、小娘子福庆相资，却只语未及于阗的皇后、太子及公主[⑤]。这一点和我们前面引用过的《从德太子发愿文》和张金山写《金刚乘愿文》的祈福方式大相径庭。因此我们推测，在 Tcū Syau 太子撰写这件发愿文时，于阗国已经为黑韩王朝所灭，他是避难而寄居在敦煌。过去熊本裕和高田时雄推测 Tcū Syau 是

---

① H. W. Bailey, "Hvatanica IV", *Bulletin of the School of Oriental and African Studies*, 1942, pp. 889, 891.

② P. O. Skjærvø, *Khotanese Manuscripts from Chinese Turkestan in the British Library*, pp. 499-502.

③ Ibid., p. 501.

④ Ibid., p. 500.

⑤ Ibid., p. 502.

969 年入贡于宋的于阗王尉迟苏罗之子总尝[①]。但是 Tcū Syau 太子既祝愿尉迟僧伽罗摩王得见诸佛，而他又被称作皇太子（mį sta rrį spūrą），表明他应当是尉迟僧伽罗摩王的皇位继承人。他的名字 Tcū Syau 无疑来自汉语，根据高田时雄总结的于阗语、汉语对音语汇，似可拟定为“总绍”，当是寄寓着绍继皇业的期望吧。若这一拟定不误，总绍和总尝、总饶（Tcū rau 或即尉迟达磨王）的名字都以“总”字开头，因此他们很可能是弟兄关系，都是尉迟苏罗王的晚辈。前述尉迟苏罗王曾经打败黑韩王朝，获得良马、舞象等宝物无数。或许在于阗灭亡于黑韩王朝之后，逃难在敦煌的于阗人推举了尉迟苏罗王的王子总绍为首领，继续反抗黑韩王朝的统治。

由此我们不免想到我们在讨论李圣天的年号时曾经提到的于阗“开运”（khąyi gyįnä）年号的问题。于阗语文书 P.4091 标记年代在“khąyi gyįnä二年一月七日之吉时”，最初熊本裕把 khąyi gyįnä比定为汉语的“开运”，并认为这是用的后晋的开运年号（944—946）[②]。近年吉田豊提出新说，认为这是一个于阗王国的年号，并把这个年号与藏文文书 P.t.44 所记某王统治“二年，虎年〔十二月〕”结合起来，从而定在965—967 年之间，虎年指 966 年，他还推测这是李圣天与曹氏之前的妻子所生的某位短命王子所用的年号。此外，他还假设此前的天寿年号只有 963—965 年，这也可能是另一位短命王子所用的年号[③]。另一方面，武内绍人在研究 9—12 世纪西域使用藏语文书的情况时，指出 P.t.44 的

---

① H. Kumamoto, “Some Problems of the Khotanese Documents”, in R. Schmitt and P. O. Skjærvø eds., *Studia Grammatica Iranica. Festschrift für Helmut Humbach*, München: R. Kitzinger, 1986, p. 332；高田时雄《于阗文书中的汉语语汇》，第 225 页。

② H. Kumamoto, “Miscellaneous Khotanese Documents from the Pelliot Collection”, *Tokyo University Linguistics Papers* 14, 1995, p. 248.

③ 吉田豊《コータン出土 8-9 世紀のコータン語世俗文書に関する覺え書き》，神户：神户市外国語大学外国学研究所，2006 年；此据荣新江、广中智之译《有关和田出土 8—9 世纪于阗语世俗文书的札记》（二），《西域文史》第 3 辑，北京：科学出版社，第 97—98 页。

虎年可能是尉迟达磨王在位的 978 年[①]。

如上所述，由于于阗语文书 IOL Khot S.21（Ch.i.0021a.a）的年代在尉迟达磨王中兴五年的马年，中兴年号必定始于 978 年，也就是说 978 年是尉迟达磨王统治元年，而非二年，因此武内之说不可取。至于吉田豊的推测，我们认为也是疑点重重。首先，据 P.4518（2）《天寿二年宝胜状》，当天寿二年宝胜前往于阗时，曾经上状奏闻“天皇后”，这位天皇后除李圣天的夫人曹氏外，别无他人。假设当时李圣天已经去世，那么按照嫡长子继承制的原则，继承皇位的应该是天皇后曹氏的长子，也就是从德太子。其次，964 年从德太子和从连太子、琮原太子等三人在敦煌参加法会，而后入贡于宋，若其父李圣天在此前后病危甚或去世，他作为天皇后曹氏的长子，不应冒着旅途的艰险，千里迢迢前往宋朝朝贡。再次，我们知道后晋祚短，开运年号为晋少帝所用，实际不足三载，后晋即为后汉所灭。如果于阗的开运年号落在 965—967 年，那就是采用了一个刚被灭掉的另一个王朝使用过的年号，是非常不吉利的做法。最后，P.4091 上面勘有一个汉文印

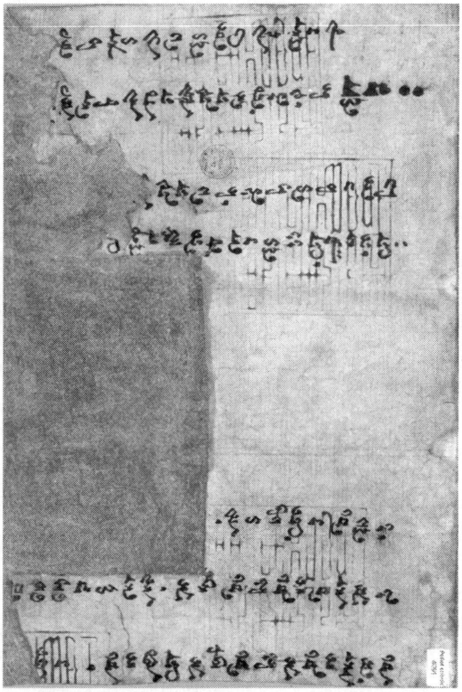

图 4-2 P.4091（IDP）

① T. Takeuchi, "Sociolinguistic Implications of the Use of Tibetan in East Turkestan from the End of Tibetan Domination throuth the Tangut Period (9th – 12th c.)", in D. Durkin-Meisterernst, S. Raschmann et al. eds., *Turfan Revisited: The First Century of Research into the Arts and Cultures of the Silk Road*, Berlin: Dietrich Reimer Verlag, 2004, p. 342.

章（图 4–2），这个印章尚未能释读，我们请教了北京大学的朱玉麒教授，他认为其风格接近于宋印使用的九叠篆，可能受到宋代官印制度的影响，年代偏晚。

综合以上，我们坚持过去的比定，天寿年号是李圣天统治的 963—966 年，而后是尉迟苏罗王的天尊年号（967—977）继之，中间没有其他于阗王或年号。至于开运年号，我们不敢强作解人，但是，在于阗王李圣天同庆元年（912）之前，于阗应当早就独立于吐蕃，所以开运年号也可能是 912 年之前于阗王的年号，“开运”的意思也比较合适。不过，这纯属臆测，没有证明。

第五章

于阗与沙州归义军的交往

第一节

“开于阗”——敦煌与于阗重新交往的开始

公元9世纪中叶，漠北回鹘汗国被黠戛斯破灭，部众大批西迁，青藏高原的吐蕃王国内乱并迅速崩溃，这两大政治势力在其所占领的西域与河西广大地区的统治秩序很快瓦解，而原曾据有此地的唐王朝也走向衰落，无力西进。西域和河西地区的政治真空被当地势力和西迁回鹘渐次填充，至9世纪末10世纪初，形成了于阗、西州回鹘、沙州归义军、甘州回鹘等几个比较重要的政权。西州与沙州辖境毗连，双方因伊州的归属曾有攻战；甘州回鹘则完全是在归义军领地内建立的王国，因此与沙州更是常常兵戎相见。唯有于阗与敦煌之间长期保持着友好关系，传为后世的美谈。

公元848年，敦煌民众在土豪张议潮的率领下，赶走吐蕃王国的守将，回归唐朝。851年，唐朝以瓜、沙二州之地为基础，建立归义军，以张议潮为节度使。大约与此同时或稍后一些时间，于阗也脱离吐蕃王国的统治，重新恢复了独立的于阗王国。但是，在9世纪后半叶，河西、西域都还处在混乱的时期，归义军张氏家族的统治者们着力经营河西东部，赶走了吐蕃势力，又迎来了西迁回鹘的挑战，无暇西顾，所以我们从现存的敦煌文书中，看不到有关这一时段敦煌与于阗的交往信息。

在属于归义军时期的敦煌汉文文书中，可以找到不少于阗使者东来或沙州使者西去的记录。我们检索了所能找到的属于这一时期的所有文书材料，没有发现901年以前双方交往的记录。在大致属于895年末的一首《儿郎伟》中，有这样的唱词："四方晏然清帖，猃狁不能犯边。甘州雄身中节，嗢末送款旌旃。西州上拱（贡）宝马，焉祁（耆）送纳金钱。"[①]这里提到了沙州周边的各种政治势力，却没有于阗，说明两地之间尚未沟通。

目前所见于阗与沙州的首次交往记录是P.4640背《己未至辛酉年(899—901)归义军军资库司布纸破用历》，其中记：

> 辛酉年（901）三月十一日，支与于阗使押衙张良真画纸壹帖。十二日，又都押衙罗通达传〔处分〕，支与于阗使梁明明等一行细纸壹束捌帖。[②]

张良真是归义军的重要将领，上面所记是归义军遣押衙张良真出使于阗一事，而归义军的这一举措，应是于阗使梁明明等一行来沙州的结果。大概因为梁明明一行是首次来敦煌的于阗使人，所以归义军文人曾作《谒金门·开于阗》一曲来歌颂此事，文载S.4359号写本，其词云[③]：

> 开于阗，绵绫家家总满。奉戏生龙及玉碗，将来百姓看。
> 尚书座客典，四塞休征罢战。但阿郎千秋岁，甘州他自离乱。

文中的"尚书"，应当指901—903年间任归义军节度使的张承奉[④]，因

① 荣新江《晚唐归义军李氏家族执政史探微》，《文献》1989年3期，第93页。

② 池田温《中国古代籍帳研究》，東京：東京大学出版会，1979年，第610页。

③ 饶宗颐《敦煌曲》，巴黎：法国远东学院，1971年，第237页。

④ 荣新江《沙州归义军历任节度使称号研究》，《敦煌吐鲁番学研究论文集》，上海：汉语大辞典出版社，1990年，第787—790页。

此，《开于阗》的创作年代，很可能就在901年，内容是敦煌文人称颂节度使打通了与于阗王国的交往之路，接待了于阗使梁明明等人的到来。

于阗与敦煌两地交往的开通，在当时恐怕不是一件容易的事情。从于阗到敦煌，走的是塔里木盆地南沿的丝路南道，在两地中间，分布着一些强悍的部族，劫掠往来客使。

9世纪末10世纪初活跃在楼兰、鄯善一带的是名为“璨微”的部族，他们与归义军的关系若即若离，叛服无常。据敦煌文书记载，光启三年（887）三月二十二日，曾有璨微使者六人至敦煌访问[①]。乾宁二年（895）春，归义军璨微界内使押衙张良真状称，鄯善一带遭逢离乱，良真等人的货物匹帛弓箭等被璨微人劫掠[②]。光化四年（901）归义军军资库的用纸破历中，有二月“廿七日，支与璨微引路人刘悉殉咄令细纸两帖”；用布破历中，有三月“十六日，支与璨微使僧文赞细布壹匹”；六月十日，支与璨微使䥣悉甫、潘宁等二人，共支粗布壹匹[③]；是他们来沙州的记录。但此后，璨微与敦煌的关系破裂，阻碍了敦煌刚刚开通的与于阗交往的道路。于是，天复十年（910）秋，归义军节度使张承奉创建西汉金山国伊始，命令宰相罗通达率兵征讨鄯善的璨微部落，开通了敦煌、于阗间的道路。虽然此后路上还有吐蕃余部、众云、炎摩多等部族的骚扰，但基本上通行无阻[④]。

914年金山国时代结束，曹议金继为归义军节度使，他曾在925—

---

① P.3569v《光启三年四月归义军官酒户龙粉堆牒》、《押衙阴季丰牒》，录文见唐耕耦等《敦煌社会经济文献真迹释录》第3辑，北京：全国图书馆缩微复制中心，1990年，第622—624页。

② P.2803《押衙张良真状稿》，见荣新江《归义军史研究——唐宋时代敦煌历史考索》，上海：上海古籍出版社，1996年，第201页。

③ P.4640v《己未至辛酉年（899—901）归义军军资库司布纸破用历》，池田温《中国古代籍帳研究》，第605、610页。

④ 荣新江《归义军史研究——唐宋时代敦煌历史考索》，第221—222页。

928 年前后东征甘州回鹘，再次打通经过河西走廊前往中原王朝的道路。敦煌写本 P.3270《儿郎伟》第五首就是对曹议金取得胜利的赞歌，其中说道：

> 已后勿愁东路，便是舜日尧时。内使新降西塞，天子慰曲名师。向西直至于阗，纳供（贡）献玉琉璃。[1]

这就是说，由于曹议金率兵进击甘州回鹘，结果使中原的使臣得以亲临敦煌，甚至还要远到于阗，获得于阗进贡的玉器与琉璃。这首《儿郎伟》主题虽然说的是曹议金征甘州回鹘的胜利成果，但也可以听到归义军与于阗的交往是其外交关系重要的一环。事实上，从于阗王国的角度来说，与敦煌交往的开通，同样具有非常重要的意义。

---

① 黄征《敦煌文学〈儿郎伟〉辑录校注》，《杭州大学学报》1988 年增刊，第 95 页。

第二节
于阗与归义军的往来

在于阗与敦煌的交往开通以后，两地的往来由少到多，逐渐频繁起来。敦煌文书为我们留下许多珍贵的记录，虽然这些记录不是专门记载两地交往的文书，而是通过契约、账历、愿文、牒状、题记等形式留存下来的，但弥足珍贵。另外，中原王朝留下的史籍中，有一些于阗使者进贡或僧人巡礼的记载，这些于阗使者、僧侣往往是经过敦煌而到达中原王朝的，其中有的资料提到敦煌，有的没有提到，我们均将它们视作是于阗与敦煌交往的史料。以下我们尽可能全面地把其中年代可考的资料汇集到一起，按时间先后列载于下，每条记事先把据原始文书所得的双方交往信息概述出来（以粗体表示），然后校录所据文书材料，并辅以对年代及相关问题的简单考订。大事记的年代以名从主人的原则，即原始材料出自敦煌或中原，即用两者遵从的中原年号；原始材料出自于阗，则用于阗国纪年，附中原纪年。另外，于阗语文书中还有一些在敦煌的于阗使臣上呈沙州归义军节度使或于阗国的报告等材料，但是，由于这些文书的年代无法考证，我们暂时从略。

后梁贞明六年（920）六月，沙州使者客将张幸端（?）借贷生绢，出使于阗。

按，P.2161（1）《庚辰年（920?）六月十三日客将张幸端典地贷绢契》云：

> 庚辰年六月十三日，客将张幸端遂於氾僧政面上贷生绢两疋，各长肆拾尺。其两疋充渠地三畦□□如所贷绢比从（?）政来日，并不生利。如从（?）政于阗回□还有者，所典地须任从（?）政佃种，本绢亦在。恐人无［　　］私契，用为后验。
>
> 贷绢客将张幸端
>
> 贷绢□什（略押）
>
> ［　　］义（押）①

这件契约系揭自P.2161上的残纸片，所以文字缺损，有些文意不够清晰。一般来说，去外蕃出使的人都要借贷丝绢，以便顺路做些买卖。张幸端既称"客将"，似应是前往于阗的客使，但契约中提到去于阗的似乎是名为"从政"的人。另外，庚辰年是920年还是980年也难确定，不过沙知和池田温等均疑为920年，姑置于此。如果是920年出使于阗，那应当是较早的归义军与于阗通使的记录。

于阗王李圣天同庆十四年/后唐同光三年（925）二月，于阗王李圣天派使臣论结心等一行访问沙州；四月和十一月，又有多位于阗使者走访敦煌，并巡礼佛寺、石窟，造塔并做佛事功德。

见《钢和泰卷子》的于阗文部分，有三段关于于阗使在敦煌活动的记录，时间在于阗狮子王尉迟散跋婆（Viśa' Saṃbhava，即李圣天，912—966年在位）统治第14年、鸡年（925），其中一段记载Kaja月（汉历二月）十二日来到沙州的使臣有论结心（rGyal sum）、出身吐蕃的ṣau Ṣarrnädatta、出身Naṃpa Jamña的ṣau Śvāṃnakai和于阗（?）的

① 沙知《敦煌契约文书辑校》，南京：江苏古籍出版社，1998年，第177—178页。

舍努（ṣau Ṣaṃdū），特别注明他们熟知这里的城镇，下面罗列了从于阗到敦煌，再到朔方或焉耆的城镇。另外两段提到 Siṃjsīṃja 月（汉历四月）二十日和 Skarahvāra（? 汉历十一月）月十四日，前者文字较多，提到使臣结心（rGyal sum）是第七次来到沙州，同行的还有张都督（Cāṃ ttūttū）、ṣau Ṣarrnadatta、ṣau Śvāṃnakai、鼓手军官 Paḍä-dūsä、金匠 Kharuṣai、理发官 Khrrī-rttanä。他们为于阗菩萨天子和沙州归义军节度使太保做佛事功德，修建了一座崭新殊胜的瞿摩帝佛塔，巡礼敦煌各处的佛寺、石窟，供奉灯油等物。后者是一些使臣开支的账目，有些支出的物品名称还无法解读①。

这批使者在离开沙州之前，还用藏文上书归义军节度使，请求帮助，《钢和泰卷子》的藏文部分第 23—36 行：

> 若不陈情阿郎，并无其他贤者可以陈情。我等卑臣上年自于阗分作两般使人〔前来〕。末结心（'Bal rGyal sum）等先行，途中因见凶兆，遂弃之而取先前无行人之新道，途中杀二良驼，乃得未死而至阿郎尊前。后有韩信得（Ham sin ca）、皮都督（'Bye tu tu）和张都督（Co tu tu），向阿郎狮子天王陈情〔出发〕。甫抵沙州，即向阿郎太保陈情，呈报于“黑将军”（Mun dmag trang）、阿郎狮子王尊前取来国信。至此之后，未如上年所愿而成事，复转有他事（?）。若蒙阿郎垂情，或有望完成一二。阿郎狮子王亦开启旧府库，为不污阿郎太保而〔给予我等〕佳妙信物，〔而后〕于尊前遣之。阿郎君王和阿郎太保乃真诚兄弟，阿郎当知该作如何。对于我等臣民亦无差别。〔我等〕至此已久，于阗〔携来之〕衣虽在，然已羞于见人。切望于下月初一、二日〔将我等〕发遣。〔我等在

① H. W. Bailey, "The Staël-Holstein Miscellany", *Aisa Major,* new series, 2.1, 1951, pp. 1–45.

> 此〕已有时日，若十日内不能〔启程〕，则道途梗阻，难望平安抵达，〔汝〕兄弟二人也将有些些话语，而明春〔我等〕将不能〔前来〕。〔我等〕臣民亦是凡人，祈望于此月①初二、三日内启程，伏望允准。②

文中的“阿郎太保”指归义军节度使曹议金，“黑将军、阿郎狮子王”指于阗王李圣天，两者被称作是真诚兄弟，此为934年李圣天娶曹议金女为皇后之前的两地关系。

后唐庄宗同光年间（923—926），“有胡僧自于阗来，庄宗率皇后及诸子迎拜之。僧游五台山，遣中使供顿，所至倾动城邑。”③

见《新五代史》卷一四《唐太祖家人传·皇后刘氏》。此应是后唐庄宗同光年间的事，这位来自于阗的胡僧最有可能是于阗僧人，但也不排除是其他西域王国的僧人的可能性。无论如何，这是目前所见于阗自摆脱吐蕃统治而独立自主以后从于阗到达中原的第一人，表明两地之间有了直接的往来。庄宗和皇后及诸子对这位胡僧的迎拜，恐怕不仅仅是因为庄宗与刘后的佞佛，还可能是由于这位胡僧来自遥远的于阗。照常理来推断，他从于阗到中原，是要经过敦煌的，而同光年间正是归义军节度使打通河西老道、连通与中原王朝往来的最好时期，因此于阗使者一批批走访敦煌。

后唐长兴二年（931）正月，敦煌教团的河西释门僧政范海印出使于阗，归途亡殁。海印生前曾入京奏对，并巡游五台山、于阗诸处圣

---

① 此月（zla ba'di）似当作“下月”（zla ba phyi ma）。

② F. W. Thomas, & S. Konow, "Two Medieval Documents from Tun-huang", *Publications of the Indian Institute* I.3: *Oslo Etnografiske Museums Skrifter* III.3, 1929, pp. 122–160. 荣新江、朱丽双《一组反映10世纪于阗与敦煌关系的藏文文书研究》，沈卫荣主编《西域历史语言研究集刊》第5辑，北京：科学出版社，2012年，第90—98页。

③《新五代史》卷一四《唐太祖家人传》，北京：中华书局，1974年，第144页。

迹，于西域与中原文化交流颇有贡献。

P.3718–2 长兴二年（931）正月十三日敦煌沙门灵俊所写《唐河西释门故僧政京城内外临坛供奉大德兼阐扬三教大法师赐紫沙门范和尚写真赞并序》中，称赞这位沙州僧政范海印云："每虑坯躯虚假，翘情礼于五台。圣主遐宣，对诏宠迁一品。复攀昆峰灵集，愿顶普贤神踪。跋涉关山，徇求如来圣会。"赞文部分称颂他说："东游五岳，奏对朝天。西通雪岭，异域芳传。盂（于）阗国主，重供珍琏。"[①]可知范海印先巡礼五台山，然后往西天取经，于阗国王也给予供给。但他未能完成愿望，最后病死在从于阗东归的路上。

后唐长兴二年（931），归义军押衙氾润宁、武达儿、阴员住等奉命出使于阗。

P.4638 有两篇前后接着抄写的《辛卯年（931）后马军宋和信雇驼状》，均为未写完的草稿，今录于下：

马军宋和信：

右和信先辛卯年有陆岁驳驼壹头，押衙氾润宁雇将于阗充使，达至西府大国，即便病死。同行阴员住遂取孔别驾驼壹头，病疾立本驼，还雇价一伴绵绫肆疋（后缺）

——————————————————————————（纸缝）

马军宋和信：

右和信先辛卯年有柒岁驳驼壹头，押衙氾润宁雇将于阗充使，此时共他立契，或若驼伤走走，立还（后缺）[②]

---

① 饶宗颐《敦煌邈真赞校录并研究》，台北：新文丰出版公司，1994 年，第 276—277 页。

② 唐耕耦等《敦煌社会经济文献真迹释录》第 4 辑，北京：全国图书馆文献缩微复制中心，1990 年，第 508 页。

据 P.4638 上另一件文书《丙申年（936）正月马军武达儿状》，这里的辛卯年应当是 931 年。文书大意是说，归义军押衙氾润宁出使于阗之前从马军宋和信那里雇了一头骆驼，但是才到于阗，这头骆驼便患病而死。同行阴员住便从孔别驾那里取来一头骆驼充替。当他们完成使命返回敦煌以后，偿还雇驼价四匹绵绫。

后唐长兴四年（933）十月九日，归义军节度使府做法事，祈愿派往于阗的使人往来无滞。同月，于阗宰相来沙州。

P.2704《后唐长兴四、五年（933—934 年）归义军节度使曹议金回向疏》（共三篇）第一篇中称："请大众转经一七日，设斋一千五百人供，度僧尼一七人。紫盘龙绫袄子壹领、红宫锦暖子壹领、大紫绫半臂壹领，其袄子，于阗宰相换得。……已上施入大众。"（图 5–1）三份《回向疏》又有这样的祈愿："东朝奉使，早拜天颜；于阗使人，往来无滞。""朝贡专使，往来不滞；于阗使人，回骑无虞。""朝庭奉使，驲骑亲

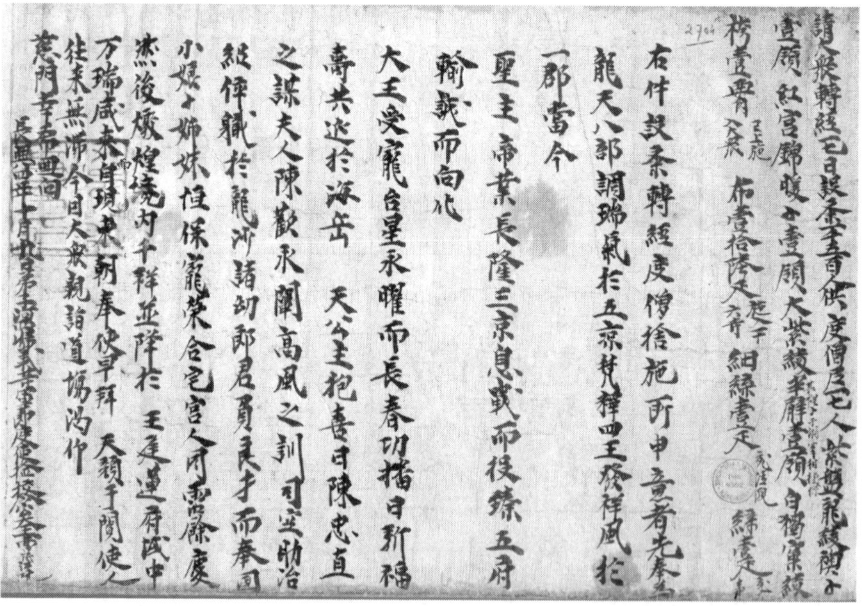

图 5–1　P. 2704《后唐长兴四、五年（933—934 年）归义军节度使曹议金回向疏》（IDP）

宣；于阗专人，关山不滞。”[1]说明长兴四年（933）十月，有于阗宰相来沙州。而且，这两年中都有敦煌派往于阗的使人。

长兴四年（933）至清泰三年（936）间，有于阗僧人在敦煌受到沙州僧团的款待。沙州僧团根据归义军官府的指令，出楼机绫一匹，请于阗返回的使者或归义军派往于阗的使者带给于阗皇后使用。

此二事见P.2638《后唐清泰三年（936）六月沙州儭司教授福集等状》所记记癸巳年（933）六月至丙申年（936）六月间儭司出破数：

> 绵绫壹匹，于阗僧鞔衣用。
>
> 楼机绫壹疋，寄上于阗皇后用。[2]

后唐长兴五年（934），归义军马军将领武达儿护送于阗皇后前往于阗。P.4638《丙申年正月马军武达儿状》云：

> 马军武达儿。
>
> 伏以达儿先送皇后年，其弟名管马军，奉命西州充使，不达乡际亡殁。（中略）
>
> 牒件状如前，谨牒。
>
> 丙申年正月　日马军武达儿状[3]

这里所说的“送皇后”事，即指曹议金女下嫁于阗国王李圣天为皇后，归义军派马军兵将武达儿奉命送至于阗。我们已经考证出曹氏下嫁在934年，也就是“送皇后年”，故文书的丙申年应当是随后的936年。

后晋天福二年（937）十一月，“于阗国僧曼哥罗赞常罗赐紫，号

---

① 伯希和、羽田亨《燉煌遗书》活字本第1集，上海：东亚考究会，1926年，第9—14页。

② 池田温《中国古代籍帳研究》，第649页。

③《敦煌社会经济文献真迹释录》第4辑，第507页。

昭梵大师”[①]。

这条记录在《册府元龟》卷五二《帝王部》。这位于阗国高僧被后晋皇帝赐号大师，他应当是经过敦煌而前往中原去的。

后晋天福三年（938）九月，于阗国王李圣天遣使至晋，晋高祖册封李圣天为大宝于阗国王，并派供奉官张匡邺等前往册封。天福五年（940），册封使团抵达于阗，天福七年（942）冬返回，于阗使都督刘再昇随同出使后晋，归义军曹元深、曹元忠兄弟亦遣使同往。

后晋册封于阗王李圣天为大宝于阗国王及其相关的前后遣使活动，在史籍中多有记录，给我们留下一个较为完整的画面。现将相关记录汇总如下：

〔天福三年〕九月己酉，……于阗使马继荣来，回鹘使李万金来。[②]

〔天福三年十月〕庚子，于阗国王李圣天册封为大宝于阗国王。[③]

〔天福三年十二月〕戊寅，制以大宝于阗国进奉使、检校太尉马继荣可镇国大将军，使副黄门将军、国子少监张再通可试卫尉卿，监使殿头承旨、通事舍人吴顺规可试将作少监。回鹘使都督李万金可归义大将军，监使雷福德可顺化将军。[④]

晋天福三年九月，其王李圣天遣使马继荣进白玉、白氎、牦牛尾、红盐、郁金、硇砂、大鹏砂、玉装靴辔等物。其年十月，册圣天为大宝于阗国王，命供奉官张匡邺为国信使。仍授入朝使马继荣

---

①《册府元龟》卷五二《帝王部·崇释教》，南京：凤凰出版社，2006年，第551页。

②《新五代史》卷八《晋高祖纪》，第83页。按《旧五代史》卷七七《晋高祖纪》载："天福三年九月乙丑，于阗国王杨仁美遣使贡方物，回鹘可汗遣使贡驰马。"（北京：中华书局，1976年，第1016页）所记与《新纪》当为同一件事，但把于阗和回鹘两国使者混为一谈，仁美是甘州回鹘可汗。

③《旧五代史》卷七七《晋高祖纪》，第1021页。

④《旧五代史》卷七八《晋高祖纪》，第1022—1023页。

为镇国大将军、扶风郡开国公，食邑二千户，副使黄门将军张载通试卫尉卿，殿头承旨、通事舍人吴顺规试将作少监。[①]

晋天福三年，于阗国王李圣天遣使者马继荣来贡红盐、郁金、牦牛尾、玉毡等，晋遣供奉官张匡邺假鸿胪卿，彰武军节度判官高居诲为判官，册圣天为大宝于阗国王。是岁冬十二月，匡邺等自灵州行，二岁至于阗，至七年冬乃还。居诲记曰："西至瓜州、沙州，二州俱中国人，闻晋使者来，其刺史曹元深等郊迎，问使者天子起居。……匡邺等还，圣天又遣都督刘再昇献玉千斤及玉印、降魔杵等。"[②]

〔天福七年十二月〕丙子，于阗使都督刘再昇来，沙州曹元深、瓜州曹元忠皆遣使者附再昇以来。[③]

天福八年（943）春正月……乙巳，于阗、回鹘入朝使刘再成等并授怀化大将军、将军郎将，放还蕃。[④]

从上可见，天福三年，于阗国王李圣天遣检校太尉马继荣、使副黄门将军国子少监张再通、监使殿头承旨通事舍人吴顺规，与甘州回鹘使都督李万金结伴来到晋廷。于阗进奉使一行携带白玉、牦牛尾、红盐等珍贵物品，前来进贡。十月，晋高祖石敬瑭册封李圣天为大宝于阗国王，以供奉官张匡邺假鸿胪卿为正使，彰武军节度判官高居诲为判官，前往册封。冬十二月，授予进奉使马继荣为镇国大将军，使副张再通为试卫尉卿，监使吴顺规为试将作少监。张匡邺一行与于阗使者一同出发，前往

① 《五代会要》卷二九于阗条，上海：上海古籍出版社，1978年，第464—465页。

② 《新五代史》卷七四《四夷附录》于阗条，第917—919页。

③ 《新五代史》卷九《晋出帝纪》，第91页。按，《旧五代史》卷八一《晋少帝纪》载："〔天福七年（942）十二月〕丙子，于阗、回鹘皆遣使贡方物。"（第1074页）所记应当是同一件事。

④ 《旧五代史》卷八一《晋少帝纪》，第1075页。

于阗。使者抵达沙州，归义军节度使曹元德病重，由其弟曹元深郊迎。天福五年，使团抵达于阗。天福七年冬返回，于阗使都督刘再昇随同出使后晋，归义军曹元深、曹元忠兄弟亦遣使随同前往中原进贡。十二月丙子，于阗、沙州使者到达后晋都城，刘再昇奉献大宝于阗王李圣天的大礼——玉千斤及玉印、降魔杵等。晋高祖随即授予再昇怀化大将军。

不论是天福三年九月到达后晋朝廷的马继荣一行，还是后晋册封大宝于阗国的使臣张匡邺等人，以及天福七年刘再昇送张匡邺一行返回中原，所有使团都是经过敦煌的，并受到归义军节度使的盛情款待。最后一条史料的“刘再成”当为“刘再昇”之误。

后晋天福七年（942）七月，有于阗僧来沙州，净土寺供助。

P.3234v《壬寅年（942）正月一日已后沙州净土寺直岁愿通手下诸色入破历》油破部分第23行：

> 油一杪，于阗僧来供助用。①

这是沙州净土寺供给于阗僧人的记录，僧人不是使者，往往由寺院供助。

后晋天福八年（943）七月，有于阗僧来沙州，住净土寺，官料供食。

P.3234v + P.2040v+P.2032v《癸卯年（943）正月一日已后沙州净土寺直岁广进手下诸色入破历算会稿》：

> 146—147 粟叁斗沽酒，送路于阗僧用。

① 那波利貞《唐代社会文化史研究》，東京：創文社，1974年，第315页。

183 面贰斗伍升，于阗客僧来此得官料供助用。[1]

后晋天福十年（945）有于阗班上监来至敦煌，供养佛像。

P.2026 于阗语佛教文献杂纂卷的第 89—90 行中间，绘佛像两躯，旁有施主，作供养状，又绘小塔，内用汉文书供养人题记：

维大晋天福十年乙巳，敕于阗班上监一心供养。[2]（图 5-2）

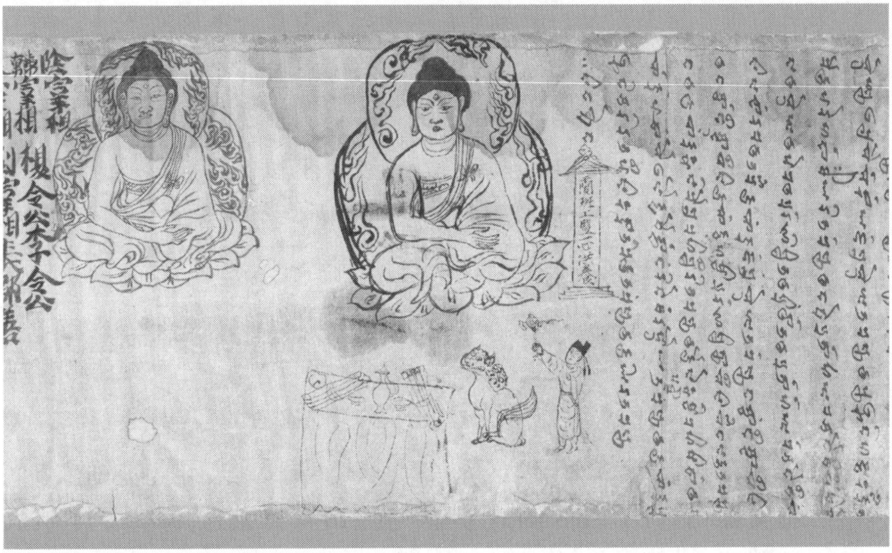

图 5-2　P. 2026（IDP）

题记使用归义军遵从的中原年号和汉文，表明该卷写绘于敦煌。班上监可能是来到敦煌的一位于阗官人，把自己供养佛像的情况记录下来。

后晋天福十二年（947）六月，一个于阗使团到达沙州归义军辖境，

① 唐耕耦《敦煌寺院会计文书研究》，台北：新文丰出版公司，1997 年，第 154、157 页。“客”字据图版补。

② 饶宗颐《燉煌白画》第 2 卷，巴黎：法国远东学院，1978 年，第 44—45 页。

归义军官人和于阗太子前往迎接并设宴款待。

详细记录见 P.2641《丁未年六月归义军都头知宴设使宋国清牒》，共四份，日期连贯，现录其中有关供应于阗使者食料的记载如下：

> 十九日，寿昌迎于阗使，细供陆拾分，壹胡并，又胡并壹伯枚，油胡并子肆伯枚，每面贰斗，入油壹升。廿日，太子迎于阗使，油胡并子壹伯枚，每面贰斗，入油壹升。廿一日，马圈口迎于阗使，用细供叁拾分，壹胡并，又胡并贰拾枚，灌肠面叁升。城下迎于阗使，细供贰拾分，壹胡并，灌肠面三升。于阗使迎于阗使，细供拾分，壹胡并，中次料拾分。廿二日，太子屈于阗使，细供拾伍分，壹胡并。廿三日，大厅设于阗使，用细供贰拾捌分，内叁分贰胡并。廿四日，又太子龙兴寺屈于阗使，细供拾伍分，壹胡并，又胡并捌拾伍枚。于阗使□料□下，面肆斗。[①]

藤枝晃推测这里的丁未年是后汉天福十二年（947）[②]。这一看法可以成立，因为文书中的宋国忠又见于 S.1898（936 年左右），宋迁嗣见于 P.3160（951 年），赵员子见于 P.2629（964 年〈?〉），而且，文书上的简式鸟形画押，据艾丽白（D. Eliasberg）考证，也应出自曹元忠（944—974 年执政）之手[③]。由此可知，天福十二年六月十九日，于阗使到达沙州归义军领地后，归义军先是安排在寿昌城（今南湖）迎接。翌日，住在敦煌的于阗太子出迎于阗使，这表明这批使者不同寻常，于阗太子很可能在

---

① 唐耕耦、陆宏基《敦煌社会经济文献真迹释录》第 3 辑，第 612—613 页。

② 藤枝晃《沙州歸義軍節度使始末》（四），《東方学報》（京都）第 13 本第 2 分，1943 年，第 82 页。

③ D. Eliasberg, "Les signatures en forme d'oiseau dans les manuscrits chinois de Touen-houang", in M. Soymié ed., *Contributions aux études sur Touen-houang*, Genève: Droz, 1979, pp. 30–33, 39.

寿昌、敦煌之间有庄园，使者即宿其中。二十一日，在敦煌城西的马圈口迎接于阗使，此地是敦煌水利枢纽所在，也是敦煌祭祀的场所。然后是在敦煌城下迎于阗使。进城后，住在敦煌的于阗使来迎于阗使。转天，于阗太子又设宴款待使者。二十三日，归义军官府在府衙大厅设宴款待于阗使。二十四日，于阗太子又在敦煌的官寺龙兴寺中宴请使臣。从这份归义军负责宴会供应的宴设使留下的一个月的记录，使我们可以看出天福十二年来的这批于阗使臣受到了何等的款待。

后晋开运四年（947）六月，于阗使臣入汉朝贡。

见《新五代史》卷一〇《汉隐帝纪》："于阗遣使者来。"[1]这批于阗使者在开运四年六月到达中原王朝，正好赶上改朝换代，由晋入汉。相信这批使者也是经过敦煌而到达中原的。

后汉乾祐元年（948）五月，于阗使臣入汉朝贡。

《五代会要》卷二九于阗条："汉乾祐元年（948）五月，〔于阗〕复遣使朝贡。六月，以入朝使王知铎为检校司空，副使张文华、判官秦元宝为检校左右仆射，监使刘行立检校兵部尚书。"[2]

这是一个正使、副使、判官、监使俱全的使团，汉廷给予他们的官衔也不低，由此可见，李圣天受封大宝于阗国王后，更加积极地入贡中原王朝。

后汉乾祐元年（948）七月，于阗商人亡于敦煌，官府处理其财务诉讼案。

法藏敦煌回鹘语文书 Pelliot Ouïgour 2 号是处理一位在敦煌去世的于阗商人财产的诉讼文书（图 5-3）。该商人死于 ït yïlïn yettinč ayda yetti yegirmi-dä"狗年七月十七日"，文书还提到另一个时间 to bečin

① 《新五代史》卷一〇《汉隐帝纪》，第 102 页。
② 《五代会要》卷二九于阗条，第 464—465 页。

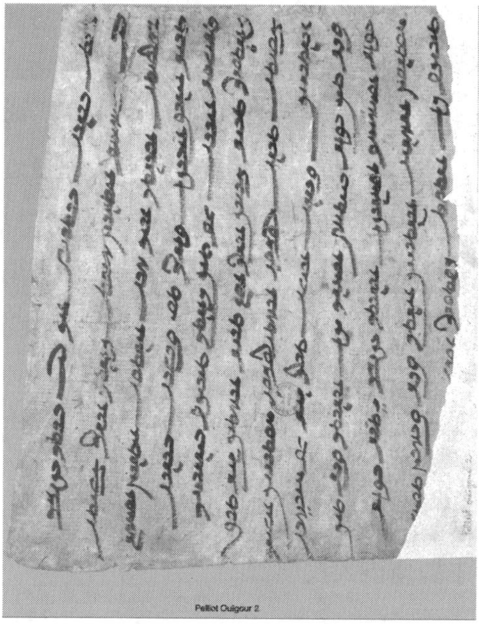

图 5-3 Pelliot Ouïgour 2（IDP）

yïlïn tončor ayïn“土猴年七月”[1]。巴赞（L. Bazin）将后者定为 948 年（乾祐元年）[2]，对此哈密屯（J. Hamilton）和森安孝夫皆无异议[3]。在于阗与敦煌的交往史料中，很少有关于商人的记载，这件回鹘语文书可以说是个补充。事实上，从于阗前来敦煌经营的商人应当不在少数。

后周广顺元年（951）六月，有于阗使（刘再昇?）至沙州，归义军官府造食供设。

P.3160v《辛亥年六月归义军押衙知内宅司宋迁嗣牒》记归义军节度使宅第的柴草支出有：

> 廿日，看于阗使，煮肉两束。[4]

据牒尾的简式鸟形画押，这件文书当在 951 年[5]。宋迁嗣一名又见于 P.2641

---

① J. Hamilton，*Manuscrits ouïgours du IXe-Xe siècle de Touen-houang* I，Paris：Peeters，1986，pp. 103–104.

② L. Bazin，*Les Calendriers turcs ancients et médiévaux*，Lille：Université de Lille，1974，pp. 298–302.

③ J. Hamilton，*Manuscrits ouïgours du IXe-Xe siècle de Touen-houang*，pp. 103，105；森安孝夫《ウイグル語文献》，山口瑞鳳編《講座敦煌》第 6 卷《敦煌胡語文献》，東京：大東出版社，1985 年，第 19 页。

④ 唐耕耦、陆宏基《敦煌社会经济文献真迹释录》第 3 辑，第 614 页。

⑤ D. Eliasberg，“Les signatures en forme d'oiseau dans les manuscrits chinois de Touen-houang”，p. 32.

《丁未年（947）六月归义军都头知宴设使宋国清牒》中，可以确定这个断代。

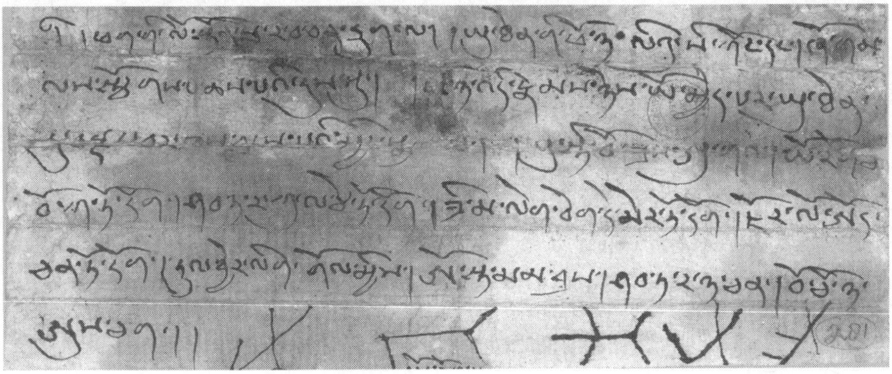

图 5-4　P. t. 1256v（IDP）

按，敦煌藏文写本 P. t. 1256v 为猪年（亥年）于阗使刘司空（Li'u Si kong）文书（图 5-4），文字如下：

猪年孟秋十六日，于阗使刘司空和尚减等启程之际，应允此等使者无危而遣往于阗，其名如下：布悉帝部杂（Pu sti bo zas）于伽（u ga'）、乌褥者部伽（O rog ca bo ka）都督(to tog)、摄多罗贵罗子（Shab ta ra ku la rtse）都督、肆磨历北帝摵（Zi ma leg beg de mer）都督、沩卢沃毡（Jor lo od can）都督、督俾历沽弥(Tul byer lig gol myis)、乌悉他蛮勃罗（O sta mam bras)、摄多罗野毡(Shab ta ra nya can)、部张野危绰(Bo co nya us cag)。[①]

第 1 行的 yu then gi pho nya li'u si kong "于阗使刘司空"，森安

① 荣新江、朱丽双《一组反映 10 世纪于阗与敦煌关系的藏文文书研究》，第 103—105 页。

孝夫比定为天福七年（942）入贡中原王朝的于阗使都督刘再昇，他并指出文书的时间在940年代前后[①]。按，刘再昇这次出使逗留敦煌的时间当在942—943年间，相当于虎年和兔年。此后的猪年有951年和963年，其中以951年的可能性较大。942—943年刘再昇的身份是"都督"，这大概是于阗官人的一种常见的称号，比如这里讨论的于阗使者名单中即有4位是都督。但猪年来到敦煌的刘再昇被称作"司空"，按照中原的制度，这是高于尚书、仆射的加官名号，一般为节度使的加官，因此猪年的刘司空大概是都督刘再昇入贡中原成功以后被中原皇帝或于阗王赠赐的称号，年代一定在942—943年以后。上引P.3160《辛亥年（951）六月归义军押衙知内宅司宋迁嗣牒》记："廿日，看于阗使，煮肉两束。"这里被归义军节度使特意看望的于阗使，其中当有比较重要的人物，或许他就是曾陪中原天使回国而后返回敦煌的刘再昇。总之，藏文的猪年更可能的是951年。P.5535于阗体梵文《陀罗尼咒》后用汉字题记："大宝于阗国进奉使司空刘再昇"[②]。P.2782第1—61行是用韵文体写的于阗文《法华经纲要》，其第12行和第61行有供养人的名字ḍyau tceyi-śīṁä和ḍyau si-khūṃ[③]。据金子良太考证，分别相当于"刘再昇"和"刘司空"[④]。因为司空的称号与刘再昇的猪年文书相合，因此都可能是951年刘再昇随身携带而留在敦煌的文本。

后周显德二年（955）二月下旬，于阗使在敦煌赛神；三月三日，

① 森安孝夫《イスラム化以前の中央アジア史研究の現況について》，《史學雜誌》第89编第10号，1980年，第66页。

② 张广达、荣新江《巴黎国立图书馆所藏敦煌于阗语写卷目录初稿》，原载《敦煌吐鲁番文献研究论集》第4辑，北京：北京大学出版社，1987年，此据作者《于阗史丛考》（增订本），北京：中国人民大学出版社，2008年，第146页。

③ H.W.Bailey, *Khotanese Text*, III, London: Cambridge University Press, 1968, pp. 58, 62. Cf. H. W. Bailey, "A Metrical Summary of the *Saddharma-puṇḍarīka-sūtra* in Gostana-deśa", *Bulletin of Tibetology*, 2.2, 1965, pp. 5–7.

④ 金子良太《Pelliot 2782文書所見のḌyau Tceyi-śīṁä》，《豊山学報》第22号，1977年，第125—128页。

于阗博士逗留敦煌。

见 S.3728《乙卯年二、三月归义军押衙知柴场司安祐成牒》有关供应柴草的记载：

> 二月廿四日，于阗使赛神，付设司柴壹束。
>
> 三月三日，支于阗博士月柴壹拾伍束。[①]

据牒后的简式鸟形画押，可推定在 955 年[②]。又，文书中安佑成一名又见于 S.1898 归义军名籍文书中，作“十将安佑成”[③]，而同一名籍中的张威贤，又见于 S.1285《后唐清泰三年（936）扬忽律哺卖宅舍契》中[④]，据此可以间接证明 S.3728 的乙卯年应是后周显德二年（955）。前面一条记，二月二十四日，归义军官府举办祭祀神灵的“赛神”活动时，于阗使者也前来参与，还要在宴会上用餐，归义军负责柴草的机构柴场司为此要给归义军负责宴会的宴设司柴草一束，以便烧制饭菜。“博士”指具有专业技术的工匠，较一般的工匠级别要高。归义军官府按月支付柴草的这位于阗博士，显然有一定的技艺，为敦煌所需，因此才较长时间留在敦煌。

于阗天兴七年/后周显德三年（956）七月，归义军派于阗回礼使、都头、前寿昌县令索子全等一行出使于阗。

P.3016《于阗天兴七年（956）十一月于阗回礼使索子全状》，全文如下：

---

① 《敦煌社会经济文献真迹释录》第 3 辑，第 618 页。

② D. Eliasberg, “Les signatures en forme d’oiseau dans les manuscrits chinois de Touen-houang”, p. 32.

③ 中国科学院历史研究所编《敦煌资料》第 1 辑，北京：中华书局，1961 年，第 207 页。

④ 《敦煌资料》第 1 辑，第 312—313 页。

奉辞奖擢关拜，恩辉睿泽，天波共同，台造敢竭万国之贶命，庆祚千里之山河，兆祝南山，怙然皎靖。爰于柒月柒日告辞本道，星驰朔余，达于朝庭。捌月贰拾贰日宣旨迎接[①]，便令朝见。皇帝幸于暑官，儛袖称臣，具奏本道回礼进贡大朝事，别敕宣问河隍（湟）道归义军使臣卿，于（予）虚受东朝之臣节，为朕国之血属，膺娉诸域，来朝万里，柱国良弼，并迈远昔，任土作贡，开天未有。仍选拣进贡皇后内殿筝妓，及添太常寺乐人，特回天睠。宣问皇后，于虚此理。何者，圣后所奏承天，骨肉庆幸。两朝所为，翼禅傅圣之君，仁德盛明之主，乾坤再佑，菩萨天子，日月重明，兆民父母，所以不惧众云、炎摩多，将军将弓弩偻罗之人，尽命血战，不虑死生，但愿圣躬宝祚长春，紫陌成于洛驿。一仁有感，万国赖之，路不拾余（遗），万万余载，即臣妾之，后殿幸也。微臣子全罔则，圣后所奏，道儛空愐，鼎鼐镂铭，益清竹帛，殷殷不古。叫呼鸾凰，圣听奏闻，后殿可赖，兼藉乐业。谨具朝觐回礼进贡龙庭大宝国事仪，岂敢隐匿。圣情超三迈五之化，乃文乃武披图。时惟不具，伏惟指挥、都衙、都头等，尊体起居万福，即日子全蒙恩偏佑，伏惟顺时，柱国善佳（加）保重，卑情所望。不宣，伏惟察悉，谨状。

天兴柒年拾壹月　日于阗回礼史（使）内亲从都头前寿昌县令御史大夫检校银青光禄大夫上柱国索子全状。（落款处有印一方，文曰：“寿昌县印”。）

指挥等挥右

　　谨空。[②]

---

① 原文此处衍一“接”字，已删。

② 张广达、荣新江《关于唐末宋初于阗国的国号、年号及其王家世系问题》，原载《敦煌吐鲁番文献研究论集》，北京：中华书局，1982 年，此据作者《于阗史丛考》（增订本），第 29—31 页。参看《敦煌社会经济文献真迹释录》第 4 辑，第 404—406 页。

这封状文是在于阗写给于阗国的指挥、都衙、都头等，所以使用了于阗的天兴纪年。从文书得知，索子全等一行于七月七日离开敦煌，前往于阗。八月二十二日抵达于阗都城，朝见皇帝李圣天。李圣天在暑宫接见来使，受领贡物。归义军节度使曹元忠还为其姐姐——于阗国皇后准备了伎乐等礼物。十一月，索子全致书于阗指挥、都衙、都头等，详告奏对经过。

于阗天兴九年/后周显德五年（958）六月，归义军派内亲侍、都头、西朝走马使□富住等一行出使于阗。

见 P. 3016v《天兴九年九月西朝走马使□富住状》，文字如下：

季秋霜冷，伏惟指挥都衙、宋都衙、周都衙、小宋都衙及两班诸都头等，尊体起居万福。即日富住蒙恩，不审近日拜别，赞俑府庭，为社稷生灵，尊用何似，伏惟依时，倍佳（加）保治，卑情所望。于陆月贰拾壹日出于本道，沿路虽逢奸危贼寇，上下一行，并无折欠，其于国朝信物，亦无遗失，于柒月贰拾叁日得达西朝。鸾（銮）驾亲征西幸，富住等至捌月拾壹日出迎接朝覲，奏奉本道太师令公差充走马，奏回礼使索子全等贰人于伍月伍日入沙州，不逢贼寇，亦无折欠，宣诰军府内外官班僧道等兴庆，钦奉皇恩，天高海阔，限以参俑，守职远方，不获朝覲。限以富住未获回走马，参拜起居。伏惟照察，兼未及信物，谨状。

天兴玖年九月　日前检校银青光禄大夫新受内亲侍都头西朝走马使□富住状。

指挥都衙等阁下

谨空。[①]

① 张广达、荣新江《关于唐末宋初于阗国的国号、年号及其王家世系问题》，原载《敦煌吐鲁番文献研究论集》，北京：中华书局，1982 年，此据作者《于阗史丛考》（增订本），第 31—32 页。参看《敦煌社会经济文献真迹释录》第 4 辑，第 407—408 页。

从文书得知，□富住等一行于六月二十六日前往于阗，沿路虽逢艰危，一行上下，并无损折，国朝信物亦无遗失。七月二十三日抵达，时于阗皇帝鸾驾亲征，富住等至八月十一日方得朝觐。于阗皇帝宣诰军府内外官班僧道等，无不兴庆抃悦。九月，富住在于阗致书指挥都衙、宋都衙、周都衙、小宋都衙及两班都头等，报告前年出使于阗的沙州都头索子全等已于本年五月五日还至敦煌。

从天兴七年、九年的这两件文书可以看出，于阗与敦煌之间的交往之频繁，双方感情之深厚，都溢于言表。

宋建隆二年（961），于阗国王李圣天遣使至宋。

关于此事，《宋会要》蕃夷七与《续资治通鉴长编》卷二分别有如下记载：

〔建隆二年〕十二月四日，于阗国王李圣文（天）遣使贡玉圭一，盛以玉匣。本国摩尼师贡琉璃器二，胡锦一。[①]

〔建隆二年十二月〕甲午，于阗国王李圣天遣使来贡方物。[②]

可见于阗王李圣天在宋朝建立之时，即派遣使者前往进贡于阗精美的玉器，以通善意。同时值得注意的是，其时于阗也有摩尼教流行，而且摩尼师可以随国王一起进贡，表明地位之高。

宋乾德二年（964）六月五日之前，两批于阗使逗留敦煌。

关于此的详细记录见敦煌研究院藏 No.001+敦研 0784+P.2629《归义军官府用酒破历》所记于阗使臣等用酒情况：

六月，支于阗去押衙吴成子酒一瓮。

---

① 《宋会要辑稿》蕃夷七，北京：中华书局，1957 年，第 8 册，第 7840 页。

② 《续资治通鉴长编》卷二，北京：中华书局，1979 年，第 56 页。

六月三日，太子屈于阗使，酒半瓮，酿羊皮酒叁斗五升。

去正月廿四日供于阗葛禄逐日酒贰升，至六月五日夜断，除三个月小尽，中间壹伯贰拾玖日，计给酒肆瓮壹斗捌升。

去三月十九日供于阗罗尚书逐日酒伍升，至六月五日夜断，除两个月小尽，中间柒拾伍日，内两日全断，计给酒陆瓮伍升。

去五月贰拾捌日，供修于阗文字孔目官逐日壹斗，至陆月伍日夜断，除月小尽，中间柒日，计用酒壹瓮壹斗。

七月一日，太子迎于阗使酒壹瓮。三日，□□□阗使，酒壹斗。廿一日，衙内看于阗使，酒壹瓮。廿六日，衙内看甘州使及于阗使僧，酒壹角。

八月一日，看于阗使，酒壹瓮。廿二日，看甘州使及于阗使，酒半瓮。

十月二日，东园看于阗使及南山，酒壹斗。十日，衙内看于阗使，酒壹斗。①

从文书得知，当时有两批于阗使者逗留敦煌，其中一批由于阗葛禄率领，从正月二十四日到敦煌，至六月五日止，归义军官府每日供酒二升；另一批由于阗罗尚书率领，从三月十九日至六月五日，每日供酒五升，待遇比前一批使者要高。六月三日，住在敦煌的于阗太子宴请于阗使，为之送行。六月，沙州押衙吴成子出使于阗，或即随两批于阗使者而去。不久又有一批于阗使来到敦煌，七月一日于阗太子迎于阗使者。二十一日归义军衙内看望于阗使。二十六日衙内又看望甘州使及于阗使僧，八月一日又看望于阗使。二十二日，归义军官府看望甘州使及于阗使，十月二日，又在敦煌东园看望于阗使及南山部族的使者。十日，衙内看望于阗使。这批于阗使者从七月一日到达，十月十日，受到归义军

① 《敦煌社会经济文献真迹释录》第 3 辑，第 273—276 页。

官府的盛情款待。

本文前后残缺，纪年已失，纸缝钤有“归义军节度使新铸印”，据考该印的使用期限是在961—979年之间[①]。因此，这件酒破历应当就是这一期间的产物。施萍亭还根据月建大小等理由，认为其确切年份是宋乾德二年(964)[②]。按本文书中出现的赵员子见于上面提到的P.2641文书(947),史骨子见于P.2236《壬申年（972？)沙州敦煌乡官布籍》[③]，都可以旁证酒账应是曹元忠时期的文书。这件文书除记录于阗使臣在敦煌所受到接待外，还记录了归义军官府从五月二十八日至六月五日，每日供给一位孔目官酒，让他撰写于阗文字的书信，之所以到六月五日结束，大概是因为两批于阗使臣都是要在这一天启程回国，所以必须此日写出。

于阗天寿二年/宋乾德二年（964）五月，沙州僧宝胜在于阗，奏书上天皇后。

P.4518号包括39件佛像、佛画和题识一类的纸片，其中第2件的背面有如下残文：

1 [ ] 宝胜今远将情恳，
2 [ ]
3 天皇后圣颜□□不
4 怪愆尤，细赐照察，谨奉状奏
5 闻，谨奏。

① 陈祚龙《古代敦煌及其它地区流行之公私印章图记文字录》，《敦煌学要籥》，台北：新文丰出版公司，1982年，第330页；施萍亭《本所藏〈酒帐〉研究》，《敦煌研究》创刊号（1983年），第146页；森安孝夫《河西歸義軍節度使の朱印とその編年》，《内陸アジア言語の研究》15，大阪：中央ユーラシア学研究会，2000年，第33—40、76—79页。

② 施萍亭《本所藏〈酒帐〉研究》，第146—150页。

③ 池田温《中国古代籍帳研究》，第615—616页。

6　天寿二年五月日宝胜状奏。①

我们已经考证出，天寿二年为964年。这年五月，来自沙州的僧人宝胜在于阗上奏于阗天皇后，文辞已残，不得其详。但从残留的文字看，大概没有什么实质的内容，只是存问而已，表明宝胜或许与归义军节度使家族有某种特殊的关系，才特意存问这位从敦煌嫁来的于阗皇后曹氏。宝胜在于阗上奏，所以用于阗年号。

宋乾德二年（964）八月，于阗太子三人携《法华经》第四卷至敦煌佛堂内供养。

P.3184v有于阗太子题名，称：

> 甲子年八月七日，于阗太子三人来到佛堂内，将《法华经》第四卷。②

贺世哲、孙修身推断这个甲子年即宋乾德二年（964）③。他们还指出，这三位太子中的两位，可能就是莫高窟第444窟东壁盛唐画《见宝塔品》南北两侧题名的从连和琮原："南无释迦牟尼佛说《妙法华经》，大宝于阗国皇太子从连供养；南无多宝佛为听法故来此法会，大宝于阗国皇太子琮原供养。"④而另外一位太子，我们认为是李圣天的皇太子从德⑤。

宋乾德三年（965），于阗僧善名等至宋。

---

① 张广达、荣新江《关于唐末宋初于阗国的国号、年号及其王家世系问题》，第34页。

② 同上，第21页。

③ 贺世哲、孙修身《〈瓜沙曹氏年表补正〉之补正》，《甘肃师范大学学报》1980年第1期，第78页。

④ 谢稚柳《敦煌艺术叙录》，上海：古典文学出版社，1957年，第299页。

⑤ 张广达、荣新江《关于唐末宋初于阗国的国号、年号及其王家世系问题》，第21页。

对于此事《续资治通鉴长编》卷六和《宋史》卷四九〇《外国传》于阗条记载如下：

> 乾德三年（965）五月，于阗国宰相因沙门善名等来京师，致书于枢密使李崇矩，愿结欢好。上令崇矩报书，赐以器币。①
>
> 乾德三年五月，于阗僧善名、善法来朝，赐紫衣。其国宰相因善名等来，致书枢密使李崇矩，求通中国。太祖令崇矩以书及器币报之。②

于阗僧善名、善法应当是经过敦煌前往中原的。两书所记月份不同，或者一为于阗僧到达的日期，一为宋太祖下令的日期。

宋乾德三年十二月，于阗国王遣使与甘州回鹘、瓜沙归义军一同遣使宋朝，同行者有西域求法僧道圆，从天竺经于阗、敦煌回到宋朝。

此事宋人记录较多，先罗列如下：

> 乾德三年十二月，甘州回鹘可汗、于阗王及瓜沙州皆遣使来朝，贡马、橐、玉、琥珀。③
>
> 乾德三年十二月戊午，甘州回鹘汗与于阗国王及瓜沙州皆遣使来贡方物。先是沙门道圆出游西域二十余年，于是与于阗朝贡使者俱还，献贝叶经及舍利。癸亥，上召见之，问其山川道路及风俗，一一能记。上喜，赐以紫衣及金币。④
>
> 乾德三年十二月戊午，甘州回鹘可汗、于阗国王等遣使来朝，

---

① 《续资治通鉴长编》卷六，第 154 页。
② 《宋史》卷四九〇《外国传》于阗条，第 14107 页。
③ 《宋会要辑稿》蕃夷七历代朝贡条，第 7840—7841 页。
④ 《续资治通鉴长编》卷六，第 161 页。

进马千匹、橐驼五百头、玉五百团、琥珀五百斤。[①]

乾德三年，沧州僧道圆自西域还，得佛舍利一、水晶器、贝叶梵经四十夹来献。道圆晋天福中诣西域，在涂十二年，住五印度凡六年，五印度即天竺也；还经于阗，与其使偕至。太祖召问所历风俗山川道里，一一能记。[②]

这里说的是于阗使者与瓜沙州使者及赴西域求法僧道圆一起到达开封，受到款待。这次于阗和甘、沙进献方物的数量巨大，大概是一种朝贡贸易的性质。关于道圆，《宋史·外国传》天竺条称他是“晋天福中诣西域”，我们推测他有可能是在天福三年和前往于阗的后晋使臣张匡邺、高居诲等一同出发的，然后从于阗继续西进，赴印度巡礼五天竺，大概在天兴十二年/建隆二年（961）二月返回于阗。据S.6264，他在那里以“左街内殿讲经谈论兴教法幢大师”的名号为沙弥授戒。P.2893号汉语文书《报恩经》卷四尾题云：“僧性空与道圆雇人写记”[③]。文书正面《报恩经》正文的边上和整个背面都是于阗文，背面的于阗文是长达二百多行的医药文书，其中包括许多药方[④]。由此可知，道圆与于阗使一行是从敦煌前往中原的。

宋乾德四年（966），于阗太子从德至宋。

《续资治通鉴长编》卷七有二月和年末两条记载：

---

① 《宋史》卷二《太祖本纪》，第23页。

② 《宋史》卷四九〇《外国传》天竺条，第14103页。参看《宋会要辑稿》蕃夷四天竺国条，第8册，第7757页；《宋会要辑稿》道释二传法院条，第8册，第7891页；《佛祖统纪》卷四三，《大正藏》第49册，第395a—b页。

③ 张广达、荣新江《巴黎国立图书馆所藏敦煌于阗语写卷目录初稿》，第135—136页。

④ H. W. Bailey, *Khotanese Texts*, II, London: Cambridge University Press, 1969, pp. 83-93. Cf. R. E. Emmerick, *A Guide to the Literature of Khotan*, Tokyo: The International lustitute for Buddhist Studies, 1992, p. 49.

乾德四年二月，于阗国王遣其子德从来贡方物。

是岁，于阗国王李圣天遣其子德从来贡方物。①

这里的“德从”应当是“从德”之误，从德是于阗王李圣天之子，常见于敦煌汉文与于阗语文书。如上所述，从德在乾德二年八月和从连、琮原一起参加了敦煌法会，而后启程前往宋朝进贡②。从德的入贡于宋，时间与上年十二月刚到开封的于阗使相差无几，显然有着更为重要的使命。虽然我们不知道具体的使命是什么，但或许和于阗开始与黑韩王朝征战有关。

宋开宝二年（969），于阗遣使至宋。

《续资治通鉴长编》卷十和《宋史》卷二《太祖本纪》的记载是：

开宝二年十一月庚申，回鹘、于阗皆遣使来贡方物。③

开宝二年十一月庚申，回鹘、于阗遣使来献方物。④

《宋史》卷四九〇《外国传》于阗条记载略详：

开宝二年，遣使直末山来贡，且言本国有玉一块，凡二百三十七斤，愿以上进，乞遣使取之。善名复至，贡阿魏子，赐号昭化大师，因令还取玉。又国王男总尝贡玉欄刀，亦厚赐报之。⑤

直末山和与回鹘使一起至宋的于阗使可能不是同批到达。玉和玉石产品

① 《续资治通鉴长编》卷七，第167、183页。

② 张广达、荣新江《关于唐末宋初于阗国的国号、年号及其王家世系问题》，第21页。

③ 《续资治通鉴长编》卷一〇，第235页。

④ 《宋史》卷二《太祖本纪》，第30页。

⑤ 《宋史》卷四九〇《外国传》于阗条，第14107页。

一直是于阗外交的主要输出品，无论是于阗使臣还是僧人、太子，大概都是用玉来和宋朝交往。这里没有提到敦煌，《宋会要辑稿》蕃夷四记“开宝元年十一月，殿直部岳自西北蕃押甘州回鹘及于阗、沙州使人各贡驼马方物”，颇疑开宝元年为开宝二年误。如果确实如此，那么这次入贡，于阗还是和甘、州一起同行的。

于阗天尊四年/宋开宝三年（970），于阗王尉迟苏罗（Viśa' Śūra，967—977年在位）致书沙州节度使曹元忠，告出征疏勒的黑韩王朝获胜，俘获甚众，且得舞象一头。开宝四年，于阗僧吉祥携国王书上之宋廷，称破疏勒国，欲将所得舞象入贡于宋。

此事前半见P.5538于阗文《天尊四年（970）于阗王尉迟苏罗致沙州大王舅曹元忠书》[①]；后半见载于《宋史》卷四九〇《外国传》于阗条记：

> 开宝四年，其国僧吉祥以其国王书来上，自言破疏勒国，得舞象一，欲以为贡。诏许之。[②]

两相对照，可知尉迟苏罗王取得进攻疏勒的胜利后，先是致信其舅归义军节度使曹元忠，然后又派僧人吉祥前往宋朝报捷，并表示愿意把俘获的舞象进贡给宋廷。宋朝皇帝虽然答应下来，但按照当时西北的形势，恐怕只是一纸空文。

宋太平兴国四年（979）十一月二日，沙州使携国信出使于阗。

S.2474《己卯年驼官邓富通状并判凭》：

> 己卯年十一月二日，驼官邓富通群入算后骆驼破籍。

① H. W. Bailey, "Śrī Viśa̜ Śūra and Ta-uang", *Asia Major*, new series, 11.1, 1964, pp. 17–26.

②《宋史》卷四九〇《外国传》于阗条，第14107页。

伏以今月二日，支与于阗使头南山大父驼壹头，未蒙判凭。伏请处分。

己卯年十一月二日驼官邓富通。

为凭。三日。（鸟押）①

同卷文书前面是《庚辰年驼官张憨儿群骒驼破籍并判凭》，此张憨儿又见于P.2484《庚辰年（968）十月七日归义军算会群牧驼马牛羊现行籍》，可以确定此处己卯为979年，庚辰为980年。文书中的使头，应当指归义军的使者，而非于阗来使。

又，P.3878《己卯年十一月都头知军资库官张富高状并判》第九件：

军资库司

伏以去卅日封角于阗国信麻壹束，未蒙判凭。伏请处分。

己卯年十一月 日都头知军资库官张富高。

为凭。三日。 （鸟押）②

这件文书的鸟形画押和上面的《邓富通状》完全相同，己卯年也是979年。而且，两者一个是十一月二日，一个是十一月三日的状文，所记往于阗出使应当是一回事。驼官邓富通是为这次出使准备骆驼，而军资库官张富高则是准备麻封好送给于阗国的信物，因为封角国信准备时间稍长，所以是上个月三十日的事情。

宋太平兴国五年（980），于阗僧、于阗使在敦煌受到归义军官府供给。

---

①《敦煌社会经济文献真迹释录》第3辑，第600页。

② 同上，第607页。

S.2474《太平兴国五年归义军衙内面油破历》残存的记事有：

于阗僧面七斗、油二升。今月……，于阗使面一斗。窟上看于阗使，细供十分，小食子十枚，用面二斗一升，油一升。十二日，太子宅于阗使一人，用面七斗。[①]

这份破用历的前面抄有《己卯、庚辰年驼官邓富通、张憨儿状》，据状末的繁式鸟形画押，可断定为979—980年[②]。破用历的第18—19行间，有小字“于时太平兴国七年（982）壬午岁二月五日立契”云云，文书中有“闰三月”，藤枝晃在考虑了这些情况后，考订为太平兴国五年（980）的闰三月[③]，则这份破用历的年代应为980年。从这件文书我们看到，来到敦煌的于阗使也得到莫高窟供养，而住在于阗太子宅中的于阗使也得到官府的食物供应。

宋太平兴国五年（980）四月二十一日，归义军为于阗僧罗阇梨身故安排丧事；又供来到敦煌的于阗使、于阗僧食物。

S.1366《归义军宴设司面油破历》记载：

二十一日，于阗罗阇梨身故助葬，细供十分，胡（饼）五十枚，用面四斗四升，油八合。……支于阗使遍，面一石，油三升，支换酥油一斗。……汉僧三人、于阗僧一人、波罗门僧一人、凉州僧一人，共面二斗，油一升。[④]

---

① 《敦煌社会经济文献真迹释录》第3辑，第278—280页。

② D. Eliasberg, “Les signatures en forme d'oiseau dans les manuscrits chinois de Touen-houang”, p. 34.

③ 藤枝晃《敦煌暦日譜》，《東方学報》（京都）第45册，1973年，第427页。

④ 《敦煌社会经济文献真迹释录》第3辑，第283、285、286页。

唐耕耦考证此文书可能与S.2474《归义军宴设司面油破用历》是同一件文书。其说大致不误。

宋太平兴国五年（980）某月二十三日，归义军官府供给于阗使二人食品，二十四日归义军衙内看望汉地僧人和于阗僧。

P.2744《归义军宴设司面油破历》载：

> 廿三日，支四道使客箸节料残，于阗使二人，共面二斗；汉大师等面五斗，油三升；石大师、孙大师二人，共面三斗，油二升；达干宰相及公主交关人，面三斗。廿四日，衙内看汉僧及于阗僧，细供六分，有馓饼小食子两枚，馀欣子两格，用面一斗五升，油九合二勺。西衙看四道使客，用细供五十八分，馓饼四枚，灌肠面六升，用面一石一斗七升八合，油四升八合。①

此件年代已残，内容与S.2474相同，年代应当相同。土肥义和推测其年份为980—982年左右②，可备一说。

宋天平兴国六年（981）十月十八日，于阗大师来沙州，净土寺供养。

S.6452-1《净土寺诸色斛斗破历》：

> 十月十六日，于阗大师来造饭，面叁升。十七日，又造饭，面壹斗。麸贰斗，于阗大师马吃用。③

本件纪年残缺，但同纸有《辛巳年（981）十二月十三日周僧正于常住

①《法藏敦煌西域文献》第18册，上海：上海古籍出版社，2001年，第53页。

② 土肥義和《歸義軍時代》，《講座敦煌》第2卷《敦煌の歷史》，東京：大東出版社，1980年，第244页。

③《敦煌社会经济文献真迹释录》第3辑，第222—223页。

库借贷油面物历》、《癸未年（983）龙勒乡百姓樊再升雇工契（习字）》及壬午年文书多件，本件末笔账目为十二月二十日看刺史娘子麦破用数，而《壬午年（982）净土寺常住库酒破历》有四月七日刺史亡之记载，故知本件亦为辛巳年（981）所写。

宋太平兴国七年（982）（?）正月，归义军节度押衙苏永进充使往于阗。

天津艺术博物馆藏敦煌文书津艺 061F 号背，有《壬午年（982?）苏永进雇骆驼契》：

> 壬午年正月廿六日立契，押衙苏永进伏缘于阗充使，欠少蓄剩（乘），遂于都头邓栽连面上雇陆岁驳驼壹头，断作雇价大紫帛绫一匹为定。
>
> 立契押衙苏永进[①]

关于文书的年代，沙知疑是 922 年[②]，池田温疑为 982 年[③]，这里暂从后者，系在 982 年。从格式来看，文书不是契约原文，而是习字一类。虽然文字不全，但主要内容都在，说的是归义军节度押衙苏永进要作为使人前往于阗，欠少驮乘，所以从都头邓栽连处雇一头六岁的骆驼，回来后还雇价大紫帛绫一匹。

于阗中兴五年/宋太平兴国七年（982）十二月，于阗使张金山在敦煌莫高窟做佛事。

---

① 《天津艺术博物馆藏敦煌文献》第 1 册，上海：上海古籍出版社，1996 年，第 309、311 页。录文见沙知《敦煌契约文书辑校》，南京：江苏古籍出版社，1998 年，第 307 页（据施萍亭录文，编号 4402v）；T. Yamamoto et al., *Tun-huang and Turfan Documents concerning Social and Economic History, Supplement*, Tokyo: Toyo Bunko, 2001, (A), p. 57.

② 沙知《敦煌契约文书辑校》，第 307 页。

③ T. Yamamoto et al., *Tun-huang and Turfan Documents concerning Social and Economic History, Supplement*, p. 57.

英国图书馆藏 Ch.i.0021a《壬午年于阗使张金山供养文》全文如下：

> 壬午年十二月廿一日，于阗使张金山幸者，来取窟头燃灯来者，焚香发愿，礼佛庆告者，好转经坐禅者，竟发心造塔，愿以过到来平善者，再发心造塔，诸周在世界子，有沙州人语好者，又窟更好者，木石更好，怎生暂打得者，幸者书记耳。①

因本文下面所写的于阗语文书纪年为中兴五年（982），可以确定此壬午为 982 年②。这段于阗使者在沙州用汉文写的文字，虽然文理多有不通处，但却十分珍贵，说他来到莫高窟供养，先是窟头燃灯，焚香发愿，礼佛庆告，转经坐禅，然后又造塔以修功德。

辽统和七年（989）二月，于阗与回鹘遣使辽朝；十一月，于阗使张文宝再次入贡于辽，进内丹书。

《辽史》卷一二《辽圣宗本纪》载：

> 〔统和七年（989）二月〕甲寅，回鹘、于阗、师子等国来贡。……戊寅，阿萨兰、于阗、辖烈并遣使来贡。③

---

① 图版见 H. W. Bailey ed.，*Saka Documents*，III，London：School of the Oriental and African Studies，1963，pl. xlix；录文见 K. Enoki，“Chinese Manuscript Fragments”，in L. de la vallée Poussin，Catalogue of the Tibetan Manuscripts from Tun-huang in the India office Library，London：Oxford University Press，1962，pp. 261–262；金子良太《敦煌出土張金山関係文書》，《豊山学報》第 19 号（1974 年），第 48 页。有关张金山的于阗语文书，参见 P. O. Skjærvø，*Khotanese Manuscripts from Chinese Turkestan in the British Library.A Complete Catalogue with Texts and Translations*，London: British Library Publishing，2002，pp. 299，551–556.

② E. G. Pulleyblank，“The Date of the Staël-Holstein Roll”，*Asia Major*，new series，4.1，1954，p. 94；金子良太《敦煌出土張金山関係文書》，第 112 页。

③《辽史》卷一二《辽圣宗本纪》，北京：中华书局，1974 年，第 136 页。

《辽史》卷一三《辽圣宗本纪》载：

〔辽圣宗统和七年（989）十一月〕甲申，于阗张文宝进内丹书。[①]

辽统和八年（990）二月，于阗与回鹘遣使辽朝。

《辽史》卷一三《辽圣宗本纪》载：

〔辽圣宗统和八年（990）〕二月丁未朔，于阗、回鹘各遣使来贡。[②]

由此看来，于阗王国并未把对中原王朝的关系限定在宋朝一边，于是我们看到《辽史》记录下来的统和七年一年内两次遣使和统和八年一次朝贡的记录。二月的一次，于阗随回鹘等国而来；十一月的一次，则是于阗使者单独进贡，但为何进"内丹书"这样具有道教意味的书，尚不得而知。八年的一次，于阗在回鹘前面，是否表明于阗更为主动。于阗与回鹘同行，或仍取河西道，再从甘州向北，则于阗使要经过敦煌。

宋淳化四年（993）八月，归义军遣使于阗。

P.2737《癸巳年八月归义军驼官马善昌状并判凭》第二件文字如下：

伏以今月十七日换于阗去达坦骆驼替用群上大骆驼壹头，未蒙判凭。伏请处分。

癸巳年八月　日驼官马善昌。

---

① 《辽史》卷一三《辽圣宗本纪》，第136页。

② 同上，第139页。

为凭。十八日。　（鸟押）[①]

这件文书的鸟形画押和上面的《邓富通状》、《张富高状》也完全相同，所以癸巳年为993年。驼官马善昌为本年八月十七日去于阗的使者准备达坦出产的骆驼。

宋淳化五年（994），于阗僧吉祥入宋，献于阗文《大乘秘藏经》二卷。

《宋会要辑稿》道释二记载：

是年（淳化五年，994），于阗僧吉祥献《大乘秘藏经》二卷，诏法贤等定其真伪。法贤等言吉祥所献经是于阗书体，经题是《大乘方便门三摩题经》，且非《大乘秘藏经》也。其经中文义无，请问人及听法徒众非法印次第，前后六十五处，文义不正，互相乖戾，非是梵文正本。帝召见法贤等及吉祥，谕之曰：使邪伪得行，非所以崇正法也。宜令两街集义学沙门，将吉祥所献经搜检前后经本，对众焚弃。从之。[②]

其实，吉祥所献应当是与宋朝的主流佛教派别不同，所以他们认定《大乘秘藏经》不是梵文正本，会使邪伪得行，所以当众把它毁掉。然而，事实上于阗文本来就不是梵文，法贤等僧人是否能够看懂，确实值得怀疑。于阗僧入宋，当过敦煌。

宋至道元年（995）六月，归义军押衙索胜全出使于阗。

Дx.2143号《乙未年（995）六月十六日押衙索胜全换马契》：

---

① 《敦煌社会经济文献真迹释录》第3辑，第602页。

② 《宋会要辑稿》道释二，第7878页。又见《佛祖统记》卷四三，CBETA本《大正藏》第49册，第401a页。

乙未年六月十六日立契：押衙索胜全次着于阗去，遂于翟押衙面上，换大驳马壹匹。其于阗使命到来之日，更还生绢壹匹，熟绢壹匹，各长叁丈柒尺。生绢福（幅）贰尺，熟绢福（幅）一尺玖寸，又绯绵紬壹匹。若路上东西不平善者，使命到来之日，一仰口承男胜盈及妻男押衙长迁面上，取生绢壹匹、熟〔绢〕壹匹、绯绵紬壹匹为定。恐后无信，故立此契，用为后凭。

换马人押衙索胜全（押）

口承人男胜盈（押）

口承男押衙长千（迁）（押）

知见人索衍子（押）

知见人穆富安（押）

知见人〔灵〕图寺法律王会长

知见人押衙李阿朵奴[①]

这件契约的乙未年有935年或995年两种可能，孟列夫最早为此卷编目时，两者并存[②]。在《俄藏敦煌文献》刊出全卷图版之前，学者们都只能根据孟列夫目录见到这件契约的首尾两行文字，故此多疑此为935年文书[③]。全卷发表以后，池田温先生的整理本确定其为995年文书[④]，今

---

① 图版见《俄藏敦煌文献》第9册，上海：上海古籍出版社，1998年，第45页。录文及图版见 T. Yamamoto, et al., *Tun-huang and Turfan Documents concerning Social and Economic History, Supplement*,（A）, p. 49;（B）, p. 45.

② 孟列夫《俄藏敦煌汉文写卷叙录》下册，上海：上海古籍出版社，1999年，第495—496页。

③ T. Yamamoto and O. Ikeda, *Tun-huang and Turfan Documents Concerning Social and Economical History, III, Contract*, Tōkyō: Tōyō Bunko, 1987, p. 108; 荣新江《归义军史研究——唐宋时代敦煌历史考索》，第20页；施萍亭《俄藏敦煌文献经眼录》（二），《敦煌吐鲁番研究》第2卷，第313—314页；沙知《敦煌契约文书辑校》，第199页。

④ T. Yamamoto, et al., *Tun-huang and Turfan Documents concerning Social and Economic History, Supplement*,（A）, p. 49.

从之。

宋至道二年（996）六月，归义军遣使往于阗。

李盛铎旧藏敦煌写本《丙申年六月归义军知马官阴章儿状并判凭》第五件文字如下：

伏以今月廿二日，王粉堆家养槽上大驳马壹疋病死。其皮肉付于阗使，未蒙判凭，伏请处分。

丙申年六月　日知马官阴章儿。

为凭，廿四日。（鸟押）①

与上面同类文书一样，根据其上的鸟形画押，可以断定这个丙申年是996年。这里提到把病死的马皮和肉交给于阗使，从上面同类文书看，这里的于阗使可能是准备出使于阗的使者。若然，996年出使于阗的人，是目前我们所见于阗灭于黑韩王朝之前最后一个去往于阗的使者，可惜未得其名。

宋咸平三年（1000）十月，有西州僧、于阗使来沙州，住报恩寺中。

P.2642《报恩寺诸色斛斗破历》：

9—10　十一月十三日，粟陆斗沽酒，西州就寺来吃用。

11　十七日，粟陆斗沽酒，于阗使就寺来吃用。②

本件年代不明，但唐耕耦录文注中指出此文书上之签字“愿”，当是愿

① 池田温《李盛铎旧藏敦煌归义军后期社会经济文书简介》，郑阿财编《庆祝吴其昱先生八秩华诞敦煌学特刊》，台北：文津出版社，2000年，第52—53页。

②《敦煌社会经济文献真迹释录》第3辑，第209页。

通，又见于 S.5973《庚子年（1000）十二月廿二日都师愿通沿常住破历》和 P.3997《庚子年（1000）辛丑年（1001）入布历》，故系于此。若然，1000 年来敦煌的这位于阗使，是目前我们所见于阗灭于黑韩王朝之前最后一位于阗的使者，亦可惜未得其名。

总起来说，在这一节中，我们尽可能详细地把敦煌文书、传世汉文典籍中记载的于阗与敦煌交往的史料罗列出来，并对其年代、内容加以考释解说。虽然这些资料，特别是敦煌文书是偶然留存下来的，但是已经让我们了解到两地交往之频繁。在于阗国王李圣天迎娶沙州归义军节度使曹议金的女儿为皇后之后，两地的交往更加密切，而且两地情同兄弟，亲如一家，是丝绸之路上友好交往的典范。由此，促进了两地经济、文化的交往，也活跃了丝绸之路的贸易往来。

第六章

于阗与沙州归义军的婚姻关系

第一节

李圣天与曹议金之女

我们知道，于阗王国与沙州的归义军政权一直保持着亲善友好的关系，这是以双方的婚姻关系为基础的。就材料所见，于阗王李圣天(Viśa' Saṃbhava，912—966 年在位）曾娶归义军节度使曹议金（914—935 年执政）之女曹氏为皇后，后来的于阗王尉迟达磨（Viśa' Dharma，978—982 年在位）迎娶敦煌汉族女子，归义军节度使曹延禄（976—1002 年执政）又娶尉迟达磨王的女儿为妻。前文在论述于阗的王统世系时已对此略有涉及，本章进一步详加阐述。当然于阗王族与敦煌大族之间也有某些婚姻关系，限于篇幅，暂不详论。

如所周知，李圣天是在 912 年登上王位的，而后积极拓展与敦煌的联系。925 年，于阗使末结心（'Bal rGyal sum）等一行到达敦煌，于此大修佛事。此后两地交往日益频繁，仅敦煌文书所见即有 931 年沙州僧政范海印出使于阗（P.3718-2）[①]，同年归义军押衙氾润宁、阴员住等充使往于阗（P.4638）[②]。933 年十月，于阗宰相来到敦煌，P.2704《后

① 饶宗颐《敦煌邈真赞校录并研究》，台北：新文丰出版公司，1994 年，第 276—277 页。

② 唐耕耦、陆宏基《敦煌社会经济文献真迹释录》第 4 辑，北京：全国图书馆文献缩微复制中心，1990 年，第 508 页。

唐长兴四、五年（933—934）归义军节度使曹议金回向疏》（共三篇）的第一篇称：

> 紫盘龙绫袄子壹领、红官锦暖子壹领、大紫绫半臂壹领，其袄子，于阗宰相换得。……已上施入大众。①

当时于阗、敦煌两地之间的道路并非完全平静无事，于阗宰相以其地位之尊，怎么亲自出使到敦煌呢？而且他竟然还随身携带一件“紫盘龙绫袄子”。众所周知，这种带盘龙纹的丝织品只有王者才能使用，于阗宰相的这件紫盘龙绫袄子很可能是于阗国王所赐，而他能得到如此高规格的赏赐也表明他和于阗王室的关系当极为密切。那么，这位宰相前往敦煌所负的使命自然非同一般。联系到次年李圣天迎娶曹议金之女为皇后之事，这位宰相大概是为这桩婚事而到敦煌。

关于曹氏出嫁的时间，是哈密屯（J. Hamilton）先生最先确定下来的。他在整理9—10世纪敦煌所出的回鹘文文书时，研究了P.2998v第1—2叶之间的回鹘文残文书，该文书第1—6行称：

> 吉年佳时……马岁五月，我等金国使者到来沙州，乞得百（?）王之女为〔皇〕偶。我等已获聘此女。②

对于此处的马年，哈密屯在1986年刊布这件文书时未做断定，1996年，他撰文对此再加论述，明确指出是934年。他说：“沙州府主遣嫁于阗

① 图版见《法藏敦煌西域文献》第17册，上海：上海古籍出版社，2001年，第314页；录文见伯希和、羽田亨《燉煌遗书》活字本第1集，上海：东亚考究会，1926年，第9—14页。

② J. Hamilton, *Manuscrits ouïgours du IXe-Xe siècle de Touen-houang*, Paris: Peeters, 1986, No. 16, 93-96.

为后的女儿必然是曹议金（914—935）之女，也是人们所知道的沙州府主曾经遣嫁于阗的唯一女子。这次婚嫁当在马年五月，即934年6—7月之后不久和936年之前。马年五月于阗使节到达沙州，及至936年，另外若干敦煌文书（936年1—2月的P.4638，936年6—7月的P.2638）已然称她为于阗皇后。因此，回鹘文16号文书（即P.2998卷背回鹘文文书）当写于934年下半年”①。

曹氏是以皇后的身份出嫁李圣天的，比如P.4638《丙申年（936）正月马军武达儿状》即有“达儿先送皇后年”这样的用语；莫高窟第61窟东壁右下方第三身供养人题记：“姊大朝大于阗国大政大明天册全封至孝皇帝天皇后一心供养”②。第61窟的窟主是归义军节度使曹元忠（944—974年执政）及其夫人翟氏，这里的皇后姐姐只能是出嫁于阗的曹氏。

李圣天的登位之年是912年，从他登位到934年娶妻曹氏，其间已经过去了整整22年，如果说他一直未曾聘娶皇后，似乎于情理不合。我们推测，大概他的前一位皇后在934年前的某个时间去世，而他本人又有通好归义军政权的想法，这种想法和曹议金向西发展的思路不谋

① J. Hamilton, "On the Dating of the Old Turkish Manuscripts from Tunhuang", in R. E. Emmerick et al.ed., *Turfan, Khotan und Dunhuang. Vorträge der Tagung "Annemarie v. Gabain und die Turfanforschung", veranstaltet von der Berlin-Brandenburgischen Akademie der Wissenschaften in Berlin (9.-12.12.1994)*, Berlin: Akademie Verlag, 1996, p. 142. 按赤木崇敏认为这件回鹘文文书P. 2998和于阗语文书IOL Khot S.21（Ch. i.0021a.a）所述之事相同，都是说尉迟达磨王娶曹延禄之女为妻之事（《甲午年五月十五日陰家婢子小娘子榮進客目》，《敦煌写本研究年報》第7号，2013年，第258-260页）。按IOL Khot S.21记尉迟达磨王中兴五年（马年）七月欲娶纯净汉女为后而遣使敦煌（P. O. Skjærvø, *Khotanese Manuscripts from Chinese Turkestan in the British Library. A Complete Catalogue with Texts and Translations*, London: British Library Publishing, 2002, pp. 522-524）。虽然年份也是马年，但月份与P. 2998不同。P. 2998明言马年五月已获聘皇后，而IOL Khot S.21则称马年七月欲娶汉女为后。因此，两件文书所言当为不同的两件事。

② 敦煌研究院编《敦煌莫高窟供养人题记》，北京：文物出版社，1986年，第21页。

而合，才最终促成了这桩婚事。曹议金于931年被后唐授予中书令称号[①],同年他在境内号称“拓西大王”,表明他向西拓展的雄心[②]。从汉至唐，中原王朝远嫁公主给域外蕃王的例子举不胜举，曹议金嫁女给于阗王，似是延续了中原王朝和亲的传统做法。另一方面，对李圣天来说，和曹氏的婚姻即意味着和沙州的归义军政权建立起密切的政治联盟，又有助于他通过沙州和中原王朝建立联系，何乐而不为呢？李圣天虽然自称为唐之宗属，但实际上此时尚未与中原王朝建立起正式联系。娶曹氏后不久，938年，李圣天遣使出使后晋，同年，后晋派使臣册封他为“大宝于阗国王”。可以说，这是李圣天和曹氏联姻产生的直接正面成果。

大概就在李圣天被册封为“大宝于阗国王”之后不久，他和曹氏的画像被描绘在敦煌莫高窟第98窟的东壁上面。按98窟是曹议金的功德窟，建成于后唐同光年间（923—925)，李圣天和曹氏的画像是补绘的。这个洞窟的特点是，甬道和主室下方绘满了供养人像，总共有两百多身，包括归义军的文臣武将和僧官大德，反映了曹氏归义军的政权基础。这些供养人像，可以分为四组：

第一组，甬道南北壁，绘曹议金之前的几任重要节度使张议潮、张淮深、索勋及曹议金本人。曹议金以此表明，他与这些节度使有姻亲关系，他是张氏归义军政权的合法继承人。

第二组，主室东壁靠近甬道的两边，绘曹议金的夫人回鹘李氏、钜鹿索氏、广平宋氏和后来补画的于阗国王李圣天及皇后曹氏，由此下延至南北两壁，绘曹氏一门的女性眷属，包括曹议金的外祖母、姊妹、女儿、侄女和媳妇等。其中姊妹和女儿均标明出嫁给哪一姓，媳妇则标明

① 《旧五代史》卷四二《唐明宗纪》，北京：中华书局，1976年，第575页。

② 荣新江《归义军史研究——唐宋时代敦煌历史考索》，上海：上海古籍出版社，1996年，第103—107页。

来自哪一门，这些和曹氏联姻的家族，如翟氏、阴氏等均为瓜沙大族。这些大族是归义军政权的社会基础，曹议金通过和他们联姻，使他们成为曹氏政权的支柱。

第三组，南壁中部绘沙州僧官大德。敦煌是一个佛教社会，统治瓜沙僧尼大众的河西都僧统及其下属的各级僧官，也是归义军节度使手下的释吏。曹议金执政后即抄写佛经，开窟造像，而且将瓜沙僧尼的代表人物也绘入他的功德窟中，这是统治瓜沙这个佛教社会的一项有力措施。

第四组，主室靠近西壁的南北壁和整个西壁，绘归义军节度使麾下的文武官吏，其中又以节度押衙最多，因为他们是曹氏归义军政权基础的核心部分①。

具体到第二组的供养人像，我们看到，曹议金的回鹘夫人与李圣天夫妇分别绘在甬道西端拐进后室的东壁两侧上面，东壁左侧第一身是曹议金的回鹘夫人，题名"敕受汧国公主是北方大回鹘可汗……"；东壁右侧第一身为李圣天，题名"大朝大宝于阗国大圣大明天子……即是窟主"；其后第二身是皇后曹氏，题名"大朝大宝于阗国大政大明天册全孝皇帝天皇后曹氏一心供养"②。曹议金的回鹘夫人和于阗皇帝李圣天夫妇的画像两两相对，正是体现了曹氏归义军政治外交的智慧。看来，这个洞窟不仅反映了曹氏归义军的政权基础，还体现了曹氏归义军的外交关系。新任归义军节度使曹元德在补绘李圣天画像时，特意标示他"即是窟主"，表明他对李圣天的优渥对待，即把他也视作是98窟的窟主，从而使整个洞窟的其他供养人也与李圣天发生关系，这无疑也是具有深远外交含义的添加。

曹议金娶甘州回鹘可汗之女为夫人至晚在后梁贞明四年（918）以

① 荣新江《归义军史研究——唐宋时代敦煌历史考索》，第241—245页。

② 敦煌研究院编《敦煌莫高窟供养人题记》，第32页。

前，因此他得到甘州回鹘可汗的准许而借道通使中原。同光三年(925)，他乘甘州回鹘内乱而率军出征，使之屈服[①]。同年一批重要的于阗使臣到达沙州，为两地建立紧密关系的重要开始，于阗王的形象也首次出现在新修的第220窟甬道北壁绘制的新样文殊画像中。自931年开始曹议金在境内称王；933年于阗宰相亲到敦煌；934年曹氏出嫁于阗，成为于阗王国的皇后。这一系列事件，是曹议金执政后的巨大成就。曹议金是在935年去世的，938年李圣天被后晋册封为“大宝于阗国王”。由于于阗和敦煌两地间友善的姻亲关系，此事对敦煌而言也当意义非凡，归义军节度使曹元德将李圣天夫妇的画像绘在曹议金的功德窟中，是对曹氏归义军政权的外交关系的进一步强化。

女儿远嫁于阗，曹议金自然免不了经常去信问候，俄藏敦煌文书Дx.1380《某年（934—935年间）归义军节度使曹议金致女于阗皇后书》：

（前缺）

1 摄护，是所望也。昨者口［

2 知宰相好健，兼献信来，［

3 今大王信，摩睺罗锦一匹，小绫一匹，夫人楼机［

4 讫，不具。父大王 书。

5 右右

6 敬空

7 七月廿八日

8 大王信，楼机绫壹匹。又

9 夫人信，楼绫一匹。[②]

① 荣新江《归义军史研究——唐宋时代敦煌历史考索》，第309—327页。

② 图版见《俄藏敦煌文献》第8册，上海：上海古籍出版社，1997年，第126页。背面是人名录，前后缺，性质不详。

这里以“父大王”的身份问候女儿的当是曹议金无疑，这位女儿即是于阗皇后曹氏，文书中提到的宰相或是在 933 年出使敦煌的那位也未可知。曹议金夫妇送给曹氏不少礼物，其中最可注意的是“摩睺罗锦”。按，“摩睺罗”是“罗睺罗”的同音异字，为释迦的嫡子，后亦出家为沙弥。因为摩睺罗是佛的儿子，所以唐代以来，中土在七夕节日有制作摩睺罗像拜之以求子的风俗。曹议金夫妇送给女儿于阗皇后这个摩睺罗像的锦，当是希望她早生贵子[①]。于阗语文书 P.3510《从德太子发愿文》业已证实，从德太子为曹氏所生。他曾长期在敦煌生活，后即位为王，于阗语名 Viśa’ Śūra（尉迟苏罗，967—977 年在位），我们前面已有专章论述，此处不再赘言。

我们不知曹氏所育太子究竟有几位。莫高窟第 444 窟东壁盛唐画《见宝塔品》南北两侧有这样的题记：“南无释迦牟尼说《妙法莲花经》，大宝于阗国皇太子从连供养；南无多宝佛为听法故来此法会，大宝于阗国皇太子琮原供养。”另 P.3184v：“甲子年八月七日，于阗太子三人来到佛堂内，将《法华经》第四卷。”学者推测，这里的甲子年为宋乾德二年（964），两处的于阗太子也当指同一批人物[②]。但是石窟题名比文书所言少一位太子，这另一位就是在乾德四年（966）二月入贡于宋的于阗太子从德[③]。从连和从德名字都有“从”字，当为弟兄辈，至于他是否为曹氏所育，虽然可能性极大，但限于资料，只能存疑。

我们也不知曹氏在于阗的生活究竟如何，不过从现存文书的零星记载来看，至少敦煌方面对这桩婚事是持续关心的，归义军的使者也不时

---

① 荣新江《绵绫家家总满——谈十世纪敦煌于阗间的丝织品交流》，包铭新主编《丝绸之路·图像与历史》，上海：东华大学出版社，2011 年，第 37 页。

② 贺世哲、孙修身《〈瓜沙曹氏年表补正〉之补正》，《甘肃师范大学学报》1980 年第 1 期，第 78 页；张广达、荣新江《关于唐末宋初于阗国的国号、年号及其王家世系问题》，原载《敦煌吐鲁番文献研究论集》，北京：中华书局，1982 年，此据作者《于阗史丛考》（增订本），北京：中国人民大学出版社，2008 年，第 21 页。

③ 张广达、荣新江《关于唐末宋初于阗国的国号、年号及其王家世系问题》，第 21 页。

图 6-1　P. 4518(2)v（IDP）

来到于阗，带来家乡的问候。如 P. 2638《后唐清泰三年（936）六月沙州儭司教授福集等状》记，癸巳年（933）六月至丙申年（936）六月间儭司出破数中，有“楼机绫壹疋，寄上于阗皇后用”①。P. 3016v《天兴七年（956）十一月于阗回礼使索子全状》言及索子全来到于阗，“选拣进贡皇后内殿箏妓”并“宣问皇后”②。另外，P.4518 号文书第 2 件背面有如下残文（图 6-1）：

1　[　　　　　]宝胜今远将情恳，
2　　[　　　　　]
3　　天皇后圣颜□□不
4　　怪愆尤，细赐照察，谨奉状奏
5　　闻，谨奏。
6　　天寿二年五月日宝胜状奏。③

天寿二年是 964 年，宝胜既“远将情恳”，应当也是来到于阗的沙州使

① 池田温《中国古代籍帳研究》，東京：東京大学東洋文化研究所，1979 年，第 649 页。
② 张广达、荣新江《关于唐末宋初于阗国的国号、年号及其王家世系问题》，第 30 页。
③ 同上，第 34 页。

者，他问候的天皇后应当就是曹议金之女曹氏。

还有一件与曹氏有关的文书是P.3804-3《斋文》，斋文在提及天皇后曹氏时言："伏惟我天皇后大罗禀气，鼎族间生，名花夺于颊红，初月偷于眉细。数载而治化大国，八表昭苏，即今而慈育龙沙，万民忻怿。加以低心下意，敬佛礼僧，弃贵损荣，听经闻法者，即我天皇后之德也。"文书的时间，我们判定在964—966年之间。这是目前所知记录曹氏的最晚的文书①。

① 按S.4700《甲午年五月十五日阴家婢子小娘子荣亲客目》中有"皇后及都头二人"。一般来说，这里的皇后当指于阗皇后，但具体指哪一位于阗皇后，颇费猜测。过去张广达、荣新江曾将这件文书的甲午年定在934年，皇后指出嫁李圣天的曹氏（《10世纪于阗国的天寿年号及其相关问题》，原载《欧亚学刊》第1辑，北京：中华书局，1999年，此据作者《于阗史丛考》（增订本），第302页）。近年随着人们对敦煌文书研究的深入，可以明确这里的甲午为994年，那么这位皇后就不一定是李圣天的皇后曹氏了。

第二节

尉迟达磨与沙州汉女

尉迟苏罗王的皇后是何许人我们不得而知，他在位的时间是967—977年，而后继其位者为尉迟达磨王。

中兴五年（982），尉迟达磨王派遣了一个115人组成的庞大使团，由杨大使（Yāṃ thye-śī）、谢副使（Sera hvūṃ-śī）、张监使（Cā kama-śī）率领，前往敦煌求亲[①]。按IOL Khot S.21（Ch.i.0021a.a）言：

> 仁慈圣尊、菩萨、尉迟达磨王中兴五年（马年）七月，圣意欲娶纯净汉女为后，以延续金国皇祚。

遗憾的是，这篇《尉迟达磨王颂词》的后面部分主要是对使臣、沙州与于阗王国的颂词，并记录在沙州建瞿摩帝（塔）的情形，没有言及这门婚事是否完成。这件文书的前面写的是《壬午年于阗使张金山供养文》（IOL Khot S.21/Ch.i.0021a），壬午年即982年，中兴五年。《供养文》称：

---

① P. O. Skjærvø, *Khotanese Manuscripts from Chinese Turkestan in the British Library*, pp. 522–524.

壬午年十二月廿一日，于阗使张金山幸者，来取窟头燃灯来者，焚香发愿，礼佛庆告者，好转经坐禅者，竟发心造塔，愿以过到来平善者，再发心造塔，诸周在世界子，有沙州人语好者，又窟更好者，木石更好，怎生暂打得者，幸者书记耳。[①]

这段用不太通顺的汉语写在于阗语《尉迟达磨王颂词》前面的文字，时间是十二月，晚于《颂词》的七月，因此《颂词》是抄录的文字，而《供养文》是后写的文字。从张金山的愉快心情来看，尉迟达磨王求取沙州汉女为后的意愿应当是得到实现。从情理上来讲，沙州归义军节度使也不会反对这样一门亲事。此时的归义军节度使是曹延禄，因为他在此之前的980年曾娶尉迟达磨之女为妻（见下），所以沙州下嫁给尉迟达磨的王后可能并不出自节度使家族，而是另一个高门女性。《尉迟达磨王颂词》也只说是欲娶一位　“纯净汉女”，而没有说一定要出自曹氏[②]。沙州高门女子下嫁于阗的事例，可见Дx.6069《天寿二年（964）九月新妇小娘子阴氏上于阗公主状》，这位阴氏小娘子可能是嫁给当时的于阗某位太子的[③]。

从张金山《供养文》来看，中兴五年十二月二十一日求亲的于阗使团仍逗留沙州，我们不知道他们什么时候带着王后回到于阗。关于尉迟达磨王统治结束的时间，前人推测就在982，因为983年很可能是尉迟

① 图版见 H. W. Bailey ed., *Saka Documents*, III, London: School of the Oriental and African Studies, 1963, pl. xlix；录文见 K. Enoki, "Chinese Manuscript Fragments", in L. de la Vallée Poussin, *Catalogue of the Tibetan Manuscripts from Tun-huang in the India office Library,* London: Oxford University Press, 1962, pp. 261–262；金子良太《敦煌出土張金山関係文書》，《豊山学報》第19号，1974年，第48页；金岡照光《敦煌本贊偈數则》，《東方宗教》第46号，1975年，第7页。

② 这是按照中原礼仪传统所做的解说，于阗是伊朗系胡人。其实没有汉人的伦理观念，也不应当十分讲究辈分。

③ 张广达、荣新江《10世纪于阗国的天寿年号及其相关问题》，第293—294页。

僧伽罗摩王（Viśa’ Saṃgrāma，983—1006/1007？年在位）即位的时间。这样来看，这位沙州王后到达于阗时，尉迟达磨王可能已经驾崩，或者是生活了不到一年时间就去世了。我们不能做过度的推测，但还是有一种可能性，即这位汉女到达时，尉迟达磨已逝，她或许就像文成公主入藏后的做法一样，嫁给后王尉迟僧伽罗摩了①。

① 赤木崇敏曾推测曹延禄曾嫁女给尉迟达磨王为妻，S.4700《甲午年五月十五日阴家婢子小娘子荣亲客目》中的皇后指的就是她（赤木崇敏《甲午年五月十五日陰家婢子小娘子榮進客目》，第244、257—261页）。他所依据的材料回鹘文文书P.2998虽然有问题，但于阗语文书IOL Khot S.21部分尚可备一说。他认为，由于尉迟达磨去世，曹延禄女成为寡后，因此回到敦煌居住，而参加了阴家的婚礼。我们不赞同这位王后为曹延禄女。另一方面，如果推测S.4700中的皇后是994年时的于阗国皇帝尉迟僧伽罗摩的皇后，那么她和一些于阗王子、公主大概是因为于阗与疏勒的战事吃紧，而到沙州来躲避战火的。

第三节

曹延禄与于阗公主

我们知道尉迟达磨王早在978年就即位为王，所以在982年向沙州求亲之前应当已经婚娶，这殆无疑义。而且他还曾嫁女儿给归义军节度使曹延禄为妻，以下试就此略作讨论。

莫高窟第61窟东壁门北侧南向第七身供养人题记："大朝大于阗国天册皇帝弟（第）三女天公主李氏为新受太傅曹延禄姬供养"。[①]这就是说，于阗国皇帝的第三个女儿成为曹延禄的妻子[②]。61窟是曹元忠及其夫人翟氏的功德窟，所以题记称李氏为"曹延禄姬"。曹延禄在太平兴国五年(980)称太傅，因此第61窟的李氏画像亦当在彼时前后补绘[③]，她的题名不直接言李氏供养，而特别指出李氏成为新受太傅曹延禄的妻子而加以供养，这大概是因为她刚嫁到曹家的缘故。

我们知道，曹延禄与这位于阗公主李氏的画像或题记，还见于莫高

---

① 敦煌研究院编《敦煌莫高窟供养人题记》，第22页。

② P. Pelliot, "Une bibliothéque médiévale retrouvée ou Kan-su", *Bulletin L'Ecole Française d'Extrême Orient,* 8, 1908, p. 504; E. Chavannes, "Chinese Inscriptions and Records", *Serindia*, III, Oxford: Clarendon Press, 1921, p. 1334.

③ 贺世哲《从供养人题记看莫高窟部分洞窟的营建年代》，《敦煌莫高窟供养人题记》，第227页。

窟第202窟、第449窟、天王堂和榆林窟第35窟。榆林窟第35窟甬道南壁第一身供养人题记作：“敕推诚奉化功臣归义军节度瓜沙等州观察处置管内营田押番落等使特进检校太师兼中书令燉煌王谯郡开国公食邑一千七百户曹延禄一心供养。”[①]相对的甬道北壁画曹延禄的妻子：“大朝大于阗金玉国皇帝的子天公〔主〕（下缺）”[②]。榆林窟第35窟曹延禄的题衔“太师”、“中书令”、“敦煌王”和第61窟单纯的“太傅”相比，要高出许多，因此当绘于第61窟的980年之后。S.4400号文书和P.2649号文书分别为太平兴国九年（984）二月和三月《曹延禄祈祷文》，其中曹延禄的题衔是“敕归义军节度使特进检校太师兼中书令燉煌王”，加官与王号和榆林窟第35窟画像的题衔相同，所以榆林窟第35窟的题名时间应当也在984年前后。

我们不知道这位于阗公主在敦煌生活了多长时间。叶昌炽《缘督庐日记》光绪三十年（1904）九月初五条记敦煌王宗海所赠藏经洞出土绢画云：

> 佛像上有贝多罗树，其右上首一行，题“南无地藏菩萨”，下侧书“忌日画施”。次一行题“五道将军”，有人兜牟持兵而立者即其像。左一行题“道明和尚”，有僧像在其下。其下方有妇人拈花像，旁题一行云：“故大朝大于阗金玉国天公主李氏供养。”

这件绢画后归蒋汝藻，王国维曾撰《于阗公主供养地藏菩萨画像跋》，以为这位天公主李氏为曹延恭夫人[③]。姜亮夫先生指出其非，并正确地

① 谢稚柳《敦煌艺术叙录》，上海：古典文学出版社，1957年，第487—488页。题记文字略有校正，下同。

② 张伯元《安西榆林窟》，成都：四川教育出版社，1995年，第251页。

③ 按王国维起初考为曹元深妻，见1919年9月10日致罗振玉信，载《王国维全集·书信》，北京：中华书局，1984年，第293—294页；后撰跋文，改变看法，跋文载《沙州文录补》第17—20叶，收入《观堂集林》卷二〇，北京：中华书局，1959年，第999页。

考证为曹延禄夫人[1]。此画现藏美国华盛顿的弗利尔美术馆（Freer Gallery of Art）（图6-2），对比绢画和壁画题记，两者皆称李氏为于阗金玉国天公主，当是同一人无疑，所不同的是绢画中李氏为已“故”之人。这幅“忌日画施”的绢画，实际就是为纪念她的忌日而绘制的。因此，绢画的年代要晚于上述壁画的年代，但具体年份尚无确证。

图6-2　于阗公主供养地藏菩萨画像
（http://www.asia.si.edu/collections/single Object.cfm?ObjectNumber=F1935.11）

至于这位于阗公主究竟为谁的女儿之事，前人也有论及。或称为李圣天之女，但是如前所述，李圣天在敦煌壁画中一般被称为大宝于阗国皇帝，而这位公主的父王被称为金玉国皇帝，显然是不同的两人。我们推测她是尉迟达磨王的女儿，这是基于另外两件文书的记载。其一，藏文文书P.t.1284（3）第二封信稿记：

天大王、父、狮子、于阗王尊前：

河西一路节度曹太保谨呈。天子尊前，仲冬降临，寒风凛冽，

① 姜亮夫《瓜沙曹氏年表补正》，作者《敦煌学论文集》，上海：上海古籍出版社，1987年，第950页。

圣躬于宝座治理，极甚辛劳。尊体清吉何似，谨修书恭问平安。[1]

其二，P.2826《于阗王致沙州令公书》（图 6-3）：

白玉壹团

　　赐沙州节度使男

　　令公，汝宜收领，勿怪

　　轻鲜，候大般次，别有

　　信物汝知。

　　　其木匠杨君子千万发遣西来，所要不昔（惜）也。

　　　凡书信去，请看二印，一大玉印，一小玉印，更无别印也。

　　　(上钤大印文曰：通天万寿之印；小印文曰：大于阗汉天子制印)

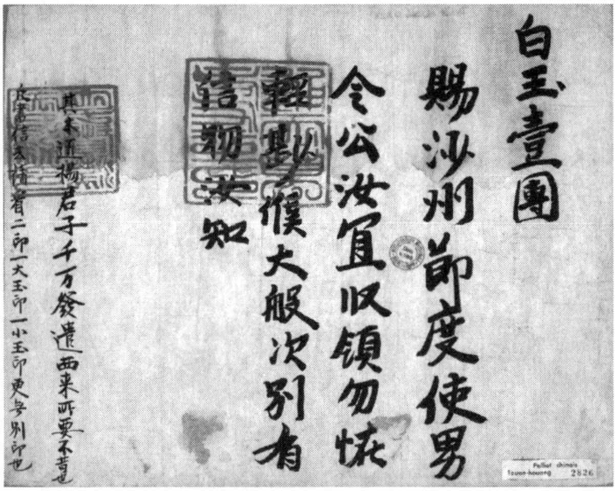
白玉壹團
賜沙州節度使男
令公汝宜收領勿怪
輕鮮候大般次别有
信物汝知
其木匠楊君子千万發遣西来所要不昔也
凡書信去請看二印一大玉印一小玉印更無别印也

图 6-3　P.2826《于阗王致沙州令公书》(IDP)

① 荣新江、朱丽双《一组反映 10 世纪于阗与敦煌关系的藏文文书研究》，沈卫荣主编《西域历史语言研究所集刊》第 5 辑，北京：科学出版社，2012 年，第 106 页。

第一件文书是河西归义军节度使曹氏某位太保给于阗王的书信，而且这位归义军节度使曹太保称于阗王为“父”，这和第二件文书中于阗王称沙州令公为“男”的身份关系正好一致。

首先，我们考虑曹氏称“太保”的有以下几个时段：曹议金的925—926—(927) 年，曹元德的939年，曹元忠的947或950—955年，曹延恭的975年，曹延禄的 (976)—978—980年[①]。如上所述，曹议金于934年嫁女予于阗王李圣天（912—966年在位）为妻，此前两人的关系被称为“兄弟”，此后曹议金更无尊李圣天为父之理；曹元德、曹元忠与李圣天同辈，亦不合称父[②]；曹延恭、曹延禄与当时的于阗王尉迟苏罗（967—977年在位）是兄弟辈，也不能尊称后者为父；再后是曹延禄与于阗王尉迟达磨（978—982年在位），他们的辈分关系不明[③]。因此唯一的可能是978年以后曹延禄与尉迟达磨。

其次，我们考虑曹氏称“令公”的有以下几个阶段，一是曹议金的928—935年，二是曹元忠的956—974年，三是曹延恭的975年，四是曹延禄的984—1002年。同理，李圣天和尉迟苏罗王皆不能称曹议金、曹元忠和曹延恭为“男”，剩下的就只有曹延禄了。由于曹延禄娶于阗公主为妻，他被这位于阗公主的父亲称为“男”自是合情合理之事。

至于这位于阗公主的父亲是尉迟达磨王而非其后的尉迟僧伽罗摩王，是因为她的供养人像在980年前后即被画于莫高窟第61窟当中，其题记又明言她彼时成为新受太傅曹延禄的妻子，我们知道尉迟僧伽罗摩王是在983年才即位的，所以这位于阗公主只能是尉迟达磨王的女儿。

---

① 荣新江《归义军史研究——唐宋时代敦煌历史考索》，第132页。

② 王尧、陈践两位认为这是河西节度使太保曹元忠致于阗国王李圣天的信，见所撰《归义军曹氏与于阗之关系补证》，《西北史地》1987年第2期，第62页；收入《敦煌吐蕃文书论文集》，成都：四川民族出版社，1988年，第41页。其说不可取。

③ 荣新江《于阗王国与瓜沙曹氏》，《敦煌研究》1994年第2期，第115—117页。

需要指出的是，吉田豊曾经假设李圣天和尉迟苏罗王之间尚有两位短命的于阗王[①]，近年赤木崇敏接受这种假说，在一些文章中论及曹氏归义军和于阗王族的婚姻关系时，认为P.2826《于阗王致沙州令公书》文书的收信人沙州令公指曹元忠，发信人于阗王是李圣天和曹氏所生的尉迟苏罗王之外的另一儿子，曹元忠曾娶其女为妻[②]。我们已经在第四章详细讨论过吉田假说之不可取。至于赤木崇敏的结论，我们认为即使不考虑吉田假说是否正确，也是不能接受的。如上所述，李圣天的皇后曹氏乃曹元忠的亲姐姐，因此李圣天和曹氏所生的儿子必定为曹元忠的外甥，他们之间是铁定的甥舅关系，这也为P. 2703v的两封《沙州归义军节度使曹元忠致于阗王书》所证实。在这两封文书中，曹元忠的署衔前面有一个“舅”字，表明他是对方的舅氏，而收信人于阗王也已被考订为尉迟苏罗[③]。另外还可以举于阗语文书P. 5538a为例，其中曹元忠也被尉迟苏罗王尊称为母舅曹大王[④]。也就是说，尉迟苏罗王是曹元忠的外甥，那么他的同母兄弟亦理应同此，所以绝不可能称曹元忠为“男”。

---

① 吉田豊《コータン出土8—9世紀のコータン語世俗文書に関する覺え書き》，神户：神户市外国语大学外国学研究所，2006年，第76—78页；荣新江、广中智之译《有关和田出土8—9世纪于阗语世俗文书的札记》（二），《西域文史》第3辑，北京：科学出版社，第97—98页。

② Takatoshi Akagi, “Six 10th Century Royal Seals of the Khotan Kingdom”, in Y. Imaeda, M. T. Kapstein and T. Takeuchi ed., *New Studies of the Old Tibetan Documents: Philology, History and Religion* (Old Tibetan Documents Online Monograph Series vol. III), Tokyo: Research Institute for Languages and Cultures of Asia and Africa, Tokyo University of Foreign Studies, 2011, pp. 218-221; Idem., “The Genealogy of the Military Commanders of the Guiyijun from Cao Family”, in Irina Popova and Liu Yi ed., *Dunhuang Studies: Prospects and Problems for the Coming Second Century of Research*, St. Petersburg: Slavia, 2012, pp. 9-10.

③ 张广达、荣新江《10世纪于阗国的天寿年号及其相关问题》，第295—296页。

④ H. W. Bailey, “Śrī Viśa̧ Śūra and Ta-uang”, *Aisa Major*, new series, 11.1, 1964, p. 18.

第四节

住在敦煌的于阗太子和公主

于阗有不少太子和公主住在敦煌，这一点业已成为学界的共识。只是对于文书中出现的太子究竟皆为于阗太子还是另有所指，学者意见有所分歧。沙武田和赵晓星认为，曹氏归义军时期，历任节度使中有几位自称地方王，所以他们的儿子被尊称为“太子”也是情理中的事。敦煌有关“太子”的资料中，有于阗太子，也有曹氏府主太子，如“太子郎君”、“男太子”等，不能一概归之为于阗太子。不过对于归义军的女性，相关资料以“小娘子”相称，没有见到以“公主”相称的例子。这种现象反映了曹氏既在表面上奉中原王朝为正朔，又称王独立的历史事实[①]。下面我们按时代先后罗列明确所指为于阗太子和公主的资料，然后在前贤研究工作的基础上略作分析。

P.2641《丁未年六月归义军都头知宴设使宋国清牒》中记载了供应于阗使者食料的情况如下：

> 十九日，寿昌迎于阗使，细供陆拾分，壹胡并，又胡并壹伯

---

① 沙武田、赵晓星《归义军时期敦煌文献中的太子》，《敦煌研究》2003 年第 4 期，第 45—51 页。

枚，油胡并子肆伯枚，每面贰斗，入油壹升。廿日，太子迎于阗使，油胡并子壹伯枚，每面贰斗，入油壹升。廿一日，马圈口迎于阗使，用细供叁拾分，壹胡并，又胡并贰拾枚，灌肠面叁升。城下迎于阗使，细供贰拾分，壹胡并，灌肠面三升。于阗使迎于阗使，细供拾分，壹胡并，中次料拾分。廿二日，太子屈于阗使，细供拾伍分，壹胡并。廿三日，大厅设于阗使，用细供贰拾捌分，内叁分贰胡并。速丁公主赛神，细供伍分，壹胡并。廿四日，又太子龙兴寺屈于阗使，细供拾伍分，壹胡并，又胡并捌拾伍枚。[①]

前人已经指出，这里的丁未年为后汉天福十二年（947）[②]。杨森认为这个太子有可能是于阗国从德太子[③]。按李圣天934年迎娶曹氏为皇后，从德当出生于935年或其后不久，而且他早年很可能就在敦煌生长，所以在他十多岁的时候，当于阗使来到沙州，他出城迎接；于阗使入城以后，他又两次设宴款待，表明他是住在敦煌的于阗首要人物。另，文书中的“速丁公主”，李正宇先生认为是于阗公主[④]。

S.3728（2)(3)《乙卯年（955）三月归义军押衙知柴场司安祐成牒》：

伏以今月……公主四人共捌拾束，消醎柴伍束。

准旧例，支太子柽捌车，各柒拾柒束，刺两车，各伍拾伍束。[⑤]

---

① 唐耕耦等《敦煌社会经济文献真迹释录》第3辑，北京：全国图书馆文献缩微复制中心，1990年，第612—613页。

② 藤枝晃《沙州歸義軍節度使始末》（四），《東方学報》（京都）第13本第2分，1943年，第82页。

③ 杨森《五代宋时期于阗皇太子在敦煌的太子庄》，《敦煌研究》2003年第4期，第40页。

④ 李正宇《俄藏中国西北文物经眼记》，《敦煌研究》1996年第3期，第41页。

⑤ 唐耕耦等《敦煌社会经济文献真迹释录》第3辑，第618—619页。

文书的“公主”，很可能是于阗公主，但甘州回鹘也可能有公主在敦煌，所以不能肯定。文书中的“太子”，学者认为指于阗太子[1]，可以信从。“柽”指柽柳，“刺”指白刺，这里可能是作为取暖的柴火之用，即供应给太子宅或太子庄的柴草。与其他人相比，给太子的供应最为丰富，与给“北宅”——即归义军节度使府主夫人宅第的数量是一样的，可见归义军对于阗太子关照有加。从于阗太子的柴草由归义军的柴场司供应来看，于阗太子宅或太子庄，是具有官府性质的机构。

P.3111《庚申年七月十五日于阗公主新建花树等帐》（图6–4）：

庚申年七月十五日，于阗公主新建官造花树、新花树陆，内壹是瓶盏树。又新布树壹，又旧瓶盏树壹，又布树壹，纸树壹。新花叶壹伯陆拾柒，又旧花柒拾玖叶。新镜花肆，旧镜花陆。新绿叶壹拾捌，旧绿叶叁。紫台子壹拾壹，红台子壹拾叁，青台子壹拾壹，又新五色台子叁拾捌，又旧五色台子贰拾柒。磨

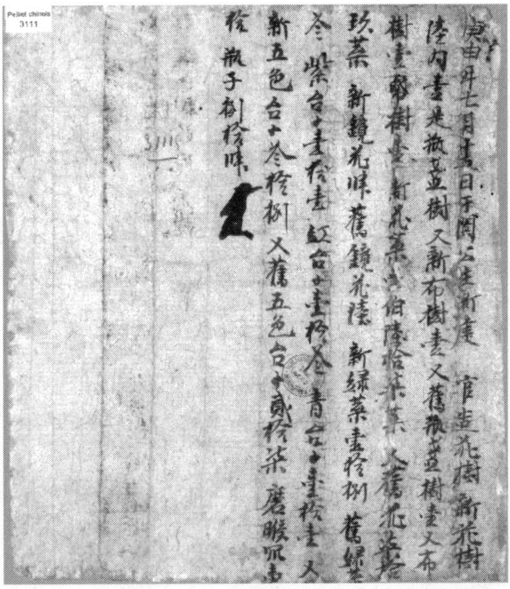

图6–4　P.3111《庚申年七月十五日于阗公主新建花树等帐》（IDP）

① 沙武田、赵晓星《归义军时期敦煌文献中的太子》，第47页。

> 睺罗壹拾，瓶子捌拾肆。[1]

文书后钤鸟形画押，艾丽白据之断定此庚申年为960年[2]。根据这个年份，这位公主应当是李圣天和曹氏所生之女，此时在敦煌外婆家生活。

敦煌研究院藏001+敦研0784+P.2629《乾德二年（964）归义军官府用酒破历》，记录有关于阗使臣等用酒情况，其中提到太子：

> 六月三日，太子屈于阗使，酒半瓮，酿羊皮酒叁斗五升。
>
> 七月一日，太子迎于阗使酒壹瓮。二日，太子随祭［　］。三日，□□□阗使，酒壹斗。四日，支太子庄麦酒一瓮。[3]

施萍亭认为这里的太子就是下引P.3184所记甲子年（964）的三位太子，也就是从德、从连和琮原，他们于六月来敦煌，八月七日巡礼佛堂，然后从德入中原朝贡，另外两位巡礼莫高窟[4]。施萍亭把这里的太子看作是于阗太子，得到学界的广泛赞同。只是我们以为酒破历中的太子似乎是住在敦煌的于阗太子，而不是六月刚刚从于阗来敦煌的样子。至于太子庄，杨森认为是归义军节度使曹议金或其后继者曹元德、元深、元忠为从德太子所修建的宅院别墅，可能位于“城南园”或“城东园”，在从德即位后，这个太子庄为以后生活在敦煌的于阗太子的居第，

---

① 录文见张广达、荣新江《关于敦煌出土于阗文献的年代及其相关问题》，北京大学中国中古史研究中心编《纪念陈寅恪先生诞辰百年学术论文集》，北京：北京大学出版社，1989年，此据作者《于阗史丛考》（增订本），第89页。

② D. Eliasberg, "Les signatures en forme d'oiseau dans les manuscrits chinois de Touen-houang", in M. Soymié ed., *Contributions aux études sur Touen-houang* I, Genève: Droz 1979, p. 32.

③ 唐耕耦等《敦煌社会经济文献真迹释录》第3辑，第273、274页。

④ 施萍亭《本所藏〈酒帐〉研究》，《敦煌研究》创刊号，1983年，第150页。

也是于阗使节一类的人物活动之所①。这些看法大体不错，但曹议金去世于 935 年，其时从德大概尚未出生或刚刚出世，所以这个太子庄应当是曹元德一辈任归义军节度使时敦煌官府为于阗太子所建，应当是于阗太子在城外的一所庄园。

P.3184 背面有文字称：

> 甲子年八月七日，于阗太子三人来到佛堂内，将《法华经》第四卷。②

我们前面引用过这条资料，文书的年代在宋乾德二年（964），所谓“于阗太子三人”云云应是指从德、从连和琮原，不久从德入贡于宋，而从连和琮原则在莫高窟第 444 窟东壁留下他们的题记：“南无释迦牟尼说《妙法莲花经》，大宝于阗国皇太子从连供养；南无多宝佛为听法故来此法会，大宝于阗国皇太子琮原供养。”③

Дx.2148（1）《天寿二年（964）九月弱婢员娘、祐定牒》：

> 弱婢员娘、祐定：
>
> 右员娘、祐定，关山阻远，碛路程遥，不获祇候宫闱，无任感恩之至。弱婢员娘、祐［定］，自从佛现皇帝去后，旦慕（暮）伏佐公主、太子，不曾抛离。切望公主等于皇帝面前申说，莫交（教）弱婢员娘、祐定等身上捉其罪过。谨具状起居咨闻。谨录状上。牒件状如前，谨牒。
>
> 天寿二年九月　日，弱婢员娘、祐定等牒。

---

① 杨森《五代宋时期于阗皇太子在敦煌的太子庄》，第 41—44 页。

② 张广达、荣新江《于阗史丛考》（增订本），第 21 页。

③ 谢稚柳《敦煌艺术叙录》，第 299 页。

Дx.2148(2)+Дx.6069（1）《弱婢祐定牒》：

弱婢祐定咨申天女公主：

祐定久伏事公主，恩荫多受，甚时报答？今要胡锦裙腰一个，般次来时，切望咨申皇帝发遣者。

更有小事，今具披词，到望宰相希听允：缘宕泉造窟一所，未得周毕，切望公主、宰相发遣绢拾匹、伍匹，与硙户作罗底买来，沿窟缠里工匠，其画彩色、钢铁及三界寺绣像线色，剩寄东来，以作周旋也。娘子年高，气冷爱发，或使来之时，寄好热细药三二升。又绀城细緤□三、五十匹东来，亦乃沿窟使用。又赤铜，发遣二、三十斤。

又咨阿郎宰相：丑子、丑儿要玉约子腰绳，发遣两鞓。又好箭三、四十只，寄东来也。

根据背面的《道场应用文》，Дx.1400+Дx.2148+Дx.6069三个编号原系同一写本，依次写《天寿二年（964）九月张保勋牒》、《天寿二年(964)九月弱婢员娘、祐定牒》、《弱婢祐定牒》、《天寿二年九月新妇小娘子阴氏上于阗公主状》①，都是从敦煌寄于阗国皇帝、天女公主、宰相的书信底稿，年代都应当是天寿二年九月，透露给我们很多于阗太子、公主在敦煌生活的情况。其中《天寿二年（964）九月弱婢员娘、祐定牒》说到佛现皇帝离开敦煌以后，她们两人一直服侍于阗公主、太子，一刻也未曾懈怠。“佛现”应当是于阗国皇帝的称号之一，根据天寿二年的

① 施萍婷《俄藏敦煌文献经眼录之一》，《敦煌研究》1996年第2期，第77页；又《俄藏敦煌文献经眼录》（二），《敦煌吐鲁番研究》第2卷，北京：北京大学出版社，1997年，第314、323—324页；李正宇《俄藏中国西北文物经眼记》，《敦煌研究》1996年第3期，第39—42页；张广达、荣新江《10世纪于阗国的天寿年号及其相关问题》，第292—295页。

纪年，这里的“佛现皇帝”应当是指当时在世的李圣天，他曾到过敦煌，时间可能是938年获得“大宝于阗国王”的册封之后。我们不知道李圣天何时离开敦煌，但从两位“弱婢”的语气来看，她们伺候于阗公主、太子的时间不短，说明一直有于阗公主、太子住在敦煌，与其他归义军官府的账目相呼应。

员娘、祐定虽然说是“弱婢”，但她们应当是于阗公主、太子的“保姆”一类的人物，所以身份并不低，因此弱婢祐定在牒文中可以向天女公主提出要求，请她寄胡锦裙腰一个；又向于阗国宰相提出一连串的要求，包括公主、太子在宕泉（莫高窟）造窟一所的需求，等等。从这里我们也可以得知，敦煌的于阗太子、公主除了享受归义军官府的供给外，还从于阗王国获得许多额外的供应，用于造窟、绣像、医疗、培养幼童等目的。

P. 3713v《曹氏归义军粟破历》：

> 七月廿六日，粟一斗，东窟上迎大太子看天子窟地用。[廿]七日，粟一斗，泥佛殿看博士用。[八月]廿九日，东窟迎太子用，粟三斗……①

沙武田认为，这里的“大太子”指从德太子，“天子”指于阗王李圣天。这件文书记载的是乾德四年（966）前从德太子于敦煌为其父在东窟（即榆林窟）主持营建“天子窟”的事情。②

故宫博物院藏《己巳年（969?）樊定延酒破历》：

---

① 唐耕耦等《敦煌社会经济文献真迹释录》第3辑，第236页。

② 沙武田《敦煌石窟于阗国王“天子窟”考》，《西域研究》2004年第2期，第60—68页。

支第二太子下张卒劳、高愿昌贰人共月酒肆斗。①

施安昌推测这里的太子或出达怛，或出于阗，未做定论②。杨森认为这里的"第二太子"或许是从德的兄弟，并倾向于是 S.8924b、c《己未年(995?)十一月廿日社人便麦历》的中"员德太子"③。但员德如果是从德太子的兄弟，那就只能是李圣天的太子，而 995 年时于阗国的皇帝早已不是从德的父辈，所以如果员德是 995 年的于阗太子，必然不是从德的弟兄。

S.4649+S.4657《庚午年(970)二月十日沿寺破历》记：

五月五日，粟贰斗，沽酒就寺看太子用。④

前人指出这里的"太子"是于阗太子⑤。五月五日是中国传统的端午节，这一天敦煌某寺招待于阗太子，也说明于阗太子在敦煌的活动情形。

S.2474《庚辰—壬午年间(980—982)归义军衙内面油破历》残存的记事有：

1 (前残)太子料油五升。

十二日，太子宅于阗使一人，用面七斗。⑥

杨森在讨论于阗太子的"太子庄"时，也涉及 S.2474 的"太子宅"，基

---

① 施安昌《故宫藏己巳年樊定延酒破历初探》，《故宫博物院院刊》2000 年第 3 期，第 71 页。

② 施安昌《故宫藏己巳年樊定延酒破历初探》，第 73 页。

③ 杨森《五代宋时期于阗皇太子在敦煌的太子庄》，第 41 页。

④ 唐耕耦等《敦煌社会经济文献真迹释录》第 3 辑，第 215 页。

⑤ 沙武田、赵晓星《归义军时期敦煌文献中的太子》，第 47 页。

⑥ 唐耕耦等《敦煌社会经济文献真迹释录》第 3 辑，第 278、280 页。

本上把两者混为一谈。沙武田和赵晓星也把这里的“太子宅”与《乾德二年（964）归义军官府用酒破历》中的“太子庄”当作一事[①]。但“庄”应当指位于城外的庄园，其中可以有宅。但一般来说的“宅”，应当是位于敦煌城内的宅第，所以这里的“太子宅”应当是于阗太子在敦煌城内的府第，这里是于阗使臣更方便的落脚点，应当类似于在敦煌城内的于阗王国的“大使馆”。其实，这两件文书中的“太子庄”和“太子宅”的区分以及太子宅的使馆性质，谭蝉雪早在1994年就简明扼要地指出过了[②]。

S. 1366《归义军宴设司面油破历》记载：

> 十四日，支公主阿磨偏次面五斗。[③]

唐耕耦考证此文书可能与S.2474《归义军宴设司面油破用历》是同一件文书，年代在980—982年间。李正宇认为这位“公主阿磨”也是于阗公主[④]，冯培红则以为是甘州回鹘公主[⑤]。我们倾向于前者的说法，吐鲁番出土供祀文书中有“阿摩”一词，学者认为即粟特文Adbag“大神”的对音，系指祆教大神阿胡拉·马兹达（Ahura Mazda）[⑥]。于阗人也使用和粟特文相同的东支伊朗语，“阿磨”的意思应当相同。

P.4909《辛巳年（981）十二月十三日后诸色破用历》记：

---

① 沙武田、赵晓星《归义军时期敦煌文献中的太子》，第46页。

② 谭蝉雪《〈君者者状〉辨析——河西达怛国的一份书状》，《1994年敦煌学国际研讨会文集·宗教文史卷》下，兰州：甘肃民族出版社，2000年，第104—105页。

③ 唐耕耦等《敦煌社会经济文献真迹释录》第3辑，第281页。

④ 李正宇《俄藏中国西北文物经眼记》，第41页。

⑤ 冯培红《客司与归义军的外交活动》，《敦煌学辑刊》1999年第1期，第79页。

⑥ 姜伯勤《敦煌吐鲁番文书与丝绸之路》，北京：文物出版社，1994年，第239—243页。

辛巳年十二月十三日，太子东窟来迎，粟壹斗用。[①]

这里的“太子”也被认为是于阗太子[②]。前面已经提到，东窟（榆林窟）有于阗天子窟，于阗太子的此次东行，或许是去天子窟做佛事功德。

S.4700《甲午年（994）五月十五日阴家婢子小娘子荣亲客目》有：

太子大师及娘子二人。

对于这位“太子大师”，沙武田和赵晓星认为是归义军曹氏节度使之子[③]，而赤木崇敏则认为更可能是于阗太子[④]。我们也倾向于把他看作是于阗太子，这不仅仅是因为于阗太子一直在敦煌生活并参与当地的社会活动，更因为于阗太子与阴家有千丝万缕的联系。如上所述，964 年以前阴家曾嫁女为于阗太子妃，不排除 994 年参加婚礼的太子大师及娘子，就是当时成亲的于阗太子和阴家以前的小娘子，他们两位位于全部名单的首位，或许可以支持这样的看法。

综合以上，我们可以得出几点总体的认识：

1. 自从于阗国皇帝李圣天娶归义军节度使曹议金女为皇后之后不久，敦煌就生活着多位于阗的太子和公主，至少从 947 年开始，其中有的太子曾长期居住在敦煌，在归义军方面留下很多记录。虽然这种情形有似汉唐以来西域诸国向中原王朝送质子的做法，但于阗太子在敦煌受到了很高规格的款待，也看不出他们受到任何外交上的约束，而是像亲戚一样生存。

2. 归义军官府为于阗太子专门修建了宅第，即文书中所称的“太子

① 唐耕耦等《敦煌社会经济文献真迹释录》第 3 辑，第 185 页。

② 沙武田、赵晓星《归义军时期敦煌文献中的太子》，第 47 页。

③ 同上，第 48 页。

④ 赤木崇敏《甲午年五月十五日陰家婢子小娘子榮進客目》，第 260—261 页。

宅”，在郊外则赐给他们“太子庄”，作为他们生活起居、郊游休息的地方。最初的“太子宅”和“太子庄”可能是曹氏归义军节度使曹元德或其兄弟辈为从德太子修建的，但即使在从德太子回国继任王位以后，敦煌的“太子宅”和“太子庄”一直存在，成为其他于阗太子居住的地方，也是于阗使者或其他于阗人在敦煌活动的一个中心，类似今天的大使馆。

3. 于阗太子和公主在敦煌从事多种活动，太子常常要出面接待从于阗来到敦煌的使臣，太子、公主也做多种佛事供养，甚至在敦煌莫高窟、榆林窟开窟造像。一些于阗太子也是在敦煌接受汉文化教育，像从德太子在敦煌就书写了不少佛教文献，其中透露着汉传佛教的色彩。

4. 敦煌的于阗太子具有类似于阗驻敦煌的“大使”的身份，他们除出来接待、安排、宴请于阗来的使臣外，有的时候还自己率团东行，入贡于中原王朝，如从德太子就在964年从敦煌启程，前往宋廷朝贡。

5. 于阗的太子和公主长期逗留敦煌，一方面可能因为于阗与敦煌是姻亲关系，除李圣天和曹氏之外，归义军节度使曹延禄也娶于阗公主为妻，有些太子会在舅家生活一段日子；另一方面，他们留居敦煌，也和于阗与黑韩王朝的战事有关，从963年开始，于阗与黑韩王朝之间的战争持续了四十多年[1]，一些年幼的太子和公主被于阗国王送到敦煌生活，也是出于避免战争的威胁而采取的一项措施。

---

① 荣新江、朱丽双《十一世纪初于阗佛教王国灭亡新探——兼谈喀喇汗王朝的成立与发展》，朱玉麒主编《西域文史》第6辑，北京：科学出版社，2012年，第195页。

第七章

于阗玉石的朝贡贸易

第一节

于阗的玉石

于阗自古以来就出产美玉，而且于阗玉很早就传入中原，古人所谓“昆山之玉”，指的就是于阗玉。屈原《涉江》云：“登昆仑兮食玉英，与天地兮比寿，与日月兮齐光。”[①]这就是说，食昆山之玉能长生不老。玉器专家指出，于阗玉是中国也是世界上最优秀的玉石，被誉为“玉石之精英”[②]。于阗是中国古代玉器，特别是皇室用玉的主要玉料来源[③]。考古资料表明，大约在距今6000至5000年前，于阗玉开始零星地传播到黄河上游地区甚至长江、汉水流域。大约在距今4000年前，于阗玉已经较多地流布于黄河上游地区，今甘肃和宁夏部分地区发现的属于这

① 金开诚、董洪利、高路明《屈原集校注》，北京：中华书局，1996年，第467页。

② 杨伯达《中国和田玉玉文化三大文化基因论》，《文博》2009年第1期，第3页。

③ Edward H. Schafer, *The Golden Peaches of Samarkand: A Study of T'ang Exotics*, Berkeley: University of California Press, 1985, p. 224，吴玉贵译《唐代的外来文明》，北京：中国社会科学出版社，1995年，第490页；杨伯达《中国和田玉玉文化叙要》，《中国历史文物》2002年第6期，第70—71页；Carol Michaelson, "Jade and the Silk Road: Trade and Tribute in the First Millennium", in S. Whitfield ed., *The Silk Road: Trade, Travel, War and Faith*, London: British Library, 2004, pp. 43-44；叶茂林《甘肃、青海、宁夏、新疆地区出土玉器概述》，古方主编《中国出土玉器全集》第15册，北京：科学出版社，2005年，第1页。

个时期的齐家文化玉器中，就有数量不少的于阗玉。自距今3000年前以后，于阗玉开始大量流向中原，商、周王朝墓葬中的玉器，表明当时已经相当广泛地使用于阗的玉料[①]。比如在河南殷墟妇好墓出土的755件玉器中，有相当部分为于阗玉，并以青玉为主[②]。另外，安徽长丰杨公楚墓群出土的玉器，也大都是用于阗地区的玉石制作[③]。

张骞通西域以后，于阗玉石更加大量地输入中原。《史记·大宛列传》载："汉使穷河源，河源出于阗，其山多玉石，采来，天子案古图书，名河所出山曰昆仑云。"[④]据此，汉代仍然是采用于阗的玉石原料，进行加工，制成玉器。当时玉器的种类已经非常丰富，比如河北满城发现的西汉中山靖王刘胜墓中，有随葬玉器78件，多属于阗玉，其中有玉璧、环、圭、璜、笄、带钩、佩、九窍塞、玉人、印章、玉饰等[⑤]。再如安徽天长县三角圩、巢湖市放王岗和巢湖市北山头三处西汉墓葬群，共出土玉器140余件，有璧、璇玑、环、璜、琀、龙形佩、龙形环、凤形佩、兽形佩、玉舞人、带钩、剑珌、七窍玉塞、玉印章、耳鼻塞、觿、卮、粉盒等。玉器专家指出，这批玉器包括礼器、兵器、葬器、佩饰、生活用具、文房用具等，体现了汉代的社会生活习俗及用玉制度，而它们多为于阗白玉和青白玉制成，玉质细腻，雕琢精良，在西汉玉器中属上乘之作[⑥]。

汉代以后，中原多故，难得于阗玉，因此于阗玉愈显尊贵，非常人

---

① 叶茂林《甘肃、青海、宁夏、新疆地区出土玉器概述》，第111页。

② 中国社会科学院考古研究所编《殷墟妇好墓》，文物出版社，1980年；又《殷墟玉器》，北京：文物出版社，1982年；郑振香《华丽妇好墓》，《中国遗产文化》2006年第3期，第31页。

③ 杨立新《安徽地区出土玉器概述》，《中国出土玉器全集》第6册，第11页。

④《史记》卷一二三《大宛列传》，北京：中华书局，1959年，第3173页。

⑤ 于平、常素霞《北京、天津、河北地区出土玉器概述》，《中国出土玉器全集》第1册，第11页。

⑥ 杨立新《安徽地区出土玉器概述》，《中国出土玉器全集》第6册，第11页。

能够佩戴，所谓“君臣佩玉，尊卑有序”[①]。《晋书》卷二五《舆服志》：“贵人、夫人、贵嫔，是为三夫人，皆金章紫绶，章文曰贵人、夫人、贵嫔之章。佩于〔阗〕玉。”[②]《宋书》卷一八《礼志》：“贵嫔、夫人、贵人，金章，文曰贵嫔、夫人、贵人之章，紫绶，佩于阗玉。”[③]《南齐书》卷二〇《皇后列传》：“永明元年（483），有司奏贵妃、淑妃并加金章紫绶，佩于寘（即于阗）玉。”[④]《隋书》卷一一《礼仪志》七：“贵妃、德妃、淑妃，是为三妃。服褕翟之衣，首饰花九钿，并二博鬓。金章龟钮，文从其职。紫绶，一百二十首，长一丈七尺，金缕织成兽头鞶囊，佩于寘玉。”[⑤]皇帝的印玺也用于阗玉，《十六国春秋辑补》卷九二《西凉录》一：“初，吕光（337—399）之称王也，遣使市六玺玉于于寘，至是六月（按指隆安四年，400），玉至燉煌，纳之郡府。”[⑥]据同书卷八二《后凉录》二，吕光称王在麟嘉元年（389）二月。其时后凉与于阗之间并不相互通贡，所以吕光只能派人从于阗买玉，以制作玺印。

唐朝时期，于阗与中原的联系紧密，唐朝史料中屡见有关于阗贡玉的记载。谢弗（Edward H. Schafer）认为，唐代玉工所需要的白玉、碧玉都是由于阗来供给的[⑦]。《旧唐书》卷一九八《于阗传》记：“其国出美玉。……其王姓尉迟氏，名屈密。贞观六年（632），遣使献玉带，太宗优诏答之。”[⑧]《新唐书》卷一一〇《尉迟胜传》记：“尉迟胜，本

① 《隋书》卷一一《礼仪志》，北京：中华书局，1973 年，第 236 页。

② 《晋书》卷二五《舆服志》，北京：中华书局，1974 年，第 774 页。

③ 《宋书》卷一八《礼志》，北京：中华书局，1974 年，第 507 页。

④ 《南齐书》卷二〇《皇后列传》，北京：中华书局，1972 年，第 389 页。

⑤ 《隋书》卷一一《礼仪志》，第 277 页。

⑥ 汤球《十六国春秋辑补》，上海：商务印书馆，1936 年，第 635 页。参见《晋书》卷八七《凉武昭王玄盛传》，第 2259 页。

⑦ Edward H. Schafer, *The Golden Peaches of Samarkand: A Study of T'ang Exotics*, p.224，吴玉贵译《唐代的外来文明》，西安：陕西师范大学出版社，2005 年，第 490 页。

⑧ 《旧唐书》卷一九八《于阗传》，北京：中华书局，1975 年，第 5305 页。

王于阗国。天宝中入朝，献名玉、良马，玄宗以宗室女妻之，授右威卫将军、毗沙府都督。”[①]又慧琳《一切经音义》卷十一于阗条下注：“有玉河，河中往往漂流美玉，彼国王常采，远来贡献。”[②]当时于阗玉主要仍为礼器和王公贵族佩饰之物，极为名贵。《新唐书》卷九三《李靖传》载：“靖破萧铣时，〔太宗〕所赐于阗玉带十三胯，七方六刓，胯各附环，以金固之，所以佩物者。又有火鉴、大觽、算囊等物，常佩于带者。”[③]这样的玉带自然难得，除非君王赏赐，难得拥有。不过在民间，通过粟特胡人的慧眼鉴识，也会有美玉出现。《太平广记》卷二四三《窦乂》条记，粟特胡人米亮为了回报窦乂对他的帮助，劝说窦乂买下长安崇贤里的一所宅子，说那所宅子里有一块捣衣砧，是真正的于阗美玉。窦乂买下宅子，果然发现了那块于阗玉捣衣砧，它可以制作三十副玉胯，每副可卖三千贯，窦乂因此获利数十万贯[④]。这则有关于阗玉石的故事，虽然具有野语的性质，但反映了是8世纪末9世纪初长安的社会状况。

安史之乱后，河西路阻，于阗美玉更是难求。《新唐书》卷二二一《于阗传》载：“初，德宗即位，遣内给事朱如玉之安西，求玉于于阗，得圭一，珂佩五，枕一，带胯三百，簪四十，奁三十，钏十，杵三，瑟瑟百斤，并它宝等。及还，诈言假道回纥为所夺。久之事泄，得所市，流死恩州。”[⑤]由于于阗玉及瑟瑟等宝物极为名贵，卖掉可获巨利，朱如玉见利忘义，竟报称被回纥夺走，想蒙骗了事。不料事泄获罪，客死他乡。

---

①《新唐书》卷一一〇《尉迟胜传》，北京：中华书局，1975年，第4127页。《旧唐书》卷一四四《尉迟胜传》略同（第3924页）。

② CBETA本《大正藏》第54册，第375c页。

③《新唐书》卷九三《李靖传》，第3816—3817页。

④《太平广记》卷二四三，北京：中华书局，1961年，第1877页。参见妹尾达彦《唐代長安の店舗の街西の致富譚》，《東アジアの法と社会：布目潮渢博士古稀紀念論集》，東京：汲古書院，1990年，第191—243页。

⑤《新唐书》卷二二一《于阗传》，第6236页。

于阗玉质地柔腻，温润莹泽，一直为中原珍爱。唐以后，于阗玉的尊贵身份有增无减，从国家礼器到民间玩好，多重于阗玉。李时珍《本草纲目》："产玉之处亦多矣，……独以于阗玉为贵焉。"[①]宋应星《天工开物》卷下珠玉第十八"玉"条："凡玉入中国贵重用者，尽出于阗。"[②]于阗玉之尊之贵，由此可见一斑。难怪李约瑟在《中国科学技术史》中谈到中国的玉石时说："新疆的于阗和叶尔羌的山中和水中是两千年来主要的或许是唯一的产玉中心。"[③]据称，台北和北京的故宫博物院所收藏的清代的玉器，绝大多数出自于（和）阗，乾隆帝如此喜爱于（和）阗美玉，以至于所赋与此有关的诗就有800余首[④]。

于阗玉主要产于今和田城东的玉龙喀什河（Yurung kash）和城西的喀拉喀什河（Yurung kash）（图7–1）。于阗语专家告诉我们，玉的于阗语作 īrä[⑤]。但是这两条河的于阗语名称，我们尚不得而知，不过我们似乎可以在汉籍中找

图7–1 喀拉喀什河（朱丽双摄影）

①《本草纲目》第八卷金石部、金石之二、"玉"条，北京：人民卫生出版社，1977年，第489页。

②《宋应星见存著作五种》影印本，江西省图书馆，2010年。

③ Joseph Needham, *Science and Civilisation in China, Vol. 3, Mathematics and the Sciences of the Heavens and the Earth*, Cambridge: Cambridge University Press, 2005, p. 665.

④ James Lin, "Khotan Jades from the Collection of the Fitzwilliam Museum, Cambridge", *Journal of Inner Asian Art and Archaeology* 2/2007, Turnhout, Belgium: Brepols, 2007, pp. 117—118.

⑤ H. W. Bailey, *Dictionary of Khotan Saka*, Cambridge: Cambridge University Press, 1979, pp. 33.

到一些蛛丝马迹。《北史》卷九七《西域传》:

> 于阗城东三十里有首拔河，中出玉石。土宜五谷并桑、麻，山多美玉，有好马、驼、骡。……城东二十里有大水北流，号树枝水，即黄河也，一名计式水。城西十五里亦有大水，名达利水，与树枝水会，俱北流。

这里城东和城西北流的大水“树枝水”和“达利水”，当分别指今和田城东和城西的玉龙喀什河和喀拉喀什河。但是这条记载又说“于阗城东三十里有首拔河，中出玉石”，大概《北史》未加分辨地把不同资料撮合在一起，故误记于阗城东相距十里有两条大河。实际首拔河和树枝水当是同一条河流，名称的不同当是由于不同的汉语音译，而且在传抄过程中可能有讹误之处[①]。树枝水的别名“计式”，一说或为突厥语 qash“玉”字的音译[②]。所谓“树枝”和“达利”云云，显然是据当地语言的发音而做的记录。又，玉河的梵文作Śailodā，于阗文作rānija ttāja,藏语称玉为 shel,玉河为 shel chu 或其敬语形式 shel chab[③]。

不过汉人还是以意译来加以称呼者为多。《梁书》卷五四《诸夷传》:“于阗国，西域之属也……有水出玉，名曰玉河。”唐时以方位来加以区分，曰“西玉河”，曰“东玉河”，简称则作“西河”和“东河”,

---

① 藤田豊八《東西交涉史の研究（西域篇)》，東京：荻原星文館，1943 年，第 274 页。

② 刘迎胜《〈回回馆杂字〉和〈回回馆译语〉研究》，北京：中国人民大学出版社，2008 年，第 247 页。按玉龙喀什河在城东，喀拉喀什河在城西，刘书混淆了两条河的方位，称城东之河为喀拉喀什河，不确。

③ G. Uray, "The Old Tibetan Sources of the History of Central Asia up to 751 A. D.: A Survey", in J. Harmatta, ed., *Prolegomena to the Sources on the History of Pre-Islamic Central Asia*, Budapest: AKadémiai Kiadó, 1979, pp. 290–294.

并分别设西河州和东河州[①]。吐蕃统治时期大概沿用唐制，分别称作 Shel chab gong ma（西玉河）和 Shel chab 'og ma（东玉河）[②]。至五代时，敦煌的《瑞像记》和瑞像壁画题记仍有“西玉河”，但《高居诲行程记》则以河流产玉的颜色而命名：

> 玉河在于阗城外，其源出崑山，西流一千三百里，至于阗界牛头山，乃疏为三河：一曰白玉河，在城东三十里；二曰绿玉河，在城西二十里；三曰乌玉河，在绿玉河西七里。其源虽一，而其玉随地而变，故其色不同。[③]

白玉河即今玉龙喀什河，源出昆仑山；绿玉河即今喀拉喀什河，源出喀喇昆仑山；乌玉河为其支流。据殷晴先生介绍，玉龙喀什河自古以来就是出玉的主要河流，盛产白玉、青玉和墨玉。乌玉河实际较多生产碧玉，风化后外表漆黑，油光发亮，人们视若墨玉[④]。另外有一些原生矿

---

① 朱丽双《唐代于阗的羁縻州与地理区划研究》，《中国史研究》2012 年第 2 期，第 73—76 页。

② Zhu Lishuang，“A Preliminary Survey of Administrative Divisions in Tibetan-Ruled Khotan”，in B. Dotson，K. Iwao and T. Takeuchi eds.，*Scribes，Texts，and Rituals in Early Tibet and Dunhuang: Proceedings of the Third Old Tibetan Studies Panel held at the Seminar of the International Association for Tibetan Studies，Vancouver 2010*，Wiesbaden: Reichert Verlag，2013，pp. 48–50.

③ 唐慎微《重修政和经史证类备用本草》卷三玉屑条，《四部丛刊》本。按《高居诲行程记》有关玉河部分的文字，又简单引录于宋人张世南《游宦纪闻》卷五（张茂鹏点校，北京：中华书局，1997 年）第 46 页；《新五代史》卷七四《四夷附录》于阗条，第 918 页。参见娄雨亭《〈新五代史·四夷附录〉标点辨误一则》，《中国历史地理论丛》1989 年第 2 期，14—15 页。又，高居诲一作平居诲，见娄雨亭《后晋〈于阗国行程记〉作者订讹》，《中国历史地理论丛》1990 年第 4 期，114—115 页。两文后收入辛德勇《历史的空间与空间的历史》，北京：北京师范大学出版社，2005 年，第 267—269 页。——此承包晓悦提示，谨此致谢！

④ 殷晴《唐宋之际西域南道的复兴——于阗玉石贸易的热潮》，《西域研究》2006 年第 1 期，第 39—40 页。

床，是玉石山料的重要产地[①]。

《高居诲行程记》接着记载了于阗采玉的方法，即“捞玉”：

> 每岁五、六月，大水暴涨，则玉随流而至。玉之多寡，由水之大小。七、八月水退，乃可取，彼人谓之捞玉。其国之法，官未采玉，禁人辄至河滨者。

原来，玉河之水主要来自昆仑山的融雪，五、六月天气变暖，温度升高，积雪消融，汇成大水向下冲流，将高山上的原生矿石挟带而下，水流到山下的平缓地带，流速减慢，玉石就停积于河床或河滩。秋凉后，河水渐落，人们即可前往捞取。捞取的具体方法我们不得而知，不过《新唐书》卷二二一《于阗传》的一条记载使我们得窥其一：“有玉河，国人夜视月光盛处，必得美玉。”[②]明代宋应星的《天工开物》还为我们留下一张于阗采玉图，画面上有三个人赤身裸体地在深及胸部的河水中捞取玉石[③]（图 7–2）。

图 7–2 于阗采玉图（《宋应星见存著作五种》影印本）

① 唐延龄、刘德权、周汝洪《和田玉的名称、文化、玉质和矿床类型之探讨》，《岩石矿物学杂志》第 21 卷增刊，2002 年，第 18 页。

② 《新唐书》卷二二一《于阗传》，第 6232 页。

③ 《宋应星见存著作五种》影印本。

显然，那并非事实，而是汉人想象中的于阗采玉情景。

高居诲言："官未采玉，禁人辄至河滨。"这就是说，于阗国法规定，官府先捞玉，然后百姓才可以去捡漏。玉石的产量如何呢？应该很大。因为他接着说："其国中器用服饰，往往用玉。"不仅如此，"今中国所有，多自彼来耳"。

于阗"器用服饰"用玉的情况，我们不甚清楚。施萍亭、史苇湘等指出，敦煌莫高窟第98窟壁画中的于阗国王李圣天（Viśa' Saṃbhava，912—966年在位），耳饰绿玉坠，双手戴宝石戒指，腰间佩玉雕拳形柄剑，都是于阗国用玉的证明①。另外，国王印玺用玉，是为确定无疑之事。《梁书》卷五四《诸夷传》言于阗国："书则以木为笔札，以玉为印。国人得书，戴于首而后开札。"②《新唐书》卷二二一《于阗传》："相见皆跪，以木为笔，玉为印。凡得问遗书，戴于首乃发之。"③在五代时期，P.2826《于阗王致沙州令公书》中写道："凡书信去，请看二印，一大玉印，一小玉印，更无别印也。"④

---

① 施萍亭《于阗国王李圣天供养像图版说明》，《敦煌研究》1982年第2期；季羡林主编《敦煌学大辞典》，上海辞书出版社，1998年，第179页。

② 《梁书》卷五四《诸夷传》，第813—814页。

③ 《新唐书》卷二二一《于阗传》，第6232页。

④ 荣新江《于阗王国与瓜沙曹氏》，《敦煌研究》1994年第2期，第116页。

第二节

于阗玉石的东渐敦煌与入贡中原

吐蕃统治结束之后，于阗和敦煌逐渐恢复往来，大概从 10 世纪初叶开始，正常交往日益频繁。敦煌曲子《谒金门·开于阗》唱道：“开于阗，绵绫家家总满。奉戏（献）生龙及玉碗，将来百姓看。”在敦煌人看来，开于阗的好处，是于阗的绵绫、良马及美玉将源源不断而来。两地间的丝织品交换，我们有专章讨论，本节试就于阗玉的东来敦煌乃至远输中原的情形，略作探讨。

如上所述，于阗盛产美玉，玉石或加工成品的玉器一直是于阗对外交往中的主要输出品。于阗与敦煌关系密切，输往敦煌的于阗玉当不在少数，只是我们在现存资料中看到的直接记录并不多。然而，敦煌保存下来的吉光片羽，都是极其珍贵的资料，我们举四条典型的例子。

一、大阪武田科学振兴财团杏雨书屋所藏敦煌写本羽 686 号文书（图 7–3）：

1　皇帝赐　舅元忠

2　　东河大玉壹团，重捌拾斤。

3　　又崑岗山玉壹团，重贰拾斤。

4　　又东河壹团，重柒斤。

5　　又师子大玉鞦辔壹副。
6　　又密排玉鞦辔壹副。
7　　骡马壹匹。乌马壹匹。骝马壹匹。
8　　镔叁锭，共拾陆斤半。
9　　□□□□□□□□□已遣，此不及
　　（后残）①

文书原文上钤有三方朱印，分别在第一行“舅元忠”上，第7—8行礼单最后“壹匹”、“斤半”处，第9行最后“此不及”上，应当都是关键的位置。印文清晰，文曰：“书诏新铸之印”。这一印鉴又见于P.5538于阗文《天尊四年(970)于阗王尉迟苏罗致沙州大王曹元忠书》上，共九枚②，文字完全相同。其中的“舅”字，上面没有“臼”，似为“男”字，但“田”左侧不封口，与下印P.2826中的“男”

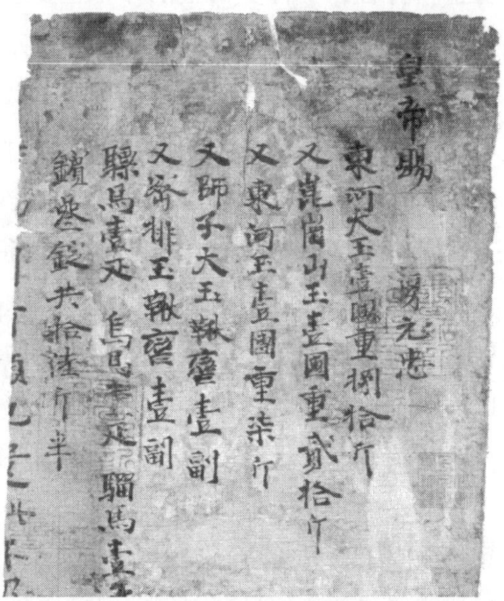

图7–3　大阪武田科学振兴财团杏雨书屋所藏敦煌写本羽686号文书（《敦煌秘笈 影片册》第9册，第65页）

① 武田科学振興財团杏雨書屋编《敦煌秘笈　影片册》第9册，大阪：武田科学振興財团，2013年，第65页。按，写本前部下端有今人收藏印，文曰“德化李氏凡将阁珍藏”，系李盛铎藏书印，然此卷是否李盛铎旧藏，无法确定。

② H. W. Bailey, “Śrī Viśa̜ Śūra and Ta-uang”, *Aisa Major*, new series, 11.1, 1964, p. 23. 印鉴的清晰图版见H. W. Bailey ed., *Saka Documents*, II, London: School of the Oriental and African Studies, 1961, pl. 38.

字不同，应当是“舅”字的俗体。“元忠”应当就是归义军节度使曹元忠，他从 944 年至 974 年一直执掌沙州政权，晚期号称大王。与他同时代的于阗王是李圣天和尉迟苏罗（Viśa’Sura，967—977 年在位），因为李圣天娶曹元忠姊为后，所以曹元忠不能是其“舅”，更不能是其“男”，而曹元忠恰好是尉迟苏罗王的舅舅，把羽 686 文书上的皇帝看作于阗王尉迟苏罗，则与曹元忠的关系正好吻合，也和 P.5538 于阗文《天尊四年（970）于阗王尉迟苏罗致沙州大王曹元忠书》中前者称后者为舅正相符合，两件文书上的印鉴也完全相同。这些让我们相信，羽 686 文书正是于阗国皇帝尉迟苏罗致舅曹元忠的另一封书信，因为是出自胡人手笔的汉文文书，所以直呼其舅元忠之名，这看似有点不可理喻，但 P.5538 也同样用了一个不该使用的大“敕”字，这些表明，尉迟苏罗朝廷中书状起草者的汉文化水平仍有待进步。

明确了这件书状的发信人和接受者的身份后，文书的内容就益显珍贵了，它记录了于阗国皇帝赠送给归义军节度使曹元忠的礼品清单。其中包括出自于阗东河（玉龙喀什河）的重八十斤的大玉一团，出自崑岗山的重二十斤的玉一团，出自东河的重七斤的玉一团，还有用玉制作的鞦辔两副，以及三匹不同的马和镔铁三锭。

二、P.5538 正面的于阗语文书《天尊四年（970）于阗王尉迟苏罗致沙州大王曹元忠书》，我们已经在其他地方有详细的解说，此不赘述。尉迟苏罗王的信中说到于阗王国送给归义军节度使曹元忠的礼物是：

> 一是中等玉石一团，重四十二斤；二是纯玉石一团，重十斤；三是玉石一团，重八斤半。总计玉石三团，六十斤半。①

据上引羽 686 文书，于阗的玉团至少分为“大玉”和“玉”两种，大玉

① H. W. Bailey, “Śrī Viśa̧ Śūra and Ta-uang”, p. 19.

一团至少重80斤，普通的玉一团在20斤以下。P.5538于阗文文书又为我们提供了“中等玉石”的重量，一团在42公斤上下，这正好介于羽686文书所记大玉和玉的重量之间，可以让我们看出于阗玉石据大小而分为三种的情况。

三、P.2826号文书《于阗王致沙州令公书》我们也在几个场合有所讨论，这应当是于阗尉迟达磨王致归义军节度使曹延禄的书信，其中讲道：

> 白玉壹团
>
> 赐沙州节度使男令公，汝宜收领，勿怪轻鲜，候大般次，别有信物汝知。其木匠杨君子千万发遣西来，所要不昔（惜）也。凡书信去，请看二印，一大玉印，一小玉印，更无别印也。

书信中没有说这块玉石多重，估计不是很大，所以于阗王颇有歉意，但他答应下次有更大的使团去沙州的时候，会带给归义军节度使更好的礼物。他急切地希望敦煌方面把一位杨君子派到于阗，真是所要不惜，表明于阗对敦煌技术工人的需求之迫切。

四、P.2958第199—215行于阗语文书是几封书信的草稿，其中第6封信是一位“朔方王子”Hva Pa-kyau上于阗朝廷书，信中提到，一位于阗使者Hvaṃ Capastaka（王子之一）根据于阗朝廷的指令，用30斤玉与归义军官府换取了200匹丝绸（śacu）。在第216—227行的第7封信中，朔方王子希望母后能多给他一些玉石，以便换取更多丝绸①。

由于两地的姻亲关系，于阗王国把相当数量的上好玉石赠送给敦煌官府。有些玉石的送出，是有其特定的目的的，如换取技术工匠、换取

① H. W. Bailey, "Altun Khan", *Bulletin the of the School of the Oriental and African Studies*, 30.1, 1967, pp. 97–98.

丝绸、争取兵援等，在已经遗失的文献中，还会有更多的内涵。

于阗送玉石给敦煌的另外一个目的，是想在敦煌官府的帮助下，直接与中原王朝建立联系。我们知道在934年李圣天娶曹议金女为皇后之后，随即打开了通往中原之路，玉石也随之由于阗王国的使臣直接带到中原。现存938年第一批到达中原后晋王朝的于阗使马继荣，就携带着玉团和玉制品，当然还有其他西域的土特产：

> 天福三年九月，于阗国王李圣文（天）遣使马继荣进玉团、白氎布、牦牛尾、红盐、郁金、硇砂、大鹏砂、玉装鞦辔、鞡鞢鞊鞘、手刃（刀）。[1]

后晋皇帝对于从遥远的西域而来的于阗使臣给予了积极的响应，随即派遣供奉官张匡邺等出使于阗，册封李圣天为“大宝于阗国王”。等到张匡邺等还，李圣天又遣都督刘再昇至晋，“献玉千斤及玉印、降魔杵等”[2]。如此重量的玉石，至少包含十块以上的大玉，可见这是于阗国王李圣天感谢受封“大宝于阗王”而进贡的重礼。

960年，宋代周而立，于阗很快就遣使前往宋朝通好，其敲门砖仍然是玉器。《宋会要辑稿》记太祖建隆二年（961）十二月四日，“于阗国王李圣文（天）遣使贡玉圭一，盛以玉匣。”[3]《宋史》卷四九〇《外国传》于阗条记同一件事云：“建隆二年十二月，圣天遣使贡圭一，以玉为押（匣）；玉枕一。”[4]一为礼器，一为保健用品；一属于公务，一表示私谊，用心良苦。

《宋会要》又记乾德三年（965）十二月，“甘州回鹘可汗、于阗王

① 《册府元龟》卷九七二《外臣部·朝贡五》，南京：凤凰出版社，2006年，第11256页。

② 《新五代史》卷七四《四夷附录》于阗条，第917—918页。

③ 《宋会要辑稿》蕃夷七历代朝贡条，北京：中华书局，1957年，第7826页。

④ 《宋史》卷四九〇《外国传》于阗条，北京：中华书局，1977年，第14106页。

及瓜沙州皆遣使来朝，贡马、橐驼、玉、琥珀。”[①]据《宋史》卷二《太祖本纪》，这次进贡的数目极大，“甘州回鹘可汗、于阗国王等遣使来朝，进马千匹、橐驼五百头、玉五百团、琥珀五百斤”[②]。其中五百团的玉多半应当来自于阗，重量也不轻。

比较特别的一次是在开宝二年（969），于阗国遣使直末山至宋廷，“言本国有玉一块，凡二百三十七斤，愿以上进，乞遣使取之。〔于阗僧〕善名复至，贡阿魏子，赐号昭化大师，因令还取玉”[③]。按，969年在位的于阗王是尉迟苏罗，为什么他不让使臣直接带这块巨玉到宋进贡，而希望宋朝派使者来取呢？我们推测他是有意仿效其父李圣天故事，希望宋朝会以取玉之便，像晋朝那样派使者对他进行册封。宋朝没有后晋的怀远之意[④]，只是让再次来朝的于阗僧人善名去把玉取来。

史籍没有记载善名是否把这块大玉送到宋廷，不过于阗僧人的确在玉石东渐上做出很多贡献。山东兖州兴隆塔地宫发现的舍利塔铭文称，于阗僧法藏于开宝三年（970）去西天取经，获得“释迦形像、世尊金顶骨真身舍利、菩提树叶”，后来入宋，圆寂于中原，嘉祐八年（1063）龙兴寺众僧将舍利安葬。碑文说到法藏进奉给宋朝“白玉三百九十斤、细马参疋”[⑤]，如此数目的进奉，说明他不是一个寻常人物，或许和于阗王室有什么关系。其时于阗与疏勒战事方畅，他入贡这么多的白玉、细马，也许是被于阗王派来寻找战争的支援。但碑文没有明言缘故，这里也只是推测而已。

---

① 《宋会要辑稿》蕃夷七历代朝贡条，第7827页。

② 《宋史》卷二《太祖本纪》，第23页。

③ 《宋史》卷四九〇《外国传》于阗条，第14107页。

④ 这一倾向可能从后周开始，史载显德六年（959）二月，回鹘遣使至周廷，“献玉并硇砂等物，皆不纳，所入马量给价钱。时世宗以玉虽称宝，无益国用，故因而却之。”见《旧五代史》卷一三八《外国列传》回鹘条，第1843页。

⑤ 谭世宝《兖州兴隆塔地宫宋嘉祐八年十月六日“安葬舍利”碑考释》，《兴隆文化论坛——兖州佛教历史文化研讨会论文集》，兖州，2009年，第251—252页。

另外，于阗语文书 Or.8212/186+P.2786、IOL Khot S. 13（Ch. 00269.23-108）也言及于阗使者前往中原进献玉石及其他物品之事。他们的报告说，由于河西道路不靖，甘州情形混乱，他们无法顺利前往。而且从前件文书来看，于阗使中似包括僧人和私商。由于一方面文书残破不全，另一方面文书的年代不明，我们无法得窥具体情况，故此处从略①。

宋朝对于阗美玉似情有独钟，张世南《游宦纪闻》言："国朝礼器及乘舆服御，多是于阗玉。"②《宋史》卷一二二《礼志》："安陵中玉圭、剑佩、玉宝等，皆用于阗玉。"③

宋朝既如此需要于阗玉，那么坐等人家来进献似乎不够使用。《宋史》卷四九〇《外国传》回鹘条载："太平兴国二年（977）冬，遣殿直张璨赍诏谕甘、沙州回鹘可汗外甥，赐以器币，招致名马、美玉，以备车骑琮璜之用。"④正如殷晴所论，甘、沙不产美玉，两地输往宋朝的玉石当来自于阗⑤。所谓"赐以器币，招致名马美玉"，实际就是一种贸易。

宋人对于阗玉的追求，一直没有间断。这种对玉的追求，并未因于阗佛教王国的灭亡而终止，继续统治于阗的喀喇汗王朝仍然以于阗国的名义提供玉石。《宋史·外国传》于阗条记：

> 天圣三年（1025）十二月，〔于阗国黑韩王〕遣使罗面于多、

---

① P. O. Skjærvø, *Khotanese Manuscripts from Chinese Turkestan in the British Library. A Complete Catalogue with Texts and Translations*, London: British Library Publishing, 2002, pp. 55-60, 509-513, 520. See also H. W. Bailey, "The Seven Princes", *Bulletin of the School of Oriental and African Studies*, 12.3/4, 1948, pp. 616-624.

② 张世南《游宦纪闻》卷五，张茂鹏点校，北京：中华书局，1997 年，第 46 页。

③《宋史》卷一二二《礼志》，第 2848 页。

④《宋史》卷四九〇《外国传》回鹘条，第 14114 页。

⑤ 殷晴《唐宋之际西域南道的复兴——于阗玉石贸易的热潮》，第 42 页。

副使金三、监使安多、都监赵多来朝，贡玉鞍辔、白玉带、胡锦、独峰橐驼、乳香、硇砂。诏给还其直，馆于都亭西驿，别赐袭衣、金带、银器百两、衣著二百，罗面于多金带。①

熙宁（1068—1077）以来，远不踰一二岁，近则岁再至。所贡珠玉、珊瑚、翡翠、象牙、乳香、木香、琥珀、花蕊布、硇砂、龙盐、西锦、玉鞦辔马、腽肭脐、金星石、水银、安息鸡舌香，有所持无表章，每赐以晕锦旋襕衣、金带、器币，宰相则盘球云锦夹襕。②

在这种制度下，宋朝和于阗之间的官私贸易变得愈加频繁，于阗至宋的使者或一两年来一次，或一年来一两次，而且多“有所持无表章”者，也就是私商。虽然这里所说是于阗佛国灭亡以后的事，但是这种繁盛情形当是以此前的玉石贸易作为基础的。

《宋史·外国传》于阗条还记载了一则宋人求取于阗玉的传奇故事：

初，太平兴国中（976—984），有澶州卒王贵者，昼忽见使者至营，急召贵偕行，南至河桥，驿马已具，即命乘之，俄觉腾虚而去。顷之驻马，但见屋室宏丽，使者引贵入，见其主者容卫制度悉如王者。谓贵曰：“俟汝年五十八，当往于阗国北通圣山取一异宝以奉皇帝，宜深志之。”遂复乘马凌虚而旋。军中失贵已数日矣，验所乘，即营卒之马也。知州宋煦劾贵以闻，太宗释之。天禧初（1017），贵自陈年已五十八，愿遵前戒，西至于阗，寻许其行。贵至秦州，以道远悔惧，俄于市中遇一道士引贵出城，登高原，问

① 《宋史》卷四九〇《外国传》于阗条，第14108页。又见《宋会要辑稿》蕃夷七历代朝贡条，第7837页，据补括号中字。

② 《宋史》卷四九〇《外国传》于阗条，第14108页。

> 贵所欲，具以实对。即命贵闭目，少顷令开，视山川顿异，道士曰："此于阗国北境通圣山也。"复引贵观一池，池中有仙童，出一物授之，谓曰："持此奉皇帝。"又令瞑目，俄顷复至秦州，向之道士已失所在，发其物，乃玉印也，文曰："国王赵万永宝"，州以献。①

这则故事表明了宋朝皇帝对于阗玉是多么的渴望，因为代表皇权的玺印需要用于阗玉来制作，所以关系重大。

宋人笔记中有大观（1107—1110）、政和（1111—1118）年间添创御玺用于阗玉的几则记录，虽然年代稍晚，但很能说明问题，故不厌其烦地征引如下：

宋蔡绦《铁围山丛谈》卷一：

> 天子之制六玺。元丰间（1078—1085）得玉矣，行制而未就。至大观时（1107—1110）始成之，然但缪篆也。又元符初（1098）得汉传国玺，其文曰："受命于天，既寿永昌。"又一文曰（据《学海》本补）："承天福，延万亿，永无极。"是二者，祐陵又自仿为之，悉鱼虫篆也。号传国玺曰"受命宝"，九字玺曰"镇国宝"，合天子之制六玺，是为八宝。乃于大观戊子（1108）正月元会日受之，因大赦天下。本朝礼乐，于此百五十年矣，至是始备。及后，政和末（1118），又新作一玺。上曰："八宝者，国家之神器。今再创玺，乃我受命者也。"因诏于阗国上美玉焉。久而得之，为玺九寸，而鱼虫篆。其文曰："范围天地，幽赞神明；保合太和，万寿无疆。"诏号"定命宝"。是岁戊戌（1118）元会，于大庆殿受之。

① 《宋史》卷四九〇《外国传》于阗条，第14107—14108页。

太上始意作定命宝也，乃诏于阗国上美玉。一日，絛赴朝请，在殿阁侍班，王内相安中因言，近于阗国上表，命译者释之，将为荅诏，其表大有欢也（吴本“欢也”作“可笑”）。同班诸公喜，皆迫询曰：“甚愿闻之。”王内相因诵曰：“日出东方，赫赫大光，照见西方，五百国中，絛、贯主，阿舅黑汗王。表上日出东方，赫赫大光，照见四天下，四天下，絛、贯主，阿舅大官家：你前时要那玉，自家煞是用心。只被难得似你那尺寸底。我已令人寻讨，如是得似你那尺寸底，我便送去也。”于是一坐为哈。吾因曰：“《裕陵实录》已载于阗国表文，大略同此。特文胜者（吴本“特”下有“少”字），疑经史官手润色故尔。”众乃默然。其后，遂以玉来上，长径二尺，色踰截肪，诚昔未有也，遂制定命宝。岁余，玉人始告成，精巧视古无别矣。宝与检皆大九寸，盘螭为纽，鱼虫篆文，凡十有六字。于是定命宝合八宝，通号九宝，下诏以为乾元用九之义云。①

宋张世南《游宦纪闻》卷五：

大观（1107—1110）中，添创八宝，从于阗国求大玉。一日，忽有国使奉表至。故事，下学士院，召译表语，而后答诏。其表云：“日出东方，赫赫大光，照见西方五百国。五百国絛（絛）、贯主，师子黑汗王，表上日出东方，赫赫大光，照见四天下，四天下絛（絛）、贯主，阿舅大官家：你前时要者玉，自家甚是用心力，只为难得似你尺寸底。自家已令人两河寻访，才得似你尺寸底，便奉上也。”当时传以为笑。后果得之，厚大踰二尺，色如截肪，昔

① 蔡絛《铁围山丛谈》卷一，北京：中华书局，1983 年，第 8—9 页。

未始有也。[①]

因为于阗国的上表文字过于浅显，所以成为从北宋到南宋士人们的笑柄，但这些记载提供给我们另外一个重要的事实，就是宋朝要添置皇帝的玺印时，要到于阗国求取大玉[②]。前面我们已经讨论过何谓“大玉”，也就是80斤左右的一块整玉，于阗虽然盛产美玉，但于阗黑韩王需要派人在东西两条玉河寻访，最后才得到需要的尺寸。于阗玉的到来，使宋朝的“定命宝”之玺得以告成。

① 张世南《游宦纪闻》卷五，第46页。按，以上两处引文中的“條（絛）贯主”，或认为是tabghač/tabghač的回译音写，在当时是喀喇汗王朝境内讲突厥语的诸民族对中国的称呼。后世译作“桃花石”。见黄时鉴《“條贯主”考》，《远迹心契——中外文化交流史：黄时鉴文集Ⅱ》，上海：中西书局，2011年，第11—15页。

② 此事还见载于周辉《清波杂志》，北京：中华书局，1994年，第250页。

第三节

通过其他绿洲王国的于阗玉石朝贡贸易

本节我们利用史籍和文书中有关敦煌、甘州、西州诸政权之间以及他们向中原王朝入贡玉石的记录，来看当时丝绸之路的朝贡贸易中玉石所扮演的角色。

需要注意的是，这种地方政权的朝贡实际上都有回赐，从而构成一种特殊的官方贸易形式。对此，我们可以举乾符五年（878）归义军对唐朝的一次进奉为例。P.3547 是沙州进奏院上归义军节度使的状文，其中记录了河西道贺正专使押衙阴信君等一行，带着表函一封、玉一团、羚羊角一角、牦牛尾一角，到唐朝都城长安进贡，并为节度使求节。唐朝对使团“军将长行等各赐分物锦彩银器衣等”，还给在沙州的节度使等官员“恩赐答恩及寄信分物等”，又“赐贺正专使阴信君等上下廿九人驼马价绢每人各卌三疋三丈三尺六寸”[①]。正如学者所说，所谓朝贡

① 唐耕耦等《敦煌社会经济文献真迹释录》第 4 辑，北京：全国图书馆文献缩微复制中心，1990 年，第 367—369 页。

从来都不是单方面的，朝廷的回赐一般均相当丰厚①。在归义军的进贡物品中，有“玉一团”，虽然不多，但排在首位，说明当时于阗玉石十分珍贵。我们不知道当时玉、绢的比价究竟如何，但是可以肯定，中原朝廷的回赐一定大大地多于地方政权的进贡，这也是为什么我们屡屡在史料中见到中原朝廷限制地方政权进贡次数和使团人数的记载。

一、经过沙州归义军的玉石朝贡贸易

归义军与于阗建立正式联系后，玉石便成为敦煌进贡中原王朝的主要“方物”。比如P.4638《权知归义军节度兵马留后守沙州长史曹仁贵（曹议金）状》（图7–4）：

图7–4　P. 4638《权知归义军节度兵马留后守沙州长史曹仁贵（曹议金）状》（IDP）

① 郑炳林《晚唐五代敦煌商业贸易市场研究》，《敦煌学辑刊》2004年第1期，第107—109页；Valerie Hansen, “The Tribute Trade with Khotan in List of Materials found at the Dunhuang Library Cave”, *Bulletin of the Asia Institute*, new series, 19 (Iranian and Zoroastrian Studies in Honor of Prods Oktor Skjaervo), 2005 (2009), p. 40；吴丽娱《试述敦煌书仪书状中的礼物与礼单——以官场酬应和敦煌归义军的送礼活协为中心》，《张广达先生八十华诞祝寿论文集》，台北：新文丰出版公司，2010年，第821页。

玉壹团，重壹斤壹两；羚羊角伍对；硇沙伍斤。

伏以碛西遐塞，戎境枯荒；地不产珍，献无奇玩。前物等并是殊方所出，透狼山远届敦煌；异域通仪，涉瀚海来还沙府。辄将陈献，用表轻怀。干黩鸿私，伏乞检纳。谨状。

权知归义军节度兵马留后守沙州长史银青光禄大夫检校吏部尚书兼御史大夫上柱国

曹仁贵状上①

状文特意说玉石等不是敦煌所产，而是殊方所出，来自异域，其中的玉应当来自于阗。

归义军节度使与周边政权交往时，玉常常也是重要的礼物。P.2992-3《长兴二年（931）六月归义军节度使曹议金致甘州顺化可汗书》：

季夏极热，伏惟弟顺化可汗尊体动止万福。即日兄大王蒙恩，不审近日尊体何似。伏惟顺时，倍加保重，远诚所望。已前西头所有世界事宜，每有般次去日，累曾申陈，计应上达。自去年兄大王当便亲到甘州，所有社稷久远之事，共弟天子面对商议，平稳已讫，兄大王当便发遣一伴般次入京。昨五月初，其天使与沙州本道使平善达到甘州，弟天子遣宊律佽都督往沙州通报衷私。无意之人，稍有些些言语。天使与本道使蒙赐馆驿看待，兼改头并不减损，允过西来。昨六月十二日，使臣与当道使平善到府，兼赍持衣赐信物，并加兄大王官号者，皆是弟顺化可汗天子惠施周备。圣泽曲临，与弟天子同增欢庆。今遣内亲从都头贾荣实等谢贺，轻信上好燕脂、镶玉壹团重捌斤、白绵绫伍匹、安西緤两匹、立机细緤拾捌匹、官布陆拾匹，以前物等，到，垂检容。更有怀，并在贾都头

① 唐耕耦等《敦煌社会经济文献真迹释录》第4辑，第387页。

口申陈子细。谨状。[①]

史籍中有关归义军节度使送给中原王朝的玉石或玉器的记载不少，这些玉石多半来自于阗，玉器或可能是用于阗玉石在敦煌加工而成[②]，以下我们把重要的史料罗列出来：

后唐庄宗同光二年（924）四月，沙州曹义（议）〔金〕进玉三团，硇砂、羚羊角、波斯锦、茸褐、白氎、牛黄、金星矾等。[③]

同光四年正月，沙州曹义全（议金）进谢赐旌节官诰玉鞍马二、玉团、硇砂、散玉鞍辔、铰具、安西白氎、胡锦、雄黄、波斯国红地松树毦褐、胡桐泪、金星矾、大鸳沙。[④]

〔后唐同光四年〕二月，沙州曹义全（议金）进和市马百匹、羚羊角、硇砂、牦牛尾。又进皇后白玉符、金青符、白玉狮子指环、金刚杵。[⑤]

后唐明宗长兴元年（930）十二月，沙州曹义（议）金进马四百匹、玉一团。[⑥]

〔后唐〕长兴三年正月，沙州进马七十五匹、玉三十六团。[⑦]

〔宋〕太平兴国三年（978）三月，沙州曹继贤子延禄遣使入宋贡玉盆、宝毡。[⑧]

---

① 唐耕耦等《敦煌社会经济文献真迹释录》第4辑，第395—396页；荣新江《归义军史研究——唐宋时代敦煌历史考索》，第328—329页。

② 殷晴《唐宋之际西域南道的复兴——于阗玉石贸易的热潮》，第42页。

③《册府元龟》卷九七二《外臣部·朝贡五》，第11253页。

④《册府元龟》卷一六九《帝王部·纳贡献》，第1878页。

⑤《册府元龟》卷一六九《帝王部·纳贡献》，第1878页。

⑥《册府元龟》卷九七二《外臣部·朝贡五》，第11255页。

⑦《册府元龟》卷九七二《外臣部·朝贡五》，第11255页。

⑧《宋会要辑稿》蕃夷七历代朝贡引《玉海》，第7830页。

〔宋〕太平兴国五年三月，〔曹〕延禄遣使裴溢的名似四人来贡玉圭、玉盆、玉揭、波斯宝毡、安西细毡、茸褐、斜褐、毛罗、金兴矾等。①

〔宋〕咸平二年（999）二月，〔曹延禄〕遣人进贡玉团、马二匹。②

〔宋〕景德元年（1004）四月，〔曹〕宗寿遣使，以良玉、名马来贡。③

〔宋〕景德四年五月，〔曹〕宗寿遣瓜沙州节度上司孔目官阴会迁等三十五人诣阙贡玉团、玉印、乳香、硇砂、橐驼、名马，诏赐锦袍、金带、器币，酬其值。④

〔宋〕天圣元年（1023）闰九月，沙州〔归义军节度使曹贤顺〕遣使翟来著等贡方物、乳香、硇砂、玉团等。⑤

〔宋〕皇祐二年（1050）四月，沙州符骨笃末似婆温等来贡玉。⑥

辽统和二十四年（1006）八月，沙州燉煌王曹〔宗〕寿遣使进大食国马及美玉，以对衣、银器等物赐之。⑦

这方面的例子还有一些，我们不一一罗列。吴丽娱曾作“归义军时

---

①《宋会要辑稿》蕃夷五瓜沙二州条，第 7753 页。参看《宋会要辑稿》蕃夷七历代朝贡条，第 7830 页。

②《宋会要辑稿》蕃夷五瓜沙二州条，第 7753 页。

③《宋会要辑稿》蕃夷五瓜沙二州条，第 7753 页；《续资治通鉴长编》卷五六，北京：中华书局，1980 年，第 1235 页。

④《宋会要辑稿》蕃夷五瓜沙二州条，第 7754 页。

⑤《宋会要辑稿》蕃夷五瓜沙二州条，第 7754 页。又见《宋会要辑稿》蕃夷七历代朝贡，第 7836 页；《宋史》卷四九〇《外国传》沙州条，第 14124 页。

⑥《宋会要辑稿》蕃夷五瓜沙二州条，第 7754 页。

⑦《辽史》卷一四《圣宗纪》，北京：中华书局，1974 年，第 162 页。《辽史》卷七〇《属国表》，第 1149 页。

期进贡品”一表，读者可参阅[①]。

二、经过甘州回鹘的玉石朝贡贸易

甘州回鹘的情况与沙州大略相仿，史籍中保存的甘州回鹘向五代、北宋时期中原政权进贡材料更加丰富多彩：

后唐庄宗同光二年（924）四月，回鹘都督李引释迦、副使田铁林、都监杨福安等六十六人陈方物，称本国权知可汗仁美在甘州差贡善马九匹、白玉一团。[②]

〔同年〕十一月，回鹘都督安千想进玉团、驼马等。[③]

〔后唐〕长兴元年（930）十二月，回鹘顺化可汗仁裕遣使翟末思等三十人，进马八十匹、玉一团。[④]

后唐闵帝应顺元年（934）正月，回鹘可汗仁美遣使献故可汗仁裕遗留贡物：鞍马、器械。仁美献马二、团玉、鞦辔、硇砂、羚羊角、波斯宝緤、玉带。[⑤]

〔后唐〕清泰二年（935）七月，回鹘可汗仁美遣都督陈福海而下七十八人，献马三百六十匹、玉二十团、白氎、斜褐、牦牛尾、绿野马皮、野驼峰。[⑥]

晋高祖天福三年（938）三月，回鹘可汗王仁美进野马、独峰驼、玉辔头、大鹏砂、磠（硇）砂、腽肭脐、金刚钻、羚羊角、白

① 吴丽娱《试述敦煌书仪书状中的礼物与礼单》，第817—820页。

②《册府元龟》卷九七二《外臣部·朝贡五》，第11253页。参看《旧五代史》卷一三八《外国列传》回鹘条，第1842页；《新五代史》卷七四《四夷附录》回鹘条，第916页。

③《册府元龟》卷九七二《外臣部·朝贡五》，第11253页。

④《册府元龟》卷九七二《外臣部·朝贡五》，第11255页。参看《旧五代史》卷一三八《外国列传》回鹘条，第1842页。

⑤《册府元龟》卷九七二《外臣部·朝贡五》，第11256页。

⑥《册府元龟》卷九七二《外臣部·朝贡五》，第11256页。

貂鼠皮、安西丝、白氎布、牦牛尾、野驼峰等物。①

〔后晋〕天福四年三月，回鹘都督拽里敦来朝，可汗仁美贡镂剑琈玉、良马百驷、瑶柭、宝辔、舟盐、罽氎、玉狻猊、白貂鼠、牦牛之尾、騊駼之革。②

〔后晋〕天福五年正月，回鹘可汗仁美遣都督石海金来朝，贡良马百驷，白玉百团〔及白玉鞍辔等〕，谢册命也。③

〔后晋〕少帝以天福七年七月即位，十一月，回鹘托都督已下进硇砂千八百斤、牦牛尾一千斤、白布一万匹、斜褐一百段、玉梳、玉装刀子等物。④

天福七年，回鹘都督来朝，献马三百匹、玉百团、玉带一。⑤

〔后晋〕开运二年（945）二月，回鹘可汗进玉团、狮子、玉鞍、硇砂、红盐、野驼峰、安西白氎、腽肭脐、大鹏砂、羚羊角、牦牛尾、貂鼠等物。⑥

后汉隐帝乾祐元年（948）五月，回鹘可汗遣使入贡，献马一百二十匹，玉鞍辔、玉团七十三，白氎百二十七，貂鼠皮二百二十六，牦牛尾一百四十八，玉鞊韘三百三十四，以及羚羊角、硇砂、诸药。⑦

〔后周〕广顺二年（952）三月，回鹘遣使每与难支、使副骨迪历等十二人来朝，贡玉团三、珊瑚树二十、琥珀五十斤、貂鼠皮、

①《册府元龟》卷九七二《外臣部·朝贡五》，第 11256 页。参看《旧五代史》卷七七《后晋高祖纪》，第 1014 页。

②《册府元龟》卷九七二《外臣部·朝贡五》，第 11256 页。

③《册府元龟》卷九七二《外臣部·朝贡五》，第 11256 页。《旧五代史》卷一三八《外国列传》回鹘条，第 1843 页。

④《册府元龟》卷一六九《帝王部·纳贡献》，第 1883 页。

⑤《册府元龟》卷九七二《外臣部·朝贡五》，第 11257 页。

⑥《册府元龟》卷九七二《外臣部·朝贡五》，第 11257 页。

⑦《册府元龟》卷九七二《外臣部·朝贡五》，第 11257 页。

毛褐、白氎岑、皮靴等。①

〔后周〕广顺三年正月，回鹘入朝使独呈相温白氎段七百七十、玉团一、珊瑚片七十。②

〔宋〕乾德二年（964）正月，遣使赵党誓等四十七人来贡玉百团，牛尾一株、白牦牛尾六十株、貂鼠皮百一十张、玉珠子五百三十五颗、碎玉百二十五段，玉蹀躞子百一十事、马六十五、驼十九。③

〔宋〕乾德三年四月，遣使张都督来贡马十、駞七十、玉七团、琥珀二百二十九斤，硇砂四囊、牦牛尾四十株、毛褐五十段、白氎布三十段、白石二块、玉鞍辔一副、貂鼠皮五十张。④

〔宋乾德三年〕十二月，甘州回鹘可汗遣使孙夜落与沙州、瓜州同入贡马千匹、駞五百、玉五百余团，琥珀五百斤、硇砂四十斤、珊瑚八枝、毛褐千匹、玉带、玉鞍等。⑤

〔宋〕太平兴国五年（980年）闰三月二十六日，甘、沙州回鹘遣使裴溢的名似等来贡橐驼、名马、珊湖、琥珀、良玉。⑥

〔宋〕大中祥符四年（1011）四月，回鹘安密贡玉带。⑦

〔宋大中祥符〕五年五月十四日，甘州使安进献玉一团、马三匹。⑧

〔宋大中祥符〕九年十二月，甘州回鹘夜落隔归化及宝物公主、

① 《册府元龟》卷九七二《外臣部·朝贡五》，第11257页。

② 《册府元龟》卷九七二《外臣部·朝贡五》，第11257页。

③ 《宋会要辑稿》蕃夷四回鹘条，第7700页。又见《宋史》卷四九〇《外国传》回鹘条，第14114页。

④ 《宋会要辑稿》蕃夷四回鹘条，第7700页。

⑤ 《宋会要辑稿》蕃夷四回鹘条，第7700页。

⑥ 《宋会要辑稿》蕃夷七历代朝贡条，第7830页。

⑦ 《宋会要辑稿》蕃夷四回鹘条，第7702页。

⑧ 《宋会要辑稿》蕃夷四回鹘条，第7702页。

宰相索温守贵等，遣使都督翟福等来贡马及玉、香药。①

〔宋〕天圣三年（1025）三月十三日，甘州可汗来贡乳香、硇砂、琥珀、白玉、马。②

〔宋天圣〕六年二月十五日，甘州可汗王宝国夜落隔遣使副都督贡玉、琥珀、乳香。③

还有一件与我们讨论主题相关的是敦煌藏文文书 P.t.984B。这是一件吐蕃统治结束之后的藏文文书④，开头作 rje'i zha snga nas“王之尊前”。“王”似指于阗王⑤，发信人不明。文书言及发信人从这位王那里收到的礼品，包括 chab shel（玉石?）五六驮、黄金百两、汉地丝绸织物（men tri rgya dags）百匹（?）以及玉鞍（shel sga）、玉碗（shel gyi zhal bu）和其他宝碗等。这份礼单相当贵重，收受这份礼品的人必定极为尊贵，或许是甘州回鹘可汗。礼品中有大量 chab shel。《翻译名义大集》有 chu shel 一词，汉译作“水晶”。按 chu 意为“水”，chab 是“水”的敬语，但是若说 chab shel 和 chu shel 一样指“水晶”，似乎不确。因为我们从来没有看到于阗出产水晶的记载，就是和于阗往来密切的甘、沙二州呈献给中原朝廷的礼品中也从未见水晶，倒是经常言及玉石。所以我们这里暂将 chab shel 译作“玉石”。

---

①《宋会要辑稿》蕃夷四回鹘条，第 7703 页。又见《宋会要辑稿》蕃夷七历代朝贡条，第 7836 页。

②《宋会要辑稿》蕃夷七历代朝贡条，第 7837 页。

③《宋会要辑稿》蕃夷七历代朝贡条，第 7837 页。

④《法国国家图书馆藏敦煌藏文文书》第 9 册，上海：上海古籍出版社，2009 年，第 333 页。

⑤ T. Takeuchi, "Sociolinguistic Implications of the Use of Tibetan in East Turkestan from the End of Tibetan Domination throuth the Tangut Period (9th–12th c.)", in D. Durkin-Meisterernst, S. Raschmann et al. eds., *Turfan Revisited: The First Century of Research into the Arts and Cultures of the Silk Road*, Berlin: Dietrich Reimer Verlag, 2004, p. 341.

在9世纪末10世纪初，甘州回鹘盘踞河西通往中原的道路要冲，且有意把持和中原的朝贡贸易，另外仲（众）云、龙家等部落也经常劫掠来往的朝贡使团，河西道路充满凶险。这种情形在同光二、三年间（924—925）曹议金征服甘州回鹘之后有所改善，特别是长兴元年（930）曹议金亲访甘州，和甘州顺化可汗建立起比较友好的兄弟关系，此后数年，沙州使者可以常往中原而不受阻隔①。曹议金去世之后，甘、沙关系时好时坏，但总体上保持着正常的往来。再者，沙州归义军和于阗方面也经常给甘州回鹘可汗赠送贵重礼品，因此得以借道而顺利前往中原。有时候我们还可以见到甘、沙、于阗同时进贡的记载。和于阗的进奉物主要以玉为主不同的是，甘、沙二州的进奉物包括多种河西地区的土特产品，如羚羊角、硇砂等，不过美玉和良马一起，常常名列贡品的首位②。

三、经过西州回鹘的玉石朝贡贸易

有关西州回鹘方面的材料不多，但却有很详细的一条记录，《册府元龟》卷九七二《外臣部·朝贡五》记载：

> 后周太祖广顺元年（951）二月，西州回鹘遣都督来朝，贡玉大小六团、一团碧琥珀九斤、白㲲布一千三百二十九段、白褐二百八十段、珊瑚六树、白貂鼠皮二千六百三十二、黑貂鼠皮二百五十、青貂鼠皮五百三、旧貂鼠袄子四、白玉环子、碧玉环子各一、铁镜二、玉带铰具六十九、玉带一、诸香药称是。回鹘遣使摩尼贡玉团七十七，白㲲段三百五十、青及黑貂鼠皮共二十八、玉带、玉鞍辔铰具各一副、牦牛尾四百二十四、大琥珀二十颗、红盐三百

① 荣新江《归义军史研究——唐宋时代敦煌历史考索》，第325—329页。

② 吴丽娱《试述敦煌书仪书状中的礼物与礼单》，第816—821页。

斤、胡桐泪三百九十斤，余药物在数外。[①]

《旧五代史》卷一三八《外国列传》回鹘条有同一事情的记录，但补充了内容：

周广顺元年二月，〔回鹘〕遣使并摩尼贡玉团七十有七，白氎、貂皮、氂牛尾、药物等。先是，晋、汉以来，回鹘每至京师，禁民以私市易，其所有宝货皆鬻之入官，民间市易者罪之。至是，周太祖命除去旧法，每回鹘来者，听私下交易，官中不得禁诘，由是玉之价直十损七八。[②]

前人已经指出，广顺元年的回鹘使团，是西州回鹘首次向五代中原王朝进贡的队伍，其贡品品质之优，数量之大，都可以说是空前绝后的。其中不论是回鹘可汗的贡品，还是在西州回鹘势力极强的摩尼教大法师的礼物，都是以玉石为首，还包括一些玉器制品。《旧五代史》还提到，此前回鹘进贡物品，是禁止百姓与来使私下交易的。但从此时开禁，民间也可以自由买卖，于是玉石的价格大幅下降。

虽然如此，进入宋朝后，于阗玉石和玉器品仍不断进入中原，《宋史》卷四九〇《外国传》回鹘条：

咸平四年（1001），可汗王禄胜遣使曹万通以玉勒名马、独峰无峰橐驼、镔铁剑甲、琉璃器来贡。[③]

大中祥符三年（1010），龟兹王可汗遣使李延福、副使安福、

① 《册府元龟》卷九七二《外臣部·朝贡五》，第 11257 页。
② 《旧五代史》卷一三八《外国列传》回鹘条，第 1843 页。
③ 《宋史》卷四九〇《外国传》回鹘条，第 14114 页。

监使翟进来进香药、花蕊布、名马、独峰驼、大尾羊、玉鞍勒、琥珀、瑜石等。[①]

〔大中祥符〕六年，龟兹进奉使李延庆等三十六人对于长春殿，献名马、弓箭、鞍勒、团玉、香药等，优诏答之。[②]

① 《宋史》卷四九〇《外国传》回鹘条，第14116页。
② 《宋史》卷四九〇《外国传》回鹘条，第14116页。

第四节

小 结

综合以上，于阗玉进入中原，早期主要以朝贡为主，形成一种特殊的朝贡贸易的方式，后周以后，官禁放开，民间贸易随之兴起，到了宋代，更出现许多“有所持无表章”的私商。殷晴曾经指出：“汉唐期间，玉石只是贡献给中原皇室及王公大臣，作为礼器和极少数人的装饰用品，严禁民间买卖。唐末五代才逐渐在市场出现，至公元10世纪也就是宋朝建立前后，于阗玉石则已成为贵重商品在丝路贸易中占有重要地位，并成为于阗增加经贸收入的特种资源。”[①]这个看法很有见地。更进一步来说，晚唐时期由于于阗与敦煌还没有建立官方联系，虽然民间不会中断玉石贸易，但是贸易的数量恐怕有限。自10世纪初叶于阗王国与归义军政权间有了正常而且频繁的官方往来以后，大量的于阗玉石被东运到敦煌，同时也运送到其他丝路王国，如甘州回鹘、西州回鹘，成为这些丝路王国或地方政权向东方贸易的“特产”之一。进入宋代以后，于阗玉石的官私贸易持续不断，即使是在于阗从佛教王国转变为穆斯林世界以后仍然如此。由于有关私商的材料欠缺，我们无从具体分析，但是可以肯定，从此于阗玉的东进出现了朝贡与贸易并重的局面。

① 殷晴《唐宋之际西域南道的复兴——于阗玉石贸易的热潮》，第39页。

虽然私商并非单纯做玉石贸易，但玉石无疑是其中最重要的商品之一。此后于阗玉更加大量地进入中原，成为寻常百姓日常生活中观赏玩好的一部分，而于阗玉的魅力也持久不衰，延续至今。今人津津乐道“相约昆仑，缘玉和田”，古老的和田仍然因美玉而灿烂。

第八章

于阗与敦煌间的丝织品交流

第一节

从敦煌到于阗

公元 9、10 世纪，在丝绸之路上，虽然没有出现像盛唐时那样的东西方文化交往的盛况，但沿途一些小王国和地方政权之间的物质和精神文化交流，仍然持续不绝。其中，10 世纪西域的于阗王国和敦煌的沙州归义军政权之间相互的经济、文化交往，就是一个很好的例证，说明即使在丝绸路上多个政权分立的时候，丝路的交通、贸易、物产、技术、宗教、文化的交流仍然没有中断。本章谨就敦煌、和田出土文书和丝绢实物，对此两地之间丝织品的交流问题，略加申论。

“丝绸之路”这一名称的本来意思，就是强调从中国向西方输出的丝绸以及丝织品。随着丝路经济、贸易、文化交流的日益繁盛，西往东来的物品不可胜数，但丝绸和丝织品一直是丝路沿线各国、各地区、各阶层民众所喜爱的品种，长久不衰。

我们先按传统的丝绸传播方向，来看看从敦煌到于阗的有关记录。

---

* 本章系在荣新江《绵绫家家总满——谈十世纪敦煌于阗间的丝织品交流》（包铭新主编《丝绸之路·图像与历史》，上海：东华大学出版社，2011 年）基础上略作改订而成。

一、楼机绫

见 P.2638 号《后唐清泰三年（936 年）六月沙州儭司教授福集状》第 42 行载：

> 破用数，楼机绫壹疋，寄上于阗皇后用。①

这件文书是整个沙州僧团所属儭司的教授福集、法律金光定、法律愿清三人，对从癸巳年（933）六月一日到丙申年（936）六月一日三年所有收入、破除和见在的什物情况做的算会总账，上钤有“河西都僧统印”。这时正是归义军节度使曹元德统治时期，这位于阗皇后就是曹议金的女儿、曹元德的姊妹，在 934 年嫁给了于阗国王李圣天(Viśa’ Saṃbhava，912—966 年在位)。本文书所记事项，就是沙州僧团根据归义军官府的指令，出楼机绫一匹，寄给于阗皇后使用。这里所记破用数时，没有像收入数那样具体说明年份，所以只能说是 934 年曹氏出嫁到于阗以后至 936 年农历六月一日之间。

绫是一种斜纹织物，魏晋时始见，盛行于唐朝，并且在平纹底上斜纹显花之外，出现了斜纹地上斜纹显花的织法。从出土的敦煌吐鲁番实物来看，以暗花绫最为常见，即用同色经纬线织成的一种斜纹地上起斜纹花的丝织物②。楼机绫则是使用楼机（或称花楼机）制造出来的斜纹暗花织物，也简称作“楼绫”或“楼机”。所谓“楼机”，是指高楼束综提花机，操作时需要两人合作，织工在下面负责投梭打纬织造，拉花者

---

① 池田温《中国古代籍帳研究》，東京：東京大学東洋文化研究所，1979 年，第 649 页。

② Zhao Feng and Wang Le,“Glossary of Textile Terminology (Based on the Documents from Dunhuang and Turfan”, *Journal of the Royal Asiatic Society,* Series 3，23，2，2013，pp. 354–355.（以下有关丝织品的定义，多参考此文，恕不一一注明。）

在高楼之上按花本逐一提花[①]。这种织机在唐朝内地已经普及，但我们见到的敦煌文书所记录的楼机绫，几乎全部是公元10世纪，即五代、宋初的曹氏归义军时期，其主要用途是敦煌地方各级官员、僧官等赠送的礼品，达官贵人的衣料，民间借贷中的罚金等等[②]。因为楼机庞大、织造工序复杂、织物的图案精美豪华、价格昂贵，所以是敦煌地区上等的丝织品，非一般人所能使用[③]。曹元德正是选用了当地最好的丝织品，来送给在异国他乡的姊妹。

二、摩睺罗锦、小绫、楼机绫

了解了上面P.2638文书中人物的关系，有助于我们厘清随俄藏文书的全面公布我们才得以见到的Дx.1380号文书中的人物关系。先将文字录出：

（前缺）

1　摄护，是所望也。昨者□ [

2　知宰相好健，兼献信来，[

3　　　今大王信，摩睺罗锦一匹，小绫一匹，夫人楼机 [

4　讫，不具。父大王　书。

5　右右

6　敬空

7　　　　　　　七月廿八日

8　　　　大王信，楼机绫壹匹。又

① 王进玉《敦煌学和科技史》，兰州：甘肃教育出版社，2011年，第458—467页。

② 同上。

③ 童丕著，余欣、陈建华译《敦煌的借贷：中国中古时代的物质生活与社会》，北京：中华书局，2003年，第103、108页。

9　　　　夫人信，楼绫一匹。[1]

这是称作“父大王”的人致某人的书信草稿，第3行是夹写在行间的小字，提示随信所附的礼物，“信”指信物，有大王所送的摩睺罗锦一匹、小绫一匹，夫人送的楼机绫，可能也是一匹。第8—9行也是随附的信物记录，是在前面的礼品之外又补上的，大王和夫人各送楼机绫一匹。在10世纪的敦煌文书中，“大王”、“夫人”一般指称敦煌王的归义军节度使及夫人，归义军称王的节度使先后有曹议金、曹元忠和曹延禄；而宰相多指周边王国如于阗、甘州回鹘王国中的最高官员，而非归义军体制内的官人。从“父大王”的称呼来看，这件书信的收信人最有可能就是曹议金嫁给于阗国王李圣天的女儿，也就是P.2638文书中的“于阗皇后”，宰相则是于阗国的宰相。前缺的部分大概是曹议金以“父大王”的身份问候其女，然后是问候宰相是否康健，时间在曹议金称王的931—935年间。由此，我们可以将本件文书定名为《某年（934—935年间）归义军节度使曹议金致女于阗皇后书》。

其中所记送到于阗的丝织品——楼机绫已见上述。“小绫”是边幅较窄的绫，与大绫相对而言。摩睺罗锦，应当是织有摩睺罗纹样的锦。锦是采用重组织提花的比较复杂的工艺制作出来的熟织物，图案丰富多彩，质感厚重耐用，是丝织品中的名贵产品。“摩睺罗”又作“磨睺罗”、“磨喝乐”，都是“罗睺罗”的同音异字，为释迦的嫡子，后亦出家为沙弥。因为罗睺罗是佛的儿子，所以唐代以来，中土有七夕节日里制摩睺罗偶像，拜之以求子的风俗[2]。一般史籍所记，摩睺罗像多为泥塑、木雕而成，曹议金夫妇送给女儿的却是用丝线织成锦的摩睺罗像，

---

① 图版见《俄藏敦煌文献》第8册，上海：上海古籍出版社，1997年，第126页。背面是人名录，前后缺，性质不详。

② 谭蝉雪《敦煌民俗——丝路明珠传风情》，兰州：甘肃教育出版社，2006年，第244—246页。

其工艺之复杂，可想而知。而曹大王夫妇送给女儿于阗皇后这个摩睺罗像的锦，其寓意应当也是希望她早生贵子。无独有偶，P.3111 是《庚申年（960）七月十五日于阗公主新建花树等帐》，记有“磨睺罗壹拾”①，虽然不知是什么质地的摩睺罗像，但可以看到这种习惯在敦煌、于阗间的流行情况。谭蝉雪认为这个于阗公主就是嫁给敦煌曹延禄的于阗国王第三女（见于莫高窟第 61 窟题记），并对她造摩睺罗偶像的动机做了推测②。

三、卷草纹白绫

这是一件出自 1984 年在和田布扎克（Buzak）墓地发现的一男子墓葬的实物，据专家的实地考察，“长 75 厘米，宽 56 厘米，其中 56 厘米是幅宽。以白色卷草纹绫制成，组织为三枚和六枚斜纹织成的同向绫”，年代在五代宋初。织物的一面边缘上面有一个图案，像是中间系住的两个粗绳环，下有汉文墨书“夫人信附　男宰相李旺儿”，另一面幅边有墨书于阗文*ḍī tsai syāṃ hīye*，意为“此属于李宰相”（图 8-1）③。由于书写有汉字，考虑到五代宋初于阗王国与敦煌的关系，这件织物很

① 张广达、荣新江《关于敦煌出土于阗文献的年代及其相关问题》，原载《纪念陈寅恪先生诞辰百年学术论文集》，北京：北京大学出版社，1989 年；此据作者《于阗史丛考》（增订本），第 89 页。

② 谭蝉雪《敦煌民俗——丝路明珠传风情》，第 245 页。

③ 正背面的局部图版，见新疆维吾尔自治区文物事业管理局等编《新疆文物古迹大观》，乌鲁木齐：新疆美术摄影出版社，1999 年，第 99 页，图 0230。织物考证，见赵丰、王乐、万芳、李甍《和田布扎克彩棺墓出土的织物与服饰》，赵丰、伊弟利斯·阿不都热苏勒《大漠联珠——环塔克拉玛干丝绸之路服饰文化考察报告》，上海：东华大学出版社，2007 年，第 94 页；Zhao Feng and Wang Le, “Textiles and Clothing Excavated from the Tombs of Buzak in Khotan”, *Journal of Inner Asian Art and Archaeology*, 31, 2009, ed. J. Lerner and L. Russel-Smith, p. 172, figs. 17–20, colour pl. 6。关于于阗文的释读，见吉田豊《コータン出土 8—9 世紀のコータン語世俗文書に関する覺え書き》，神户市外国語大学外国学研究所，2006 年，第 35—36 页（熊本裕转写翻译）。

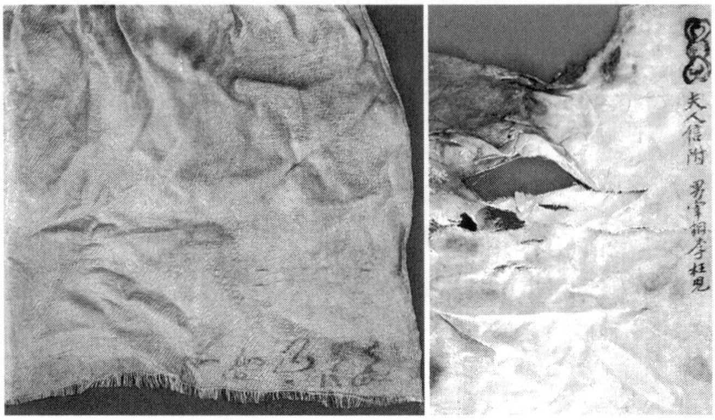

图 8–1 和田布扎克（Buzak）墓地出卷草纹白绫（《新疆文物古迹大观》，第 99 页，图 230）

可能来自敦煌。其中人物的关系尚不清楚，但很可能是住在敦煌的某位于阗贵妇人寄给自己的儿子宰相李旺儿的。而从于阗王李圣天的名字，我们知道 10 世纪于阗王家的汉姓作“李”，则可以推测这位李姓的宰相也出自王室[①]。研究者推测这件白绫可能是作覆面使用的[②]。根据其文字的内容，原本可能是从敦煌寄赠到于阗时包裹礼物的包袱，边缘上写着谁寄给谁。

与本件白绫同出的还有一件锦饰绮帕，是典型的辽式纬锦，这种纬锦晚唐时开始出现在中原地区，特别流行于五代和北宋时期，因此是中原所制。此外同墓还有其他一些织物，以及同一墓地在 20 世纪 70 年代及 1983 年发现的两座女性墓葬中出土的一些织物，工艺均为唐末五代中原制法，装饰艺术也沿袭唐代中原之风[③]。因此，我们可以推测这其中有不少是通过敦煌而流入于阗的高级丝织品，为于阗王室成员丧葬时

---

① 吉田豊推测此李旺儿是于阗王李圣天与曹议金之女所生，也就是继李圣天之后任于阗王的尉迟苏罗，布扎克墓葬中的死者即他本人，见 Y. Yoshida, “Viśa’ Śūra’s Corpse Discovered?”, *Bulletin of the Asia Institute*, new series, 19 (Iranian and Zoroastrian Studies in Honor of Prods Oktor Skjaervo), 2005(2009), pp. 233–238。但这一看法推测过多，尚难成立。

② Zhao Feng and Wang Le, “Textiles and Clothing Excavated from the Tombs of Buzak in Khotan”, p. 172.

③ 赵丰、王乐、万芳、李甍《和田布扎克彩棺墓出土的织物与服饰》，第 90—99 页；Zhao Feng and Wang Le, “Textiles and Clothing Excavated from the Tombs of Buzak in Khotan”, pp. 171–189.

所用。

遗憾的是，除布扎克墓葬之外，整个和田地区迄今很少发现属于五代、宋初时期的古代遗址，没有更多的文字和文物资料来说明归义军时期从敦煌送往于阗的织物情况。相反，由于敦煌藏经洞里保存有大量文书和绢画，让我们得以更多地了解到从于阗运送到敦煌的各种不同织物的情况，详见下文。

四、绯绵绫、紫绵绫

俄藏 Дx.1265+Дx.1457《沙州某人上于阗押衙张郎等状》似为书信草稿，字迹较乱，别字较多，加之纸幅下面残缺，使文意多不连贯。其现存文字如下：

1　孟冬渐寒，伏惟　　　　[
2　于阗押押（衙）张郎及兵马 [
3　居万福，即日　　[
4　沙州丈母及妻男永迁物（勿）[
5　忧，夏（下）精（情）望也。昨者□□ [
6　绯绵绫壹匹，紫绵绫壹匹。其张 [
7　得有无。勿色迴发壹字，切是□□ [
8　水银、鍮食（石）、珠子、紫草四扇，其□勿 [
9　其押衙善伏使都头，莫交使□ [
10　今因人往，远走马使□ [
11　不宣，谨状。
12　　　　　　　　　□ [
（后缺）①

① 图版见《俄藏敦煌文献》第 8 册，第 43 页。

这是较王家身份要低的官人之间的往来记录，从沙州送上的丝织品为绯绵绫壹匹，紫绵绫壹匹。徐铮女史解释得很清楚："这种绵绫织物它的经纬线应该均采用绵线，绵绫所谓'绵线'是指将次下等的茧中无法缫丝的丝纤维抽出，采用纺纱的方法纺成的可供织造的纱线。"她还举出敦煌文书P.4975《辛未年三月八日沈家纳赠历》有关绯绵绫、紫绵绫、白绵绫的记录，以及敦煌发现的实物资料，可以参看①。

除了汉文文书具体谈到一些品种的丝织物以各种方式传到于阗，其他语言文字的文书也有相关的记载。P.t.1106r藏文文书是《于阗王天子长兄（李圣天）致沙州弟登里尚书（曹元忠）书》，其中提到"作为购买五十……汉地丝绸之回赠〔物品〕"②，虽然没有具体说是何种丝绸，但表明是一笔不小的官方贸易。

P.2958于阗语文书中包含有几封书信的草稿，其中第199—215行第6封信是一位自称为"朔方王子"的人（Hva Pa-kyau）上于阗朝廷书。这位王子其实是从于阗出发，经沙州、朔方到中原朝贡的于阗王子，但由于道路险阻，他没有能够前往朔方，而是停留在敦煌。他信中提到，其中一位使者Hvaṃ Capastaka（王子之一）根据于阗朝廷的指

---

① 徐铮《敦煌丝绸的品种类别》，《敦煌丝绸与丝绸之路》，北京：中华书局，2009年，第56—57页。

② 图版见A.Spanien et Y.Imaeda, *Choix de documents tibétaines conservés à la Bibliothèque nationale, complété par quelques manuscrits de l'India office et du British Museum*, II, Paris Bibliothèque nationale, 1979. pls. 446–447. 研究见G. Uray, "New Contributions to Tibetan Documents from the post-Tibetan Tun-huang", in H. Uebach and J. L. Panglung eds., *Tibetan Studies. Proceedings of the 4th Seminar of the International Association for Tibetan Studies Schlosse Hohenkammar–Munich 1985*, München: Kommission für Zentralasiatische Studien, Bayerische Akademie der Wissenschaften, 1988, pp. 520–521；荣新江、朱丽双《一组反映10世纪于阗与敦煌关系的藏文文书研究》，沈卫荣主编《西域历史语言研究所集刊》第5辑，北京：科学出版社，2012年，第101—102页。

令，用30斤玉与归义军官府换取了200匹丝绸（śacu）[1]，其中150匹给于阗朝廷，50匹给母后Khī-vyaina。在第216—227行的第7封信中，Hva Pa-kyau重申了上述Hvaṃ Capastaka用30斤玉与归义军官府换取200匹丝绸的事情，并希望母后能多给他一些玉石，以便换取更多丝绸[2]。

---

① 于阗文śacu是śaṃcī的复数形式，H. W. Bailey以为此词音译自汉文的"蚕丝"，代指丝绸，见所著*Dictionary of Khotan Saka*, Cambridge: Cambridge University Press, 1979, p. 394.

② H. W. Bailey, "Altun Khan", *Bulletin of School of Oriental and African Studies*, 30.1, 1967, pp. 97–98.

第二节
从于阗到敦煌

于阗是西域地区较早传入中原地区的养蚕缫丝技术的王国，玄奘在7世纪上半叶逗留于阗时，曾记下有关桑蚕传入于阗的动人传说：

> 王城东南五六里，有麻射僧伽蓝，此国先王妃所立也。昔者，此国未知桑蚕，闻东国有也，命使以求。时东国君秘而不赐，严勅关防，无令桑蚕种出也。瞿萨旦那王乃卑辞下礼，求婚东国。国君有怀远之志，遂允其请。瞿萨旦那王命使迎妇，而诫曰："尔致辞东国君女，我国素无丝绵桑蚕之种，可以持来，自为裳服。"女闻其言，密求其种，以桑蚕之子置帽絮中，既至关防，主者遍索，唯王女帽不敢以验。遂入瞿萨旦那国，止麻射伽蓝故地，方备仪礼，奉迎入宫，以桑蚕种留于此地。阳春告始，乃植其桑。蚕月既临，复事采养。初至也，尚以杂叶飼之。自时厥后，桑树连阴。王妃乃刻石为制，不令伤杀。蚕蛾飞尽，乃得治茧。敢有犯违，明神不佑。遂为先蚕建此伽蓝。数株枯桑，云是本种之树也。故今此国有蚕不杀，窃有取丝者，来年辄不宜蚕。①

---

① 季羡林等《大唐西域记校注》，北京：中华书局，1985年，第1021—1022页。

据学者研究，于阗地区最晚在公元3世纪时就已掌握了养蚕丝织技术[①]。斯坦因在和田丹丹乌里克唐代遗址发现的木板画中，还有一幅描绘了上述公主带着蚕茧过关防的情景，在主画面的一旁，绘有织机，在织机的上方，是于阗地方普遍膜拜的“丝绸之神”[②]。同样的形象还见于其他一些考古发现的木板画上。丝绸之神一手握着梭子，特征明显[③]。这个形象没有在其他西域遗址中发现，或许是于阗特有的神祇。

《大唐西域记》说于阗国“出氍毹细毡，工纺绩絁紬”。《新唐书》卷二二一上《西域传》于阗条也称其“俗机巧，工纺绩”。经过唐朝时期的发展，于阗的丝织业应当更为发达。

据我们通检敦煌文献后的结果，沙州归义军与于阗王国的交往主要是在10世纪。其中最早记录敦煌与于阗交往的资料，是S.4359上抄写的一首曲子词，题作《谒金门·开于阗》。其词云：

> 开于阗，绵绫家家总满。奉戏生龙及玉碗，将来百姓看。尚书座客典，四塞休征罢战。但阿郎千秋岁，甘州他自离乱。[④]

文中的“尚书”，应当指901—903年间任归义军节度使的张承奉[⑤]。参照P.4640《唐己未、庚申、辛酉年（899—901年）归义军军资库司布纸

① 殷晴《丝绸之路与西域经济——十二世纪前新疆开发史稿》，北京：中华书局，2007年，第162—168页。

② M. A. Stein，*Ancient Khotan. Detailed Report of Archaeological Explorations in Chinese Turkestan*，Oxford：Clarendon Press，1907，pp. 259–260；pl. LXIII. 彩色图版见ウィットフィールド（R.Whitfield）《西域美術》第3卷，東京：講談社，1984年，图66。

③ J. Williams，“The Iconography of Khotanese Painting”，*East and West*，23:1–2，1973，pp. 147–150；figs. 57–64.

④ 图版见《英藏敦煌文献》第6册，成都：四川人民出版社，1992年，第43页；录文见张广达、荣新江《于阗史丛考》（增订本），第85页。

⑤ 荣新江《沙州归义军历任节度使称号研究》，《敦煌吐鲁番学研究论文集》，上海：汉语大词典出版社，1990年，第787—790页。

破用历》有关辛酉年(901)于阗使者梁明明一行首次访问敦煌的记录①，可以推知《开于阗》的创作年代很可能就在901年，其内容是敦煌文人称颂敦煌的统治者打通了与于阗王国交往的道路，可以迎接于阗王国使者的到来，沙州的使人也可以前往于阗了。

这里值得我们注意的是，敦煌人认为，当敦煌开通了与于阗的往来以后，其最直接的结果就是“绵绫家家总满”，也就是说于阗的绵绫这样好的丝绸会大量流入敦煌，使家家户户得到满足。这虽然不无溢美之词，但说的的确是一个事实。此后，于阗的丝绵织品就源源不断地传入敦煌了。

一、紫盘龙绫袄子

P.2704《后唐长兴四、五年（933—934年）归义军节度使曹议金回向疏》（共三篇）第一篇中称：

> 紫盘龙绫袄子壹领、红宫锦暖子壹领、大紫绫半臂壹领，其袄子，于阗宰相换得。……已上施入大众。②

这里是说，归义军节度使曹议金施舍给僧尼大众的高级丝织品中，列在首位的“紫盘龙绫袄子壹领”，是从于阗宰相手中换取而得的。其后的《回向疏》中有这样的祈愿：“东朝奉使，早拜天颜；于阗使人，往来无滞。”说明当时有于阗使者逗留沙州，使者的首领很可能就是这位于阗宰相。这位宰相手中的紫盘龙绫袄子应当是随身从于阗带来的。这种

---

① 池田温《中国古代籍帳研究》，第610页。

② 图版见《法藏敦煌西域文献》第17册，上海：上海古籍出版社，2001年，第314页；录文见张广达、荣新江《于阗史丛考》（增订本），第86页。

带有盘龙纹样的丝织衣物，在唐朝是被禁止服用的[①]，但这项法令不知是否能够通行到于阗，或者到了五代时期，唐朝的法令是否还有效力。根据王乐女史提供的线索，我们得知有三件沙州某寺什物历中著录有“绣盘龙伞”[②]。细检原文，S.1642《后晋天福七年（942）某寺交割常住什物点检历》第9—10行供养具部分有“青绣盘龙伞一副，并骨，兼帛绵绫裹，裙带具（俱）全”[③]；S.1774《后晋天福七年某寺法律智定等交割常住什物点检历状》第20—21行有“青绣盘龙伞一副，白绵绫裹，并裙柱带全”[④]；S.1776《后周显德五年（958）某寺法律尼戒性等交割常住什物点检历状》第16—17行有“青绣盘龙伞一副，兼帛绵绫裹，并裙住（柱）带具（俱）全”[⑤]。以上三件文书，据唐耕耦考证，都是一个寺院的常住什物点检历，其中前两件是同一年的，一件可能是底本，一件是抄本，最后一件是若干年后的清点记录[⑥]。因此，这三个记录中的绣盘龙伞，实际上是一件刺绣有盘龙纹的伞盖。所可以补充说明的是，这是一所尼寺，绣盘龙伞著录在供养具部分，表明是寺院中属于佛的神圣物品[⑦]，非一般人所能拥有。王乐女史还提示到莫高窟第409窟东壁回鹘国王身着的是一件盘龙长袍[⑧]。谭禅雪将这种盘龙纹称作“团龙纹”，并指出这种团龙纹饰与唐代帝王朝服无异，是王者唯一可以

① 唐玄宗《禁用珠玉锦绣诏》，《全唐文》卷二六，北京：中华书局，1983年，第300页。

② 王乐《敦煌丝绸的图案类型》，赵丰主编《敦煌丝绸与丝绸之路》，第87页。

③ 唐耕耦等《敦煌社会经济文献真迹释录》第3辑，北京：全国图书馆缩微复制中心，1990年，第19页。

④ 同上，第18页。

⑤ 同上，第22页。

⑥ 同上，第18、21、25页。

⑦ 关于供养具的意义，参看荣新江《再论敦煌藏经洞的宝藏——三界寺与藏经洞》，郑炳林编《敦煌佛教艺术文化国际学术研讨会论文集》，兰州：兰州大学出版社，2002年，第14—29页。

⑧ 王乐《敦煌丝绸的图案类型》，赵丰主编《敦煌丝绸与丝绸之路》，第93页。

服用的，回鹘官人贵族则以团花为饰[①]。无论如何，于阗宰相带来的这件紫盘龙绫袄子，对于一般人来讲是逾制的，它可能是于阗王的赏赐品，价值一定不菲。于阗宰相将其带来沙州，以之换取归义军节度使的某种珍贵物品。归义军节度使也未敢随便服用，而是将其奉献给沙州的佛教僧团，变成神圣的物品。

二、胡锦裙腰、绀城细緤等

俄藏敦煌文书中有一组在敦煌的于阗人寄往于阗的书信抄稿，用的是于阗的天寿纪年，其中两件是在敦煌伺候于阗公主、太子的女婢所写的书信，后一件祐定的牒文中提到从于阗要求的物品是我们主要讨论的对象。

Дх.2148（1）《于阗天寿二年（964）九月弱婢员娘、祐定牒》：

1 弱婢员娘、祐定
2 右员娘、祐定，关山阻远，碛路程遥，不获祗候
3 宫闱，无任感
4 恩之至。弱婢员娘、祐［定］，自从
5 佛现皇帝去后，旦慕（暮）伏佐公主、太子，不曾抛离。
6 切望
7 公主等于
8 皇帝面前申说，莫交（教）弱婢员娘、祐定等身上捉
9 其罪过。谨具状
10 起居咨

① 谭蝉雪《敦煌石窟全集·服饰画卷》，香港：商务印书馆，2005年，第208—209、211页，图196—197。

11　　闻。谨录状上。

12　　牒件状如前，谨牒。

13　　　　天寿二年九月　日，弱婢员娘、祐定等牒。

Дx.2148(2) + Дx.6069(1)《于阗天寿二年（964）弱婢祐定等牒》：

1 弱婢祐定咨申

2 天女公主：祐定久伏事

3 公主，恩荫多受，甚时报答？今要胡锦裙腰一个，般次来时，

4 切望咨申

5 皇帝发遣者。

6 更有小事，今具披词，到望

7 宰相希听允：缘 宕泉造窟一所，未得周毕，切望

8 公主、宰相发遣绢拾匹、伍匹，与硙户作罗底买来，

9 沿窟缠里工匠，其画彩色、钢铁及三界寺绣

10 像线色，剩寄东来，以作周旋也。娘子年高，气冷

11 爱发，或使来之时，寄好热细药三二升。又绀城细緤寄

12 三、五十匹东来，亦乃沿窟使用。又赤铜，发遣二、三十

13 斤。又咨

14 阿郎宰相：丑子、丑儿要玉约子腰绳，发遣两鞓。又好箭三、四十只，寄

15 东来也。[①]

员娘、祐定不是普通的伺婢，而是有一定身份的人，负责看护在敦煌生活的年少的公主和太子。第一封信是她们向于阗的“公主”问候的信函。第二封信则是由祐定出面，请天公主转呈皇帝，要求送来胡锦裙腰一个，又向公主、宰相要求发遣绢拾匹、伍匹、画彩色、钢铁、绀城细緤□三五十匹、赤铜二三十斤，以便在宕泉开凿洞窟（莫高窟）时使用，还要求为三界寺制作绣像的线色，以及给某位娘子索要的好热细药，给丑子、丑儿要的玉约子腰绳，最后是好箭三四十只。在一封信里提出这样多的要求，都是“好”东西，而且数量相当大。祐定应当是代表着在敦煌的于阗公主、太子们而提出的要求。

我们这里关心的是丝织品，其中有胡锦裙腰一个。如上所述，锦是用比较复杂的工艺制作出来的名贵织物，往往图案丰富。“胡”在唐代一般指伊朗系统的种族，“胡锦”在唐代一般指的是波斯锦或粟特锦，主要是粟特锦，组织结构是斜纹纬锦，图案多有明显的异域风情，比如英国博物馆和法国集美博物馆各收藏有一件经帙(MAS.858 和 EO.1199)的边缘，就是团窠对狮锦[②]。在吐鲁番、都兰出土的唐代织锦中，有一些联珠对兽锦，这些都可以说是胡锦。在五代宋初时期，于阗的人种和

① 图版见《俄藏敦煌文献》第 8 册，第 144–145 页。录文见施萍婷《俄藏敦煌文献经眼录之一》，《敦煌研究》1996 年第 2 期，第 77 页；又《俄藏敦煌文献经眼录》（二），《敦煌吐鲁番研究》第 2 卷，北京：北京大学出版社，1997 年，第 314、323–324 页；李正宇《俄藏中国西北文物经眼记》，《敦煌研究》1996 年第 3 期，第 39–42 页；张广达、荣新江《十世纪于阗国的天寿年号及其相关问题》，第 292–293 页。V. Hansen, "The Tribute Trade with Khotan in Light of Materials found at the Dunhuang Library Cave", *Bulletin of the Asia Institute*, new series, 19 (Iranian and Zoroastrian Studies in Honor of Prods Oktor Skjaervo), 2005(2009), pp. 42–43 将第二封书信译成英文并加以解说，对于我们理解文书的含义颇有帮助。

② 赵丰《敦煌丝绸与丝绸之路》，第 67—68、94 页。图版见赵丰《敦煌丝绸艺术全集·英藏卷》，上海：东华大学出版社，2007 年，第 94 页；赵丰《敦煌丝绸艺术全集·法藏卷》，上海：东华大学出版社，2010 年，第 136—137 页。

文化也属于伊朗系统，因此于阗制作的锦也可以称作胡锦。《宋史·外国传》于阗条记北宋建隆二年（961）于阗入贡胡锦[①]，研究者认为这可能就是于阗本地生产的[②]。同时，于阗处于丝绸之路的干道上，也应当有从东西方传入的粟特锦，因此，这里的胡锦既有可能是于阗本地制作，也可能是外来的粟特锦。祐定所要制作裙腰的胡锦，应当是于阗人喜爱的西域图案。

"绀城细緤"是信中另一件值得讨论的织物。"绀城"又见后晋天福三年往于阗出使的高居诲所写《行程记》中："(自众云界）又西，渡陷河，伐柽置水中乃渡，不然则陷。又西，至绀州，绀州，于阗所置也，在沙州西南，云去京师九千五百里矣。又行二日，至安军州，遂至于阗。"[③]学者现在比较倾向于把它比定为于阗东三百里处的坎城，于阗文作 Kaṃdakä bisākamtha（《钢和泰卷子》）[④]。"緤"是"氎"的俗字，有两个意思，一指棉布，一指毛布，这两者于阗都有出产，所以很难判断这里具体所指。《大唐西域记》说于阗国"少服毛褐毡裘，多衣絁紬白氎"[⑤]，似乎当地民众更喜欢的是白氎，这里当指白色的棉布。如果"绀城细緤"指坎城特有的精细的棉布，在敦煌显然是很亮丽的衣料。如果是坎城特有的细毛布，也是完全讲得通的[⑥]。

---

① 《宋史》卷四九〇《外国传》于阗条，北京：中华书局，1977 年，第 14106 页。

② 赵丰主编《敦煌丝绸与丝绸之路》，第 219 页。

③ 《新五代史》卷七四《四夷附录》，北京：中华书局，1974 年，第 917—918 页。

④ 榎一雄《仲雲族の牙帳の所在地について》，原载《鈴木俊教授還曆記念東洋史論叢》，東京：山川出版社，1964 年；此据《榎一雄著作集》第 1 卷，東京：汲古書院，1992 年，第 160 页，注 8；長澤和俊《高居誨の于闐紀行について》，原载《東洋学術研究》第 16 卷第 4 號，1977 年；后改名《高居誨の于闐紀行》，收入作者《シルクロード史研究》，東京：国書刊行会，1979 年；此据钟美珠译本《丝绸之路史研究》，天津：天津古籍出版社，1990 年，第 590—591 页。

⑤ 季羡林等《大唐西域记校注》，第 1001 页。

⑥ 参看敦煌写本 S.617《俗务要名林》曰："氎：细毛布，徒协反"。郝春文《英藏敦煌社会历史文献释录》第 3 卷，北京：社会科学文献出版社，2003 年，第 370 页。

三、大紫帛绫

天津艺术博物馆藏敦煌文书津艺061F号背，有《壬午年（982?）苏永进雇骆驼契》：

1 壬午年正月廿六日立契，押衙苏永进伏缘家于阗
2 充使，欠少蓄剩（乘），遂于都头邓栽连面上雇
3 陆岁驳驼壹头，断作雇价大紫帛绫一匹为定。
4 立契押衙苏永进。①

关于文书的年代，契约研究者的意见并不统一，沙知先生疑这里的壬午是922年②，池田温先生疑为982年③，这里暂从后者系在982年。从格式来看，不是契约原文，而是习字一类。虽然文字不全，但主要内容都在。说的是归义军节度押衙苏永进要作为使者前往于阗，欠少驮乘，所以从都头邓栽连处雇一头六岁的骆驼，回来后还雇价大紫帛绫一匹。从敦煌的其他借贷或雇佣契约来看，借贷者归来所还的物品一般是出使者从远方带来的珍贵物品，否则债权人就无利可图了④。由此可见，苏永进要还的大紫帛绫一匹，是在敦煌地区有名的一种于阗生产的紫色帛绫。“帛绫”当是“绵绫”，已见上文。

---

①《天津艺术博物馆藏敦煌文献》第1册，上海：上海古籍出版社，1996年，第309、311页。录文见沙知《敦煌契约文书辑校》，南京：江苏古籍出版社，1998年，第307页（据施萍亭录文，编号4402v）；T. Yamamoto et al., *Tun-huang and Turfan Documents concerning Social and Economic History, Supplement*, Tokyo: Toyo Bunko, 2001, (A), p. 57.

② 沙知《敦煌契约文书辑校》，第307页。

③ T. Yamamoto et al., *Tun-huang and Turfan Documents concerning Social and Economic History, Supplement*, p. 57.

④ 童丕《敦煌的借贷：中国中古时代的物质生活与社会》，余欣、陈建华译，第109、117—118页。

四、生绢、熟绢、绯绵紬

Дx.2143 号为《乙未年（995）六月十六日押衙索胜全换马契》：

1　乙未年六月十六日立契：押衙索胜全次着于阗去，遂于翟

2　押衙面上，换大驳马壹匹。其于阗使命到来之日，更还生绢

3　壹匹，熟绢壹匹，各长叁丈柒尺。生绢福（幅）贰尺，熟绢福（幅）一尺玖

4　寸，又绯绵虢壹匹。若路上东西不平善者，使命到来之

5　日，一仰口承男胜盈及妻男押衙长迁面上，取生绢壹匹、

6　熟〔绢〕壹匹、绯绵紬壹匹为定。恐后无信，故立此契，用为后

7　凭。

换马人押衙索胜全（押）
口承人男胜盈（押）
口承男押衙长千（迁）（押）
知见人索衍子（押）
知见人穆富安（押）
知见人〔灵〕图寺法律王会长
知见人押衙李阿朵奴[1]

曹氏归义军始于914年，而最晚有纪年的文书为1002年，这件契约的乙未年有935年或995年两种可能，孟列夫最早为此卷编目时，两

① 图版见《俄藏敦煌文献》第9册，上海：上海古籍出版社，1998年，第45页。录文及图版见 T. Yamamoto et al., *Tun-huang and Turfan Documents concerning Social and Economic History, Supplement*, Tokyo: Toyo Bunko, 2001,（A），p. 49;（B），p. 45。

者并存[①]。在《俄藏敦煌文献》刊出全卷图版之前，学者们都只能根据孟列夫目录见到这件契约的收尾两行文字，故此多疑此为935年文书[②]。全卷发表以后，池田温先生的整理本确定其为995年文书[③]，今从之。

与上引《苏永进雇骆驼契》一样，这里归义军节度押衙索胜全在出使于阗之前向同僚翟押衙博换一匹大驳马，等到从于阗回来之日，要还所得生绢壹匹、熟绢壹匹、绯绵绸壹匹。生绢是没有经过精炼脱胶的平纹织物，相反，熟绢则指脱胶之后的绢织物。"紬"是粗绸。"绯绵紬"是绵线织造的粗绸。

虽然这些绢、绸也是敦煌地区所有的，但索胜全将来要还的这些绢、绸则很可能是来自于阗。在公元10世纪，前往异国他乡出使的人，往往间代做些买卖，获得当地一些特产或价值昂贵的东西，回来买卖，以赚取两地间的差价。《索胜全换马契》或许透露出这样一个事实，就是敦煌使者前往于阗的一个重要的目的是为获得于阗较好的丝绸，带回到沙州来买卖。这似乎表明于阗的生绢、熟绢、绯绵绸要比沙州所产质地更好。

在敦煌发现的文书中，特别是最晚公布的俄藏敦煌文书中，有不少反映两地物质文化交流的珍贵资料，为前所不知。本章在整理这些资料的基础上，结合已知的其他文献和实物材料，重点探讨了于阗与敦煌之间主要以丝织物为主的交流情况。由于当时的于阗王国和沙州归义军官府基本上处在一个平等的关系上，所以两者之间丝织品的交换并不是哪

---

① 孟列夫《俄藏敦煌汉文写卷叙录》下册，上海：上海古籍出版社，1999年，第495—496页。

② T. Yamamoto and O. Ikeda, *Tun-huang and Turfan Documents Concerning Social and Economical History, III, Contract*, Tōkyō: Tōyō Bunko, 1987, p. 108；荣新江《归义军史研究——唐宋时代敦煌历史考索》，上海：上海古籍出版社，1996年，第20页；施萍婷《俄藏敦煌文献经眼录》（二），第313—314页；沙知《敦煌契约文书辑校》，第199页。

③ T. Yamamoto et al., *Tun-huang and Turfan Documents concerning Social and Economic History, Supplement*,（A）, p. 49.

一方朝贡贸易的结果。在这些交换事例中，有的属于亲属之间的馈赠，有的是亲属之间的索取，有的是物与物之间的等价交换，有的则是购买而得。从偶然留存下来的文书来看，这些交换终 10 世纪连绵不绝，而且是双向的流通。值得注意的是，两地之间的物质交换并非只限于丝织品，而是包括了其他自己一方所需的材料。限于篇幅，我们没有讨论其他物品，但同一次交换中包含的不同物品之间，可能存在着某种关联，这只好留待以后继续探讨了。

第九章

敦煌的于阗瑞像

第一节

牛头山瑞像

何谓瑞像？在本文讨论的时期，瑞像是指和释迦牟尼或其他神佛、高僧的灵迹联系在一起的一种佛像。它最早产生于印度，而后流传四方。瑞像一般恪守固定的原型，力图模拟圣容，表现灵瑞的瞬间，并因其灵瑞而具有护持佛法长住久安的功能①。

瑞像非常广泛地描绘于敦煌中晚唐、五代、宋初的一些洞窟的主室龛顶四披或甬道两侧，而且其中相当部分为于阗瑞像。过去伯希和(P. Pelliot)等在考察敦煌洞窟时曾记录下这些瑞像的榜题，另外，敦煌藏经洞所出汉文文书及藏文文献也有相关记载。笔者之一荣新江早年曾与张广达先生合撰《敦煌“瑞像记”、瑞像图及其反映的于阗》一文，对此进行全面介绍。此后孙修身、张小刚等则根据莫高窟、榆林窟壁画从图像学的角度进一步做了深入研究。下面我们在以上研究工作的基础上，结合我们近年的一些新体会，逐一加以介绍。

首先是牛头山瑞像。

牛头山位于今和田市西南 26 公里喀拉喀什河（Kara kash）东岸的

---

① 张广达、荣新江《敦煌“瑞像记”、瑞像图及其反映的于阗》，《敦煌吐鲁番文献研究论集》第 3 辑，北京：北京大学出版社，1986 年，此据作者《于阗史丛考》（增订本），北京：中国人民大学出版社，2008 年，第 194—196 页。

库玛日山(Kohmārī)，是古代于阗一处极为著名的佛教圣地，在较为早期的文献中又作“牛角山”或“牛角峰山”[①]，晚期的汉藏文献更多地使用“牛头山”之名。比如慧琳《一切经音义》卷十一于阗条下注：“其国界有牛头山，天神时来，栖宅此山。”[②]再如敦煌文书S.6551v《佛说阿弥陀经讲经文》是一位五代中叶的高僧在西州回鹘讲经用的文本，其开头部分记叙他游方的行迹，有“亲牛头山，巡于阗国”之语[③]。由于绘有于阗牛角山瑞像的敦煌洞窟比较多地完成于晚唐、五代至宋初时期，特别是10世纪归义军和于阗王国关系密切之时，而且在敦煌所出《瑞像记》和敦煌洞窟壁画的榜题中皆作“牛头山”，故本文一概称之为牛头山瑞像。

有关释迦牟尼佛到于阗牛角山说法且授记此地建国的传说广泛见于汉、藏文文献。如汉译《日藏经》：“佛告龙王：‘我今不久往瞿摩娑罗牟尼住处，结加（跏）七日受解脱乐，令于阗国，于我灭度后一百年，是时彼国还复兴立，多饶城邑郡县村落，人民炽盛，皆乐大乘，安隐快乐，种种饮食及诸果华，无所乏少。’”[④]瞿摩娑罗，梵文作gomasāra，早经列维（Sylvain Lévi）比定为牛角山[⑤]。再如《大唐西域记》卷十二：“〔于阗〕王城西南二十余里，有瞿室餕伽山，唐言牛角。山峰两起，岩隒四绝，于崖谷间建一伽蓝。其中佛像时烛光明。昔如来曾至此处，为诸

---

① 朱丽双《〈于阗国授记〉译注》（上），《中国藏学》2012年S1期文献、档案增刊，第229页。

② CBETA本《大正藏》第54册，第375c页。

③ 荣新江《归义军史研究——唐宋时代敦煌历史考索》，上海：上海古籍出版社，1996页，第257—258页。

④ CBETA本《大正藏》第13册，第294c页。

⑤ S. Lévi, “Notes chinoises sur l'inde iv: Le pays de kharoṣṭra et l'écriture kharoṣṭrī”, *Bulletin l'Ecole Française d'Extrême-Orient*, Tome 4, 1904, p. 556；Idem., “Notes chinoises sur l'inde v: Quelques documents sur le buddhisme indien dans l'asie centrale”, *Bulletin l'Ecole Française d'Extrême-Orient*, Tome 5, 1905, p. 258，冯承钧译《大藏方等部之西域佛教史料》，《西域南海史地考证译丛》第2卷，九编，北京：商务印书馆，1995年，第165页。

天人略说法要，悬记此地当建国土，敬崇遗法，遵习大乘。”[①]

比较起来，藏文文献对此事的记载更为详细，比如《牛角山授记》（*Ri glang ru lung bstan pa*）整部佛经即为敷衍此事而成[②]。《于阗国授记》（*Li yul lung bstan pa*）的叙述略为简明一些，我们引全文如下："昔者，于阗乃为海子，释迦牟尼佛为授记此海子将成桑田且予加持，乃引菩萨、声闻与天龙八部等二十万众眷属，由灵鹫山腾空，既来于阗。〔于阗〕时为海子，〔释迦牟尼佛〕乃坐于今西玉河（Shel chab mgo ma）近处水中莲花座上，授记此海子将成桑田并予加持，乃口申教敕，命八大菩提萨埵及其两万眷属、八大护法神衹（mgon po srung ma）及其三万五千五百有七眷属护持此尊圣之应供处所及此境域。舍利弗（Shā ri'i bu）与毗沙门（rNam thos kyi bu）誓愿卷起墨山（sNag gi ri），排出海水而得土地。佛宴坐于先前莲花座上，即今牛角山（Ri glang ru）上立有释迦牟尼大像处入深禅定七昼夜，而后返回天竺之吠舍厘城（Yangs pa'i grong khyer）。”[③]按西玉河即今喀拉喀什河。从这段记载来看，牛角山乃释迦牟尼在此地说法时宴坐的莲花座幻化而成，故此殊胜无比。

释迦牟尼在牛角山授记于阗建国的相关情节较多地描绘在敦煌洞窟的壁画上面，并留下榜题；也十分频繁地出现在敦煌所出《瑞像记》中，其中舍利弗和毗沙门决海的场景更是屡见不鲜[④]。如莫高窟第220

① 季羡林等校注《大唐西域记校注》下册，北京：中华书局，2008年，第1013页。

② F. W. Thomas, *Tibetan Literary Texts and Documents concerning Chinese Turkestan*, Parts I, London: The Royal Asiatic Society, 1935, pp. 1–38.

③ 朱丽双《〈于阗国授记〉译注》（上），第230—231页。

④ 孙修身主编《敦煌研究全集》第12册《佛教东传故事画卷》，香港：商务印书馆，1999年，第72—73页。

图9–1 舍利弗、毗沙门天王决海图 敦煌莫高窟第237窟西壁佛龛顶（《佛教东传故事画卷》，第72页，图56）

窟窟主室南壁：“北（?）方众（?）□天王决海至于阗国”①；第231、237窟主室龛佛龛顶：“于阗国舍利弗、毗沙门天王决海时”②（图9–1）。敦煌文书P.3352《瑞像记》：“于阗舍利弗毗沙门天王决海时”③。S. 2113《瑞像记》：“释迦牟尼佛从灵鹫山向牛头山说法来。……舍利弗共毗沙门决海至于阗国。于阗牛头山。虚空藏菩萨如来〔令〕于萨迦那（耶）仙寺住。弥勒菩萨随释迦牟尼佛来住汉城。……此是于阗城。……释迦如来从灵鹫山至牛头山顶会八部众说法。”④S.5659《瑞像记》：“本师释迦牟尼佛令住牛头山，观世音菩萨助于阗国，宝坛花菩萨助于阗国，于阗牛头山，此是于阗国。”⑤按据《牛角山授记》和《于阗国授记》，此次伴随释迦牟尼佛前往于阗的八大菩萨为大势至(mThu chen thob)、文殊（’Jam dpa’ gzhon nur gyur pa)、虚空藏（Nam mkha’ snying po)、观音（’Phags pa spyan ras gzigs kyi

---

① P. Pelliot, *Grottes de Touen-houang carnet de notes de Paul Pelliot: Inscriptions et Peintures Murales*, II, Paris: Collège de France, 1983, p. 34.

② P. Pelliot, *Grottes de Touen-houang carnet de notes de Paul Pelliot: Inscriptions et Peintures Murales*, III, pp. 25, 29；张广达、荣新江《敦煌“瑞像记”、瑞像图及其反映的于阗》，第183—184页；孙修身主编《敦煌研究全集》第12册《佛教东传故事画卷》，第72页；张小刚《敦煌所见于阗牛头山圣迹及瑞像》，《敦煌研究》2008年第4期，第8页。

③ 张广达、荣新江《敦煌“瑞像记”、瑞像图及其反映的于阗》，第171页。

④ 文书图版今收入沙知主编《英藏敦煌文献（汉文佛经以外部分）》第4卷，成都：四川人民出版社，1991年，第6—7页。参见张广达、荣新江《敦煌“瑞像记”、瑞像图及其反映的于阗》，第173—175页。

⑤ 张广达、荣新江《敦煌“瑞像记”、瑞像图及其反映的于阗》，第172页。文书图版今收入宋家钰主编《英藏敦煌文献（汉文佛经以外部分）》第9卷，成都：四川人民出版社，1994年，第46页。

dbang phyug）、弥勒（Byams pa）、地藏（Sa'i snying bo）、药王（sMan gyi rgyal po）、普贤（Kun du bzang po）①。其中并无宝坛花菩萨之名。S.5659中出现的宝坛花菩萨，或是抄录者笔误，或者也有可能后来八大菩萨的构成发生变化。

图9-2　牛头山瑞像　敦煌莫高窟第9窟甬道顶部（《佛教东传故事画卷》，第90页，图72）

据张小刚研究，牛头山瑞像在敦煌洞窟中的表现形式有两种。一种是一坐佛结跏趺坐于牛头山顶的莲花座上，右手作说法印，出现在莫高窟盛唐第345窟的甬道顶部，吐蕃统治时期第449窟的主室龛内，晚唐前期第85窟的甬道北披，晚唐后期第340、9窟的甬道顶部（图9-2），五代第39、45、98、108、126、146、334、342、397、401窟的甬道顶部，宋代第25、454窟的甬道顶部与第220窟的主室内壁，榆林窟五代第33窟的主室南壁。这种牛头山瑞像都处在经变式的瑞像、圣迹群图中，且占据了整幅图最显著的中间位置。另一种牛头山瑞像是一立佛，多站在莲台上，左手垂于体侧，手把袈裟一角，右手于右胸前作说法印，见于莫高窟吐蕃统治时期第231、237窟主室龛内南披东起第7格（图9-3），有榜题作"此牛头山像从耆山履空而来"。耆山即灵鹫山，为耆阇崛山的简称，是对梵文Gṛdhrakūṭa的音译。另外，

① 朱丽双《〈于阗国授记〉译注》（上），第230页，注8。

图9-3　牛头山瑞像　敦煌莫高窟第231窟西壁龛顶（《佛教东传故事画卷》，第88页，图69）

晚唐初期第72窟主室龛内南披东起第4格的立佛像，着土红色袈裟，左手下把袈裟，右手作说法印，榜题作："南无圣容像来住牛头山"。同披第6格内瑞像姿势与前者相同，但身衣一色，均为浅蓝色，榜题作"南无圣容诸像来住山"，张小刚判断亦是牛头山瑞像。他认为，在上述两种牛头山瑞像中，第二种表现的是释迦牟尼佛"履空而来"的瞬间,所以画成立像[1]。

有学者将敦煌洞窟中的牛头山瑞像图分为牛头山图和牛头山瑞像图，但对于区分的原则似未做申论[2]。我们推测，不论牛头山图的周围是否描绘瑞像，它表现的都是释迦牟尼佛至此授记于阗建国的传说，是用人们最容易辨识的一个特征性画面来提示整个故事。不同洞窟中牛头山瑞像在表现形式上的不同，可能是由于它随着时代的推移而发生变化的缘故。比如孙修身即指出，在曹氏归义军时期，"牛头山故事不再只绘瑞像，而是与其他佛教历史故事画结成圣迹图，以大幅画面出现于洞窟甬道顶部"[3]。

总之，敦煌洞窟中的牛头山瑞像图是一个比较复杂的问题，我们目前只能根据已知的材料略作介绍而已，全面的研究尚待来日。

① 张小刚《敦煌所见于阗牛头山圣迹及瑞像》，《敦煌研究》2008年第4期，第6—10页。相关图像请参见孙修身主编《敦煌石窟全集》第12册《佛教东传故事画卷》，第85—100页。

② 张小刚《敦煌所见于阗牛头山圣迹及瑞像》，第8页。

③ 孙修身主编《敦煌石窟全集》第12册《佛教东传故事画卷》，第83页。

第二节

玉河瑞像和海眼寺瑞像

于阗有虚空藏菩萨瑞像，住西玉河萨迦耶仙寺。如上所述，西玉河即今喀拉喀什河。萨迦耶仙，也作萨迦耶般罗诃郍，梵文还原作 Satkāya-prahāṇa，意为“坏聚、能断”[①]。据于阗语文书 P.2893 和藏文文书 P.t.960《于阗教法史》（*Li yul chos kyi lo rgyus*），此处是虚空藏菩萨的住所[②]。这也为敦煌所出《瑞像记》和敦煌洞窟的瑞像壁画榜题所证实。如 S.2113：“虚空藏菩萨如来〔令〕于萨迦耶仙寺住。……虚空藏菩萨于西玉河萨伽耶仙寺住。”[③]敦煌莫高窟第 231、237 窟主室佛龛顶绘虚空藏菩萨瑞像，榜题即称其住于西玉河萨迦耶仙寺[④]（图 9-4）。另外，

---

① 朱丽双《〈于阗阿罗汉授记〉对勘与研究》，《张广达先生八十华诞祝寿论文集》上册，台北：新文丰出版公司，2010 年，第 614—615 页。

② H. W. Bailey, “Hvatanica IV”, *Bulletin of the School of Oriental and African Studies* 10.4，1942，pp. 892，893，911；朱丽双《敦煌藏文文书 P.t.960 所记守护于阗之神灵——〈于阗教法史〉译注之三》，《敦煌研究》2011 年第 4 期，第 115—116 页。

③ 张广达、荣新江《敦煌“瑞像记”、瑞像图及其反映的于阗》，第 175 页。

④ 同上，第 183—186、221、222 页；孙修身主编《敦煌石窟全集》第 12 册《佛教东传故事画卷》，第 107、115 页。

图 9-4 西玉河萨伽耶仙寺住虚空藏菩萨瑞像 敦煌莫高窟第 237 窟西壁佛龛顶（《佛教东传故事画卷》，第 115页，图 99）

图 9-5 萨伽耶仙寺住瑞像 敦煌莫高窟第 231 窟西壁佛龛顶（《佛教东传故事画卷》，第 115 页，图 98）

第108 窟甬道南披西起第1 身也是虚空藏菩萨瑞像[①]。萨迦耶仙寺另有坐佛瑞像，着土红色袒右肩式袈裟，与菩萨装的虚空藏菩萨像明显不同[②]（图 9-5）。这尊瑞像不见于各种文献的记载，具体情况不得而知。

据《瑞像记》，于阗还有玉河浴佛瑞像："于阗玉河浴佛瑞像，身丈余，杖锡持钵，尽形而立。其像赤体立。"（S.2113）[③]我们知道于阗王城之西有西玉河，王城之东有东玉河，即今玉龙喀什河（Yurung kash）。文书此处玉河的具体所指不明。据孙修身的研究，浴佛又称灌佛，是用香汤沐浇佛像，是礼佛仪式之一。因以香汤浴佛，故佛像用石材雕造，瑞像也就画成代表石质的蓝色。这种瑞像见于

① 荣新江、朱丽双《图文互证——于阗的八大守护神新探》，樊锦诗、荣新江、林世田主编《敦煌文献·考古·艺术综合研究——纪念向达先生诞辰 110 周年国际学术研讨会论文集》，北京：中华书局，2011 年，第 205 页。

② 孙修身主编《敦煌石窟全集》第 12 册《佛教东传故事画卷》，第 115 页。

③ 张广达、荣新江《敦煌"瑞像记"、瑞像图及其反映的于阗》，第 174 页。

莫高窟第72、98窟，其形象与文书的描述一致[①]（图9–6）。

另外，还有海眼寺瑞像，P.3352、S.5659《瑞像记》：“释迦牟尼真容，从王舍城腾空而来，在于阗国海眼寺住。”[②] S.2113《瑞像记》更详细一些：“释迦牟尼佛真容，白檀身，从〔摩揭陀〕国王舍城腾空而来，在于阗海眼寺住。其像手把袈裟。”[③]敦煌莫高窟第231窟主室龛内北披西起第4格绘一立佛，“圆形头光，高肉髻，着土红色通肩式袈裟，右手作说法印，左手垂于体侧，手把袈裟一角”，榜题作“释迦牟尼真容，从王舍城腾空，住海眼寺”；西披南起第6格也绘一立佛，“圆形头光，戴三珠宝冠，头后系带，带两端顺肩下垂至肘，着淡色通肩式袈裟，身体与袈裟一色，右手作说法印，左手垂于体侧，手把袈裟一角”，榜题作“于阗海眼寺释迦圣容像”[④]。据张小刚研究，前一种从王舍城腾空

图9–6　于阗玉河浴佛瑞像　敦煌莫高窟第72窟西壁佛龛顶（《佛教东传故事画卷》，第112页，图95）

① 孙修身主编《敦煌石窟全集》第12册《佛教东传故事画卷》，第106、112页。

② 张广达、荣新江《敦煌“瑞像记”、瑞像图及其反映的于阗》，第171、172页。

③ 同上，第174页。

④ 张小刚《敦煌壁画中的于阗装饰佛瑞像及其相关问题》，《敦煌研究》2009年第2期，第10页；参见张广达、荣新江《敦煌“瑞像记”、瑞像图及其反映的于阗》，第185页。

图 9-7　海眼寺瑞像　敦煌莫高窟第 72 窟西壁佛龛顶（《佛教东传故事画卷》，第 111 页，图 94）

而至海眼寺住的释迦真容像也见于莫高窟第 72、237、236 窟（图 9-7）；后一种海眼寺释迦圣容像也见于莫高窟第 237、236 窟。另外，他推测吐蕃统治时期的第 53 窟龛内西披南起第 10 身的瑞像也为海眼寺释迦圣容像①。按据前述《瑞像记》，海眼寺瑞像为白檀身，似与第 231 窟主室龛内西披南起第 6 身这种“着淡色通肩式袈裟”的释迦圣容像在形象上更为接近，而与主室龛内北披西起第 4 身那种“着土红色通肩式袈裟”的瑞像不同。但是，若据瑞像榜题，则又是后者与《瑞像记》的叙述更为吻合。看来，《瑞像记》或瑞像榜题可能有抄写失误之处。

海眼寺在哪里呢？《于阗教法史》称：“于阗都城地方中间之海眼（mtsho'i myig），在于阗都城苏蜜城堡（mkhar dNgar Ldan）里面、大集市上方、瞿摩帝（'Guṃ tir）伽蓝婆罗跋舍（Pra ba sha）〔佛堂〕之化身佛像的脚下。海眼今仍为婆罗跋舍〔佛堂〕化身佛像之足所镇

① 张小刚《敦煌壁画中的于阗装饰佛瑞像及其相关问题》，第 10 页；张广达、荣新江《敦煌“瑞像记”、瑞像图及其反映的于阗》，第 218、221 页。

压。”[①]海眼寺自然当建在海眼所在之处，然而这句话还明确表示，海眼在瞿摩帝寺的婆罗跋舍佛堂的化身佛像的脚下。如此，是否海眼寺为瞿摩帝寺的另一名称呢[②]？瞿摩帝寺是于阗声名最为显著的大寺院之一，早见于5世纪初成书的《法显传》：“瞿摩帝僧是大乘学，王所敬重，最先行像。”[③]但海眼寺除了见于藏文佛教授记类文献和敦煌《瑞像记》外，没有其他实际存在的文献记录[④]，因此它可能是一座传说中的寺院，难以和瞿摩帝寺等同。

① 朱丽双《敦煌藏文文书P.t.960所记于阗的佛像、伽蓝与僧伽——〈于阗教法史〉译注之五》，新疆吐鲁番学研究院编《语言背后的历史——西域古典语言学高峰论坛论文集》，上海：上海古籍出版社，2012年，第211页。

② 张小刚即持此意见，见其著《敦煌壁画中的于阗装饰佛瑞像及其相关问题》，第11页。

③ 章巽校注《法显传校注》，北京：中华书局，2008年，第12页。

④ 张广达、荣新江《于阗佛寺志》，原载《世界宗教研究》1986年第3期，此据作者《于阗史丛考》增订本，第224—239页。

第三节

媲摩城瑞像与坎城瑞像

媲摩，于阗语作 Phema，藏语作 Phye ma；坎城，于阗语作 Kaṃdva，藏语作 Kham sheng 或 Kam sheng、sKam sheng。媲摩是一个较大范围的地域名称，同时是这个地域内的一座城；而坎城为其属下的一个地名，唐朝曾于此设守捉和镇[①]。据唐朝史料，坎城镇在于阗东三百里[②]，又东三十余里是媲摩城，在媲摩川东侧[③]。媲摩川，今克里雅河（Keriya）也[④]。

媲摩城的雕檀瑞像很早就甚是著名，早为汉地所知。《洛阳伽蓝记》卷五记宋云、惠生使西域记："……至捍麽城，〔城〕南十五里有一大寺，三百余僧众，有金像一躯，举高丈六，仪容超绝，相好炳然，面恒东立，不肯西顾。父老传云：此像本从南方腾空而来，于阗国王亲见礼拜，载像归，中路夜宿，忽然不见，遣人寻之，还来本处。王即起

① 文欣《中古时期于阗国政治制度研究》，北京大学历史系硕士研究生学位论文，2008 年 6 月，第 90—92 页；朱丽双《唐代于阗的羁縻州与地理区划研究》，《中国史研究》2012 年第 2 期，第 78—80 页。

②《新唐书》卷四三下，北京：中华书局，1975 年，第 1150—1151 页。

③ 季羡林等校注《大唐西域记》卷十二，第 1025—1026 页。

④ 王北辰《古代西域南道上的若干历史地理问题》，《地理研究》第 2 卷第 3 期，1983 年，第 37 页；文欣《中古时期于阗国政治制度研究》，第 90—91 页。

塔，封四百户供洒扫。户人有患，以金箔贴像所患处，即得阴愈。后人于此像边造丈六像及诸像塔，乃至数千，悬彩幡盖，亦有万计。魏国之幡过半矣。”[①]一般认为，捍麽城即后来的媲摩城。

《大唐西域记》的叙述略有不同，首先是此像更加高大，其次是此像的来源更加明确，第三是此像更具灵瑞故事。“……至媲摩城，有彫檀立佛像，高二丈余，甚灵应，时烛光明。凡有疾病，随其痛处，金薄贴像，即时痊复。虚心请愿，多亦遂求。闻之土俗：此像，昔佛在世憍赏弥国邬陁衍那王所作也。佛去世后，自彼凌空至此国北曷劳落迦城中。”《大唐西域记》接着叙述了一个因为该城人“深著邪见”导致沙埋曷劳落迦城、彫檀佛像迁至媲摩城的故事，然后写道：“闻诸先记曰：释迦法尽，像入龙宫。”[②]

我们知道，瑞像之所以为人崇敬，是人们深信其表现了佛陀在世时的真容。佛教传说，当佛上天为其母演说佛法时，憍赏弥国的优填王（即邬陁衍那王）极为思念圣容，佛陀的十六大弟子之一大目犍连遂运用神通力，将三十二工匠带到天上，图绘佛相而返。优填王造旃檀佛像的传说流布甚广[③]。《大唐西域记》言，于阗人认为媲摩城的彫檀佛像是佛在世时憍赏弥国的优填王所造，所以此像的地位尊胜无比，而他被描绘在敦煌洞窟中也就是情理中的事了。目前我们知道，至少在莫高窟第 231 和 237 窟的主室龛内南披画有这尊瑞像，并留下榜题：“于阗媲摩城中琱檀瑞像。”[④]另外 S.2113、P.3033《瑞像记》皆称：“此像从憍赏弥国飞往于阗东娓摩城，今现在，殊灵瑞。”S.2113 并用小字注此像

① 杨衒之撰、周祖谟校释《洛阳伽蓝记校释》，北京：中华书局，2010 年，第 172—173 页。

② 季羡林等校注《大唐西域记》卷十二，第 1026—1027 页。

③ 张广达、荣新江《敦煌“瑞像记”、瑞像图及其反映的于阗》，第 194 页。

④ 同上，第 183—184、221 页；张小刚《敦煌壁画中的于阗装饰佛瑞像及其相关问题》，第 8 页。

图 9–8　媲摩城瑞像　敦煌莫高窟第 231 窟西壁佛龛顶（《佛教东传故事画卷》，第 73 页，图 59）

的位置和特征是：“下，其像承云。”[①]

目前所见媲摩城瑞像在敦煌洞窟中的表现形式，据张小刚的描述，“为一身立像，侧身朝内，着通肩或袒右式袈裟，有圆形头光，有的有华盖，头戴长尾金冠或圆毡帽，头后系带，带两端沿肩下垂至腰，戴项圈、臂钏及手镯等，右手作说法印，左手作与愿印或施无畏印”[②]。是否“承云”？从孙修身公布的第 231 窟的媲摩城瑞像来看，答案是肯定的[③]（图 9–8）。

按《洛阳伽蓝记》称此像从南方腾空而来，《大唐西域记》称从憍赏弥国凌空而至，而初落之地为于阗国北曷劳落迦城，《瑞像记》则称此像从憍赏弥国飞往媲摩城。大概事因传言，天长日久，难免有讹。

媲摩城瑞像也为藏文《牛角山授记》言及：“如来瑞像名 Ki'u lang 者将来，于东方媲摩城住，守护边境。”[④] Ki'u lang 是否为憍赏弥国的误写呢？我们不

① 张广达、荣新江《敦煌“瑞像记”、瑞像图及其反映的于阗》，第 169—170、173 页。

② 张小刚《敦煌壁画中的于阗装饰佛瑞像及其相关问题》，第 8 页。

③ 孙修身主编《敦煌石窟全集》第 12 册《佛教东传故事画卷》，第 73 页。

④ 德格版（sDe dge）《甘珠尔》（*bKa' 'gyur*）经部（mdo sde）ah 函，76 卷，第 227a1–2 叶；那塘版《甘珠尔》经部 a 函，76 卷，第 346a5–6 叶。参见 F. W. Thomas, *Tibetan Literary Texts and Documents concerning Chinese Turkestan*, I, p. 24, n. 6.

得而知。

坎城也有瑞像，S.2113《瑞像记》："释迦牟尼佛真容，白檀香为身，从汉国腾空而来，在于阗坎城住。"莫高窟第 220 窟南壁瑞像榜题也称坎城瑞像"从汉国来"，第 231、237 窟主室龛内西披也画坎城瑞像①（图 9–9）。其形象为一立佛，"有圆形头光，高肉髻，着土红色通肩式袈裟，右手作说法印，左手垂于体侧，手把袈裟一角。"② 如上所述，坎城本为媲摩地区属下的一个普通的居民点，唐朝势力进入于阗后，于此驻军，设坎城守捉和坎城镇，坎城自此彰显其重要性，见载于唐朝史册及和田出土的汉文文书，至五代时仍以"绀州"、"绀城"之名为汉地所知③。那么，坎城瑞像不是从盛产瑞像的"南方腾空而来"，而是"从汉国来"，正是暗示了坎城与唐朝的密切联系。

图 9–9　坎城瑞像　敦煌莫高窟第 231 窟西壁佛龛顶（《佛教东传故事画卷》，第 110 页，图 92）

① 张广达、荣新江《敦煌"瑞像记"、瑞像图及其反映的于阗》，第 200 页；孙修身主编《敦煌石窟全集》第 12 册《佛教东传故事画卷》，第 106 页。

② 张小刚《敦煌壁画中的于阗装饰佛瑞像及其相关问题》，第 10 页。

③ 朱丽双《唐代于阗的羁縻州与地理区划研究》，《中国史研究》2012 年第 2 期，第 79—80 页。

第四节

固城瑞像和古城/故城瑞像

固城，于阗语可能作 Gūma，藏语作 Ku/Ko sheng，位于于阗西二百里，地在今和田市皮山县境内①。固城多瑞像，《牛角山授记》载："如来瑞像名乐源（bDe ba'i 'byung gnas）者将自具善（bDe ba can）城堡来，在西面固城住，守护边境。"②S. 2113《瑞像记》载："释迦牟尼佛从舍卫国（Śrāvastī）腾空于固城住"、"结迦宋佛（Krakucchandha）亦从舍卫国来在固城住"；"伽你迦牟尼佛（Kanakamuni）从舍卫国腾空而来在固城住。"③除此之外，尚有"迦叶佛（Kāśyapa）从舍卫□腾空于固城住瑞像"（231 窟）等④。以上释迦牟尼佛瑞像、结迦宋佛瑞像、伽你迦牟尼佛瑞像和迦叶佛瑞像，总共是四种瑞像，而且都是从舍卫国腾空而至于阗。《于阗教法史》第 82 行

---

① 朱丽双《唐代于阗的羁縻州与地理区划研究》，第 83—84 页。

② 德格版，226b7 叶；那塘版，346a3-4 叶。参见 F. W. Thomas，*Tibetan Literary Texts and Documents concerning Chinese Turkestan*，I，p. 24.

③ 张广达、荣新江《敦煌"瑞像记"、瑞像图及其反映的于阗》，第 174 页。

④ *Grottes de Touen-Houang carnet de notes de Paul Pelliot: Inscriptions et Peintures Murales*，III，p. 25，fig. 221；张广达、荣新江《敦煌"瑞像记"、瑞像图及其反映的于阗》，第 217—221 页。

文："六尊化身铸像自天竺而来于固城之城门住"[①]。也许，另外还有两种瑞像也从"舍卫国腾空而来"在固城住，只是由于现存资料残缺，我们不得而知罢了。

固城瑞像在敦煌洞窟中的情况，据张小刚研究，结迦宋佛见于莫高窟第 72 窟主室龛内西披南起第 6 格，其形象为一立佛，"有华盖、圆形头光、椭圆形身光，头光与身光内绘鳞片纹，戴宝冠、耳环，头后系带，带两端顺肩下垂至肘，着白色通肩式袈裟，右手作说法印，左手垂于体侧，手把袈裟一角"，榜题作"结迦宋佛亦从舍卫国来在……"[②]。他还认为第 53 窟主室龛内西披南起第 5 身的立佛也是结迦宋佛；另据伯希和抄录的榜题，第 76、220 窟也绘有结迦宋佛[③]。伽你迦牟尼佛见于第 72 窟主室龛内西起南起第 2 格，其形象与第 6 格的结迦宋佛基本一致，但背光内无鳞片纹装饰（图 9–10）；另据伯希和抄录的榜题，第 76 窟也绘有伽你迦牟尼佛[④]。迦叶佛见于第 231 窟主室龛内西披南起第 4 格，为一立佛，"有华盖、圆形头光，高肉髻，眉间有白毫，着淡土红色通肩式袈裟，右手于右胸前作说法印，

图 9–10　固城瑞像　敦煌莫高窟第 72 窟西壁佛龛顶（《佛教东传故事画卷》，第 114 页，图 97）

① 朱丽双《唐代于阗的羁縻州与地理区划研究》，第 83—84 页。

② 张小刚《敦煌壁画中的于阗装饰佛瑞像及其相关问题》，第 11 页。

③ 同上，第 11 页。

④ 同上，第 11—12 页。

左手垂于体侧，手把袈裟一角”；另据伯希和抄录的榜题，第76、220窟也绘有迦叶佛[①]。张小刚还指出，固城瑞像有几个特征，如袈裟为淡色，尤以白色居多；背光中常饰鱼鳞纹，这种鱼鳞纹实际上是抽象化的千佛。据此特征，莫高窟现存固城瑞像的洞窟有吐蕃统治时期的第231、236、237、53、449窟，晚唐第72、85、340、9窟，五代第39、45、98、108、126、146、342、397、401窟，宋代第454窟等。他进一步断定，在敦煌发现的那些背光中密布千佛的瑞像，都属于固城瑞像[②]。

敦煌洞窟另有“故城瑞像”或“古城瑞像”[③]，一些学者将其与固城瑞像等同，认为“故”或“古”为“固”字之误。但张小刚根据在敦煌洞窟的实地考察，认为这是两种不同的瑞像[④]。对此我们完全赞同，原因详述如下。第一，敦煌洞窟第231窟主室龛内北披有一身立佛，其形象是“有华盖、圆形头光，高肉髻，着土红色袈裟，双手均于胸前结印”，榜题作“于阗古城瑞像”[⑤]；西披另有“迦叶佛从舍卫□腾空于固城住瑞像”，其形象与此不同，如上所述，是“右手于右胸前作说法印，左手垂于体侧，手把袈裟一角”。如果固城瑞像真在此窟出现两次，则其形象与榜题应该一致[⑥]。第二，藏文《无垢光请问经》(*Dri ma med pa'i 'od kyis zhus pa*)记叙观音菩萨言：“名为苏蜜（dNgar ldan）之悦意〔城〕（Yid du 'ong ba）、猪拔城（Phag gis mtshon pa'i grong khyer）和故城（grong khyer rNying pa）此三城，直至佛陀教法住世、一切僧伽得到供养且佛陀之迦毗罗（Ka pi la）窣堵波安在，将不会

---

① 张小刚《敦煌壁画中的于阗装饰佛瑞像及其相关问题》，第11—12页。

② 同上，第12页。

③ 张广达、荣新江《敦煌“瑞像记”、瑞像图及其反映的于阗》，第185、222页。

④ 张小刚《敦煌壁画中的于阗装饰佛瑞像及其相关问题》，第13页。

⑤ 同上，第13页。

⑥ *Grottes de Touen-Houang carnet de notes de Paul Pelliot: Inscriptions et Peintures Murales*, III, p. 25, fig. 221;参见张广达、荣新江《敦煌“瑞像记”、瑞像图及其反映的于阗》，第185页。

毁灭。”[①]按 rnying pa 意为“古老的、故有的”，grong khyer 意为“城”，grong khyer rNying pa 即古城或故城之意。我们前面曾叙及固城的藏文作Ku/Ko sheng，Ku/Ko 大概音写于阗语的 Gūma，sheng 则明显音译自汉语的“城”，所以固城与坎城、神山（Shing shan）等地名的藏文写法一样，很可能是唐朝势力进入于阗之后才产生出来的，甚至可能是 9 世纪初吐蕃控制于阗之后产生的，反映了吐蕃对唐朝统治于阗的某种承继关系[②]。如此，grong khyer rNying pa（古城/故城）与 Ku/Ko sheng（固城）当是两处不同的地方。第三，更直接的证据来自于阗语材料。近年段晴教授通过对新疆博物馆藏 09zj0032 号于阗语文书的解读指出，于阗六城（kṣa au）属下的拔伽（Birgaṃdara）地方被称为“国王之乡”（rrūṃ [x au]），所以，拔伽是“于阗王宫的所在地”[③]。按拔伽位于今和田东部策勒县（Cira）达玛沟（Domoko）河流域一带[④]，但是自斯坦因（A. Stein）以来，学者一般公认于阗王城在今和田西 10 公里的约特干遗址（Yotkan）。然而拔伽被称作“王乡”，自有其缘由。我们知道，《大唐西域记》曾记叙了一个于阗国迁都建邑的故事[⑤]，但是这个故事把迁都这件事放在于阗建国之时，真可谓往昔之往昔，不免让人产生渺茫无据之叹，而且杂着浓郁的传说色彩，更加让人难以信服。现在，如果

① 德格版《甘珠尔》经部 ba 函，57 卷，第 217b7–218a1 叶；那塘版《甘珠尔》经部 pa 函，59 卷，第 351a1–3 叶。参见 F. W. Thomas，*Tibetan Literary Texts and Documents concerning Chinese Turkestan*，I，p. 187.

② Zhu Lishuang，“A Preliminary Survey of Administrative Divisions of Tibetan-ruled Khotan”，in Brandon Dotson，Kazushi Iwao and Tsuguhito Takeuchi eds.，*Scribes, Texts, and Rituals in Early Tibet and Dunhuang: Papers based on Conference Panel “Old Tibetan Studies III” at the 12th Seminar of the International Association for Tibetan Studies, Vancouver, August 2010*，Wiesbaden: Ludwig Reichert Verlag，2013，pp. 47–49.

③ 段晴《萨波 Vaisa 之牒所隐括的社会变迁》，《新疆博物馆新获文书研究》，待刊。

④ 张广达、荣新江《〈唐大历三年三月典成铣牒〉跋》，《新疆社会科学》1988 年第 1 期，此据作者《于阗史丛考》（增订本），第 110—111 页；文欣《于阗国六城（kṣa au）新考》，朱玉麒主编《西域文史》第 3 辑，北京：科学出版社，2008 年，第 121—122 页。

⑤ 季羡林等校注《大唐西域记校注》卷十二，第 1006 页。

我们结合于阗文、藏文以及敦煌洞窟瑞像榜题的记录，则《大唐西域记》所叙虽非信史，但似乎也有真实的一面。我们知道自有记录以来，于阗王国曾历经磨难，多次受到外部势力的入侵，乃致国王被擒，王朝倾覆[1]。也许，在某次战争失利之后，王都拔伽被废，于阗才迁都至今约特干，而拔伽从此成为“故城/古城”。近年策勒县达玛沟一带迭有惊人的考古发现，达玛沟佛寺遗址更以其精美的壁画而令世人瞩目，如果说这里曾经是于阗最重要的文化中心之一，或不为过。

图 9-11 故城瑞像 敦煌莫高窟第237窟西壁佛龛顶(《佛教东传故事画卷》，第109页，图91)

至于为什么说是拔伽而非约特干为于阗国旧都，则是基于《北史·西域传》和五代《高居诲行程记》的两条记载。前者言：“于阗……城东二十里有大水北流，号树枝水，即黄河也，一名计式水。城西十五里亦有大水，名达利水，与树枝水会，俱北流。”后者称：“一曰白玉河，在城东三十里；二曰绿玉河，在城西二十里。”树枝水和白玉河即今玉龙喀什河，达利水和绿玉河即今喀拉喀什河。从而可见，至少在我们讨论的时代，于阗国都当在两河中间之地。

另外，于阗国可能有冬宫和夏宫的

① 文欣《中古时期于阗国政治制度研究》，第48—53页。

区别。P. 3016《于阗天兴七年（956）十一月于阗回礼使索子全状》便有“皇帝幸于暑宫”这样的用语[①]。既言暑宫，当有冬宫，约特干和拔伽作为新、旧两都也可能分别是冬、夏两宫的所在。当然，这纯属臆测。

古城瑞像还见于第 53、237 窟（图 9-11），榜题作“于阗故城瑞像”，“故城”即“古城”[②]。

---

① 张广达、荣新江《关于唐末宋初于阗国的国号、年号及其王家系问题》，原载《敦煌吐鲁番文献研究论集》，北京：中华书局，1982 年，此据作者《于阗史丛考》（增订本），第 30 页。

② 张小刚《敦煌壁画中的于阗装饰佛瑞像及其相关问题》，第 13 页。

第五节

其他瑞像

除了以上介绍的瑞像之外，另外有些瑞像没有特别注明在于阗的住处，但同样灵瑞殊异。如“毗婆尸佛［从］舍卫国腾空而来在于阗国住，有人钦仰，不可思议。”（P.3352、S.5659）[①]“徽波施佛从舍卫国住，腾空而同来在于阗城住，城人钦敬，不要思议。”（S.2113）[②]“迦叶佛从舍卫国腾空而来在于阗国住，国人虔敬，无不遂愿。”（P.3352、S.5659）[③]“迦叶佛亦从舍卫国腾空而来住于阗国，人皆虔敬，不可思议。其像亦把袈裟。”(S.2113)[④]“南无拘留孙佛［ ］来住于阗国”(敦煌第 220 窟南壁)[⑤]。其他还有“憍赏弥国佛来住于阗国”(P.3352、S.5659)[⑥]、“石佛应现于阗国时”（敦煌第 220 窟南壁）等等。这里的毗婆尸佛和徽波施佛乃同名异译，梵文作 Vipaśyin；拘留孙佛梵文作Krakucchandha，和上述固城瑞像中的结迦宋佛也是同名异译。他们都是过去七佛之一。何谓过去七

① 张广达、荣新江《敦煌“瑞像记”、瑞像图及其反映的于阗》，第 171—172 页。
② 同上，第 174 页。
③ 同上，第 171—172 页。
④ 同上，第 174 页。
⑤ 同上，第 183 页。
⑥ 同上，第 171—172 页。

佛？过去七佛是离我们最近的七位佛，包括毗婆尸佛、尸弃佛(Śikhin)、毗舍婆佛（Viśvabhu)、拘留孙佛、拘那含牟尼佛（即固城瑞像中的伽你迦牟尼佛)、迦叶佛和释迦牟尼佛。其中前三佛为过去庄严劫千佛的三佛；后四佛为现在贤劫千佛的四佛，又称过去四佛[①]。

我们看到，过去四佛在于阗瑞像中是齐全的，这大概并非偶然。《于阗国授记》载："〔释迦牟尼佛〕涅槃后百年，于阗转成桑田。昔释迦于海子上宴坐莲花之处，〔即〕今瞿摩娑罗乾陀窣堵波安置处之中、绿色水晶宫（shel ljang gu'i pho brang）之上、牛头旃檀木（glang mgo tsandan）制成之窣堵波内，有过去四佛（'Das pa'i sang rgyas rabs bzhi）之舍利在焉。一些届此圣地者将至诚供养，所有供养者皆将领悟授记和不退转（phyir mi ldog pa)。若七昼夜间〔于此〕绕转且做供养，将净治五无间罪（mtshams med pa lnga'i sdig pa)。"[②]原来，于阗保存有过去四佛的舍利而且殊为灵应，所以过去四佛的瑞像比他佛瑞像更加受到人们的膜拜崇敬。

---

① W. E. Soothill and L. Hodous, *A Dictionary of Chinese Buddhist Terms*, Taipei: Ch'eng Wen Publishing Company, 1937, p. 10；《佛光大辞典》，北京：北京图书馆出版社，2004年，第2册，第1691—1692页；第6册，第5681页。

② 朱丽双《〈于阗国授记〉译注》（上)，第231页。

第六节

瑞像产生的原因

敦煌洞窟中保存下来的大量于阗瑞像，一方面是两地亲善关系的有力证明，另一方面则是反映了当时人们寻找佛法保护的急切心理。

我们知道于阗王李圣天曾娶曹议金之女为皇后，后来归义军节度使曹延禄又娶于阗国公主李氏为妻。敦煌生活着多位于阗的王子和公主，两地之间使臣和僧侣的往返更是不绝于途。于阗人在敦煌不仅做供养，开窟造像，而且还有于阗的工匠参与敦煌的造窟活动。因此，敦煌人对于阗的瑞像是十分自然地接受，而没有陌生的感觉。

瑞像在敦煌洞窟中的表现形式，据我们2010年在敦煌的实地考察，特别是在曹氏归义军时期，很多情况下是甬道顶部画牛头山瑞像，我们在前面已经言及，这组画面表现的是于阗的建国传说，然后于阗瑞像和于阗的八大守护神及其他瑞像一起，描绘在甬道的南北两披，其下为供养人像，其中多数为沙州归义军政权中的重要人物，也有于阗国王和皇后的画像。这种结构所展示的空间，既神圣庄严，又世俗亲切，不仅使人们一步入洞窟就笼罩在浓厚的佛教氛围当中，还能亲身感受到敦煌和于阗之间的亲善关系。

从当时的社会现实来看，9、10世纪的丝路南道和河西地区并不太平，不同部族和王国之间为争夺势力空间而战斗纷纭，人民生活艰难，这样当然更加渴望神灵的护佑。另外，从藏文《于阗教法史》、《于阗阿罗汉授记》和汉文《日藏经》、《月藏经》等佛经来看，大概随着西部信仰伊斯兰教的喀喇汗王朝的兴起和发展，于阗和河西地区末法思想流行，而于阗则在这个过程中更加突显其作为佛教中心的地位[①]。《于阗阿罗汉授记》称，当疏勒等地遭受“不行法贼”侵扰后，由于诸菩萨、贤圣的慈悲加持，于阗的塔寺及行法人反多于余国，佛法久住于世[②]。因此，人们更加膜拜来自于阗的瑞像，自是不足为奇了。

① 张广达、荣新江《敦煌“瑞像记”、瑞像图及其反映的于阗》，第213—214页。

② 朱丽双《〈于阗阿罗汉授记〉对勘与研究》，第621页。

第十章

于阗八大守护神

第一节
文献记载的于阗八大守护神

于阗王国曾经是佛教世界的中心之一，是大乘佛教的某些重要思想和经典的生成之地。它虽然远在印度边境之外，但很早就进入正统的佛经当中，被描绘成为释迦牟尼护佑的圣地。有关释迦牟尼率领诸佛（Buddhas）、菩萨（Bodhisattvas）、天王（Devas）、天女（Devīs）及其他各路神灵来到于阗守护国土的记载，随着佛典的翻译和编纂，除在于阗地区流传之外，还通过汉译佛典，传入隋唐的都城长安。当公元9世纪吐蕃王国兴盛之际，有关于阗的各种佛教文献又被译成藏文，流传于世。与此同时，这些护持教法的诸佛、菩萨和天王等，也以图像的形式，绘制到从于阗到长安的一些佛教寺院当中，我们今天在敦煌莫高窟的吐蕃及归义军时期的壁画上面，就可以看到大量守护于阗的瑞像，甚至一些归义军时期的大型洞窟甬道上方，都有于阗的瑞像图。这不仅仅体现了于阗佛教对敦煌的影响，也是瓜沙曹氏与于阗尉迟氏密切交往的证明。

---

* 本章系在拙撰《图文互证——于阗八大守护神新探》（《敦煌文献·考古·艺术综合研究——纪念向达先生诞辰110周年国际学术研讨会论文集》，北京：中华书局，2011年）基础上略做改订而成。

大约二十多年前，本书作者之一荣新江与张广达合撰《敦煌“瑞像记”、瑞像图及其反映的于阗》，虽然对文献材料有比较系统的发掘，但当时所能接触到的图像资料极其有限，无法做彻底的研究[①]。2005年，敦煌研究院张小刚发表《敦煌瑞像图中的于阗护国神王》一文，比较系统地介绍了于阗八大守护神在敦煌石窟中的位置及其基本图像特征[②]。另一方面，笔者二人近年也一直在收集和整理有关于阗八大守护神的汉文、藏文和于阗文材料，对相关名称的解读和认识又有所进步。2010年5月，我们前往敦煌莫高窟考察，感谢樊锦诗院长、罗华庆副院长的大力支持和帮助，得以仔细考察现存几乎所有绘制八大守护神的洞窟，从而得以结合文献材料，在张小刚大作的基础上，将莫高窟壁画中的于阗八大守护神一一比定出来，本章下面即对此加以阐述。

首先，我们考察一下文献所记载的八大守护神的情况。

1. 汉文《月藏经》

有关于阗八大守护神的名称，最早见于印度乌场那国（Uḍḍyāna）沙门那连提耶舍（Narendrayaśas）于隋开皇五年（585）译出的《大方等大集月藏经》卷五十五《分布阎浮提品》（序号为笔者所加，以便下文讨论。以下同）[③]：

> 尔时世尊以于填（阗）国土付嘱①难胜天子千眷属、②散脂夜叉大将十千眷属、③羖羊脚大夜叉八千眷属、④金华鬘夜叉五百眷属、⑤热舍龙王千眷属、⑥阿那紧首天女十千眷属、⑦他难阇梨天女

---

① 张广达、荣新江《敦煌“瑞像记”、瑞像图及其反映的于阗》，《敦煌吐鲁番文献研究论集》第3辑，北京：北京大学出版社，1986年，第69—147页；收入作者《于阗史丛考》(增订本)，北京：中国人民大学出版社，2008年，第166—223页。

② 张小刚《敦煌瑞像图中的于阗护国守护神》，《敦煌研究》2005年第1期，第50—56页。

③ CBETA本《大正藏》第13册，第368a页。

五千眷属、⑧毗沙门王，神力所加，共汝[1]护持于填（阗）国土，乃至佛及大众咸皆赞言：善哉！善哉！

2. 藏文《牛角山授记》（*'Phags pa ri glang ru lung bstan pa*）

《牛角山授记》收于藏文大藏经《甘珠尔》（*bKa' 'gyul*），叙述释迦牟尼在于阗佛教圣地牛角山（又称牛头山）预言于阗国出现及佛法兴盛的情形[2]，原本应当译自于阗文[3]。因其名见于吐蕃赞普赤祖德赞（Khri gtsug lde btsan，即惹巴坚 Ral pa can，806—841）在位时期编成的《登噶目录》（*lDan dkar ma*）[4]和《旁塘目录》（*dKar chag 'phang thang ma*）[5]，故当译成于公元9世纪上半叶以前。这部授记有关于阗八大守护神的记载大概是《月藏经》之后现存文献中最早的，现转写并

---

① 共汝，据同卷别处叙述，当作"汝等共"。

② 德格版（sDe dge，下文简称D）《甘珠尔》（*bKa' 'gyur*）经部（mdo sde）ah函，第76卷，第220b6-232a7叶；拉达克窦宫写本（Stog Palace manuscript，下文简称St）《甘珠尔》诸经部hu函，第40卷，第413a3-429a7叶；那塘版（Nar thang，下文简称N）《甘珠尔》第三品（skabs gsum pa）法相乘部（rgyu mtshan nyid theg pa'i skor）之经部na函，第63卷，第336b6-354b4叶。按，由于德格版藏文大藏经较他本为优，故本文概以德格版为基础，其他各本仅在专名词不同时加校记说明。又，为方便下文讨论，在翻译八大守护神的藏文和于阗文名称时，原文为意译者，今也以汉文意译之；原文为音写者，今也以汉文音写之。

③ Kurtis R. Schaeffer and Leonard W. J. van der Kuijp, *An Early Tibetan Survey of Buddhist Literature: The Bstan pa rgyas pa rgyan gyi nyi 'od of Bcom ldan ral gri*, Cambridge, Mass.: The Department of Sanskrit and Indian Studies, Harvard University, 2009, p. 161.

④ Marcelle Lalou, "Les texts Bouddhiques au temps du roi Khri-sroṅ-lde-bcan", *Journal Asiatique*, 241.3, 1953, p. 325, no. 281.

⑤ Bod ljongs rten rdzas bshams mdzod khang ed., *dKar chag 'phang thang ma*, Pe cin: Mi rigs dpe skrun kang, 2003, p. 51. 有关《旁塘目录》的研究，参见 Georgios T. Halkias, "Tibetan Buddhism Registered: A Catalogue from the Imperial Court of 'Phang Thang", *Eastern Buddhist*, 36.1/2, 2004, pp. 46-105；川越英真《パンタン目録の研究》，《日本西藏學会々報》51，2005年，第115—131页。

翻译如下①：

de nas de'i tshe bcom ldan 'das kyis ①lha'i rgyal po rnam thos kyi bu dang / ②byang chub sems dpa' sems dpa' chen po 'du shes can zhes bya ba dang / ③lha mi pham pa[1] zhes bya ba dang / ④klu'i rgyal po khyim 'tshig[2] ces bya ba dang / ⑤lha nam mkha'i dbyangs[3] zhes bya ba dang / ⑥lha gser gyi phreng ba can[4] zhes bya ba dang / ⑦lha mo lcags kyu can zhes bya ba dang / ⑧lho mo gnas can zhes bay ba rnams la 'di skad ces bka' stsal to / / rigs kyi bu khyed rnams la mchod rten go ma sa la gan da dang / ri glang ru yul dang bcas pa dang / nga'i bstan pa dang / sras rnams yongs su gtad kyis yongs su bsrung ba dang / bskyab pa dang / bskyang ba dang / mchod gnas su 'gyur bar gyis zhig / /

尔时，世尊告①多闻子天王、②具识大菩萨、③难胜天神、④热舍龙王、⑤虚空音天神、⑥金华鬘天神、⑦具钩天女、⑧有处天女道："善男子，瞿摩娑罗乾陀窣堵波、牛角山及其国土、我之教法与众弟子托付于尔等，守护之，庇佑之，保护之，使之成为应供处所。"

校记：[1] D、St 作 lha'i lha mi pham pa；N 作 lha mi 'pham pa，从之。[2]N、St 作 khim tshig. [3]N 作 nam mkha' dbyings；St 作 nam mkha'i dbyings. [4] N、St 作 gser gyi 'phreng ba can.

① D 224b2–224b5；L 418b2–6；N 342b2–6。参见 F. W. Thomas，*Tibetan Literary Texts and Documents concerning Chinese Turkestan*，Part I，London: The Royal Asiatic Society，1935，pp. 19–20.

3. 于阗语《发愿文》（P.2893）

在敦煌保存的晚期于阗语写本 P.2893《于阗人发愿文》中，也保留了一段有关八大守护神的记载，其内容和汉藏文献中的有关部分基本相同，所以这件文书虽然大概是 10 世纪中期的写本[①]，但其内容当来自早期文献。从其守护神的排序来看，它和藏文《于阗国授记》最为接近，但从守护神眷属的数目分析，其文本来源似早于《于阗国授记》，故放在这里讨论。遗憾的是，笔者二人不解于阗文，以下引自贝利(Harold W. Bailey）先生的英译，贝利在翻译诸佛、菩萨和守护神等专名词时采用梵文。为保持贝利译文原样，本文引用其译文时仍旧，而于汉译中括注相应的于阗文。该发愿文第 7—19 行说[②]：

> The eight protectors mighty and great, in visible form took the neighbouring lands into their charge. There the kings who had gone forth wholly devoted to the teaching, excellent, faithful, vigorous, and the rest, ①Vaiśramaṇa, ②Sanjaya, ③Aparājita, ④Gaganasvara, ⑤Svarṇamāla, ⑥Grahavadatta, thereafter ⑦Aṃgūśa', ⑧Sthānāva, with their retinue, beginning with those the most great exalted three myriad powerful five thousand, possessed of the five

---

① P.2893 号包括三项内容，1—31 行为《于阗人发愿文》，32—267 行为医药文献，正面汉文《报恩经》卷四的叶边写于阗语文书。在汉文《报恩经》的最后，有题记作“僧性空与道圆雇人写记”。这里的道圆即《宋会要》、《续资治通鉴长编》、《宋史》等书所记乾德三年（965）由西域与于阗使一起回到中原的沙门道圆，也即 S.6264《天兴十二年（961）正月八日南阎浮提大宝于阗国匝摩寺八关戒牒》中的授戒师道圆。由此推测，这个写本的年代大概在道圆经行敦煌的 10 世纪中叶。见张广达、荣新江《巴黎国立图书馆所藏敦煌于阗语写卷目录初稿》，《敦煌吐鲁番文献研究论集》第 4 辑，北京：北京大学出版社，1987 年，此据作者《于阗史丛考》（增订本），第 135—136 页。

② H. W. Bailey, “Hvatanica IV”, *Bulletin of the School of Oriental and African Studies*, 10.4, 1942, pp. 391-392.

sorts of knowledge, five hundred too and seven great protectors, eighteen thousand kings of Nāgas, who had received the teaching from Maleda—they hold the Khotan land.

八位守护神巨大威力，现形护持邻近之境。那里殊胜、威严、敬信之诸王虔诚皈依佛法，其他①毗沙门（Vrrīśamaṃ）、②散脂（Saṃñī）、③阿婆罗质多（Aparājai[ja]tta）、④迦迦那莎利（Gaganasvarä）、⑤莎那末利（Svarṇamāla）、⑥吃利呵婆达多（Grrahavadatti），尔后⑦阿隅阇（Aṃgūśa'）、⑧悉他那（Sthānāvą）及其眷属，以最殊胜有力且具五种智之三万五千五百［眷属］为首，七大守护神和一万八千龙王，他们业已获得 Maleda 之教法——他们护持于阗。

这份文献先说“八位守护神”，后面又说“七大守护神”，而实际列出的守护神确有八位。释读这份文书的贝利称，由于这份文本上面裱糊了一层白纸，释读困难，其中或有可再商榷之处[①]。不过，八大守护神（haṣṭä parvālā）的提法亦见于其他于阗文文献，如 Ch. i.0021.a.a 第 14 行[②]、P.2958 第 142—143 行[③]，所以应当是于阗地方一种固定的概念。我们注意到，于阗文 P.2893 八大守护神的排列顺序与下文《于阗国授记》完全一样，说明它们产生的年代大致相同，而且可能来自共同的母本，代表着 8 世纪末、9 世纪初于阗地方流行的八大守护神的先后次序。

本发愿文提到的八位守护神的眷属，共有三万五千五百。如果我们

① H. W. Bailey, "Hvatanica IV", p. 403.

② H. W. Bailey, "Hvatanica IV", pp. 386-388. 按，这份文书近年由 Prods Oktor Skjærvø 重新释读，见其著 *Khotanese Manuscripts from Chinese Turkestan in the British Library: A Complete Catalogue with Texts and Translations*, London: The British Library, pp. 522-524.

③ 于阗文转写见 H. W. Bailey, *Khotanese Texts*, II, second edition London: Cambridge University Press, 1969, p. 118；英译见 H. W. Bailey, "Altun Khan", *Bulletin of the School of Oriental and African Studies*, 30.1, 1967, p. 96.

把《月藏经》所记八大守护神的眷属累加起来，也正是三万五千五百，两者数目相等，恐怕并非偶然。如同下文所述，在《于阗国授记》中，八大守护神的眷属共是十三万八千五百。如此看来，于阗文《发愿文》的文本来源可能较《于阗国授记》要早。

4. 藏文《于阗国授记》（*Li yul lung btsan pa*）

《于阗国授记》是另一部有关于阗的授记类作品，收于藏文大藏经《丹珠尔》（*bsTan 'gyur*）[①]。前述《登噶目录》和《旁塘目录》未有著录，故其撰成时间当在《牛角山授记》之后。据本授记所述，在释迦牟尼行将寂灭之前，曾于王舍城灵鹫山宣讲《月藏经》，尔时将各地付嘱于诸护法（mgon po）及天、龙等守护神（srung ma），并做于阗授记，将于阗付嘱于毗沙门、正知大夜叉将（gnod sbyin gyi sde dpon chen po Yang dag shes；Skt. Saṃjñāya）[②]、阿阇世王（Tib. Ma skyes dgra；Skt. Ajātaśatru）女无垢光（Tib. Dri ma med pa'i 'od；Skt. Vimalaprabhā）、孺童金刚（Tib. gZhon nu rdo rje；Skt. Kumāra Vajra）、意坚天女（Tib. Blo rab brtan；Skt. Susthiramati）[③]与曷利帝天女（Tib. 'Phrog ma；Skt.

---

① 卓尼版（Co ne，下文简称 C）《丹珠尔》（*bsTan 'gyur*）书翰部（spring yig）nye 函，第 173 卷，第 171b3-188a7 叶；德格版《丹珠尔》书翰部 nye 函，第 173 卷，第 171b6-188a7 叶；金汁写本（dGa' ldan/Golden，下文简称 G）《丹珠尔》第三品法相乘部之书翰部（spring yig gi skor）nge 函，第 182 卷，第 540b5-567a3 叶；那塘版《丹珠尔》第三品法相乘部之书翰部 nge 函，第 182 卷，第 424b1-444a4 叶；北京版(P)《丹珠尔》书翰部 nye 函，第 129 卷，第 448a3-468a8 叶。

② C 173a4、D 173b1 作 gnod sbyin gyi sde dpon chen po la sogs yang dag shes，G 543a4、N 426a6 和 P 450a2 作 gnod sbyin gyi sde dpon chen po yang dag shes，从之。参见 F. W. Thomas，*Tibetan Literary Texts and Documents concerning Chinese Turkestan*，Part I，pp. 20，94；R. E. Emmerick，*Tibetan Texts concerning Khotan*，London：Oxford University Press，1967，p. 8. 按 yang dag shes，意为“正知”，即前述汉文《月藏经》的散脂夜叉大将，藏文《牛角山授记》的“具识大菩萨”，详见下文分析。

③ Blo rab brtan 的意思是“心意十分坚定”。这位天女不见于他处，本文姑且意译作“意坚天女”。

Hārītī）①等及其眷属②。然后，释迦牟尼亲率眷属前去于阗，授记于阗国出现。它接着叙述说③：

de nas bcom ldan 'das la byang chub sems dpa' 'jam dpa' dang / byams pa dang / spyan ras gzigs kyi dbang phyug[1] dang / nam mkha'i snying po[2] dang / sa'i snying po dang / kun du bzang po dang / mthu chen dang / sman gyi rgyal po byang chub sems dpa' dang / ①rnam thos kyi sras[3] 'khor gnod sbyin sum stong dang / ②gnod sbyin gyi sde dpon yang dag shes 'khor khri phrag bcu dang / ③lha gzhan gyis mi thub pa [4] 'khor stong dang / ④nam mkha'i spyan [5] 'khor bryad stong dang / ⑤lha'i bu gser phreng 'khor lnga brgyad dang / ⑥klu'i rgyal po gnas dros po 'khor stong dang / ⑦lha mo lcags kyu can 'khor stong phrag bcu dang / ⑧lha mo gnas ldan ma 'khor lnga stong dang / rigs kyi bu mo dri ma med pa'i 'od dang / gzhon nu rdo rje sde dang / lha'i bu blo rab brtan[6] dang / lha mo 'phrog ma 'khor dang bcas pa la sogs pas bcom ldan 'das kyi spyan sngar dam tshig bcas nas li yul bsrung bar zhal kyis bzhes te / deng sang gi bar du yang 'phags pa byang chub sems dpa' 'di brgyad dang / rnam thos kyi sras la sogs pa[7] mgon po dang / lha dang / klu dang / lha mo rnams thos ma sangs rgyas gau to shan du gshegs te 'khor mang pos

① N 426a6-7 作 phrog ma.

② C 173a3-5; D 173a7-173b2; G 543a3-5; N 426a4-7; P 449b8-450a3. 参见 F. W. Thomas, *Tibetan Literary Texts and Documents concerning Chinese Turkestan*, Part I, p. 94; R. E. Emmerick, *Tibetan Texts concerning Khotan*, pp. 8-9.

③ C 174a4-b2; D 174b1-6; G 544b5-545a5; N 427b1-7; P 451a5-b3. 参见 F. W. Thomas, *Tibetan Literary Texts and Documents concerning Chinese Turkestan*, Part I, p. 97; R. E. Emmerick, *Tibetan Texts concerning Khotan*, pp. 12-15.

bskor nas bzhugs pa'i tshe byang chub sems dpa' 'di rnams dang / mgon po dang lha klu rnams ga la bzhugs bzhugs pa'i gnas dang / dam tshig blangs pa'i sar da dung yang yul srung zhing byin gyis rlob / mngon rtags dang mtshan ma dag kyang 'byung /

于是，文殊菩萨、弥勒菩萨、观音菩萨、虚空藏菩萨、地藏菩萨、普贤菩萨、大势至菩萨、药王菩萨、①多闻子三千眷属夜叉、②正知大夜叉将十万眷属、③难胜天神一千眷属、④虚空眼八千眷属、⑤金华鬘天子五百眷属、⑥热舍龙王一千眷属、⑦具钩天女一万眷属、⑧有处天女五千眷属、善女人无垢光、孺童金刚、意坚天子、曷利帝天女及其眷属等于世尊前起誓，承许守护于阗。自佛最初由此八尊者菩萨、多闻子等护法、天、龙、天女伴随降临牛头山，由无数眷属环绕而住于此地，及至于今，此诸菩萨、护法、天、龙等各于其安住之所与起誓之地，直至今日仍然守护并予加持，神迹与瑞相常现。

校记：［1］G、N、P 作 spyan ras gzigs dbang phyug. ［2］G、N 作 nam kha'i snying po. ［3］G、N、P 作 rnam thos sras. ［4］C、D 作 gzhan gyis mi thub pa'i；此据 G、N、P。参见 R. E. Emmerick, *Tibetan Texts concerning Khotan*, p. 12. ［5］G、N 作 nam kha'i spyan. ［6］"意坚天子"，原文如此，各版本同。前文作"意坚天女"。 ［7］原文作 la sogs pa'i，各版本同。但从前后文意思看，当作 la sogs pa.

《于阗国授记》中的八大守护神并非单独作为自己的系列出现，其前面有诸位菩萨，后面有善女人无垢光、孺童金刚、意坚天子、曷利帝天女，但八大守护神部分的顺序仍有规律可循，代表着文本产生时代的观念。其中前三位和后两位与《牛角山授记》完全相同，而中间三位则在《月藏经》和《牛角山授记》两个传统之间摇摆。

5. 藏文《于阗教法史》

敦煌藏文写本 P. t. 960《于阗教法史》,1935 年由托玛斯(F. W. Thomas)英译[①],1967 年又由恩默瑞克(R. E. Emmerick)全部转写出版[②],1983 年陈践和王尧两位先生对这份文书作了藏文录文[③]和汉文翻译[④],近年笔者之一朱丽双对这份文书作了进一步整理和研究[⑤]。这件文书的内容十分庞杂,大部分与《于阗国授记》、《牛角山授记》、《于阗阿罗汉授记》(*Li yul gyi dgra bcom bas lung bstan pa*)及《僧伽伐弹那授记》(*dGra bcom pa dge 'dun 'phel gyis lung bstan pa*)——特别是与《于阗国授记》相近,只是叙述较为简略,故推测在这些有关于阗的藏文佛典类文献当中,它的撰成年代最晚,可能在 9 世纪中叶吐蕃统治敦煌的最后时期。文书第 32—34 行专记于阗的八大守护神[⑥]:

---

① F. W. Thomas, *Tibetan Literary Texts and Documents concerning Chinese Turkestan*, Part I, pp. 305–323.

② R. E. Emmerick, *Tibetan Texts concerning Khotan*, pp. 78–91.

③ bSod nams skyid dang dBang rgyal, *Tun hong nas thon pa'i gna' bo'i bod yid shog dril*, Pe cin: Mi rigs dpe skrun khang, 1983, pp. 256–278. 据本文书卷末题记,其题名当作 li yul chos kyi lo rgyus, Thomas 和 Emmerick 均从之,陈践、王尧将这份文书命名作 li yul du sangs rgyas chos lugs dar tshul skor,不知何所出。

④ 王尧、陈践译注《敦煌吐蕃文献选》,成都:四川民族出版社,1983 年,第 140—158 页。标题作“于田教法史”。

⑤《敦煌藏文文书 P.t.960 所记于阗佛寺创立——〈于阗教法史〉译注之一》,《敦煌研究》2011 年第 1 期,81—87 页;《敦煌藏文文书 P.t.960 所记于阗建国传说——〈于阗教法史〉译注之二》,《敦煌研究》2011 年第 2 期,108—113 页;《敦煌藏文文书 P.t.960 所记守护于阗之神灵——〈于阗教法史〉译注之三》,《敦煌研究》2011 年第 4 期,113—118 页;《敦煌藏文文书 P.t.960 所记佛法灭尽之情形——〈于阗教法史〉译注之四》,《敦煌吐鲁番研究》第 12 卷,2011 年,123—135 页;《敦煌藏文文书 P.t.960 所记于阗的佛像、伽蓝与僧伽——〈于阗教法史〉译注之五》,《语言背后的历史——西域古典语言学高峰论坛论文集》,上海:上海古籍出版社,2012 年,第 204—214 页。

⑥ F. W. Thomas, *Tibetan Literary Texts and Documents concerning Chinese Turkestan*, Part I, p. 310;朱丽双《敦煌藏文文书 P.t.960 所记守护于阗之神灵——〈于阗教法史〉译注之三》,第 114 页。

(32)lI yul du dam pa'i chos myI 'jig pa dang / yul gyI srungs ma chen po / (33)brgyad bzhugs pa la / / ①mgon po chen po be sha ra ma ni / ②sde dpon sa nye / ③a pa ra dzI ta / ④gha gha na swa ra / / ⑤su gar na ma la / ⑥lcags kyu / ⑦sta na ba ti / ⑧ klu'i rgyal po 'gra ha bad ta la tsogs pa / de dag gI 'khor dam tshig can / /spyir srung (34)ba ni sum khri / lha stong lnga bgya rtsa bdun srung ngo / /

[为使] 于阗正法不灭而安住 [于此] 之八大地方守护神如下：①毗沙门大护法、②散脂大将、③阿婆罗质多、④迦迦那莎利、⑤莎那末利、⑥铁钩、⑦悉他那、⑧吃利呵婆达多龙王等。彼等之具誓眷属，共有守护神三万、天神一千五百有七护持。

值得注意的是，上文《牛角山授记》和《于阗国授记》都是采用意译的方式来翻译守护神的名字，而这份文献则是除了具钩天女（即《月藏经》的阿那紧首天女，详后）以外，全部用藏文直接转写梵文或于阗文的音译方式写出他们的名称。由于它含有许多于阗文词汇①，比如八大守护神之一的散脂在这里作 Sa nye，即来自于阗文 Saṃñī，而与梵文 Saṃjñāya 有所区别（详后），所以很有可能，《于阗教法史》是从于阗文直接翻译过来。从守护神的排列顺序来看，只有一点和《于阗国授记》及于阗语《发愿文》不同，就是原本已经退到第六位的热舍龙王，现在降到了最后的第八位。这或许是本文书产生时代的人们对八大守护神先后次序的新认识。

① F. W. Thomas, *Tibetan Literary Texts and Documents concerning Chinese Turkestan*, Part I, p. 305.

第二节

于阗八大守护神名称之考释

有关于阗的诸多守护神，贝利早已从语言学角度做过精彩的研究和比定①，托玛斯和恩默瑞克也在相关研究中有所探讨。今在前人基础上，以在《月藏经》中出现的顺序为次，对其中的八大守护神略加解说。每位守护神的名称按上文·1）《月藏经》·2）《牛角山授记》·3）P.2893于阗语《发愿文》·4）《于阗国授记》·5）《于阗教法史》的次序罗列。

1. 1）难胜天子·2）lha Mi pham pa（难胜天神）·3）Aparājaiā[ja]tta·4）lha gZhan gyis mi thub pa（难胜天神）·5）A pa ra dzI ta

难胜，梵文作Aparājita②。藏文《牛角山授记》和《于阗国授记》用词虽不同，但其意相同。《于阗教法史》音写的A pa ra dzI ta和于阗文Aparājai[ja]tta一样，当来自梵文。

难胜的身份前后基本未变，为天子或天神。但地位却变化很大。如上所述，在《月藏经》时代，难胜天子居于首位，但在《牛角山授记》

① H. W. Bailey, "Hvatanica IV", *Bulletin of the School of Oriental and African Studies*, 10.4, 1942, pp. 411–417.

② H. W. Bailey, "Hvatanica IV", pp. 411–412; R. E. Emmerick, *Tibetan Texts concerning Khotan*, p. 103.

时代，它降到毗沙门天王和具识大菩萨（即散脂）之后，位居第三，以后在这个位置上固定下来。

难胜的眷属，《月藏经》称有一千，后来《于阗国授记》的记载亦同。

2. 1）散脂夜叉大将·2）byang chub sems dpa' sems dpa' chen po 'Du shes can（具识大菩萨）·3）Saṃñī ·4)gnod sbyin gyi sde dpon Yang dag shes（正知大夜叉将）·5）sde dpon Sa nye（散脂大将）

散脂在藏文中有多种译名，《牛角山授记》作'Du shes can，意为“具识”，梵文还原作Saṃjñin[①]；《于阗国授记》作Yang dag shes，意为“正知”，梵文还原作Saṃjñāya[②]。散脂还见于其他藏文文献，译名亦有不同。比如在《无垢光请问经》（*Dri ma med pa'i 'od kyis zhus pa*）中作gnod sbyin gyi dbang po Kun tu rgyal，意为“普胜夜叉王”[③]。Kun tu rgyal，梵文还原作Saṃjaya[④]；藏译《日藏经》作gnod sbyin gyi sde dpon chen po Ming can，意为“具名夜叉大将”[⑤]，Ming can，梵文还原与'Du shes can同，亦作Saṃjñin[⑥]。汉译《日藏经》相应的名称

---

① F. W. Thomas, *Tibetan Literary Texts and Documents concerning Chinese Turkestan*, Part I, p. 20.

② H. W. Bailey, “Hvatanica IV”, p. 411; R. E. Emmerick, *Tibetan Texts concerning Khotan*, p. 104.

③ *Dri ma med pa'i 'od kyis zhus pa*（《无垢光请问经》），（1）德格版《甘珠尔》经部ba函，第57卷，第212a3、225a6、232a7、244b4叶；（2）拉达克版《甘珠尔》第三品法相乘部之经部a函，第81卷，第243b2、263b5、273a6、290a1叶；（3）那塘版《甘珠尔》经部pa函，第59卷，第340a2、362b6、374a1、393b3-4叶。

④ F. W. Thomas, *Tibetan Literary Texts and Documents concerning Chinese Turkestan*, Part I, p. 179; R. E. Emmerick, *Tibetan Texts concerning Khotan, p. 104.*

⑤ *Nyi ma'i snying po'i mdo*（《日藏经》），全称*'Phags pa shin tu rgyas pa chen po'i sde nyi ma'i snying po zhes bya ba theg pa chen po'i mdo*（《圣大方广日藏经》），德格版《甘珠尔》经部za函，第66卷，第238a1叶。

⑥ F. W. Thomas, *Tibetan Literary Texts and Documents concerning Chinese Turkestan*, Part I, p. 20, note 1.

为"僧儿耶大夜叉将"[①]。《于阗教法史》作 Sa nye，当来自于阗文 Saṃñī[②]。

散脂在《月藏经》中只是一位夜叉大将，但在《牛角山授记》中成为大菩萨，不过以后的藏文文献仍称他为"夜叉大将"或简称"大将"。在《月藏经》中，散脂排在难胜天子之后，位居第二。在以后的文献记载中，他虽然仍在第二位，但却超过了难胜天子，排在无可取代的毗沙门天王之后，而且保持其位置不变，这说明他在于阗守护神中的重要性仅次于毗沙门天王。而从于阗本地发现的绘画作品来看，在本文讨论的这八位守护神中，散脂大概也是毗沙门之外唯一留下图像的神祇[③]。值得注意的是，从更后期的文献和图像资料来看，散脂的地位似有下降趋势。比如在黑水城出土的西夏时期文献 Ф.222《多闻天王施食仪轨》中，他是多闻天王（即毗沙门天王）的八大眷属之一，名作"尽知施碍"，位于东南方向，其形象特征是"赤色，右手执刀"[④]，而且这里描述的其身份和形象特征亦为同地出土的一幅多闻天王唐卡所证实[⑤]。另外，在后期西藏佛教的万神殿中，散脂同样是多闻天王的眷属之一[⑥]。

散脂的眷属，《月藏经》说是一万，但在《于阗国授记》变成十万，这或许是他在某一时期地位上升的结果，但也有可能是《于阗国授

① CBETA 本《大正藏》第 13 册，第 295a 页。

② H. W. Bailey, "Hvatanica IV", p.411；R.E.Emmerick，*Tibetan Texts concerning Khotan*, p. 105.

③ Joanna Williams, "The Iconography of Khotanese Painting"，*East and West*, 23.1–2，1973，pp. 136–138，figs. 34，40–43.

④ 荣新江《〈俄藏敦煌文献〉中的黑水城文献》，沈卫荣等编《黑水城人文与环境研究——黑水城人文与环境国际学术讨论会文集》，北京：中国人民大学出版社，2007 年，第 534—548 页；荣新江《辨伪与存真——敦煌学论集》，上海：上海古籍出版社，2010 年，第 176—179 页。

⑤ 谢继胜《西夏藏传绘画——黑水城出土西夏唐卡研究》，石家庄：河北教育出版社，2001 年，第 147—152 页；荣新江《辨伪与存真——敦煌学论集》，第 176—179 页。

⑥ Réne de Nebesky-Wojkowitz，*Oracles and Demons of Tibet: The Cult and Iconography of the Tibetan Protective Deities*, Delhi: Book Faith India，1996，pp. 68–71；谢继胜译《西藏的神灵和鬼怪》，拉萨：西藏人民出版社，2000 年，第 79—82 页。

记》在流传过程中抄写失误所致。

3. 1）羖羊脚大夜叉·2）lha Nam mkha'i dbyangs（虚空音天神）·3）Gaganasvarä·4）Nam mkha'i spyan（虚空眼）·5）Gha gha na swa ra

《月藏经》羖羊脚的梵文原语不明，我们在文献和图像资料中都没能找到和他对应的神祇。但是，后期文献在与羖羊脚大夜叉相对应的位置上，出现了虚空音天神。德格版《牛角山授记》意译其名作 Nam mkha'i dbyangs，梵文还原作 Gaganasvara[①]，与于阗文 Gaganasvarä及《于阗教法史》中的 Gha gha na swa ra 正可对应。拉达克版和那塘版《牛角山授记》作 Nam mkha'i dbyings，意为“天空、太空、虚空”[②]，相应的梵文作Ākāśatala[③]，与上述于阗文及《于阗教法史》的写法均无法比对，当是形近而误写。《于阗国授记》作 Nam mkh'i spyan，意为“虚空眼”，梵文还原作Ākāśacakṣus[④]，同样难以和于阗文及《于阗教法史》的写法对应，spyan 恐怕也是形近而误写，当作 dbyangs。

不论从音还是从意考察，《月藏经》的“羖羊脚”和藏文的 Nam mkha'i dbyangs（虚空音）及于阗文的 Gaganasvarä都无法比定。不过，从其眷属数目看，这两者之间似乎存在着某种承继关系。如上所述，《月藏经》记羖羊脚大夜叉有八千眷属，而《于阗国授记》记虚空眼（当即虚空音）的眷属也正是八千，这或许透露出两者相互关联的信息，因为这两种文本记载的眷属数目大都是可以一一勘同的。

《月藏经》的羖羊脚是大夜叉，《牛角山授记》的虚空音为天神，

---

① H. W. Bailey, "Hvatanica IV", p. 412；R. E. Emmerick, *Tibetan Texts concerning Khotan*, p. 95；Lokesh Chandra, *Tibetan-Sanskrit Dictionary*, New Delhi: International Academy of Indian Culture and Aditya Prakashan, Third reprint, 2001, p. 449.

② 张怡荪《藏汉大辞典》，北京：民族出版社，2008 年，上册，第 1519 页。

③ 榊亮三郎《飜譯名義大集》，東京：鈴木学術財団，1962 年，上册，第 444 页，6882 号；Lokesh Chandra, *Tibetan-Sanskrit Dictionary*, p. 449.

④ F. W. Thomas, *Tibetan Literary Texts and Documents concerning Chinese Turkestan*, Part I, p. 97；R. E. Emmerick, *Tibetan Texts concerning Khotan*, p. 98.

表明身份不低。如果假设这位虚空音就是羖羊脚，那么他的位置在《月藏经》中是紧接在难胜和散脂的后面，到了《牛角山授记》则移到热舍龙王的后面，以后基本固定在第四位，而热舍龙王则下降两位。

4. 1）金华鬘夜叉·2）lha gSer gyi phreng ba can（金花鬘天神）·3）Svarṇamāla·4）lha'i bu gSer phreng（金花鬘天子）·5）Su gar na ma la

几份文献在这位守护神的名称上相当统一，不论意写的藏文 gSer gyi phreng ba can / gSer phreng，音写的于阗文Svarṇamāla，还是音写的藏文 Su gar na ma la，其意皆为"金华鬘"，梵文作Suvarnamāla[①]。

《月藏经》中金华鬘的身份是夜叉，到《牛角山授记》作天神，《于阗国授记》作天子，说明金华鬘地位的上升。

金华鬘的位置，《月藏经》中排在第四，但在《牛角山授记》降到第六，以后基本保持在第五位。

据《月藏经》，金华鬘夜叉有五百眷属，《于阗国授记》所记同，仍是五百。

5. 1）热舍龙王·2）klu'i rgyal po Khyim 'tshig（热舍龙王）·3）Grrahavadatti·4）klu'i rgyal po gNas dros po（热舍龙王）·5）klu'i rgyal po 'Gra ha bad ta

热舍，梵文还原作 *Gṛhāvatapta[②]，《牛角山授记》和《于阗国授记》虽分别意译作 Khyim 'tshig 和 gNas dros pa，但其意皆和汉文"热舍"相同。汉译《日藏经·护塔品》叙述道：释迦牟尼"以阎浮提内于

---

① F. W. Thomas, *Tibetan Literary Texts and Documents concerning Chinese Turkestan*, Part I, pp. 20, 97, 310; H. W. Bailey, "Hvatanica Ⅳ", p. 412; R. E. Emmerick, *Tibetan Texts concerning Khotan*, pp. 13, 106, 107; Lokesh Chandra, *Tibetan-Sanskrit Dictionary*, p. 831.

② H. W. Bailey, "Hvatanica IV", pp. 391, 412–413; R. E. Emmerick, *Tibetan Texts concerning Khotan*, pp. 95–96, 98.

阗国中水河岸上牛头山边近河岸侧瞿摩婆（娑）罗香大圣人支提住处付嘱吃利呵婆达多龙王。”[①]此龙王于藏文《日藏经》作 klu'i rgyal po Khyim bdag[②]，Khyim bdag 意为“家长、施主”[③]，梵文作 Gṛhapati[④]。“吃利呵婆达多”与此似不能勘同，而与于阗文 Grrahavadatti 及《于阗教法史》音写的'Gra ha bad ta 更为接近。Khyim bdag 当为 Khyim'tshig 之误。

热舍龙王见于多份于阗文文书，除了上述 P.2893，其他还有 Ch.i.0021a.a、Ch. 00267、S.2471、P.2787 号[⑤]，近年发现于和田丹丹乌里克遗址的一件护身符上亦有其名[⑥]。这位龙王在《月藏经》时代排在第五位，到《牛角山授记》时代升至第四位，但到了于阗文 P.2893 所据原本和藏文《于阗国授记》成文时，又降至第六位，到《于阗教法史》更是降至最低的第八位。

《月藏经》热舍龙王千眷属，与藏文《于阗国授记》所记相同。

6. 1)阿那紧首天女·2)lha mo lCags kyu can(具钩天女)·3)Aṃgūśa'·4) lha mo lCags kyu can（具钩天女）·5) lCags kyu（铁钩）

如同金花鬘一样，几份文献在这位天女的名称上也相当统一。《牛角山授记》和《于阗国授记》全同，《于阗教法史》对其他七位守护神

① CBETA 本《大正藏》第 13 册，第 294b 页。

② *Nyi ma'i snying po'i mdo*（《日藏经》），236a1 叶。

③ 张怡荪主编《藏汉大辞典》，上册，第 261 页。

④ Lokesh Chandra，*Tibetan-Sanskrit Dictionary*，p. 86. 参见榊亮三郎《飜譯名義大集》，上册，第 251 页，3627 号。

⑤ H. W. Bailey，“Hvatanica IV”，pp. 388–392；H. W. Bailey，“Viśạ Saṃgrāma”，*Asia Major*，new series，11.2，1965，p. 103；P. O. Skjærvø，*Khotanese Manuscripts from Chinese Turkestan in the British Library*，p. 523.

⑥ P. O. Skjærvø，“A Khotanese Amulet”，in M. Macuch，M. Maggi and W. Sundermann eds.，*Iranian Languages and Texts from Iran and Turan，Ronald E. Emmerick Memorial Volume*，Wiesbaden: Harrassowitz Verlag 2007［2008］，pp. 387–401；段晴《明咒护身符》，中国新疆文物考古研究所、日本佛教大学尼雅遗址学术研究机构编著《丹丹乌里克遗址——中日共同考察研究报告》，北京：文物出版社，2009 年，第 267—279 页。

全用音写，但对这位守护神却用意译。lCags kyu can / lCags kyu，梵文作 Aṃkuśa[①]，与《月藏经》“阿那紧首”及于阗文 Aṃgūśa’完全对应。lha mo lCags kyu can，贝利和恩默瑞克还原梵文作 *Aṅkuśavatī[②]。

在《月藏经》中，阿那紧首天女排在第六位，以后毗沙门天王升为第一位，她降至第七，再后由于热舍龙王掉到第八位，她又回到第六的位置上。

《月藏经》阿那紧首天女十千眷属，《于阗国授记》与之同。

7. 1）他难阇梨天女·2）lho mo gNas can（有处天女）·3)Sthānāvą·4）lha mo gNas ldan ma（有处天女）·5）Sta na ba ti

这位天女的名字在几份文献中亦基本一致，《牛角山授记》和《于阗国授记》用语虽略有不同，但意思相同。《于阗教法史》音写的 Sta na ba ti 与于阗文 Sthānāvą 也相近，都来自梵文的 Sthānavatī[③]。

和阿那紧首天女的情况类似，在《月藏经》中，他难阇梨天女排在第七位，以后毗沙门天王升至第一位，她降至第八。再后由于热舍龙王掉到第八位，她又回到第七的位置上。

《月藏经》他难阇梨天女有五千眷属，与藏文《于阗国授记》所述相同。

8. 1）毗沙门王·2）lha’i rgyal po rNam thos kyi bu（多闻子天王）·3）Vrrīśamaṃ·4）rNam thos kyi sras（多闻子）·5）mgon po chen po Be sha ra ma ni（毗沙门大护法）

毗沙门也是佛教世界著名的四大天王之一，守护北方，所以较多为

---

① Lokesh Chandra, *Tibetan-Sanskrit Dictionary*, p. 229.

② H. W. Bailey, “Hvatanica IV”, p. 413; R. E. Emmerick, *Tibetan Texts concerning Khotan*, pp. 15, 96.

③ F. W. Thomas, *Tibetan Literary Texts and Documents concerning Chinese Turkestan*, Part I, p. 310; H. W. Bailey, “Hvatanica IV”, p. 413; R. E. Emmerick, *Tibetan Texts concerning Khotan*, p. 98.

人所知。据《翻译名义大集》，其名梵文作 Vaiśravaṇaḥ，藏文作 rNam thos kyi bu，汉文作“多闻子”[①]。《于阗国授记》写作 rNam thos kyi sras，sras 为 bu“子”的敬语。在《于阗教法史》中，除了以上引述的那段，它还写作 Bi sha ra ma ni、Sha ra ma ni 等，它们和于阗文的 Vrrīśamaṃ一样，都对应于佛教混合梵文Vaiśramaṇa[②]。

毗沙门天王从《月藏经》时代的最后一位到《牛角山授记》时代跃居榜首，此后从未变化。这是毗沙门天王在于阗地位上升的结果，这一点也可以从唐代中叶以后毗沙门天王信仰的广泛流行看出[③]。

《月藏经》没有提到毗沙门天王有眷属，《于阗国授记》说有三千夜叉。

表一 于阗的八大守护神及其在各种文本中的次序[④]

月藏经	牛角山授记	于阗文 P.2893	于阗国授记	于阗教法史	梵文
难胜天子①	lha Mi pham pa 难胜天神③	Aparājai[ja]tta 阿婆罗质多③	lha gZhan gyi mi thub pa 难胜天子③	A pa ra dzI ta 阿婆罗质多③	Aparājita
散脂夜叉大将②	byang chub sems dpa' sems dpa' chen po 'Du shes can 具识大菩萨②	Saṃñī 散脂②	gnod sbyin gyi sde dpon Yang dag shes 散脂夜叉大将②	sde dpon Sa nye 散脂大将②	Saṃjñin / Saṃjaya

① 榊亮三郎《飜譯名義大集》，上册，第 223 页，3146 号。

② H. W. Bailey, "Hvatanica IV", p. 411; R. E. Emmerick, *Tibetan Texts concerning Khotan*, pp. 98, 101.

③ 有关毗沙门天王的研究很多，最近的文章可参见大岛幸代《唐代中期的毗沙门天信仰与造像活动——以长安的事例为中心》，《艺术史研究》第 9 辑，2007 年，第 277—290 页；谢继胜《吐蕃天王图像式样考——兼析于阗毗沙门或兜跋毗沙门天王渊源》，沈卫荣、谢继胜主编《贤者新宴：王尧先生八秩华诞藏学论文集》，北京：中国藏学出版社，2010 年，第 177—194 页。

④ 表格说明：不能对应的守护神名称前加一“*”号。

续表

月藏经	牛角山授记	于阗文 P.2893	于阗国授记	于阗 教法史	梵文
*羖羊脚大夜叉③	lha Nam mkha'i dbyangs 虚空音天神⑤	Gaganasvarä 虚空音④	*Nam mkha'i spyan 虚空眼④ Skt. Ākā śacakṣus	gha gha na swa ra 迦迦那莎利④	Gaganasvara
金花鬘夜叉④	lha gSer gyi phreng ba can 具金花鬘天神⑥	Svarṇamāla 莎那末利⑤	lha'i bu gSer phreng 金华鬘天子⑤	Su gar na ma la 莎那末利⑤	Suvamṇamāla
热舍龙王⑤	klu'i rgyal po Khyim 'tshig 热舍龙王④	Grrahavadatti 吃利呵婆达多龙王⑥	klu'i rgyal po gNas dros po 热舍龙王⑥	klu'i rgyal po 'Gra ha bad ta 吃利呵婆达多龙王⑧	Gṛhāvatapta
阿那紧首天女⑥	lha mo lCags kyu can 具钩天女⑦	Aṃkuśa 阿那紧首⑦	lha mo lCags kyu can 具钩天女⑦	lCags kyu 铁钩⑥	Aṃgūśa'
他难阇梨天女⑦	lho mo gNas can 有处天女⑧	Sthānāva̦ 悉他那⑧	lha mo gNas ldan ma 有处天女⑧	Sta na ba ti 悉他那天女⑦	Sthānavatī
毗沙门王⑧	lha'i rgyal po rnNam thos kyi bu 多闻子天王①	Vrrīśamaṃ 毗沙门①	rNam thos kyi sras 多闻子①	mgon po chen po Be sha ra ma ni 毗沙门大护法①	Vaiśramaṇa/ Vaiśravaṇa

第三节

敦煌瑞像记中的于阗八大守护神

敦煌写本中保存了一些有关于阗瑞像的记录，它们可能是绘制好的壁画上的榜题抄录[①]。S.2113《瑞像记》就完整地保留了于阗八大守护神的名称，为我们对照文献来辨识石窟壁画上的守护神的图像提供了强有力的文献依据。

按 S.2113 依次抄写三项内容，中间部分是一篇《唐乾宁三年（896）沙州龙兴寺上座马德胜宕泉创修功德记》，其前后抄写的都是“瑞像记”一类文字，可以分别称之为 A、B 两部分。A 共 61 行，B 共 27 行。全卷抄录年代当在 896 年之后，估计不会晚太长时间[②]。

S.2113A 的第 48—52 行记录了守护于阗的八大守护神，现将有关文字转录于下。为便下文讨论，我们没有按行录文，而是将他们单独编号[③]：

①迦迦那莎利神守护于阗国。

---

① 张小刚《敦煌感通故事画榜题抄录稿研究》，袁行霈、李焯芬、樊锦诗主编《庆贺饶宗颐先生 95 华诞敦煌学国际学术研讨会论文集》，北京：中华书局，2012 年，第 404—423 页。

② 张广达、荣新江《于阗史丛考》（增订本），第 169 页。

③ 张广达、荣新江《敦煌“瑞像记”、瑞像图及其反映的于阗》，第 166—178 页。本文书图版今收入沙知主编《英藏敦煌文献（汉文佛经以外部分）》第 4 卷，成都：四川人民出版社，1991 年，第 6—10 页。按录文明显的缺字，以意补足。

②莎那末利神守护于阗国。

③莎那（耶）摩利神守护于阗国。

④阿隅阇天女守护［于］阗国。

⑤毗沙［门］天王神守护于阗国。

⑥阿婆罗质多神守护于阗国。

⑦摩诃迦罗神守护于阗国。

⑧悉他那天女［守］护于阗国。

这里各守护神名字都用音译，而且除了“毗沙门”以外，所有译名都和《月藏经》不符，所以应当另有所本。考虑到敦煌于阗文写卷 P.2893 和敦煌藏文 P.t.960《于阗教法史》都是用音译的方式来书写这八位守护神的名字，那么，或许我们可以这样说，S.2113A 为我们提供了稍晚或大致同时的汉文写法，这应当是 9、10 世纪敦煌当地指称于阗八大守护神时的规范称呼。

将这些守护神的汉译名与于阗文（P.2893）、藏文（P.t.960）音译名相对照，我们发现，这些汉译名很可能来自同时代的于阗文，而不是梵文或藏文。其对应关系如下：

表二 S.2113A 所记于阗八大守护神与其他文献对照

S.2113A	于阗文 P.2893	藏文 P.t.960	意思
迦迦那莎利神	Gaganasvarä	Gha gha na swa ra	虚空音神
莎那末利神	Svarṇamāla	Su gar na ma la	金花鬘神
莎那（耶）摩利神	Saṃñī	Sa nye	正知鬘神
阿隅阇天女	Aṃkuśa	lCags kyu	铁钩天女
毗沙门天王神	Vrrīśamaṃ	Be sha ra ma ni	多闻子天王神
阿婆罗质多神	Aparājai[ja]tta	A pa ra dzI ta	难胜神
摩诃迦罗神	——	——	大黑天神
悉他那天女	Sthānāvaḁ	Sta na ba ti	有处天女

由于没有认识到莎耶摩利和莎那末利的区别，张广达、荣新江过去曾把两者勘同为一，都对应于于阗文的 Svarṇamāla（金花鬘）①。根据我们 2010 年在莫高窟的考察结果，其中第 3 条的“莎那”当据莫高窟壁画榜题改作“莎耶”（详后），这样我们就可以把两者分开。从语音上来看，“莎那末利”对应于于阗文 Svarṇamāla，梵文作 Suvarṇamāla，意为“金花鬘”。梵文 Suvarṇa（意为“金”）的汉字音译是“苏伐剌”②，于阗文省略了第一个元音 u，作 Svarṇa，正好可以意译作“莎那”③。

至于“莎耶”，当译自于阗文 Samñī 或源自于阗文的藏文 Sa nye，也就是《月藏经》的“散脂”，意为“正知”。至于“摩利”，当和“末利”一样，都是 māla（“花鬘”）的音译④。两者合起来，意为“正知鬘”。散脂的名字在上述各种文献中从未出现过“鬘”，他在敦煌名字发生变化的原因，可能是当于阗的八大守护神传入敦煌的时候，由于音近，当地人把他和“莎那末利神”（金花鬘）相互混淆的缘故吧。

在 S.2113A 的这个名表中，缺失了前引各种文献中记载的热舍龙王，但多出了一位摩诃迦罗神。如上所述，热舍龙王不仅见于藏文文献，亦出现于多种于阗文文书，于阗文 P.2787 更是称于阗的一万八千龙王由热舍龙王率领⑤。显然，在古代于阗地方，热舍龙王是一位比较重

---

① 张广达、荣新江《敦煌“瑞像记”、瑞像图及其反映的于阗》，第 209 页。

② Ernest J. Eitet，*Hand-book of Chinese Buddhism: Being a Sanskrit-Chinese Dictionary*，second Edition，Tokyo: Sanshusha，1904；p. 166；William Edward Soothill，*A Dictionary of Chinese Buddhist Terms*，Taipei: Ch'eng Wen Publishing Company，1975，p. 479.

③ 如 Svāgata 音译可作“莎伽多”；Svāhā音译可作“莎诃”。Ernest J. Eitet，*Hand-book of Chinese Buddhism*，p. 167.

④ Ernest J. Eitet，*Hand-book of Chinese Buddhism*，p. 93；William Edward Soothill，*A Dictionary of Chinese Buddhist Terms*，p. 191.

⑤ H. W. Bailey，“Viśą Saṃgrāma”，p. 103.

要的神祇[1]。但是我们看到，在敦煌所出藏文文书 P.t.960《于阗教法史》中，热舍龙王已经降到最低的第八位，在敦煌莫高窟描绘的于阗八大守护神的图像中，则完全不见热舍龙王，而由摩诃迦罗神取而代之。

摩诃迦罗，梵文作 Mahākāla，意为“大黑天”，藏文作 mGon po 或 Nag po chen po。他不仅见于印度佛教造像，更是藏传佛教最重要的护法神之一，元朝时期还被奉为“国之护神”，其形象遍及印度、尼泊尔、克什米尔以及中国的甘肃、云南和西藏等地，也东传日本[2]。综合前人在图像学与文献学方面的诸多研究我们看到，大黑天神有一面二臂、一面四臂、三面六臂、八面十六臂等多种形态。慧琳《一切经音义》卷十：“摩诃迦罗，梵语也，唐云大黑天神也。有大神力，寿无量千岁，

① 有关于阗的龙王，参见段晴《〈大唐西域记〉瞿萨旦那国拾零》，北京大学东方文化研究所编《东方研究》1996/1997 年合集，北京：蓝天出版社，1998 年，第 145—146 页；同作者《明咒护身符》，第 267—279 页。

② 有关印度大黑天形态的研究，请见 Alice Getty，*The Gods of Northern Buddhism: Their History, Iconography and Progressive Evolution through the Northern Buddhist Countries*, New Delhi: Munshiram Manoharlal Publishers，1978，pp. 160–162；Benoytosh Bhattacharyya，*The Indian Buddhist Iconography: Based on the Sadhanamala and Other Cognate Tantric Texts of Rituals*, New Delhi: Cosmo Publications, 1985, pp. 120–123. Phyllis Granoff 有文章探讨了出自克什米尔的一尊摩醯首罗天和大黑天结合的石像（“Maheśvara / Mahākāla: A Unique Buddhist Image from Kaśmīr”，*Artibus Asiae* 41，1979，pp. 64–82）。藏传佛教的各种大黑天护法，《西藏的神灵与鬼怪》一书有专章讨论（*Oracles and Demons of Tibet*，pp. 38–67；《西藏的胜灵和鬼怪》，第 43—78 页）。云南的大黑天神，请见 Patricia Berger，“Preserving the Nation: The Political Use of Tantric Art in China”，in Marsha Weidner ed.，*Latter Days of the Law: Images of Chinese Buddhism*，850–1850，University of Hawaii Press，1994. p. 97；朱悦梅《大黑天造像初探——兼论大理、西藏、敦煌等地大黑天造像之关系》，《敦煌研究》2001 年第 4 期，第 75—83 页；蒙元时期对大黑天的崇拜及其西夏来源，请见沈卫荣《西夏、蒙元时代的大黑天神崇拜与黑水城文献——以汉译龙树圣师造〈吉祥大黑八足赞〉为中心》，王尧主编《贤者新宴》第 5 卷，上海：上海古籍出版社，2007 年，第 153—167 页。另外，国外在大黑天研究方面的情况，黄杰华有相当详尽的综述，请见所撰《国外大黑天研究述评》，《中国藏学》2010 年第 1 期，第 118—127 页。其他尚有李翎《大黑天图像样式考》（《谢继胜、罗文华、景安宁主编《汉藏佛教美术研究：第三届西藏考古与艺术国际学术讨论会论文集》，上海：上海古籍出版社，2009 年，第 529—537 页）等。

八臂，身青黑云色。二手怀中横把一三戟叉；右第二手捉一青羖羊，左第二手捉一饿鬼头髻；右第三手把剑，左第三手执竭咤冈迦，梵语也，是一髑髅幢也；后二手各于肩上共张一白象皮如披势。以毒虵贯穿髑髅以为璎珞，虎牙上出，作大忿怒形，雷电烟火以为威光，身形极大，足下有一地神女天，以两手承足者也。”[①]神恺《大黑天神法》称：“大黑天神者，贻（胎）藏界梵号云摩诃迦罗天，亦云大黑天神，用普印，三摩耶形剑，青色三面六臂。前左右手横执剑，左次手执人头，右次手执羊牝，次左右象皮张背后，以髑髅为璎珞也。”[②]据学者研究，敦煌所见摩诃迦罗有一面四臂、三面六臂或八臂等，其形象特征虽与以上所述不完全对应，但大致相同[③]。汉文文献虽也记载有一面二臂的大黑天形象，如不空译《金刚恐怖集会方广轨仪观自在菩萨三世最胜心明王经》：“大黑天也，披象皮，横把一枪，一头穿人头，一头穿羊。”[④]善无畏译《阿咤薄俱元帅大将上佛陀罗尼经修行仪轨》称：“次作摩诃迦罗，二手作二眼，执伏突[⑤]，脚蹈昆那夜迦（Gaṇeśa），悉须雄壮可畏。”[⑥]但与我们在敦煌洞窟所见作为于阗八大守护神之一的摩诃迦罗神大相径庭：我们所探讨的摩诃迦罗神既不披象皮，横把一枪，也不手执伏突，脚踏昆那夜迦（详后）。那么作为于阗八大守护神之一的摩诃迦罗神到底是

---

① CBETA 本《大正藏》第 54 册，第 366b 页。

② CBETA 本《大正藏》第 21 册，第 355c 页。

③ 松本栄一《燉煌画の研究》，東京：東方文化学院東京研究所，1937 年，第 728—731 页；金维诺《吐蕃佛教图像与敦煌的藏传绘画遗存》，《艺术史研究》第 2 辑，2000 年，第 19 页；Roderick Whitfield, “Hevajra and Mahākāla: A Pair of Tantric Gilt Bronze Buddhist Images from Gansu Province”，《汉藏佛教美术研究：第三届西藏考古与艺术国际学术讨论会论文集》，第 165—183 页。

④ CBETA 本《大正藏》第 20 册，第 11c 页。

⑤ 所谓伏突，指剑。慧琳《一切经音义》卷八二：“今言袖刃者，匕手，剑，伏突也。”CBETA 本《大正藏》第 54 册，第 839b 页。

⑥ CBETA 本《大正藏》第 21 册，第 195b 页。

怎么产生的呢？遗憾的是，遍查相关的藏文文献和于阗文文献[①]，我们没能找到任何资料佐证。这个问题只好暂时存疑，留待未来研究。

---

① 我们检索过的于阗语文献有 A. F. Rudolf Hoernle，*Manuscript Remains of Buddhist Literature*，Oxford 1916；H. W. Bailey，"Hvatanica Ⅳ"；R. E. Emmerick，*The Book of Zambasta：A Khotanese Poem on Buddhism*，London: Oxford University Press，1968；R. E. Emmerick and M. I. Vorob'ëva-Desjatovskaja，*Saka Documents Text Volume III：The St. Petersburg Collections*，London: School of Oriental and African Studies，1995；P. O. Skjærvø，*Khotanese Manuscripts from Chinese Turkestan in the British Library.*

第四节
敦煌莫高窟所见于阗八大守护神图像

最早注意到敦煌石窟中于阗守护神的是伯希和（Paul Pelliot），他在考察莫高窟时曾记录下第108窟（伯希和编号52窟）甬道南北披神像的四条榜题，其中左侧（即北披）的两条榜题是“毗沙门天王守护于阗国”和“摩诃迦罗神护于阗国”；右侧（南披）的两条榜题是“□□□□□□护于阗国”和“苾耶□（和）护□□国”，其他无法释读①。此后考察敦煌石窟的人，很少记录这些神像的榜题。

孙修身先生在研究敦煌瑞像的过程中，也注意到这些守护神的图像。他指出，这些位于甬道两披四个一组相对的神王图像，应当是于阗的八个护国神王，这无疑是很大的进步。只是除了毗沙门天王以外，他没能辨别出其他守护神②。

张小刚先生在此基础上，调查了所有描绘于阗八大守护神的洞窟，即莫高窟第9、25、39、45、98、100、108、126、146、340、342、

① *Grottes de Touen-Houang carnet de notes de Paul Pelliot: Inscriptions et Peintures Murales*, II, Paris: Collège de France, 1983, p. 21；耿升、唐健宾译《伯希和敦煌石窟笔记》，兰州：甘肃人民出版社，1993年，第107页。

② 孙修身主编《敦煌石窟全集》12《佛教东传故事画卷》，香港：商务印书馆，1999年，第74、78—81页，图62—64。

397、401、454窟和榆林窟第33窟，在每尊守护神的具体图像的比定上前进了一大步。具体说来，除了榆林窟第33窟绘于主室南壁外，这八位守护神都绘制在洞窟甬道的南北两披，南北各四神，相对绘制。除了个别洞窟绘在西起第2、3、4、5格外，一般都处在第1、2、3、4格中。其身体略微侧向洞口，注视着进入洞窟的人们。由于第108窟还保留有部分榜题，所以他以此窟为基础做了比定。这个洞窟甬道南北披西起第1格分别绘制的是虚空藏菩萨和妙吉祥菩萨，在2—5格的八大守护神像中，他指出南披西起第3格神像左上侧有榜题作“莎耶□利神护于□□”；甬道北披西起第3、4、5格神像左上侧也有榜题，分别作“摩诃迦罗神护于阗国”、“阿□□□□□护于□国”、“毗沙门天□□护于阗国”。考虑到S.2113A所记于阗八位神王书写次序应与洞窟内神王图像的排列有一定关系，所以他确定了北披的四位神像是毗沙门天王、阿婆罗质多神、摩诃迦罗神和悉他那天女。但是，他依据张广达、荣新江1986年的文章把“莎那末利”和“莎那摩利”看作一个神，因而认为S.2113A只记了守护于阗八大神王中的七位，所以在南披迦迦那莎利神的东侧补了一位神王，这样就得出位于南披的四尊神像是某神王、迦迦耶莎利神、莎耶末利神、阿隅阇天女。

张小刚对北披四位守护神的比定，我们认为完全可以成立。如上所述，伯希和曾经在108窟南北披各抄录出两条题记，其中北披（左侧）的毗沙门榜题还是完整的：“毗沙门天王守护于阗国”；另一条则和张小刚的录文相同：“摩诃迦罗神护于阗国。”张小刚所录的另一条榜题“阿□□□□□护于□国”，我们考察时还可以清楚看到“阿”字，所以不必放在方框中，其下面四字也依稀可辨“婆罗质多”字样，同时考虑到他位于毗沙门天王和摩诃迦罗神的中间，所以只能是阿婆罗质多神。再对照S.2113A所记录的榜题，所余的一位守护神一定是悉他那天女。与108窟此处所绘形态完全一致的马头女神，也见于其他绘有于阗守护神的洞窟，而且除了454窟绘在甬道北披西起第二格，在其他洞窟中，其位置都在北披西起第一格，其中第98窟神像右上侧存残榜题作“悉他□（那）天女（下残）”；126窟神像左上侧榜题作“悉他那天女护于阗[国]”；146窟神像左上侧榜题作“□（悉）他那天□（女）护于阗国”。因此，我们可以确认张小刚对108窟北披四位守护神的考订，并据S.2113A复原全部榜题的原本文字：“毗沙门天王神守护于阗国。阿婆罗质多神守护于阗国。摩诃迦罗神守护于阗国。悉他那天女守护于阗国。”

至于南披的四尊守护神，我们认为需要重新审视。大概张小刚因为跟随张广达、荣新江1986年的文章把S.2113A的“莎那末利”和“莎那摩利”勘同，因而凭空补了一位神王，并把迦迦耶莎利神放在原本是莎那末利神的位置上。我们非常抱歉地说，张广达、荣新江1986年的文章将“莎那摩利”与“莎那末利”勘同是一个错误。感谢张小刚抄录出第108窟南披西起第3身的榜题“莎耶□利神护于□□”，“莎耶”二字十分关键。检伯希和笔记，他在这个洞窟甬道南披上读出的两条榜题之一是“苾耶□（和）护□□国”，“苾”当是“莎”字的误读；“(和)”当是“利”字。我们在考察中也确认了这条榜题文字的存在，作“莎耶□利神护于阗□”。据此，可以把S.2113A“莎那摩利”厘定为“莎耶摩利”，与“莎那末利”有别。如上所述，“莎耶”应当音译自于阗文Samñī，也就是《月藏经》的“散脂”；“莎那末利”应音译自于阗文Svarṅamāla，指金华鬘天子。此外，伯希和在甬道南披读出的另一条榜题是“□□□□□□护于阗国”，可以据空格补“莎那末利神守”或“阿隅阇天女守”。根据莎耶摩利处在与摩诃迦罗相对的位置，对比S.2113A所录榜题，就很容易得出南披四尊守护神应当是迦迦那莎利神、莎那末利神、莎耶摩利神、阿隅阇天女。其榜题原文也可据S.2113A所抄文字复原：“迦迦那莎利神守护于阗国。莎那末利神守护于阗国。莎耶摩利神守护于阗国。阿隅阇天女守护于阗国。”

这样，我们再来看S.2113A和第108窟的图像及榜题，就明白两者不是“有一定关系”，而是完全对应。即S.2113A前面四位守护神，就是甬道南披自东向西的四位；而 S.2113A 后面四位守护神，则是甬道北披自东向西的四位。文书第 4 位阿隅阇天女是南披的最后一位，其下的小字“北”的意思，应当是说下面四位位于甬道北披。这和洞窟的实际情形完全符合。现将于阗八大守护神在洞窟甬道上的位置示意如下（表三并参见图 10–1）：

表三　于阗八大守护神在敦煌莫高窟位置示意图

		南　　披			
东	①迦迦那莎利神	②莎那末利神	③莎耶摩利神	④阿隅阇天女	西
		甬　　道			
东	⑤毗沙门天王神	⑥阿婆罗质多神	⑦摩诃迦罗神	⑧悉他那天女	西
		北　　披			

这个结论落实以后，就可以用这些榜题所对应的图像进一步考察其他洞窟的图像是否可以一一比对。我们根据张小刚提示的窟号，考察了莫高窟所有绘制于阗八大守护神的洞窟甬道两披上的守护神图像。总体上讲，在莫高窟，于阗八大守护神的图像位置基本固定，只有个别洞窟的个别神像相互换位。108 窟甬道南北披西起第一格分别绘虚空藏菩萨和妙吉祥菩萨，454 窟甬道南北披西起第一格分别绘菩萨像和天王像，其他洞窟均绘在西起第 1—4 格上面。在这些守护神的东侧一般绘制多少不等的瑞像，根据洞窟的大小瑞像有四身、八身、十身或者更多。我们这里只讨论八大守护神，所以对其前后的诸佛瑞像图和其他图像，暂不作讨论。

因为张小刚的文章对各位守护神的图像特征已经描述得非常详细，所以我们这里仅概括其主要特征，并以这些主要特征来确定每位守护神。在保存八大守护神的洞窟中，莫高窟第 9 窟甬道南北披全部八身守护神已经发表了彩色图版，只是由于风化，部分神像的形象特征不那么清楚[1]。第 98 窟保存的八大守护神图像完整而精美，可惜目前只发表了

---

① 孙修身主编《敦煌石窟全集》12《佛教东传故事画卷》，第 78—79 页，图 62—63。

			南　披		
东	①迦迦那莎利神	②莎那末利神	③莎耶摩利神	④阿隅阇天女	西
			甬　道		
东	⑤毗沙门天王神	⑥阿婆罗质多神	⑦摩诃迦罗神	⑧悉他那天女	西
			北　披		

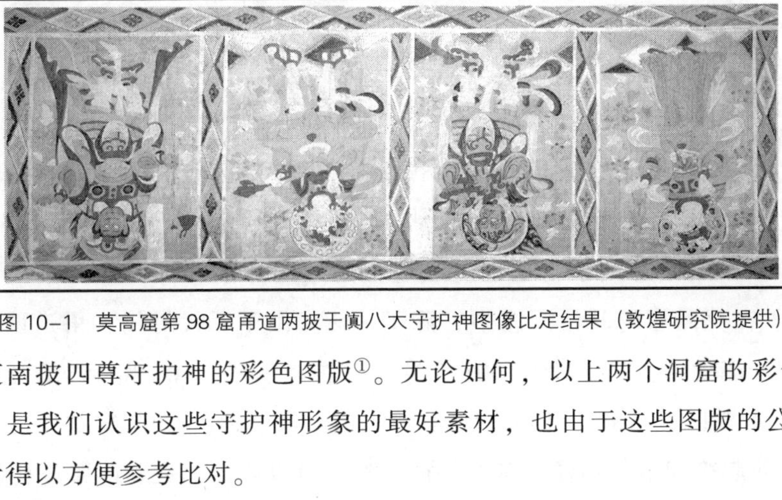

图 10-1　莫高窟第 98 窟甬道两披于阗八大守护神图像比定结果（敦煌研究院提供）

甬道南披四尊守护神的彩色图版[①]。无论如何，以上两个洞窟的彩色图版，是我们认识这些守护神形象的最好素材，也由于这些图版的公布，读者得以方便参考比对。

①迦迦那莎利神

第 9、98 窟甬道南披西起第四身和 108 窟甬道南披西起第五身（头部残）守护神（图 10-2），为一站立天王形象，圆脸，怒目圆睁，身穿铠甲，体绕披帛。其主要特征是右手执多节棒，左手当胸捏一宝珠[②]。张小刚认为可能是龙王或散脂，但证据不足。据上文论证的 S.2113A 和

① 孙修身主编《敦煌石窟全集》12《佛教东传故事画卷》，第 80—81 页，图 64。

② 张小刚《敦煌瑞像图中的于阗护国守护神》（第 50 页）认为左手作说法印。从 98 窟图像来看，不确。

a. 第 98 窟甬道南披西起第 4 格

b. 第 108 窟甬道南披西起第 5 格

图 10–2 迦迦那莎利神（敦煌研究院提供）

第 108 窟图像的关系，这里所绘应当是迦迦那莎利神，意为“虚空音神”。在莫高窟的其他洞窟中，除了 342 窟由于后代封门，甬道西侧守护神未能见到，25、100、401 窟这身守护神已残，108 和 454 窟绘在甬道南披西起第五格，其他 39、45、126、146、340、397 窟都绘在甬道南披西起第四格，图像的基本特征一致，可以确定都是迦迦那莎利神。

②莎那末利神

第 9、98 窟甬道南披西起第三身和 108 窟甬道南披西起第四身守护神（图 10–3），为一站立夜叉形象，怒发上扬，上身赤裸，下身着短裙，体绕披帛，腿脚赤裸，有颈饰、臂钏、手镯、璎珞等。其主要特征是一面六臂，右上手持金刚杵，左上手持宝镜；右中手立剑于前，左中手当胸托物；右下手下垂，左下手执一长莲枝，枝顶一朵莲花托一颗宝珠。据上文论证的 S.2113A 和第 108 窟图像的关系，这里所绘应当是莎那末利神，即《月藏经》中的金华鬘夜叉。虽然藏文《牛角山授记》和《于

a. 第 98 窟甬道南披西起第 3 格

b. 第 108 窟甬道南披西起第 4 格

图 10-3 莎那末利神（敦煌研究院提供）

阗国授记》称他为天神或天子，但敦煌莫高窟还是把他绘制成夜叉的形象。在莫高窟的其他洞窟中，除了 25、100 窟这身守护神已残，108、454 窟绘在甬道南披西起第四格，126、340、397、401 窟的甬道南披西起第三身都是具有这种一面六臂特征的莎那末利神。但 39、45、146 窟的这个位置所绘的是双手交叉、左手执杵的莎耶摩利神（详后），而这三个窟的甬道南披西起第二格守护神，则都是绘制六臂的莎那末利神，可见是同样的原因而倒置，具体分析详后。

③莎耶摩利神

第 9、98 窟甬道南披西起第二身和 108 窟甬道南披西起第三身守护神（图 10-4），为一站立天王形象，圆脸，怒目圆睁，身穿铠甲，体绕披帛。其主要特征是双手交叉于前，右臂在上，左手握一宝杵，双脚踩在一赤体小鬼身上。据 108 窟榜题和 S.2113A，其为莎耶摩利神无疑。第 98 窟神像右上侧也可以看到榜题的残字有“莎耶(后残)”；126 窟神像右上侧榜题作“[ ] □□神护于阗国”。两相补充，可以为证[①]。“莎耶”，意为“正知”，《月藏经》译作“散脂”，是一位夜叉大将；后期的藏文文献亦多称他为夜叉大将或大将，和壁画的形象正好相符。在莫高窟的其他洞窟中，25窟这身守护神已残，100窟不易辨识，108、454窟绘在甬道南披西起第三格，其他126、340、397、401窟都绘在甬道南披西起第二格上面，但39、45、146窟这个位置所绘的是六臂的莎那末利神（金花鬘天子），而莎耶摩利神则绘在南披西起第三格上面。另外，在主要形象特征方面，39、126、397、454窟都是双臂交叉于前，脚下踩一小鬼，但第45、146、340、401窟虽然双臂交叉于前，脚下没

a. 第98窟甬道南披西起第2格

b. 第108窟甬道南披西起第3格

图10-4 莎耶摩利神（敦煌研究院提供）

① 此外，第146窟莎耶摩利神像的右上侧有榜题作“毗楼勒叉天”，“毗楼勒叉”为南方增长天王，张小刚认为这是后来重写，因为毗楼勒叉有时也右手执宝杵，脚踏小鬼，所以后来的人将这里的莎耶摩利神误以为毗楼勒叉了。这个解说很有道理。见其文《敦煌瑞像图中的于阗护国守护神》，第52页。

有小鬼，这可能是后期图像越来越程式化，小鬼有时被省略了。不过，神像的脚往往还是一直一屈，表明原本是双脚踏鬼的样子。

④阿隅阇天女

第 9、98 窟甬道南披西起第一身和 108 窟甬道西起第二身守护神(图 10–5)，为一站立天女形象，内着裙，外罩宽袖袍。其主要特征是右

a. 第 98 窟甬道南披西起第 1 格

b. 第 108 窟甬道南披西起第 2 格

图 10–5　阿隅阇天女（敦煌研究院提供）

手托火珠，左手执莲枝，脚下绕有四颗火珠。据上面论证的 S.2113A 和第 108 窟图像的关系，这里所绘应当是阿隅阇天女，意为“具钩天女”。在莫高窟的其他洞窟中，25 窟这身守护神已残，100 窟不易辨识，108、454 窟绘在甬道南披西起第二格上面，其他 39、45、126、146、340、397、401 均绘在甬道南披西起第一格上面，其中第 45 窟虽经后期重描，看起来像是菩萨像，但从残存的早期的线条和颜色痕迹来看，应该是阿隅阇天女。

⑤毗沙门天王神

第9、98窟甬道北披西起第四身和108窟甬道南披西起第三身守护神（图10-6），为一站立天王形象，身穿铠甲，体绕披帛。其主要特征是右手执三叉戟，左手托塔，塔为西域式样，可见两面开龛。如上所述，由于108窟保存的榜题，这位天王形象可以明确判断为毗沙门天王。第9、108窟天王脚下有云团状图形，张小刚认为是踩一小鬼，我们不敢断定，不过，从其他毗沙门天王脚下常有地神形象和莎耶摩利神脚下所踩小鬼斜躺的样子，似乎也可以认为这里是一个非常抽象的小鬼模样。在莫高窟的其他洞窟中，100窟这身守护神已残，108和454窟绘在甬道北披西起第五格上面，其他39、45、98、126、340、397窟均与第9窟同，绘在甬道北披西起第四格上面。第401窟神像下半身残；第146窟相同位置神像的基本特征与其他各窟有所不同：右手持棒，左

a. 第98窟甬道北披西起第4格

b. 第108窟甬道北披西起第5格

图10-6 毗沙门天王神（敦煌研究院提供）

手抚着右脸，不过从他们所处位置和其他形象特征看来，应该就是毗沙门天王。另外，第 25 窟甬道北披四尊守护神的位置与他窟相反，毗沙门天王绘在了西起第一格上面，其右手执戟，左右持物不清。

⑥阿婆罗质多神

第 9、98 窟甬道北披西起第三身和 108 窟甬道北披西起第四身守护神（图 10–7），为一站立夜叉形象，身着短裙，赤裸双腿，体绕披帛。

a. 第 98 窟甬道北披西起第 3 格

b. 第 108 窟甬道北披西起第 4 格

图 10–7　阿婆罗质多神（敦煌研究院提供）

其主要特征是右手当胸作说法印的样子，左手持香炉。据第 108 窟的榜题残文，可知这位神像为阿婆罗质多神，意为“难胜神”。在莫高窟的其他洞窟中，100 窟这身守护神已残，108 窟和 454 窟绘在甬道北披西起第四格上面，并且 454 窟神像的右手持物与他窟不同，为一金刚杵。其他 39、45、98、126、146、340、397、401 均与第 9 窟同，绘在甬道北披西起第三格上面。其中 45 窟经过后期重描；126、146 窟的形象特征与他窟略有不同：右手同样作说法印模样，但左手不持香炉，而是当胸作食指与拇指向上捏一物的样子；340 窟神像下身为泥皮所覆，但仍可辨识为阿婆罗质多神。另外，第 25 窟绘在甬道北披西起第二格上面，并且经过后期重描：为一站立兽头天王形象，右手作说法印模样，左手持圆形绿色宝珠，但兽头和左手持物明显为后期重描，早期应该即是阿婆罗质多神。

⑦摩诃迦罗神

第 9、98 窟甬道北披西起第二身和 108 窟甬道北披西起第三身守护神（图 10-8），为一站立天王形象，头戴兜鍪，身穿铠甲，体绕披帛。其主要特征是体态较肥胖，双手托盘于胸前，盘内盛数颗宝珠。据 108 窟的清晰榜题，这位守护神是摩诃迦罗神，意为"大黑天"。在莫高窟的其他洞窟中，100 窟这身守护神已残，108 窟和 454 窟绘在甬道北披西起第三格上面，其他 39、45、98、126、146、340、401 各窟的位置

a. 第 98 窟甬道北披西起第 2 格　　b. 第 108 窟甬道北披西起第 3 格

图 10-8　摩诃迦罗神（敦煌研究院提供）

均与第9窟同，其形象特征也基本固定，只是有些小型洞窟绘制得不如大窟那样精细而已。第397窟这个位置的神像下身残，但仍可辨识为摩诃迦罗神。第25窟绘在甬道北披西起第三格上面，但形象特征与其他各窟完全相同。另外，第454窟神像的左上侧有残留榜题，由于甬道太高，我们站在地上无法看清，据张小刚文，榜题作“木［　］天王神□护［”[①]。其中的“木”字，或许是“摩”字的部分偏旁吧。

⑧悉他那天女

第9、98窟甬道北披西起第一身和108窟甬道北披西起第二身守护神（图10–9），为一站立天女形象，身着曳地长裙，体绕披帛。其主要特征是马首，右手持长钩，左手托火珠。如上所述，据98、126和146窟的榜题，这位天女当是悉他那天女无疑，意为“有处天女”。第454

a. 第98窟甬道北披西起第1格　　b. 第108窟甬道北披西起第2格

图10–9　悉他那天女（敦煌研究院提供）

① 张小刚《敦煌瑞像图中的于阗护国守护神》，第54页。

窟此像的左上侧也有残存榜题，据张小刚文，作“□利神守护［ ”[①]。此榜题似误。在莫高窟中，100 窟这身守护神已残，108 窟和 454 窟绘在甬道北披西起第二格上面，其他第 39、45、98、126、146、340、397、401 窟的位置均与第 9 窟相同，图像特征亦基本一致，只是右手常作说法印样式，而非持长钩。另外，第 25 窟此像绘在甬道北披西起第四格上面，并且经过后期重描：脸部作天女状，而非马首；右手执金刚杵。不过从残留的早期的线条和颜色看来，此像早期应当就是悉他那天女。

表四　敦煌莫高窟于阗八大守护神的分布情况[②]

甬道南披西起

窟号	4	3	2	1
9 /167/155	迦迦那莎利神	莎那末利神	莎耶摩利神	阿隅阇天女
25/138/120	毁	毁	毁	毁
39/125/109	迦迦那莎利神	莎耶摩利神	莎那末利神	阿隅阇天女
45/120g/106	迦迦那莎利神	莎耶摩利神	莎那末利神	阿隅阇天女
98/74/42	迦迦那莎利神	莎那末利神	莎耶摩利神	阿隅阇天女
100/66/40	毁	毁	莎耶摩利神（?）	阿隅阇天女（?）

① 张小刚《敦煌瑞像图中的于阗护国守护神》，第 54 页。

② 表格说明：一、据考察，第 100 窟甬道南披西起第 1、2 格残存二身，北披全残；340 窟各神像脸部经后期重描；146 窟甬道壁画氧化，神像看起来发黑；342 窟甬道南、北披东侧可各见四身瑞像，但后代在甬道处砌起封门，无法开启，故西侧守护神我们没能见到，据张小刚文（第 56 页），西侧南北各存二身守护神。二、窟号分别为敦煌研究院编号/伯希和编号/张大千编号。其中 454 窟伯希和《敦煌石窟笔记》以此号对应于敦煌研究院 453 窟，蔡伟堂《重订莫高窟各家编号对照表说明——兼谈莫高窟各家编号及其对照表》（《敦煌研究》2005 年第 6 期，第 20 页）已订正为 454 窟。三、108 和 454 窟的于阗八大守护神分别绘在甬道南、北披西起第 2—5 格上面，下表中于这两个洞窟之处在各守护神前面加以相应数字，标示其所处位置。

续表

窟号	4	3	2	1
108/52/39	5 迦迦那莎利神	4 莎那末利神	3 莎耶摩利神	2 阿隅阇天女
126/22/23	迦迦那莎利神	莎那末利神	莎耶摩利神	阿隅阇天女
146/8/12	迦迦那莎利神	莎耶摩利神	莎那末利神	阿隅阇天女
340/154/140	迦迦那莎利神	莎那末利神	莎耶摩利神	阿隅阇天女
342/157a/142	不详	不详	莎耶摩利神（?）	阿隅阇天女（?）
397/146a/194	迦迦那莎利神	莎那末利神	莎耶摩利神	阿隅阇天女
401/142g/197	毁	莎那末利神	莎耶摩利神	阿隅阇天女
454/119/228	5 迦迦那莎利神	4 莎那末利神	3 莎耶摩利神	2 阿隅阇天女

甬道北披西起

窟号	4	3	2	1
9 /167/155	毗沙门天王	阿婆罗质多神	摩诃迦罗神	悉他那天女
25/138/120	悉他那天女	摩诃迦罗神	阿婆罗质多神	毗沙门天王
39/125/109	毗沙门天王	阿婆罗质多神	摩诃迦罗神	悉他那天女
45/120g/106	毗沙门天王	阿婆罗质多神	摩诃迦罗神	悉他那天女
98/74/42	毗沙门天王	阿婆罗质多神	摩诃迦罗神	悉他那天女
100/66/40	毁	毁	毁	毁
108/52/39	5 毗沙门天王	4 阿婆罗质多神	3 摩诃迦罗神	2 悉他那天女
126/22/23	毗沙门天王	阿婆罗质多神	摩诃迦罗神	悉他那天女
146/8/12	毗沙门天王	阿婆罗质多神	摩诃迦罗神	悉他那天女
340/154/140	毗沙门天王	阿婆罗质多神	摩诃迦罗神	悉他那天女

续表

窟号	4	3	2	1
342/157a/142	不详	不详	摩诃迦罗神	悉他那天女
397/146a/194	毗沙门天王	阿婆罗质多神	摩诃迦罗神	悉他那天女
401/142g/197	毗沙门天王	阿婆罗质多神	摩诃迦罗神	悉他那天女
454/119/228	5 毗沙门天王	4 阿婆罗质多神	3 摩诃迦罗神	2 悉他那天女

从年代上看，带有于阗八大守护神的洞窟甬道的绘制年代，有的可考，有的不明确，但大体上绘制于晚唐、五代至宋初的归义军时期，特别是10世纪归义军与于阗王国关系密切之时。

现存最早的绘有于阗八大守护神的洞窟是莫高窟第9窟，为晚唐景福元年（892）前后所建，甬道两壁绘节度使索勋、司徒张承奉等供养人像[①]。其次具有明确年代的洞窟是第98窟，这是归义军节度使曹议金的功德窟，建成于五代后唐同光年间（923—925）[②]。第100窟系曹议金回鹘夫人及其子归义军节度使曹元德所建，时在后晋天福四年(939)[③]。大约与此同时，归义军都押衙张怀庆创建第108窟[④]。第454窟为天福五年至九年（940—944）之间，为归义军节度使曹元深所建[⑤]。但包括

① 贺世哲《从供养人题记看莫高窟部分洞窟的营建年代》，《敦煌莫高窟供养人题记》，北京：文物出版社，1986年12月，第214页。

② 贺世哲《从供养人题记看莫高窟部分洞窟的营建年代》，第217—219页；马德《敦煌莫高窟史研究》，兰州：甘肃教育出版社，1996年12月，第115—119页。

③ 贺世哲《从供养人题记看莫高窟部分洞窟的营建年代》，第222—223页；马德《敦煌莫高窟史研究》，第127—129页。

④ 金维诺《敦煌窟龛名数考》，《文物》1959年第5期，第51页；贺世哲《从供养人题记看莫高窟部分洞窟的营建年代》，第223—224页；马德《敦煌莫高窟史研究》，第129—130页。

⑤ 马德《敦煌莫高窟史研究》，第130—134页。

八大守护神在内的甬道部分，则是宋太平兴国元年（976）归义军节度使曹延恭重修、其弟延禄续修而成①。第342窟为初唐所建，大概980年前后由归义军节度使曹延禄重修②。

对于其他洞窟，目前没有明确的年份可考，据敦煌研究院编《敦煌莫高窟内容总录》和马德编《敦煌莫高窟历代洞窟营造统计表》③，340窟为初唐所建，甬道则是晚唐归义军张氏时期重绘④。第39、45窟均为盛唐时建，甬道则是五代归义军曹氏时期重绘⑤。第126窟为盛唐开凿，建中二年（781）以后完成，五代曹元忠时重建，甬道南、北披当是重修时所绘⑥。第146为五代曹氏归义军时期创建⑦。第397、401窟均为隋代初建，甬道则是五代曹氏归义军时绘制⑧。第25窟为宋初归义军曹氏晚期所建⑨。

从洞窟的年代先后上我们可以看出，9、98、108窟这些时代较早、规模较大的洞窟，其甬道顶两披八大守护神的位置相对固定，其图像特征也基本一致。但是，随着时间的推移，这些画法固定的图像的制作越来越程式化，有时不免显得简略，甚至粗糙。比如在第9、98和108窟中，莎耶摩利神脚下均踩小鬼，但在45、146和401窟，他的脚下无小鬼。第340窟莎耶摩利神的脚下也看不到小鬼，可能是因为甬道部分为后期绘制的缘故吧。

---

① 贺世哲认为整个454窟都是976年新建，见前引马德《敦煌莫高窟史研究》，第229页。

② 敦煌研究院编《敦煌石窟内容总录》，北京：文物出版社，1996年，第140页；贺世哲《从供养人题记看莫高窟部分洞窟的营建年代》，第230页。

③ 马德《敦煌莫高窟史研究》，第368—370页。

④ 敦煌研究院编《敦煌石窟内容总录》，第139页。

⑤ 同上，第19、21页。

⑥ 同上，第48页。

⑦ 同上，第56页。

⑧ 同上，第161、163页。

⑨ 同上，第14页。

第 39、45、146 三个洞窟都是五代曹氏归义军时重修或新建，它们都有一个共同现象，就是按照此前一般的画法，甬道南披西起第三格应该画莎那末利神，但在这三个洞窟画成了莎耶摩利神；反之亦然。这两尊神像在这三个洞窟中全都两两颠倒。我们推测这个错误发生的原因，很可能是画工在绘制这些守护神图像时，所用的画稿是一像一纸，画完一个换一张。因为莎那末利神和莎耶摩利神的写法和读音都非常相似，他们如果不够仔细，就很容易混淆。试看 S.2113A 的榜题记录中，就把“莎耶摩利”写成“莎那摩利”。也就是说，神像位置的变换，之所以不是其他两幅图像，而是这两位神祇，是因为他们的名字相近而导致画工犯错。而且很有可能，到后来人们似乎逐渐不太清楚这八位守护神的名称及其应该描绘的位置。如上所述，莫高窟第 25 窟甬道北披西起第一至四格的守护神依次为毗沙门天王、阿婆罗质多神、摩诃迦罗神和悉他那天女，其顺序和其他洞窟正好相反。这种现象的出现大概也是因为画工的底本是一张纸一幅图，但绘制第 25 窟的画工倒着用这组神像的画稿，所以绘制出来的图像就和正式的图像相反了。另一方面，修造和礼拜这组守护神的人们对此似乎也无议异，否则应该会要求重绘。再如在较为早期的洞窟中，除了 108 窟以外，这些守护神一般绘在甬道南北披西起第 1—4 格上面，以后的洞窟也一直如此，但晚期的 454 窟又如 108 窟一样，将这些守护神绘在甬道南北披西起第 2—5 格上面，而且个别守护神的图像特征与其他有所不同，榜题也有失误之处。这些似乎都在表明，到 10 世纪晚期，虽然这些来自于阗的守护神依然在敦煌莫高窟受到人们的膜拜，但是他们的形象特征和所处位置对于膜拜的人们来说，已经不那么重要了。

第五节
结　语

以上我们结合文献记载和图像材料，考察了于阗八大守护神在于阗文、藏文和汉文文献中名称、身份的变化及其在敦煌莫高窟的分布情况与形象特征。众所周知，在佛教东传过程中，于阗曾经起到相当重要的作用①。然而，由于相关文献记载的缺失，我们在这方面的具体认识仍然有限，对于阗佛教艺术的讨论有待深入②，在于阗佛教艺术对周边地区的影响方面的研究也尚属探索阶段③。近年来，和田地区仍然在不断

---

① 参见张广达《论隋唐时期中原与西域文化交流的几个特点》，原载《北京大学学报》1985年第4期，第1—13页；收入作者《文本、图像与文化流传》，桂林：广西师范大学出版社，2008年，第14—15页。

② 相关研究可见 Joanna Williams, "The Iconography of Khotanese Painting", pp. 109-154；Markus Mode, "Sogdian Gods in Exile—Some Iconographic Evidence from Khotan in the Light of Recently Excavated Material from Sogdiana", *Silk Road Art and Archaeology*, 2, 1991/92, pp. 179–214；荣新江《于阗佛寺壁画的新探索》，《丹丹乌里克遗址——中日共同考察研究报告》，第201—207页。

③ 相关研究可见古正美《于阗与敦煌的毗沙门天王信仰》，《2000年敦煌学国际学术讨论会文集·历史文化卷》上，兰州：甘肃民族出版社，2003年，第34—66页；霍巍《于阗与藏西：新出考古材料所见两地间的古代文化交流》，四川大学中国藏学研究所编《藏学学刊》第3辑，成都：四川大学出版社，2007年，第146—156页；谢继胜《川青藏交界地区藏传摩崖石刻造像与题记分析——兼论吐蕃时期大日如来与八大菩萨造像渊源》，《中国藏学》2009年第1期，第123—141页。

奉献新材料，包括于阗文、汉文、藏文文书以及一些重要的寺院壁画[①]。以上对于阗八大守护神的考证说明，这些于阗守护神在敦煌洞窟的出现，特别是大多数归义军节度使的功德窟（9、98、100、342、454窟）中都有于阗八大守护神，而且守护神的位置，就在这些节度使的供养人像的头顶位置，其重要性可想而知。这不仅从形象材料上证明两地政治关系的密切，为瓜沙曹氏与于阗王国的关系史增添了新的内容[②]，同时也从一个侧面表明于阗佛教艺术对敦煌石窟造像影响之深远[③]。我们相信，敦煌石窟中于阗守护神形象的确认，将会有助于学者进一步比定和田地区出土的图像材料，从而丰富我们对古代于阗佛教世界的认识。

① 参见 Ch. Baumer, "Dandan Oillik Revisited: New Findings a Century Later", *Oriental Art*, XLV. 2, 1999, pp. 2–14；《丹丹乌里克遗址——中日共同考察研究报告》等。

② 参看荣新江《于阗王国与瓜沙曹氏》，《敦煌研究》1994年第2期，第111—119页。

③ 参看荣新江《略谈于阗对敦煌石窟的贡献》，《2000年敦煌学国际学术讨论会文集·历史文化卷》上，第67—82页。

第十一章
于阗佛教王国的灭亡

第一节
喀喇汗王朝的成立

我们知道于阗佛教王国大概在11世纪初为信奉伊斯兰教的喀喇汗王朝所灭，但是，由于资料欠缺，学界对其灭亡经过并不十分清楚。以下我们结合前贤在喀喇汗王朝史方面的研究成果和自己在于阗史研究领域的点滴认识，就此略作探讨。

要讨论于阗佛教王国的灭亡问题，首先要弄清楚喀喇汗王朝的兴起。

喀喇汗王朝（Karakhanid）在汉文史籍中作“黑韩”、“黑汗”等，是突厥部族在西域建立的第一个穆斯林王朝，兴起于10世纪下半叶，至13世纪初为西辽所灭[①]。在西方学界，喀喇汗王朝也被称作伊利汗王朝（Ilek/Ilak Khanid），所谓“喀喇汗”或“伊利汗”之名都来自该王朝发行的钱币上汗王的称号。Ilek/Ilak（或作Ilig）意为“王”、“王子”、“统治者”，是汗（khāqān/khan）以下的最高称号，kara意为“黑”，表示

---

* 本章系在拙撰《11世纪初于阗佛教王国灭亡新探——兼谈喀喇汗王朝的成立与发展》（《西域文史》第6辑，北京：科学出版社，2011年）基础上略作改订而成。

① 张广达《关于马合木·喀什噶里的〈突厥语词汇〉与见于此书的圆形地图》，原载《中央民族学院学报》1978年第2期，此据作者《文书、典籍与西域史地》，桂林：广西师范大学出版社，2008年，第50页。

庄严和高贵。“喀喇汗王朝”这个名称即是学者根据钱币上统治者的称号Qara Khan或Qara Khāqān而起的名字。关于王朝的起源或者说是什么部族建立了该王朝的问题至今仍备受争议，我们无意加入其中讨论，大概最有可能的还是突厥系的葛逻禄诸部（Karluks）——包括炽俟（Chigil）与样磨（Yaghma）的联盟①。有意思的是，藏文文献皆以“葛逻禄”（Gar log）来称呼喀喇汗王朝，这从一个侧面表明，组成喀喇汗王朝的主要部族可能即葛逻禄（详见下文）。

在9、10世纪，葛逻禄的游牧地最初从白水城（Isfījāb，今哈萨克斯坦希姆肯特/Chimkent附近的Sairam）向东至拔汗那（Ferghana）盆地及其东部一些地方，向北至楚河（Chu river）和伊犁河（Ili river）流域，后来的活动中心大概在楚河流域的巴拉沙衮（Balasaghun，今吉尔吉斯斯坦北部楚河流域的Burana附近）。葛逻禄的西北、药杀水（Yaxartes，即锡尔河/Syr Darya）的中下游和咸海（Aral Sea）地区是乌古斯部（Oghuz）；葛逻禄的南部和东部则是样磨，其领地直达疏勒。毗邻葛逻禄和样磨西边的是河中（Transoxiana）的大食政权，先后为名义上附属巴格达（Baghdad）的塔希尔家族（Ṭāhirids）和萨曼家族（Sāmānids）所掌控②。

---

① Peter B. Golden, “The Karakhanids and Early Islam”, in Denis Sinor ed., *The Cambridge History of Early Inner Asia*, Cambridge University Press, 1990, p. 354; Michal Biran, “Ilak-Khanids”, *EncyclopediaIranica*, vol. XII, http://www.iranicaonline.org/articles/ilak-khanids. 过去有学者提出喀喇汗王朝起源于回鹘，但业经华涛论证不确。他认为，840年漠北回鹘西迁没有改变西部天山的政治格局，在此前后控制着西部天山的仍是葛逻禄。见《喀喇汗朝王室族属问题研究》，《元史及北方民族史研究集刊》第12/13期，1989年，第107—116页；同作者《西域历史研究（八至十世纪）》，上海：上海古籍出版社，2000年，第71页。

② Peter B. Golden, “The Karakhanids and Early Islam”, pp. 346-348, 355-356; N. N. Negmatov, “The Samanid State”, in M.S. Asimov and C.E. Bosworth eds., *History of Civilizations of Central Asia, vol. 4, The age of achievement, A.D. 750 to the end of the fifteenth century. part. 1: The historical, social and economic setting*, Paris: UNSCO, 1998, p. 78; 华涛译《中亚文明史》第四卷（上），北京：中国对外翻译出版公司，2008年，第50页。参见谭其骧主编《中国历史地图集》第五册《隋·唐·五代十国时期》，北京：中国地图出版社，1989年，第94页。

839—840年，萨曼家族的努哈·本·阿萨德（Nūḥb. Asad，？—841/842）出兵占领白水城，当时大概是在喀喇汗王朝的先祖毗伽·阙·卡迪尔汗（*Bilge Kür/Kül Kadïr Khan）统治时期[①]。白水城是大食人与葛逻禄接壤的一个重要城市，大食人占领这里并从这里向外扩张，可见葛逻禄与大食人的冲突已经相当严重[②]。

841或842年，努哈·本·阿萨德去世，萨曼家族陷入权力斗争，无暇对外攻城略地。最后努哈·本·阿萨德的弟弟阿哈马德（Aḥmad，？—864）建立起坚实的权力基础。873年，塔希尔家族衰败，河中的政治权力转至萨曼家族手中，史称萨曼王朝。875年，阿哈马德之子纳赛尔（Naṣr，865—892）成为河中地区的首领。不过纳赛尔在888年被其弟伊斯马因·本·曼苏尔（Isamā'īl b. Mansur，？—907）打败，实权转归后者。892年，伊斯马因·本·曼苏尔正式成为萨曼政权的首领，随后发动对西部天山地区的征伐。893年三四月间，伊斯马因进攻怛逻斯（Ṭarāz或Talas），这是葛逻禄的重镇之一。战争的结果是后者失败，怛逻斯的异密（amīr）接受了伊斯兰教。903—904年左右，葛逻禄组织军队反攻，但是无果而终[③]。

893年萨曼政权占据怛逻斯以后，伊斯兰教通过穆斯林商队和定居民逐渐向草原牧民渗透，出于对伊斯兰文明的向往，不少乌古思部族和葛罗禄部族皈依了伊斯兰教[④]。华涛认为，由于萨曼王朝的攻击，在10世纪早期，西部天山的葛逻禄政权走向分裂，葛逻禄部族联盟瓦解[⑤]。

---

① Peter B. Golden，"The Karakhanids and Early Islam"，pp. 352，356；华涛《西域历史研究（八至十世纪）》，第56—58、71页。

② Peter B. Golden，"The Karakhanids and Early Islam"，pp. 347，352；华涛《西域历史研究（八至十世纪）》，第156页。

③ Peter B. Golden，"The Karakhanids and Early Islam"，pp. 347，352；华涛《西域历史研究（八至十世纪）》，第156—160页。

④ Peter B. Golden，"The Karakhanids and Early Islam"，p. 353.

⑤ 华涛《西域历史研究（八至十世纪）》，第160—168页。

作为这个观点的证明，一是大约成文于930年前后的S.6551讲经文称归顺西州回鹘的部族中有葛逻禄[①]，981年出使西州回鹘的北宋使臣王延德仍称其所辖有“割禄”[②]；二是北宋初年写本S.383《西天路竟》记今阿克苏（Aksu）一带有“割鹿国”[③]。割鹿和割禄皆是葛逻禄的异译。尽管这些文献的年代较晚，而且这些葛逻禄部族也可能是原来附属于漠北回鹘汗国的葛逻禄，但这至少表明，当时在西域，并非所有葛逻禄部族都归属于一个统一的政权联盟。

由于萨曼王朝的攻击，893年以后，一部分原来游牧于西部天山地区的葛逻禄部族南迁，进入疏勒地区，联合同属突厥系的样磨部，建立起喀喇汗王朝。当时是在毗伽阙卡迪尔汗的孙子，即后来著名的萨图克·布格拉汗（Satuk Bughra Khan，？—955/956）的幼年时期，而统治汗国的可能是萨图克的叔父、毗伽·阙·卡迪尔汗的儿子奥古尔恰克·卡迪尔汗(Oghulchak Kadïr Khan)。萨图克和奥古尔恰克·卡迪尔汗即活动于疏勒和阿图什（Artuch）一带[④]。不过对于葛逻禄进入疏勒地区的具体时间和喀喇汗王朝的具体成立年代，学界至今并不清楚。

当萨图克与其叔父进入疏勒地区的时候，除了样磨，疏勒和于阗之间应该也有回鹘部族和另一些葛逻禄部族在那里游牧。据吉田豊研究，802年，疏勒受到回鹘的进攻，随后受制于回鹘汗国，与此同时，吐蕃

① 张广达、荣新江《有关西州回鹘的一篇敦煌汉文文献——S.6551讲经文的历史学研究》，原载《北京大学学报》1989年第2期，此据张广达《文书、典籍与西域史地》，第155页。

②《宋史》卷四九〇《外国传》高昌条，第14112页。

③ 郑炳林《敦煌地理文书汇辑校注》，兰州：甘肃教育出版社，1989年，第225页。参见张广达、荣新江《有关西州回鹘的一篇敦煌汉文文献——S.6551讲经文的历史学研究》，第173页。又，《宋会要辑稿》蕃夷四天竺国条：“〔乾德四年（966）〕，僧行勤等一百五十七人诣阙，上言愿至西域求佛书。许之。以其所历甘、沙、伊、肃等州，焉耆、於（于）阗、割禄等国，又历布路沙、加湿弥罗等国，并诏谕令人引道之。”（中华书局，第8册，第7757页）此“割禄”即S.383《西天路竟》所记今阿克苏一带的“割鹿国”。

④ Peter B. Golden, “The Karakhanids and Early Islam”, p. 357；华涛《西域历史研究(八至十世纪)》，第176页。

统治下的于阗也处在回鹘进攻的威胁之下[①]。840年，漠北回鹘汗国崩溃，这些进入塔里木盆地北沿的回鹘部族以后逐渐并入高昌回鹘或龟兹回鹘王国。另据布顿（Bu ston Rin chen grub，1290—1364）记载，当9世纪中叶吐蕃发生灭佛事件后，有三位吐蕃僧人逃离卫藏，西行阿里（mNga' ris），经过葛逻禄（Gar log)领地,最后到达安多(A mdo）[②]。这里的葛逻禄当指游牧于丝路南道的部族。这还可以从《世界境域志》"样磨的国土及其诸城"章的一条记载得到证实："喀什噶尔属于中国之地（Chinistan)，但它位于样磨、吐蕃、黠戛斯和中国（China）之间的边境上。往者，喀什噶尔诸首领出自葛逻禄或出自样磨。"[③]华涛认

① Y. Yoshida，"The Karabalgasun Inscription and the Khotanese Documents" in Desmond Durkin-Meisterernst，Christiane Reck and Dieter Weber eds.，*Literarische Stoffe und ihre Gestaltung in mitteliranischer Zeit：Kolloquium anlässlich des 70. Geburtstages von Werner Sundermann*，Wiesbaden: Dr. Ludwig Reichert，2009，pp. 349-362；张湛、时光《一件新发现犹太波斯语信札的断代与释读》，《敦煌吐鲁番研究》第11卷，上海：上海古籍出版社，2008年，第71—99页；P. O. Skjærvø，"The End of Eighth-Century Khotan in Its Texts"，*Journal of Inner Asian Art and Archaeology*，3/2008 [2009]，pp. 119-144.

② Samten G. Karmay，"The Ordinance of Lha bla-ma Ye-shes-'od"，in Michael Aris and Aung San Suu Kyi eds.，*Tibetan Studies in Honour of Hugh Richardson*，Warminster，Eng.: Aris and Pillips Ltd.，1979，p. 158. 按较早期的娘·尼玛韦色（Nyang Nyi ma 'od zer，1124—1192?）所著《娘氏宗教源流》（*Chos'byung me tog snying po sbrang rtsi'i bcud*）仅称他们取阿里之路而至安多（Bod ljongs mi dmangs dpe skrun khang, 1988，pp. 441-442），另两份成书于13世纪的文献则称他们经过了霍域（Hor gyi yul/Hor yul)。Hor在9世纪的敦煌藏文文书中指回鹘，后来泛称北方游牧民族。见LDe'u Jo sras，*Chos 'byung chen mo bstan pa'i rgyal mtshan lde'u jo sras kyis mdzad pa*, Lhasa: Bod ljongs mi dmangs dpe skrun khang，1987，p. 154；Ne'u Paṇḍita Grags pa smon lam blo gros，s*Ngon gyi gtam me tog phreng ba，in Bod kyi lo rgyus deb ther khag lnga*，Bod ljongs bod yig dpe rnying dpe skrun khang，1990，p. 32. 后者的德文翻译见Helga Uebach, *Nel-pa Paṇḍitas Chronik Me-tog Phreṅ ba*，München: Kommission für Zentralasiatische Studie，Bayerische Akademie der Wissenschaften，1987，p. 122-123；中文翻译见王尧、陈践《奈巴教法史——古谭花鬘》，《中国藏学》1990年第1期，第120页。

③ V. Minorsky，*Ḥudūd al-'Ālam: "The Regions of the World"*，London: Luzac，1937，pp. 95，98. 参看佚名《世界境域志》，王志来译注，上海：上海古籍出版社，2010年，第73页。

为，《世界境域志》里叙述的是840年回鹘西迁后不久的情况[①]。另外，9世纪中叶吐蕃王朝崩溃以后，一些原属吐蕃的部族继续留在西域，比如于阗东部与敦煌之间有璨微、仲云、龙家等部族，于阗西部与喀喇汗王朝之间也有吐蕃余部，只是名称不详。这些回鹘、葛逻禄及诸蕃部族生活在喀喇汗王朝与于阗佛国之间，大概处于一种半独立的状态，而且一段时间内可能归附于于阗，这有P.4065归义军节度使曹元忠致于阗王尉迟苏罗的一封书状为证（详见下文）。另据敦煌研究院藏No.001+董希文藏卷+P.2629《归义军官府用酒破历》，964年有一批由“于阗葛禄”率领的于阗使在敦煌[②]。当然，这极可能是于阗境内的部族。

① 《西域历史研究（八至十世纪）》，第47—48页。

② 施萍亭《本所藏〈酒帐〉研究》，《敦煌研究》1983年创刊号，第145—150页。

第二节

于阗国与喀喇汗王朝的战争

进入疏勒地区之后，奥古尔恰克·卡迪尔汗住在疏勒，萨图克则主要在阿图什活动，当时他尚未信奉伊斯兰教。根据穆斯林史料，萨图克之皈依伊斯兰教与逃离河中政权的萨曼家族成员纳赛尔·萨曼尼（Naṣr al–Sāmānī）的宣传有关。萨图克是在阿图什公开皈依的，这大概是在他去世前的最后几年。然后他立即对疏勒的叔父发起进攻。在拔汗那圣战者的支援下，萨图克成功地夺取了疏勒，登上汗位。学者推测他改变信仰之举一方面是出于对大食世界正在繁荣的经济、文化生活的向往，另一方面当与夺取疏勒的行动有关[①]。

萨图克汗在955/956年逝世，他的儿子穆萨·本·萨图克（Mūsā b. Satuk）继他登上汗位。穆萨·本·萨图克即位不久，于960年前后对西部天山北麓热海（Ysyk–Köl）一带发起进攻并取得胜利，热海一带及其以北的突厥语部众归附了穆萨[②]。史称960年有“两万帐突厥”皈依伊斯

① 华涛《西域历史研究（八至十世纪）》，第179—187页；Michal Biran，“Ilak-Khanids”，*Encyclopedia Iranica*，vol. XII，http://www.iranicaonline.org/articles/ilak-khanids.

② 华涛《西域历史研究（八至十世纪）》，第179—187页。

兰，这多半指喀喇汗王朝属下的部落①。

喀喇汗王朝与于阗佛国之间的战争也始于穆萨·本·萨图克统治时期，于阗方面的国王则是李圣天（Viśa’ Saṃbhava，912—966年在位）。汉文文书P.3016《天兴九年（958）九月西朝走马使□富住状》称，当敦煌使臣□富住于958年七月二十三日到达于阗的时候，恰值于阗王李圣天“鸾（銮）驾亲征西幸”，他等至八月十一日才得“迎接朝觐”②。“亲征西幸”四字表明李圣天此次征战的地点是于阗国西境。如上所述，疏勒和于阗之间尚有回鹘、葛逻禄和诸蕃余部，我们不清楚李圣天此次征战的对象到底是谁，推测多半与喀喇汗王朝有关。963年，战争正式开始，这有两件于阗语文书为证。一是P.5538a天尊四年（970）《于阗尉迟苏罗王致沙州大王曹元忠书状》，其中谈到与疏勒（Khyeṣa）作战已有八年③。从970年上数八年是963年，这与Ch. 00272（IOL Khot S. 16）所述内容正好相合。按Ch. 00272残损，具体内容不太清楚。文书发出的时间是李圣天统治的天兴十四年（963）Kaja月（季春之月，相当于汉历二月）二十八日，接收者是Jsīna Marca。看起来，Jsīna Marca可能是前往敦煌请兵的于阗使臣，而这件文书是于阗方面给他的指令，其中谈到军队、步兵，称“他们令那里的军队率领至疏勒”，又说“当我到疏勒，如果据指令有一位军官……他们命令(你）要求尽量多的毛毯以做衣服”④。这似乎表明，于阗与喀喇汗王朝开战之始即曾寻找敦煌归义军的援助，而且从P.5538a于阗语文书来看，

① Peter B. Golden，“The Karakhanids and Early Islam”，p. 354；Michal Biran，“Ilak-Khanids”，*Encyclopedia Iranica*，vol. XII，http://www.iranicaonline.org/articles/ilak-khanids.

② 张广达、荣新江《关于唐末宋初于阗国的国号、年号及其王家世系问题》，原载《敦煌吐鲁番文献研究论集》，北京：中华书局，1982年，此据作者《于阗史丛考》（增订本），北京：中国人民大学出版社，2008年，第31—32页。

③ H. W. Bailey，“Śrī Viśa̧ Śūra and Ta-uang”，*Aisa Major*，new series，11.1，1964，p. 18.

④ P. O. Skjærvø，*Khotanese Manuscripts from Chinese Turkestan in the British Library. A Complete Catalogue with Texts and Translations*，London: British Library Publishing，2002，p. 518.

敦煌确实派出了军队。

按P.5538a是970年于阗王尉迟苏罗王（Viśa' Śūra，967—977年在位）致沙州归义军节度使曹元忠书状的正文，纸缝及最后标记日期的部分上面共钤汉文朱印九方，文曰："书诏新铸之印"；日期前还有一个很大的汉字"敕"和对应的于阗文PARAU"敕"[①]（图11-1）。1964年贝利教授曾将文书翻译发表[②]。文书用语极为婉转含蓄，以下据贝利的译文摘译大意：

图11-1 P.5538a（IDP）

我们于Ttuṃjāra月（仲秋之月，相当于汉历七月）率军至疏勒人的城堡（kara）[③]，那里的人一直觊觎我们的国土。恶人大石（Ttaśī'kä）从贤（Tcūṃ hyeꞈ:nä）[④]的妇孺、舞象、良马和其他宝物及其部下的财物等等，这些皆呈献给朝廷。从那时迄今，我们一直留在西川大馆/官（sīchvanä ttayi kvainä，

① 张广达、荣新江《巴黎国立图书馆所藏敦煌于阗语写卷目录初稿》，第147页。

② H. W. Bailey，"Śrī Viśaꞈ Śūra and Ta-uang"，pp. 17–26.

③ 关于kara，参见H. W. Bailey，*Dictionary of Khotan Saka*，London: Cambridge University Press，1979，p. 53.

④ Tcūṃ hyeꞈ:nä：尽管贝利没有给出汉字，但音译作Tsun Hien，汉语可以构拟为"从贤"。H. W. Bailey，"Śrī Viśaꞈ Śūra and Ta-uang"，pp. 17，20.

指于阗——引者）①。关于我们陆续送到城堡的食物，由于那里人数太多，食物匮乏。然后我们派三种护卫去城堡，每种护卫有1位宰相和1800名士兵。关于我们的八位特勤（digin），他们从开始至今一直在那里。关于军队的统率（?），他尚未到达。关于我们送去的装备（?），由于察格利汗（Čagrï Khan）和大石从贤占领了道路，为避免损失，我们的做法是让他们不能拦截。但是，大王，请您不要忧虑。我们的人每日皆得从那里进出。今日一人自城堡来，报称察格利汗于十二月二十七日率军至城堡外边并驻守在那里，至一月四日，他仍在那里。至于他军队的驻地（?）多大，我们不知。因此，我们现在需要率军前去。西川大馆/官的军队非常强大，足可保证成功。至于如何占领一个外国并进行统治，那是巨大而艰难的任务。作为外来人，我们不能确保〔有效〕控制（uhaumä?）。母舅曹大王，您不必忧虑。关于事情发展情况，我们将会发书相告。这里有英勇的（ttūnā?）汉人，而且我们一直在国家外部〔作战〕。如果没有如您所愿地那样收到粮食和其他〔物品〕，请不要心生不悦。因为在这里治理国家，事务极烦，希望大王理解。当使臣到达您处，请您让他们向您详加解释。钱财增多，粮食、驮畜、人和军队〔也是〕，但是许多冲突〔发生〕，人们在死去。如果这里一两年内，在统御国家之时，若英勇的（ttūnā?）汉人没能得到他们想要之物，若信物没有到达，首先我们说那是执行方面的困难。若大王和沙州的人们不对我们心生不悦，若我们能维持统治，若在此我们指望汉人〔援助〕，若我们呈送信物至沙州，那么大王，请您理解。

---

① sīchvanā ttayi kvainä：贝利称这里明确指于阗国朝廷，可比定为汉文“西川大馆”或“西川大官”，意为“西部地区的伟大朝廷”（“Śrī Viśa̧ Śūra and Ta-uang”，pp. 21–22）。按汉文文书有以“西朝”（P.3016）、“西府大国”（P.4638）来指称于阗国，“西川大馆/官”或是与“西朝大国”相类的表述方法。

皇主圣心极为焦虑，不知我们将多么依赖英勇的（ttūnā?）汉人，以及我们如何呈送信物给大王。今圣心念及前曾送信物给大王并期待汉人的〔援助〕。此事（指察格利汗率军至城堡外边——引者）即已发生，军队也已派遣。当〔朝廷〕发出威光，那里我们的大石恶敌从贤离去了。从那时至今，这里指挥军队及其他事务仍有所限制。我们一直在国境之外，自从我们按皇室的要求而行动以来已有八年。但是，如果我们没有令您满意，母舅大王，那是因为在这里统御国家有许多危险。若您心生不悦，我们将放弃所有治理国家的工作，努力令您满意。（中略）如若我们能够持续执政，于今我们将给大王送上许多问候（礼品）。

一是中等玉石（?）一团，重四十二斤；二是纯玉石一团，重十斤；三是玉石一团，重八斤半；总计玉石三团，六十斤半。以及一副皮制胸甲，一把锤子和一把斧头，两者均装有骨柄，以及两种容器。

此敕颁发自馆/官。天尊四年，马年，一月九日之吉时。

书状的颁发年份——天尊四年，业经学者考订在970年[①]。书状的发出者和接收者也非常明确，即于阗王尉迟苏罗和敦煌归义军节度使曹元忠(947—974年执政)。《宋史》卷四九〇记：开宝四年（971），于阗国“僧吉祥以其国王书来，自言破疏勒国得舞象一，欲以为贡，诏许之”[②]。看来，于阗国欲进贡给宋朝的舞象当得自P.5538a所述的这场战争。综合文书和史籍记载，在969年秋七月，于阗国攻至疏勒人的城堡(kara）并取胜，获得妇孺、舞象、良马和其他宝物无数，然后他们撤离疏勒，但留下一部分士兵在那里驻守。以后又从于阗派出3种护卫队前去增防，每

① E. G. Pulleyblank，“The Date of the Staël-Holstein Roll”，*Asia Major*，new series，4.1，1954，p. 94.

②《宋史》卷四九〇《外国传》于阗条，北京：中华书局，1977年，第14107页。

种护卫队有1800名士兵，也就是说，总共派出了5400名士兵，人数可谓不少。在他们撤回于阗后，疏勒方面发兵占领了于阗与该城交通的道路。同年12月27日，疏勒方面的察格利汗率军至此城堡外围并驻守下来，因此驻守在城堡里面的于阗军队派士兵前往于阗国报告此事。这位士兵当是在970年1月4日出发的。于阗国得知这一消息后，决定立即派兵前去救援。看来他们对这次战争颇有信心，因为书状言及占领外国并进行统治云云。不过，他们仍然希望得到敦煌方面的援助，大概这就是于阗王尉迟苏罗王给曹元忠写这封书状的主要目的。书状的撰写时间是970年1月9日，显然是接到城堡来人的消息后，立即向敦煌方面报告战争的最新进展。从1月4日至9日不过五六天时间，假设这位报告消息的士兵骑马日行一百公里左右，那么他大概走了五六百公里的行程。如此看来，这座城堡当在疏勒境内，为喀喇汗王朝的重镇之一。这与《宋史》所记“破疏勒国得舞象”的叙述完全一致。

书状还一再言及他们是在于阗国之外作战，也就是说，战火尚未波及于阗国境内。这也为汉文文书P.4065（3）所证实（图11-2）。按P.4065（3）与另外两件归义军节度使上呈后晋王朝的表文抄写在一起，抄写者为杨定千。我们先转录文书如下：

（前缺）早者，都头阴会宾至，伏蒙皇帝陛下特降宣谕，兼惠信物，不任感铭之至。兼向（闻）：

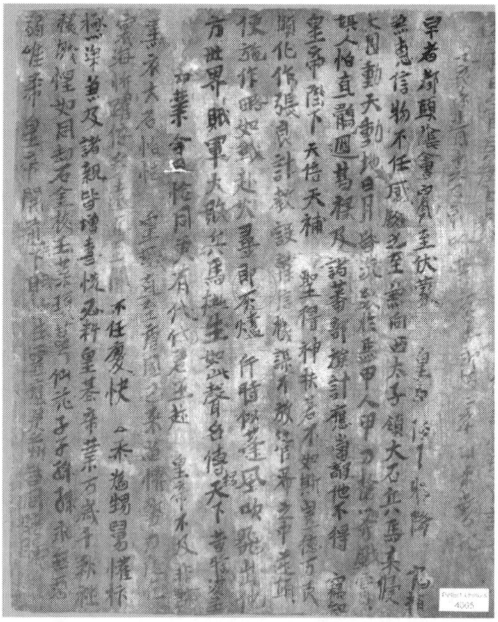

图11-2　P.4065(3)（IDP）

西太子领大石兵马来侵大国，动天动地，日月昏沉；致于马甲人甲，刀枪斧钺，实填人怕。直回鹘、葛禄及诸蕃部族，计应当敌他不得。窃知皇帝陛下，天倍（培）天补（辅），圣得（德）神扶。若不如斯，岂德（得）万民顺化？作张良计教，设韩信机谋，不放官界之中，逆头便施作略。如蛾赴火，寻即灰烬；片时似蓬，风吹飞出他方世界。贼军大败，兵马桃（逃）生。如此声名，传杨（扬）天下。昔时汉主□□功业，今日恰同。更有代代君王，趁皇帝不及。非论黑衣大石怕怯皇威，直至（自）唐国以来，尚惧势力。凡在寰海，忻跃倍多；远近并闻，不任庆快。某忝为甥舅，欢忭极深，兼及诸亲，皆增喜悦。必料皇基帝业，万岁千秋；社稷城惶（隍），如同劫石。金枝玉叶，琼萼仙花；子子孙孙，永无恶弱。唯希皇帝开通天下，赋施生灵。应是二州，皆同瞻晖。（下缺）

按这件文书最初为哈密屯(J. Hamilton) 注意，提出这里所谓被大石兵马入侵的“大国”即指于阗①。后来李正宇将文书释录发表，推断这是曹元忠致于阗王李圣天的表文，抄写者杨定千幼年时曾就读于敦煌乾明寺，这是他练字习文时抄下的文字，抄写时间在开宝九年至太平兴国五年（976—980）之间②。结合上件于阗语文书P.5538a的内容，现在我们可以比较肯定地认为，这封书信是归义军节度使曹元忠写给于阗王尉迟苏罗的，而且很可能就是对P.5538a尉迟苏罗王书状的回复。李圣天曾娶曹元忠姊曹氏为皇后，尉迟苏罗王是李圣天和曹氏生育的王子，汉名从德（Tcūṃ　ttehi:）。在这封书状中，曹元忠自称“甥舅”，正好符合双

① James Hamilton, “Sur la chronologie khotanaise au IXᵉ-Xᵉ siècle”, in M. Soymié ed., *Contributions aux études de Touen-houang* III (Publications de l’École française d’Extrême-Orient v. 135), Paris: Droz, 1984, p.49, n.7.

② 李正宇《敦煌遗书P.4065表文三件的初步考释》，《新疆社会科学》1988年第3期，第96页。

方的辈分关系。这种称谓关系也体现在P.2703背面保存的两件曹元忠致尉迟苏罗王的书信当中[1]。

从P.4065（3）所述内容来看，阴会宾可能就是带着P.5538a前往敦煌的于阗使臣。“大石”即“大食”，在P.5538a于阗文文书中作Ttaśī'k 。在汉文文献中，“大食”最初指阿拉伯人或阿拉伯半岛，以后“大食”逐渐指称阿拉伯帝国的属民，包括波斯以及后来中亚的突厥部族。最后，此词概称穆斯林[2]。由于喀喇汗王朝信奉伊斯兰教，所以于阗国和敦煌归义军称他们为“大石”。这件文书所谓的“大石”，指的正是疏勒的喀喇汗王朝，而非巴格达的大食政权。文书言“西太子领大石兵马来侵大国”云云，“西太子”当可与P.5538a的大石Tcūṃ hyai:nä勘同。对于Tcūṃ hyai:nä，哈密屯构拟汉文作“从贤”，提出他可能是投入穆斯林阵营的李圣天之子[3]。熊本裕在此基础上进一步推测“从贤”可能是李圣天与娶自喀喇汗王朝的妃子所生之子，也就是从德（Tcūṃ ttehi:），即后来的尉迟苏罗王的同父异母兄弟[4]。从“从贤”和“从德”名字的相近程度来看，确实颇让人怀疑他与于阗国有密切关系，哈密屯和熊本裕的推测不无一定道理。文书接着称“直回鹘、葛禄及诸蕃部族，计应当敌他不得”，表明在疏勒与于阗之间，生活着一些回鹘、葛逻禄和诸蕃部族。在这场战争中，这些部族自然是首当其冲。虽然从种族上讲，他们与疏勒的喀喇汗政权更为接近，但或许因为宗教的缘故，他们反而与于阗国并肩作战。这场战争的结果，疏勒大败，兵马逃生。结合P.5538a的记载，大概于阗乘胜追击，一直攻至疏勒境内。

---

① 张广达、荣新江《10世纪于阗国的天寿年号及其相关问题》，第295—297页。

② Michal Biran, "Qarakhanid Studies from the Qara Khitai Edge", *Cahiers d'Asie centrale* 9, 2001, p. 79.

③ Jaes Hamilton, "Sur la chronologie khotanaise au IXe-Xe siè cle", p. 49, n.7.

④ H. Kumamoto, "Some Problems of the Khotanese Documents", in R. Schmitt & P. O. Skjærvø eds., *Studia Grammatica Iranica. Festschrift für Helmut Humbach,* München: R. Kitzinger, 1986, p. 231 .

第三节

喀喇汗王朝的发展与于阗国的灭亡

穆萨·本·萨图克的去世时间不详，他的儿子是阿里·本·穆萨（'Ali b. Mūsā,？—998年在位）。从已知材料来看，他的主要征战对象是西部的萨曼王朝，而非东部的于阗国。他和他的堂兄弟哈桑·本·苏来曼（Hasan b. Sulaymān）一起发动对河中地区的征服，990年占领白水城，991—992年占领拔汗那，992年占领伊来克（Ilag）、撒马尔干（Samarkand）和萨曼的都城不花剌（Bukhara），同年哈桑·本·苏来曼因染病而于途中去世，萨曼统治者返回不花剌，重新掌控了河中地区的中心地带，而喀喇汗王朝则控制着河中的东北和东部一些地方。不出数年，阿里·本·穆萨的儿子纳赛尔·本·阿里（Naṣr b.'Ali）再次发动对萨曼王朝的进攻，996年征服柘折地区（Chach，今塔什干），997年征服撒马尔干，999年占领不花剌[①]。喀喇汗王朝对不花剌的攻占联合了原来附属于萨曼王朝的哥疾宁王朝（Ghaznavids，治地在今阿富汗境内）的力

---

① E. A. Davidovich，"The Karakhanids"， in M. S. Asimov and C. E. Bosworth eds., *History of Civilizations of Central Asia*，vol.4，pp. 121-122（华涛译《中亚文明史》第四卷（上），第86页）；Michal Biran，"Ilak-Khanids"，*Encyclopedia Iranica*，vol. XII，http://www.iranicaonline.org /articles/ilak-khanids.

量。战后，他们分割了萨曼王朝的领地，喀喇汗王朝占领河中地区，哥疾宁占领呼罗珊地区（Khorasan）。1005年，萨曼王朝进行了最后一次反攻，结果失败，萨曼王朝崩溃①。

阿里·本·穆萨于998年在疏勒去世，据俄国学者达维多维齐（E.A. Davidovish）研究，其长子阿哈马德·本·阿里（Aḥmad b.‘Ali）继承了汗位，他在钱币上经常被称作纳赛尔·哈格汗（Naṣr al-Haqq Khan），领地的主要城市和当时喀喇汗王朝的首都是巴拉沙衮，而疏勒则为出自哈桑·本·苏来曼的哈桑系（Hasanids）所掌控②。

这段时期疏勒与于阗的关系不详。我们知道尉迟苏罗王之后的于阗王是尉迟达磨（Viśa’ Dharma，978—982年在位），再后是尉迟僧伽罗摩（Viśa’ Saṃgrāma，982—1006/1007？年在位）。尉迟达磨王曾嫁公主给归义军节度使曹延禄为妻，982年他本人复派使臣到敦煌求娶皇后，从他统治期间的年号“中兴”来看，当时于阗国力似还不差。如上所述，这期间喀喇汗王朝忙于征服河中萨曼政权，无暇东顾。有关尉迟僧伽罗摩王的资料很少，于阗语文书P.2787第34—83行是尉迟僧伽罗摩王颂词，颂词把他奉为护卫于阗金玉国的第五大天王，赞颂他保护佛法在于阗长久住世，而所有灾难、病痛与不幸皆得消除③。可能在他统治时期，疏勒与于阗的战事复起。于阗语文书Or.8210/S.2469标记日期在某王治下第24年、马年Hamārrīja月（相当于汉历三月）十日④。综合分析10世纪于阗王的统治年代，这应当是尉迟僧伽罗摩王在位的1006年。文书

---

① Peter B. Golden，“The Karakhanids and Early Islam”，p. 360；Michal Biran，“Ilak-Khanids”，*Encyclopedia Iranica*，vol. XII，http://www.iranicaonline.org/articles/ilak-khanids.

② E. A. Davidovich，“The Karakhanids”，p. 123（华涛译《中亚文明史》第四卷（上），第87页）。

③ H. W. Bailey，“Viśa’ Saṃgrūma”，*Asia Major*，new series，11.2，1965，pp. 103-104.

④ P. O. Skjærvø，*Khotanese Manuscripts from Chinese Turkestan in the British Library*，p. 26.

称麻宰相（Baṃ mistä tcai syāṃ）作施主，令写佛经，以此功德回向于阗的僧伽（thus all the way to（?） the saṃgha of Khotan）云云[①]。可能当时于阗战事不利，故这位麻宰相在敦煌写经祈福。

于阗最后灭亡的确切时间不详，大概在1006或1007年前后。《续资治通鉴长编》卷七一宋真宗大中祥符二年（1009）三月己巳条记：

于阗国主黑韩王遣回鹘罗斯温等以方物来贡。罗斯温跪奏曰："臣万里来朝，获见天日，愿圣人万岁，与远蕃作主。"上询以在道几时，去此几里。对曰："涉路一年，昼行夜息，不知里数。昔时道路尝苦剽劫，今自瓜、沙抵于阗，道路清谧，行旅如流。愿遣使安抚远俗。"上曰："命使益以劳费尔国。今降诏书，汝即赍往，亦与命使无异也。"[②]

《玉海》卷一五四《朝贡》也记载：

祥符二年三月己巳，〔于阗〕贡良玉及玉鞍勒马。

罗斯温从于阗到宋廷"涉道一年"，可见他的启程时间是1008年3月。从宋真宗与罗斯温的谈话来看，很可能当时喀喇汗王朝刚与于阗作战取胜，故派他前往宋朝告知这一消息。这与969年于阗获胜后即派僧吉祥前往宋朝报告消息并欲贡舞象的做法极为相似。所谓"昔时道路尝苦剽劫，今自瓜、沙抵于阗，道路清谧，行旅如流"，显然含有自夸的

---

① P. O. Skjærvø, *Khotanese Manuscripts from Chinese Turkestan in the British Library*, p. 26. 按于阗语baṃ与汉语"麻"的比定据高田时雄《コータン文書中の漢語語汇》，《漢語史の諸問題》（京都大学人文科学研究所研究報告）别冊，1988年，第236、262页。

② 《续资治通鉴长编》卷七一，北京：中华书局，1980年，第1598页。《宋史》卷四九〇《外国传》于阗条略同，第14107页。

意味。罗斯温请宋朝“与远蕃作主”，并“遣使安抚远俗”，则是表明他希望喀喇汗王朝占领于阗的行动得到宋朝的认可。

灭亡于阗的喀喇汗汗王大概是哈桑·布格拉汗（Hasan Bughra Khan）的儿子玉素甫·卡迪尔汗（Yūsuf Kadїr Khan）。学者对喀喇汗王朝钱币的研究表明，自1004—1005年开始，玉素甫·卡迪尔汗在疏勒以自己的名字定期铸造钱币，上面的称号是“东方之王”（Malik al-mashriq）[①]。这个阿拉伯文称号随后发展出更完整的形式Malik al-mashriq wa'l-Ṣīn，意为“中国和东方之王”，其突厥语形式是Tamghaj或Ṭabgâch khan，即“桃花石汗”，意为“中国之汗”，强调与中国的联系[②]。据称这个称号较晚才被喀喇汗王朝的君王所采用，最早出现的是托干汗（Toghan Khan，1024—1025）的钱币[③]。我们知道于阗王的称号中有“汉王中之王”[④]，印文中有“大于阗汉天子敕印”[⑤]。喀喇汗王的称号与于阗王的称号或许也有所联系。

于阗国灭亡后，于阗人反抗喀喇汗王朝的活动似乎还延续了相当一

---

① E. A. Davidovish, "The Karakhanids", p. 123（华涛译《中亚文明史》第四卷（上），第87页）。

② Michal Biran, "Qarakhanid Studies from the Qara Khitai Edge", *Cahiers d'Asie centrale* 9, 2001, p. 78.

③ 华涛《西域历史研究（八至十世纪）》，第159页。

④ 如IOL Khot S.47（Ch. i.0021b.a）天尊五年（971）张金山写《金刚乘赞文》。见P. O. Skjærvø, *Khotanese Manuscripts from Chinese Turkestan in the British Library*, p. 553.

⑤ P. 2826《于阗王致沙州令公书》。图版见上海古籍出版社、法国国家图书馆编《法藏敦煌西域文献》第19册，上海：上海古籍出版社，2001年，第9页。Takatoshi Akagi（赤木崇敏），"Six 10th Century Royal Seals of the Khotan Kingdom", in Y. Imaeda, M. T. Kapstein and T. Takeuchi eds., *New Studies of the Old Tibetan Documents: Philology, History and Religion* (Old Tibetan Documents Online Monograph Series vol. III), Tokyo: Research Institute for Languages and Cultures of Asia and Africa, Tokyo University of Foreign Studies, 2011, pp. 219–221.认为这是李圣天之后、尉迟苏罗王之前的某位于阗王所用之印。我们则认为是尉迟达磨（Viśa' Dharma）王所用之印，参看荣新江、朱丽双《一组反映10世纪于阗与敦煌关系的藏文文书研究》，沈卫荣主编《西域历史语言研究集刊》第5辑，北京：科学出版社，2012年，第108页。

段时间，今于阗民间传说中，和田东部策勒（Cira）县南恰哈乡（Chakar）的阿希（Hasha）、阿萨城堡是于阗佛国的最后退守之地，于阗人在这里抗争了40年，最后不敌而亡。笔者之一朱丽双曾于2010年10月前往考察。阿希城堡位于阿希村畔，村子掩映在树林和农田当中，村子的西侧是阿希河，河水由西南向东北流，最后汇入策勒河，城堡就在阿希河西侧高出的台地上。据《和田地区文物普查资料》和李吟屏《和田考古记》，阿希城堡面积约4.6万平方米，由南北两座石垒组成，北端石垒已毁；南端石垒保存较完好，有南、北、东墙和一道护城壕[①]。笔者至此的时候，由于河水太急，未能过河入城考察（图11–3）。阿萨城堡距策勒县56公里，距恰哈乡12公里，位于阿萨村西一三角形岛状台地

图 11–3　阿希河（朱丽双摄影）

① 新疆文物考古研究所《和田地区文物普查数据》，《新疆文物》2004年第4期，第25页；李吟屏《和田考古记》，乌鲁木齐：新疆人民出版社，2006年，第47页。

图 11–4　阿萨城堡南墙外壕沟（朱丽双摄影）

图11–5　阿萨城堡北墙城门（朱丽双摄影）

上，台地两侧是高达50米的悬崖。城堡西有秋库河（Quka）北流，东有阿萨河北流，两水至台地北端汇合为一，仍称阿萨河，阿萨河北流至阿希村，称为阿希河，阿希河继续北流，最后成为策勒河。城堡地势南高北低，偏北的地方有两处低洼，似为贮水池。中部有一东西向的台坎，将城堡分为南北两部分。遗址面积21万平方米，北墙长63.5米，高6米，下宽10.5米；南墙长440米，高14米，基宽15米；两墙之间的距离850米。南墙外为一道深5米的护城壕沟（图11–4、11–5）。壕沟南边仍是一片平坦的台地，据称那里有许多墓葬。在阿萨城堡西侧的悬崖崖面上有一个洞口，洞口距下面秋库河的河床10米，宽1.6米，高1.3米。据称这个洞就是当年城堡上于阗军队的汲水洞，和田民间传说，喀喇汗王朝的军队攻打城堡多日不下，后侦察到城堡中的于阗军队挖地道通向河底，然后装铜管取水饮用。于是喀喇汗军队把果子抛向河中，果子顺水漂流到城下一个地方旋转不前，堵住铜管，城堡中的于阗军队无水饮用，最终只好投降[①]。

另外，从于阗语文书来看，在于阗王尉迟僧伽罗摩去世后，一位名叫Tcū Syau（汉字构拟为"总绍"）的王子以敦煌为中心，率领于阗人继续反抗[②]。于阗人东逃之处除了敦煌，还有今天的青海地区。据《宋史》卷四九二，11世纪后期青唐羌的首领阿里骨原本即是于阗人，年少时与他的母亲一起到青唐[③]。另外，于阗王国灭亡以后，喀喇汗王朝可能没有立即令于阗人全部改信伊斯兰教，佛教在很长时间之内仍是于阗人的精神支柱。

---

① 据和田地区文物局艾力（Ali）先生所述及李吟屏《和田考古记》，第47页。

② IOL Khot S.11（Ch. 00267）。见 P. O. Skjærvø，*Khotanese Manuscripts from Chinese Turkestan in the British Library*，pp. 499–502.

③《宋史》卷四九二《外国传》吐蕃条，第14165页。参见鈴木隆一《青唐阿里骨政權の成立与と契丹公主》，《史滴》第4号，1983年，第33—50页。

第四节

余　论

以上我们考察了喀喇汗王朝的成立与于阗佛国的灭亡经过。我们看到，喀喇汗王朝是在与河中萨曼王朝的挣扎中成立的，又在与萨曼王朝及于阗佛国的战争中发展壮大。

1006年和1008年，喀喇汗王朝还曾试图从哥疾宁手中夺取呼罗珊，不过没有成功。喀喇汗王朝的领地至此基本确定，从阿姆河（Amu darya）直至塔里木盆地，包括河中、柘折、拔汗那、白水城、怛逻斯、七河流域（Semirechyè）、疏勒、于阗，以后还将加入龟兹①。有意思的是，据藏文文献记载，1037年，喀喇汗王朝（Gar log）进攻吐蕃王室后裔在阿里地区（mNga' ris）建立的古格（Gu ge）王国，洗劫了著名的托林寺（Tho ling），时在沃德（'Od lde）王统治时期（1024—1037）。喀喇汗王朝的军队由Bhara dan dur率领，他属于疏勒的Hor nag mo A lan世系，这是喀喇汗王朝两位统治者中的长支②。据钱币资料，当时应

① Peter B. Golden, "The Karakhanids and Early Islam", p. 362; Michal Biran, "Ilak-Khanids", *Encyclopedia Iranica*, vol. XII, http://www.iranicaonline.org/articles/ilak-khanids.

② Roberto Vitali, "A Chronology (*bstan rtsis*) of Events in the History of mNga' ris skor gsum (Tenth-Fifteenth Century)", in Alex Mckay ed., *The History of Tibet*, vol. II, London and New York: RoutledgeCurzon, 2003, p. 62.

是玉素甫·卡迪尔汗的儿子苏来曼·本·玉素甫（Sulaymān b.Yūsuf, 1032—1056年在位）统治时期[①]。藏文Hor指北方游牧民族，nag mo意为“黑”，A lan是对Arslan的音写，意为“狮子”，是喀喇汗王的主要称号之一。从而可见，Hor nag mo A lan即指喀喇汗王。按后期的藏文文献普遍传称古格王国的天喇嘛益西沃（lha bla ma Ye shes 'od, 947—1024）为葛逻禄所捕，葛逻禄要求用与他身体等量的黄金来赎其命。但益西沃为弘扬佛教，让其侄天喇嘛绛曲沃（lha bla ma Byang chub 'od, 984—1078）用赎命的黄金去迎请印度高僧阿底峡（Atiśa, ? 982—? 1054）至西藏传法，自己终死葛逻禄狱中[②]。近人的研究表明，这是基于沃德王被捕事件而编撰的传说[③]。当然，这已超出本文的讨论范围。

① 蒋其祥《新疆黑汗朝钱币》，乌鲁木齐：新疆人民出版社，1990年，第45页。

② George N. Roerich, *The Blue Annals*, Delhi: Motilal Banarsidass, 1979, pp. 244–245. Cf. Helmut H. R. Hoffmann, "Die Qarluq in der tibetishchen Literatur", *Oriens*, 3, 1950, pp. 190–203; Helmut Eimer, "Die Gar log Episode bei Padma dkar po und ihre Quellen", *Orientalia Suecana*, 23–24, 1974–1975 [1976], pp. 182–197; Per K. Sørensen, *Tibetan Buddhist Historiography: The Mirror Illuminating the Royal Genealogies*, Wiesbaden: Harrassowitz Verlag, 1994, p. 457, n. 1684.

③ Cf. Samten G. Karmay, "The Ordinance of Lha bla-ma Ye-shes-'od", pp. 150–162; Roberto Vitali, "A Chronology (*bstan rtsis*) of Events in the History of mNga' ris skor gsum", p. 62.

第十二章

敦煌的于阗语文献

第一节

佛典（翻译与编纂）

于阗语（Khotanese）属于印欧语系伊朗语族中古伊朗语东部方言之一，是古代于阗王国的官方用语，也在丝路南道和河西走廊上使用。它分为早、中、晚三期，早期于阗语（Old Khotanese）大致流行于公元五六世纪，主要见于和田地区发现的一些梵文佛典的译本；中期于阗语（Middle Khotanese）流行于七八世纪，主要见于和田地区出土的佛典和世俗文书；晚期于阗语（Late Khotanese）主要见于敦煌藏经洞出土的写本，年代在10世纪至11世纪初。

敦煌发现的于阗语写本一部分是在于阗写好后带到沙州的，另一部分则出自来到沙州的于阗使臣或僧俗民众。由于沙州归义军曹氏与于阗王家有通婚关系，两地交往密切，因此敦煌积累了一大批于阗语文献，内容包括佛教典籍、医药文献、文学作品、使臣报告、地理文书、公私账历、双语词表、习字或字母表以及于阗人写的梵语、汉语、藏语文献。敦煌于阗语写本是研究于阗历史和文化、于阗与敦煌的交往以及西北各民族变迁的重要原始史料。11世纪初，于阗佛教王国灭于黑韩王朝之手，于阗语也渐趋灭绝。直到19世纪末、20世纪初被重新发现，经几代伊朗语专家的努力，大部分文献已能通读，但一些世俗文书和文学作品仍不能得到完满解释。

敦煌写本的转写，几乎全部由贝利（H. W. Bailey）发表在《于阗语佛教文献集》和《于阗语文献集》第一至三、五卷中①。有关文献的解说，见恩默瑞克（R. E. Emmerick）《于阗文献指南》②、熊本裕《于阗语文献概说》③。已知于阗语文献，著录于德莱斯顿（M. J. Dresden）《于阗塞语写卷草目》④；伯希和所获写本，著录于张广达与荣新江编《巴黎国立图书馆所藏敦煌于阗语写卷目录初稿》⑤。斯坦因所获敦煌写本，近年来由施杰我（P. O. Skjærvø）编目，并做了全文转写和英文翻译⑥。下面我们先介绍佛典的情况。

1.《金刚般若经》（*Vajracchedikā*）

敦煌于阗语写本，编号 Ch.00275，贝叶本，共 44 叶，正背书，每面四行。用晚期于阗语书写，与梵本不对应，非翻译经典，许多处附加了一些注释语，末尾的诗颂将梵本的一颂扩充成 17 诗节（34 行），对梵语做逐句注解，且讹误甚多。第一叶背杂写中，有于阗王李圣天

---

① H. W. Bailey, *Khotanese Buddhist Texts*, Cambridge, 1951; Idem, *Khotanese Texts*, I-III, V, Cambridge, 1945, 1954, 1956, 1963.

② R. E. Emmerick, *A Guide to the Literature of Khotan* (Studia Philologica Buddhica, Occasional Paper Series III), 1st ed., Tokyo, 1979; 2nd ed., revised and enlarged, Tokyo, 1992.

③ 熊本裕《コータン語文献概說》，山口瑞鳳编《敦煌胡語文献》，東京：大東出版社，第101—140页。

④ M. J. Dresden, "Khotanese (Saka) Manuscripts: A Provisional Handlist", *Varia* 1976 (Acta Iranica 12), Téhéran-Liège-Leiden, 1977, pp. 27-85.

⑤ 张广达、荣新江《巴黎国立图书馆所藏敦煌于阗语写卷目录初稿》，原载《敦煌吐鲁番文献研究论集》第 4 辑，北京：北京大学出版社，1987 年，此剧作者《于阗史丛考》（增订本），北京：中国人民大学出版社，2008 年，第 90—127 页。

⑥ P. O. Skjærvø, *Khotanese Manuscripts from Chinese Turkestan in the British Library. A Complete Catalogue with Texts and Translations*, with contribution by U.Sims-Williams (Corpus inscriptionum iranicarum pt. 2. Inscriptions of the Seleucid and Parthian periods and of eastern Iran and Central Asia v. 5. Saka texts 6), London: British Library Publishing (corrected repr. 2003).

（Viśa' Saṃbhava，912—966年在位）同庆三十年（941）三月十五日的杂记，可视作写本年代上限。全卷转写、英译并附对照梵文本，由柯诺夫（Sten Konow）刊布在霍恩雷编《新疆出土佛教文献残片》[①]。

2.《维摩诘书》（*Book of Vimalakīrti*）

敦煌晚期于阗语写本，见Ch.00266（IOL Khot S.10）第224至386行，其中从第368至386行的内容与P.2026第1至22行的内容相同。写本的名字由贝利所起，因为维摩诘的名字在写本中出现了5次，而且其中一次是作为演说者的身份出现[②]。贝利的转写分别见《于阗语佛教文献集》[③]和《于阗语文献集》第三卷[④]。施杰我的转写和英译见《英国图书馆藏西域于阗文文献》[⑤]。另外可参阅马吉（M.Maggi）的相关研究[⑥]。

3.《金光明经》（*Suvarṇaprabhāsa-sūtra*）

敦煌于阗语写本，见P.3513贝叶本第59至75叶。内容是忏悔品（Deśnā Parivarta）的晚期于阗语译本，所据原本不是梵文本，而可能是

---

① S. Konow，"The *Vajracchedikā* in the Old Khotanese Version of Eastern Turkestan"，*Manuscript Remains of Buddhist Literature found in Eastern Turkestan*，ed. by A. F. R. Hoernle，Oxford，1916，pp. 214–288，330–356，pls.V–XI.

② R. E. Emmerick，*A Guide to the Literature of Khotan*，2nd ed，revised and enlarged，Tokyo，1992，p. 36.

③ H. W. Bailey，*Khotanese Buddhist Texts*，pp. 104–113.

④ H. W. Bailey，*Khotanese Texts*，III，pp. 48–49.

⑤ P. O. Skjærvø，*Khotanese Manuscripts from Chinese Turkestan in the British Library*，pp. 489–499.

⑥ M. Maggi，"Canonical Quotations in the Khotanese *Book of Vimalakīrti*"，*Buddhist Asia 1. Papers from the First Conference of Buddhist Studies held in Naples in May 2001*，eds. G. Verardi and S.Vita，Kyoto: Italian School of East Asian Studies，2003，pp. 85–101；Idem，"More Verses from the Khotanese *Book of Vimalakīrti*"，*Religious Themes and Texts of Pre-Islamic Iran and Central Asia. Studies in Honour of Professor Gherardo Gnoli on the Occasion of his 65th Birthday on 6th December 2002*（Beiträge zur Iranistik 24），eds. C. G. Cereti，M. Maggi and E. Provasi，Wiesbaden，2003，pp. 247–255.

义净汉文译本《金光明最胜王经》或法成藏文译本。伯希和（P. Pelliot）曾做研究①，贝利《于阗语文献集》第一卷有全文转写，最新的刊本是施杰我做的②。

4.《般若波罗蜜多心经》（*Hṛdayasūtra*）

敦煌于阗语写本，见P.3510贝叶本第11至17叶，正背书，每面三行。用晚期于阗语书写，相当于梵文本“大本”的前半部分。据同号写本所写《从德太子礼忏发愿文》，大概写于公元965年前后。贝利转写载《于阗语文献集》第三卷，施杰我《于阗语〈心经〉》有转写、翻译③。

5.《般若心经疏》（*Commentary of Hṛdayasūtra*）

敦煌于阗语写本，见P.3513贝叶本第13至42叶，正背书，每面四行。用晚期于阗语书写。原本尚未比定出来，当译自某种大本《般若心经》注疏，内容属于唯识学派。贝利转写载《于阗语佛教文献集》，后来并做了英译，但误题为《大般若波罗蜜多经》④，兰卡斯特（Lewis Lancaster）《于阗文般若波罗蜜多文献研究》加以补正，并确定了该写

---

① P. Pelliot, "Un fragment du *Suvnarṇaprabhāsasūtra* en iranien oriental", *Mémoires de la Société de Linguistique de Paris* 18, 1913, pp. 89–125. Cf. H. Kumamoto, "Paul Pelliot and the *Deśanā-parivarta* of the *Suvarṇabhāsa-sūtra*", *Bulletin of the Asia Institute*, new series, 19 (Iranian and Zoroastrian Studies in Honor of Prods Oktor Skjaervo), 2005 (2009), pp. 77–82.

② P. O. Skjærvø, *The Most Excellent Shine on Gold, King of Kings of Sutras. The Khotanese Suvarṇabhāsottamasūtra*. Vol. I: The Khotanese text with English translation and the complete Sanskrit text; Vol II: Manuscripts, commentary, glossary, indexes, Cambridge, Mass.: The Department of Near Eastern Languages and Civilizations, Harvard University, 2004.

③ P. O. Skjærvø, "The Khotanese *Hṛdayasūtra*", *A Green Leaf. Papers in Honour of Professor Jes P. Asmussen* (Acta Iranica 28), Téhéran-Liège-Leiden, 1988, pp. 157–171, pls. II–IV.

④ H. W. Bailey, "*Mahāprajñāpāramitā-sūtra*", *Prajñāpāramitā and Related System. Studies in Honor of Edward Conze*, ed. L. Lancaster, Berkeley, pp. 153–162.

本的性质[①]。

6.《妙法莲华经刚要》（*Summary of the Saddharmapuṇḍarīka-sūtra*）

敦煌于阗语写本，共有三件：P.2782 第 1 至 61 行、Or.8212（162）和 P.2029 第 17 至 21 行。均用晚期于阗语书写，非《妙法莲华经》本文，而是用韵文体写的《法华经》纲要。其中 P.2782 文末提到本卷供养人之一是刘再昇（ḍyau tceyi-sinä）或刘司空（ḍyau sikhūṃ），据考即天福七年（942）入贡于后晋的于阗使刘再昇，本卷当是他途经敦煌时所写或留下的。三写本均由贝利转写发表在《于阗语文献集》第二、三卷中，贝利又有《妙法莲华经——于阗塞语纲要》[②]、《瞿萨旦那国的一篇韵文体妙法莲华经纲要》[③]。

7.《右绕佛塔功德经》（*Pradakṣiṇā-sūtra*）

敦煌于阗语写本，见 Ch.0048 第 14 至 71 行，用晚期于阗语书写。据 62 至 71 行的写经题记发愿文，出自名为 ca tcyam kvina 的汉人之手。内容讲右绕礼拜佛塔，以求不堕恶趣，不受诸难，诸神守护，获诸功德。现存有唐代于阗僧人实叉难陀（Sikṣananda，652—710）汉译本《右绕佛塔功德经》和藏译本《右绕支提功德颂》（Caityapradakṣiṇā-gāthā），于阗语本与汉、藏文本不同，所据当为另一异本。贝利转写载《于阗语佛教文献集》，又英译本载《霍尔内纪念佛教研究论集》[④]。近年又有橘堂晃

---

① L. Lancaster, "A Study of a Khotanese Prjñāpārāmitā Texts: After the Work of Sir Harold Bailey", *Prjñāpāramitā and Related System. Studies in Honor of Edward Conze*, pp. 163–183.

② H. W. Bailey, *Sad-dharma-puṇḍarīka-sūtra. The Summary in Khotan Saka*, Canberra, 1971. 参看 H. W. Bailey, "The Khotanese Summary of the *Sad-dharma-puṇḍarīka-sūtra*"，《大正大学研究纪要》第 57 号，1972 年，第 530—526 页。

③ H. W. Bailey, "A Metrical Summary of the *Saddharmapuṇḍarīka-sūtra* in Gostana-deśa", *Bulletin of Tibetology* 2.2，1965，pp. 5–7.

④ H. W. Bailey, "The *Pradakṣiṇā-sūtra* of Chang Tsiang-kuin", *Buddhist Studies in Honour of I. B. Horner*, eds. L. Cousins et al., Dordrecht-Boston, 1974, pp. 15–18.

一的《敦煌出土于阗语〈右绕佛塔功德经〉》[①]。

8.《普贤行愿赞》（*Bhadracaryā-deśanā*）

敦煌于阗语写本，见 P.3513 贝叶本第 43 至 58 叶。用晚期于阗语书写，共 68 个诗节，原题为“普贤礼忏文”（Bhadracaryādeśanā）。与梵文本大多相合，有阿斯木森（J.P.Asmussen）著《于阗语普贤行愿赞研究》，有于阗文、梵文合刊本[②]。

9.《贤劫经》（*Bhadrakalpika-sūtra*）

敦煌于阗语写本，见 Ch.c.001 第 199 至 754 行，构成此号写本所含六种佛教经典集的组成部分。用晚期于阗语书写，共写有 998 个佛名，与汉、藏文本《贤劫千佛名经》虽属同一系统，但佛名不完全相同，有些属于于阗佛教传统名号。书写年代为公元 943 年。柯诺夫著有《贤劫经塞语文本》[③]，贝利的全文转写载《于阗语佛教文献集》，田久保周誉《敦煌出土于阗语秘密经典集的研究》收有图版及从佛教角度的研究[④]。又 P.2949 也有于阗语《贤劫千佛名经序》19 行，贝利的转写载《于阗语佛教文献集》。

10.《善门陀罗尼经》（*Sumukhadhāraṇī*）

敦煌于阗语写本，编号 Ch.c.001 第 852 至 1061 行，构成此号写本所含六种佛教经典集的组成部分，用晚期于阗语书写。同经梵文写本曾

---

① 橘堂晃一《敦煌出土コータン語〈右繞仏塔功德経〉》，《仏教史学研究》第 45 卷第 2 号，2002 年，第 22—53 页。

② J. P. Asmussen, *The Khotanese Bhadracaryādeśanā . Text, Translation and Glossary together with the Buddhist Sanskrit Original*, Copenhagen, 1961.

③ S. Konow, *Saka Versions of the Bhadrakalpikāsūtra* (Avhandlinger utgitt av Det Norske Videnskaps-Akademi i Oslo II. Hist.-Filos. Klasse. 1929, no.1), Oslo, 1929.

④ 田久保周誉《敦煌出土于闐語秘密経典集の研究——論説篇·賢劫佛名と毗盧遮那佛の研究》，春秋社，1975 年。参看 R. E. Emmerick 的书评："Review of Syūyo Takubo, *Tonkō syutsudo Uten.go-himitsu. Kyō-tensyū no kenkyū*", *Indo-Iranian Journal* 20: 3-4, pp. 253-256.

在于阗本地出土，汉译佛典中先后有七个译本，于阗语文本与菩提流志（Bodhiruci）译《护命法门神咒经》最为接近。据文末题记，此本写于公元943年。贝利转写载《于阗语佛教文献集》。

11.《无量寿宗要经》（*Aparimitāyuḥ-sūtra*）

敦煌于阗语写本，共存两件：Ch.xlvi.0015和S.2471。前者共20叶，正背书，每叶四行；后者共298行，其中92至221行为此译本。两者均为晚期于阗语写本，Ch.xlvi.0015接近梵、藏及汉文本《大乘无量寿经》。柯诺夫的转写翻译载霍恩雷编《新疆出土佛教文献残片》①。S.2471文字多有差异，有于阗人的增补成分。详见段晴著《于阗语〈无量寿宗要经〉研究》②。

12.《佛名经》

敦煌于阗语写本，现存写本主要有：Ch.00276（IOL Khot 83—84）贝叶本共7叶，P.2026第61至88行，P.2027第67至86行，P.2742第1至63行，P.2906第1至31行，P.2910第1至37行，P.3513贝叶本1至12叶，P.5536第1至10行，S.2471第1至91行，Ch.00268（IOL Khot S.12）第1至131行，Ch.00267第1至66行等。大多以“南无××佛”的形式列举佛名，其中一些佛名是于阗人的创造，并无梵文原本与之对应。部分写本序或题记提到一些供养者，有王子，也有汉人。年代大多在10世纪。贝利转写载《于阗语佛教文献集》和《于阗语文献集》第3卷。英藏部分的最新转写、英译见施杰我《英国图书馆藏西域于阗文文献》③。

---

① S. Konow, "*The Aparimitāyuḥ Sūtra*: the Old Khotanese Version together with the Sanskrit Text and the Tibetan Translation", *Manuscript Remains of Buddhist Literature found in Eastern Turkestan*, ed. by A. F. R. Hoernle, pp. 289–356.

② Duan Qing, *Das Khotanische Aparimitāyuḥ-sūtra. Ausgabe, Übersetzung, Kommentar und Gloßar*, Reinbeck-Stuttgart, 1992.

③ P. O. Skjærvø, *Khotanese Manuscripts from Chinese Turkestan in the British Library*, pp. 27–31, 303–304, 502–507.

13.《文殊师利无我化身经》（*Mañjuśrī-nairātmyāvatāra-sūtra*）

敦煌于阗语写本，编号 P.4099，正背书，共 445 行，用晚期于阗语编写的佛典。原名直译“文殊师利无我化身经”，除末尾 11 行题记外，通篇以韵文写成。内容根据早期于阗语佛典摘抄编写，现已比定出来自《楞伽经》（第 204 至 212 行）、《金刚经》（第 261 至 277 行）、《维摩诘经》（第 282 至 292 行）、《赞巴斯塔书》（*Book of Zambasta*）等佛典。题记称：“我愿证悟者、王中之王尉迟散跋婆（Viśa'Saṃbava，912—966 年在位）以此功德而早升净土。”“我愿天竺转轮王尉迟苏罗（Viśa' Śūra，967—977 年在位）以此功德而已躬永寿。”知写于后王在位的公元 967 年至 977 年。贝利转写载《于阗语佛教文献集》，恩默瑞克等有部分比定①。

14.《金刚乘赞文》（*Vajrayāna Text*）

敦煌于阗语写本，共存三件：Ch.ii.004（IOL Khot 55）贝叶本 1 至 4 叶，正背书，每面 4 行，散文体；Ch.i.0021b.a（IOL Khot S.47），共 47 行；Ch.i.0021b.b（IOL Khot S. 47），共 65 行。后两件用韵文体，均系于阗官人张金山供养写本，年代在 10 世纪后期。三件文书均用晚期于阗语书写，是 10 世纪于阗密宗的代表作，其内容显然受到吐蕃密宗

① R. E. Emmerick, *The Book of Zambasta, a Khotanese Poem on Buddhism*, London, 1968, pp. 437–453; Idem, “Three Monsters in Khotan”, *Studia Iranica*, 6.1, 1977, pp. 65–74; Idem, “The Concluding Verses of the Khotanese *Vajracchedikā*”, *Prajñāpāramitā and Related System. Studies in Honor of Edward Conze*, ed. L. Lancaster, Berkeley, 1977, pp. 83–92; A. Degener, “The four infintudes (*apramānas*) in Khotanese”, *Studia Iranica* 15, 1986, pp. 259–264; R. E. Emmerick, “Some Verses from the *Lankāvatārasūtra* in Khotanese”, *A Green Leaf. Papers in Honour of Professor Jes P.Asmussen* (Acta Iranica 28), Téhéran - Liège - Leiden, 1988, pp. 125–133; Idem, “From the *Mañjuśrīnairātmyāvatārasūtra*”, *Bauddhavidyāsudhākarah. Studies in Honour of Heinz Bechert on the Occasion of his 65th Birthday*, eds . P. Kieffer-Pültz and J. -U. Hartmann, Swisttal-Odendorf, 1997, pp. 81–90; Idem, “More Verses from the *Mañjuśrīnairātmyāvatārasūtrv*”, *Sūryacandrāya. Essays in Honour of Akira Yuyama on the Occasion of his 65th Birthday*, eds. P. Harrison and G. Schopen, Swisttal Odendorf, 1998, pp. 33–42.

文献的影响。贝利转写载《于阗语佛教文献集》，英译文载日本高野山大学编印《密教学密教史学论文集》[①]、《国际佛学研究会会刊》第1卷[②]，最新的转写、英译见施杰我《英国图书馆藏西域于阗文文献》[③]。

15.《梁朝傅大士颂金刚经》于阗文音译本

敦煌于阗文写本，编号Ch.00120，共93行；P.5597，共5个半行，是Ch.00120左上角所残的小纸块，两件原为一个写本。用晚期于阗语所用之婆罗谜字母音译的汉文伪经《梁朝傅大士颂金刚经》并序，是于阗人学习汉地佛教的产物，成为今天学者研究中古于阗语语言和汉语音韵学的重要参考资料。累经学者研究，较重要的有恩默瑞克与蒲立本（E. G. Pulleyblank）合著的《中亚婆罗谜文拼写的一篇汉文文献》[④]。

16.《佛本生赞》（*Jātakastava*）

敦煌于阗语写本，编号Ch.00274，贝叶本，共39叶，正背书，每面4行。用晚期于阗语书写，诗体，每四行一个诗节，共169诗节，分成51个本生故事。这部诗集的序言称："微臣（按：指功德主张金山）以敬信慈爱之心，敬请娑摩若（Sāmanyā）寺三藏法师Vedyaśīlä，法师有如阿阇梨提婆（Ācāryadeva），精于文辞有如水中渔夫：'而今尊者以爱菩提之心屈尊为我转译，并将此功德善念奉与尉迟苏罗大王；并愿此国疾病不起，灾祸尽消。'"[⑤]其所述本生故事多有梵、藏、汉文的对应

---

① H. W. Bailey, "Vajrayāna Texts from Gostana", *Studies of Esoteric Buddhism and Tantrism in Commemoration of the 1150th Anniversary of the Founding of Koyasan*（《高野山開創千百五十年記念：密教学密教史論文集》），高野山大学，1965年，pp. 27–40.

② H. W. Bailey, "Vajrayāna in Gostana-deśa", The *Journal of the International Association of Buddshit Studies* 1.1，1978年，pp. 53–56.

③ P. O. Skjærvø, *Khotanese Manuscripts from Chinese Turkestan in the British Library*, pp. 292–296，551–556.

④ R. E. Emmerick and E. G. Pulleyblank, *A Chinese Text in Central Asian Brāhmī Script. New Evidence for the Pronunciation of Late Middle Chinese and Khotanese*, Roma，1993.

⑤ M. J. Dresden, "Jātakastava or 'Praise of the Buddha's Former Births'", *Transactions of the American Philosophical Society*, new series，45.5，p. 422.

本，但少量不见于他本，全卷非译文，而是于阗人的编纂之作。张金山曾出使敦煌，此本或即由他本人携至敦煌。德莱斯顿（M. J. Dresden）有转写、英译和注释的专著出版[①]。

17.《阿育王譬喻经》（*Aśokāvadāna*）

敦煌于阗语写本，共两件：P.2958 第 1 至 120 行和 P.2798 第 123 至 212 行。用晚期于阗语书写，与梵、汉文本《阿育王譬喻经》内容相对应；但于阗文本并非直译，而有所改订。P.2798 卷末有题记："天兴九年〔午〕马岁（958 年）十月"。贝利《于阗语佛教文献集》收有全文转写，其译文载 1966 年锡金出版的《藏学集刊》第 3 卷[②]。在《伊朗学百科全书》中，有施杰我（P. O. Skjærvø）的简要解说[③]；莲池利隆有《关于于阗文本阿育王传与迦腻色迦传》[④]。

18.《难陀譬喻经》（*Nandāvadāna*）

敦煌于阗语写本，见 P.2834 第 6 至 58 行，用晚期于阗语书写。前为文书残文，后未写完，终于第 58 行中间，纸有空白。内容讲富有的商人难陀极为吝啬，从不向贫民施舍。他的一个仆人救济一个受人尊敬的长者，结果转世为难陀之子，继承其财产。难陀则转世生为一个乞食女的瞎眼儿子，十二岁时入城乞讨。难陀的故事见于数种梵文写本，于阗文本是当地文人重编而成。贝利转写载《于阗语佛教文献集》，恩默瑞克有英译文，载《伦敦大学亚非学院学报》第 33 卷（1970 年）[⑤]。

---

① M. J. Dresden, "Jātakastava or 'Praise of the Buddha's Former Births'", pp. 397–508.

② H. W. Bailey, "A Tale of Aśoka", *Bulletin of Tibetology* 3.3, 1966, pp. 5–11.

③ P. O. Skjærvø, "Aśoka: iii. The Legend of Aśoka in Khotanese; iv. The Legends of Aśoka and the Founding of Khotan", *Encyclopædia Iranica*, II, ed. E. Yarshater, London-New York, 1987, pp. 782–785.

④ 蓮池利隆《Khotan 本アショーカ王伝とカニシカ王伝について》，《印度学仏教学研究》第 50 卷第 2 号，2002 年，第 247—250 页。

⑤ R. E. Emmerick, "Nanda the Merchant", *Bulletin of the School of Oriental and African Studies* 33.1, 1970, pp. 72–81. Cf. R. E. Emmerick, "Khotanese Glossary to Nanda the Merchant", *Acta Orientalia* 35, 1973, pp. 115–126.

19.《善财譬喻经》（*Sudhanāvadāna*）

敦煌于阗语写本，共有8个抄本，即：P.2025第80至267行与P.4089正面1至21行缀合本，Ch.00266第44至223行，P.2957第14至160行，P.2957第164至171行，P.2896第2至15行，P.2784第1至7行，P.5536bis背第1至8行，北丽73背第1至7行，均用晚期于阗语书写。8个抄本分属3个系统，略有差异。此卷内容讲善财童子与悦意的爱情故事，与《根本说一切有部律》所收同样故事的梵、藏文本不同，以诗体韵文写成，非经典形式。各抄本常与于阗语抒情诗抄在一起，是于阗文学作品的代表作之一。主要写本均由贝利转写于《于阗语佛教文献集》，贝利英译文载《伦敦大学亚非学院学报》第29卷（1966年）①。1986年，德格娜（A. Degener）发表《于阗语写本中善财的旅程》，续有讨论②。1990年，马吉（M. Maggi）在准备一个新刊本的过程中，对一些词句做了仔细分析和解说③。

20.《迦腻色迦王造塔记》

---

① H. W. Bailey, "The Sudhana Poem of Ṛddhiprabhāva", *Bulletin of the School of Oriental and Africvn Studies* 29.3, 1966, pp. 506–532.此后发现的残片，见R. E. Emmerick, "A Khotanese Fragment: P5536 bis", *Hommage et opera minora, Monumentaum H. S. Nyberg I* (Acta Iranica 4), Téhéran-Liége-Leiden, 1975, pp. 223–236；H. Kumamoto, "Some Problems of the Khotanese Documents", *Studia Grammatica Iranica. Festschrift für Helmut Humbach*, eds. R. Schmitt and P. O. Skjærvø, München, 1986, p. 242, n. 6.

② A. Degener, "Sudhanas Wanderung in khotanischer Fassung", *Studien zur Indologie und Iranistik* 11-12, 1986, pp. 21–32.

③ M. Maggi, "Preliminary Remarks Concerning an Edition of the Khotanese *Sudhanāvadāna*", *Turfan, Khotan und Dunhuang. Vorträge der Tagung "Annemarie v. Gavain und die Turfanforschung", veranstaltet von der Berlin-Brandenburgische Akademie der Wissenschaften in Berlin (9.-12. 12. 1994)*, eds. R. E. Emmerick, W. Sundermann, I. Warnke and P. Zieme, Berlin, 1996, pp. 201–209；Idem., "Two Reinterpretations in the Khotanese *Sudhanāvadāna*", *Manuscripta Orientalia, International Journal for Oriental Manuscript Research* 3.1, 1997, pp. 6–8.

敦煌于阗语写本，见 P.2787 第 155 至 195 行，用晚期于阗语书写。内容记迦腻色迦王在犍陀罗国建塔传说，非译自梵文本，当是于阗人的编撰。贝利转写载《于阗语文献集》第 2 卷，英译文载《英国皇家亚洲学会会刊》1942 年卷①；莲池利隆有《关于于阗文本阿育王传与迦腻色迦传》（见上）。

21.《礼忏文》（*Deśanā*）

敦煌于阗语写本，见 P.3513 贝叶本第 76 至 84 叶，正背书，每面四行，用晚期于阗语书写。内容是忏悔旧罪，请佛保佑。其中第 76 叶背 1 行至 78 叶正 1 行文句，与 P.3510《从德太子礼忏文》之后第 9 至 10 叶文句相同，推测也出自于阗太子从德之手，年代为 10 世纪中叶。贝利转写载《于阗语佛教文献集》，英译载 1962 年出版的《布劳恩纪念印度学论文集》②。

22.《从德太子礼忏文》

敦煌于阗语写本，见 P.3510 贝叶本第 1 至 8 叶，韵文体，四行一诗节，用晚期于阗语书写。作者是于阗王李圣天之太子从德（Tcūṃ ttehi：），内容是忏悔过去的罪过，以告白的形式表现对佛的信仰。年代在 10 世纪中叶。贝利转写载《于阗语佛教文献集》，恩默瑞克英译本载《伊朗学研究》第 9 卷（1980 年）③，张广达与荣新江曾据以汉译④。

---

① H. W. Bailey, "Kanaiska", *Journal of Royal Asiatic Society of Great Britain and Ireland*, 1942, pp. 14–28, 250.

② H. W. Bailey, "The Profession of Prince Tcūṃ-ttehi", *Indological Studies in Honor of W. Norman Brown*, ed. E. H. Schafer, New Haven, 1962, pp. 18–22.

③ R. E. Emmerick, "The Verses of Prince Tcūṃ-ttehi:", *Studia Iranica* 9:2, 1980, pp.185–193. Cf. R. E. Emmerick, "A Stanza from the Verses of Prince Tcuṃ-ttehi", *Societies and Languages of the Ancient Near East, Studies in Honour of I. M. Diakonoff.* ed. by M. A.Dandamayer et al., Warminster, 1982, pp. 62–63.

④ 张广达、荣新江《敦煌文书 P.3510 于阗文〈从德太子发愿文〉及其年代》，《1983 年全国敦煌学术讨论会文集·文史遗书编》上，兰州：甘肃人民出版社，1987 年，此据作者《于阗史丛考》（增订本），第 38—47 页。

23.《业障礼忏文》

敦煌于阗语写本，共3件：Ch.00268第132至228行，共56诗节；Ch.00277贝叶本第1至12叶，双面书，每面3行，最后17诗节残；Ch.xlvi.0013，共3行，仅存前两诗节。内容是用礼忏文的形式讲说“业”（Karma）。恩默瑞克的三本对照转写和英译载《伊朗学丛刊》第12卷（1977年）①。

24.《白伞盖陀罗尼经》

敦煌梵文写本，见Ch.c.001第12至198行，构成此号写本所含6种佛教经典集的组成部分。其中除了最后二字为于阗文外，均用于阗文所用之婆罗谜文书写。后有于阗文题记，知此卷写于公元943年。贝利转写载《于阗语文献集》第5卷。又S.2529，共151行，也是梵本《白伞盖陀罗尼经》的另一抄本，贝利转写亦见于上书。

25.《佛顶尊胜陀罗尼经》

敦煌梵文写本，见Ch.c.001第1至11行，构成此号写本所含6种佛教经典集的组成部分。用于阗文所用婆罗谜文书写，系于阗人所抄梵文本，年代为公元943年。贝利转写载《于阗语文献集》第5卷。

26.《究竟一乘宝性论》

敦煌梵文写本，有两个写本：Ch.0047，共38行；P.2740，共13行，用于阗文所用婆罗谜文书写的梵文佛典，间有于阗文注释。贝利转写载《于阗语文献集》第5卷；又贝利与约翰斯顿（E. H. Johnston）合撰《一件梵文嗢呾罗神变文献残卷》有对Ch.0047的详细研究，载《伦敦大学亚非学院学报》第8卷（1935年）②。

---

① R. E. Emmerick, "The Confession of Acts", *Varia* 1976（Acta Iranica 12）, Téhéran-Liége-Leiden, 1977, pp. 87–115.

② H. W. Bailey and E. H. Johnston, "A Fragment of the *Uttaratantra* in Sanskrit", *Bulletin of the School of Oriental Studies* 8.1, 1935, pp. 77–89+pl.II.

27.《佛说帝释般若波罗蜜多心经》

敦煌梵文写本，有3个抄本：P.2925第59至60行，P.5537共76行，Ch.0044共70行。用于阗所用婆罗谜文书写的梵文佛典，其中P.5537开头部分出自学生手笔，第25行以下是熟练的教师书写，学生抄。可知此卷为于阗人学习梵文佛典的产物。贝利转写载《于阗语文献集》第3、5卷。

28.《千手千眼观自在菩萨广大圆满无碍大悲心陀罗尼咒本》（*Nīlakanthadhāranī*）

敦煌梵文写本，编号Or.8212（175），原编号Ch.0092。用婆罗谜文所写梵文陀罗尼，计47行，行间写有60行粟特文的对应音译。最初由高梯奥（R. Gauthiot）与瓦雷·普散（L. de la Vallee Poussin）合作发表在《英国皇家亚洲学会会刊》1912年卷[①]。同年，列维（S. Lévi）撰文将其比定为汉文《千手千眼观自在菩萨广大圆满无碍大悲心陀罗尼咒本》，相当于《大正藏》第20册（No.1061）第112页[②]。

---

① R. Gauthiot and L. de la Vallee Poussin, "Fragment final de la *Nilakanthadharani* en Brahmi et en transcription sogdienne", *Journal of the Royal Asiatic Society of Great Britain and Ireland*, 1912, pp. 629–645.

② S. Lévi, "*Nilakanthadharani*", *Journal of the Royal Asiatic Society of Great Britain and Ireland*, 1912, pp. 1063–1066.

第二节

医药文献

1.《悉昙娑罗》（*Siddhasāra*，《医理精华》）

敦煌于阗语写本，编号 Ch.ii.002，贝叶本，共 64 叶，正背书，每面 5 行。这是印度医学家罗婆笈多（Gavigupta）所著《悉昙娑罗》（*Siddhasāra*，意译《〔药学〕成就精要》，一作《医理精华》）的于阗文译本。据译者序言，系译自藏文本，经与现存藏文本和梵文原本对照，译文接近藏文本，但部分文句参照梵本译出。现存 64 叶贝叶本有散落，原有叶码，为第 1+1bis、2—20、101—107、109、121—153、155—156 叶，相当于原本 31 章中的第 1 至 3 章、第 13 至 15 章、第 18 至 26 章的部分。贝利转写载《于阗语文献集》第 1 卷，附有《丹珠尔》（*bsTan 'gyur*）所收藏文本的转写。于阗语本独有的序，有贝利和恩默瑞克先后的英文翻译①。第 156 叶背，有用粟特文写的“张金山”（Čw kymšn）名，年代大约在公元 982 年于阗使张金山出使沙州前后。又

① H. W. Bailey, "The Preface to the *Siddhasāra-śāstra*", *A Locust's Leg. Studies in Honour of S. H. Taqizadeh*, London, 1962, pp. 31–38; R. E. Emmerick, "Some Remarks on Translation Techniques of the Khotanese", *Sprachen des Buddhismus in Zentralasien. Vorträge des Hamburger Symposions vom 2. Juli bis 5. Juli 1981*, eds. K. Röhrborn and W. Veenker, Wiesbaden, 1983, pp. 17–26.

P.2892 第 1 至 165 行，是《悉昙娑罗》的另一抄本，贝利转写载《于阗语文献集》第 5 卷。恩默瑞克一直从事《悉昙娑罗》的研究，1980 年，他出版《罗婆笈多的〈悉昙娑罗〉》第 1 卷，为梵文精校本并附英译①；1982 年，他出版该书第二卷，是藏文校勘本并附英译②。可惜的是计划中的第 3 卷至第 5 卷为于阗文及其他文本的转写、翻译、注解和研究，未及完成他便去世了，但他一生中撰写了许多篇相关的研究论文③。2002 年，陈明出版了《印度梵文医典〈医理精华〉研究》④。

2.《时缚迦书》（*Jivaka-pustaka*，《耆婆书》）

敦煌于阗语写本，编号 Ch.ii.003，贝叶本，共 73 叶，正背书，每面 5 行。开头称此书系世尊授予医师时缚迦（Jīvaka，耆婆）的知识，贝利因此名之《时缚迦书》。用梵文和晚期于阗语对照书写，梵文部分似是记录稿，颇多讹误。其所收药方有大约三分之一可从《悉昙娑罗》等梵文药学著作中找到。1917 年，霍恩雷（A. F. R. Hoernle）《新疆

① R. E. Emmerick, *The Siddhasāra of Ravigupta*. vol. 1: The Skaskrit Text (Verzeichnis der Orientalischen Handschriften in Deutschland. Supplementbände 23.1), Wiesbaden, 1980.

② R. E. Emmerick, *The Siddhasāra of Ravigupta*. vol. 2: The Tibetan version with facing English translation (VOHD Supplementbände 23.2), Wiesbaden, 1982.

③ R. E. Emmerick, "The Sanskrit Text of the Siddhasāra", *Bulletin of the School of Oriental and Africian Studies* 34. 1, 1971, pp. 91–112; Idem, "On Ravigupta's Ganas", *Bulletin of the School of Oriental and African Studies* 34.2, 1971, pp. 363–375; Idem, "New Light on the Siddhasāra", *Bulletin of the School of Oriental and African Studies* 37.3, 1974, pp. 628–654; Idem, "Ravigupta's place in Indian medieval tradition", *Indologica Taurinensia*, 3–4, 1975–76, Torino, 1977, pp. 209–221; Idem, "Ravigupta's Siddhāsara in Arabic", Hans R. Roemer and Albrecht Roth eds., *Studien zur Geschichte und Kultur des Vorderen Orients. Festschrift für Bertold Spuler zum siebzigsten Geburtstag*, Leiden: Brill, 1981, pp. 28–31; Idem, "Some Lexical Items from the Siddhasāra", *Contributions on Tibetan Language, History and Culture*, ed. E. Steinkellner and H. Tauscher, vol.1, Wien, 1983, pp. 61–68; Idem, "Some Emendations to the Texts of Ravigupta's Siddhasāra", *Sanskrit and World Culture, SCHR.OR.* 18, Berlin, 1986, pp. 579–585; Idem, "A Note on the Kyoto Siddhasāra Manuscript, *Studien zur Indologie und Iranistik* 15, 1989, pp. 147–149.

④ 陈明《印度梵文医典〈医理精华〉研究》，北京：中华书局，2002 年。

发现的一件古代医药文献写本》一文翻译了部分于阗文本，并重建其梵文本[①]，可惜他打算作为《新疆出土佛教文献残片》第 2 卷出版的《时缚迦书》整理研究始终没有面世。1941 年，柯诺夫《一部于阗文医药文献》有英译文和历史价值的论说[②]。1945 年，贝利转写载《于阗语文献集》第 1 卷。恩默瑞克也是《时缚迦书》的功臣，先后发表《对〈时缚迦书〉研究之贡献》[③]、《霍恩雷与〈时缚迦书〉》[④]、《〈时缚迦书〉的"卍字"解毒剂》[⑤]、《〈时缚迦书〉的大青盐酥药方》[⑥]、《霍恩雷未刊本〈时缚迦书〉中的大青盐酥药方》[⑦]。近年来，陈明在前人基础上，把《时缚迦书》译成汉文，出版《敦煌出土胡语医典〈耆婆书〉研究》[⑧]一书。

---

① A. F. R. Hoernle, "An Ancient Medical Manuscript from Eastern Turkestan", *Commemorative Essays presented to Sir Ramakrishna Gopal Bhandarkar*, Poona, 1917, pp. 415–432.

② S. Konow, *A Medical Text in Khotanese: Ch.II 003 of the India Office Library, with Translation and Vocabulary*, Oslo, 1941.

③ R. E. Emmerick, "Contributions to the Study of the Jivaka-pustaka", *Bulletin of the School of Oriental and African Studies* 42.2, 1979, pp. 235–243.

④ R. E. Emmerick, "Hoernle and the Jāvaka-Pustaka", *Bulletin of the School of Oriental and African Studies* 45.2, 1982, p. 343.

⑤ R. E. Emmerick, "The Svastika Antidote", *Journal of the European âyurvedic Society* 2, 1992, pp. 60–81.

⑥ R. E. Emmerick, "The *Mahāusauvarcalādi Ghee*", *Memoriae munusculum: Gedenkband für A. von Gabain*, eds. K. Röhrborn and W. Veenker, Wiesbaden: Harrassowitz, 1994, pp. 29–42.

⑦ R. E. Emmerick, "The *Mahāusauvarcalādi Ghçta* in Hoernle's Unpublished Edition of the *Jāvakapustaka*", *Journal of the European âyurvedic Society* 5, 1997, pp. 76–81.

⑧ 陈明《敦煌出土胡语医典〈耆婆书〉研究》（收入香港敦煌吐鲁番研究丛书），台北：新文丰出版公司，2005 年。

第三节

地理行记

1. 《钢和泰卷子》（*The Staël-Holstein roll*）

敦煌藏语和于阗语写本，因为被北京大学国学研究所考古组导师钢和泰（A.von Staël-Holstein，1877—1937）购存而为学界所知，故名。此卷正面为汉文佛经。背面写古藏文文书 41 行，内容为于阗使臣上沙州太保状。其中前 23 行为草稿，第 23 至 36 行为抄清稿，第 37 至 41 行为韵文书简。又有于阗语文书 73 行，内容不一。第 1 至 6 行、第 7 至 24 行、第 32 至 51 行是三段纪年为尉迟散跋婆王第十四年的于阗使臣文书，其中第 10 至 17 行记于阗经沙州到朔方一路的地名，第 17 至 24 行记西州回鹘王国所辖范围内的城镇名，有简要注记城中情况。第 25 至 26 行记几个沙州汉人名。第 27 至 31 行记突厥系各部族名。第 52 至 77 行则是一篇抒情诗。此卷最早由托玛斯（F. W. Thomas）和柯诺夫合刊于《敦煌发现的两件中古时代文书》一文中，附有图版[①]。以后研究者极多，重点在其所记地名和族名，这是研究 10 世纪西北历史地理和民族变迁的重要资料，一些著名城市如“吐鲁番”、“乌鲁木齐”，

① F. W. Thomas and S. Konow, “Two Medieval Documents from Tun-huang”, *Oslo Ethnografiske Museums*, Skrifter, vol.3, Hefte 3, 1929, pp. 1–40.

都是以于阗语的拼音形式在历史上首次出现于这件文书[1]。一些学者称地名表部分为“使河西记”，实际所记地名不限于河西。

2. 于阗语往迦湿弥罗国行纪

敦煌于阗语写本，编号 Ch.i.0021a.b（IOL Khot S.21），共 35 行。内容记某人自于阗经疏勒（今新疆喀什），往迦湿弥罗国（今克什米尔）的行程，提到迦湿弥罗当时在位的国王是 Abhimanyagaupta 王（958—972 年在位），知为 10 世纪中叶的行纪，十分珍贵。贝利转写、英译载《塞语文书：转写译注卷》[2]，黄盛璋有《敦煌写卷于阗文〈克什米尔行程〉历史地理研究》[3]，最新的转写、英译见施杰我《英国图书馆藏西域于阗文文献》[4]。

---

① 比较重要的有：H. W. Bailey, “The Staël-Holstein Miscellany”, *Asia Major*, new series, 2.1, 1951, pp. 1–45; J. Hamilton, “Autour du manuscrit Staël-Holstein”, *T'oung Pao* 46, 1958, pp. 115–153; 黄盛璋《于阗文〈使河西记〉的历史地理研究》（上、下），《敦煌学辑刊》1986 年第 2 期，第 1—18 页；1987 年第 1 期，第 1—13 页。

② H. W. Bailey, *Saka Documents, Text volume*（Corpus inscriptionum iranicarum Part 2: Inscriptions of the Seleucid and Parthian periods and of eastern Iran and Central Asia. Vol. 5: Saka）, London, 1968, pp. 70–73.

③《新疆文物》1994 年第 4 期，第 27—48 页。

④ P. O. Skjærvø, *Khotanese Manuscripts from Chinese Turkestan in the British Library*, pp. 524–526.

第四节

使臣报告与往来书信

1. 于阗语韵文书简

分别见 Ch.00269（IOL Khot S. 13）第 9 至 22 行，Or.8212（162）第 13 至 81 行、第 92 至 124 行，P.2027 第 1 至 66 行，P.2786 第 1 至 2 行，P.5536bis 号敦煌写本，用晚期于阗语写的韵文体书简，文句大体相同或相似，和汉文的一些书仪类似，有些写本有具体内容，大多是在敦煌的于阗人写给家乡父母或师长的问候信，也是于阗语文学作品的组成部分。贝利转写载《于阗语文献集》第 2、3 卷。熊本裕从 1982 年完成的博士论文到后来发表的一些文章，都对这组文书有所贡献①。英藏部分的转写和英译还可参阅施杰我《英国图书馆藏西域于阗文文献》②。

---

① H. Kumamoto, *Khotanese Official Documents in the Tenth Century A.D.*, University of Pennsylvania Dissertation, 1982; Idem, "The Khotanese Documents of the Pelliot MS P.2786", *Proceedings of the Thirty-First International Congress of Human Sciences in Asia and North Africa, Tokyo-Kyoto 31st August-7th September 1983*, vol.2, ed. T. Yamamoto, Tokyo, pp. 987–989; Idem, "Some Khotanese Letters in Verse", *Tokyo University Linguistics Paper* 12, 1991, pp. 59–80; Idem, "More Khotanese Letters and Verses", *Tokyo University Linguistics Paper* 13, 1993, pp. 145–184.

② P. O. Skjærvø, *Khotanese Manuscripts from Chinese Turkestan in the British Library*, pp. 45–50, 508–509.

2. 于阗使臣上于阗朝廷书

敦煌写本共有十余件此类文书，其中 P.2741、Ch.00269（IOL Khot S. 13）、P.2031+P.2788、P.2898+Ch.00327（IOL Khot S. 18）等 6 个编号的 4 件文书，所记均为于阗使臣刺探从于阗往中原路途情况的报告，尤详于沙州和甘州地区，并提到护送一位于阗王子前往中原而未能成功之事。年代在 9、10 世纪，但具体年份不详。这些于阗语使臣的报告是研究当时西北民族变迁史的重要资料，也反映于阗与敦煌的密切关系。贝利转写载《于阗语文献集》第 2 卷，有部分文书译成英文①。

3. 于阗使文书杂纂卷

敦煌写本 P.2958 第 121 至 227 行，是于阗使臣出使中原途中所写各种于阗语报告及相关文书的合抄本，共 7 项内容：（1）于阗使臣上沙州敦煌王书，仅存草稿开头部分；（2）Kim Tun śan 与某人书，也是草稿的开端；（3）于阗使上沙州官府书；（4）甘州可汗致于阗金汗书；（5）于阗使臣上于阗朝廷书；（6）朔方王子上于阗朝廷书；（7）朔方王子致母亲书。贝利转写载《于阗语文献集》第 2 卷，英译文载《伦敦大学亚非学院学报》第 30 卷（1967 年）②。

4. 于阗王尉迟苏罗致沙州大王曹元忠书

敦煌写本 P.5538，共 81 行，是于阗王尉迟苏罗于天尊四年（970）致其舅沙州归义军节度使曹元忠的于阗语信函正本，文末大书汉字“敕”，并钤有汉文“书诏新铸之印”九方。内容系报告他率军进攻疏勒穆斯林黑韩王朝的胜利成果，并说到向沙州和中原王朝进贡玉团、大象

---

① H. W. Bailey, “A Khotanese Text concerning the Turks in Kantsou”, *Asia Major*, new series, 1.1, 1949, pp. 28–52; H. Kumamoto, “Two Khotanese Fragments concerning Thyai Padä-tsā”, *Tokyo University Linguistics Paper* 11, 1991, pp. 101–120; P. O. Skjærvø, *Khotanese Manuscripts from Chinese Turkestan in the British Library*, pp. 508–514, 520.

② H. W. Bailey, “Altun Khan”, *Bulletin of the School of Oriental and African Studies* 30.1, 1967, pp. 95–104.

事。贝利转写载《于阗语文献集》第2卷，英译载《泰东》新辑第11卷(1964年)①。

5. 于阗文音写藏语僧人信札

敦煌写本P.2782第73至80行，用晚期于阗语字母和正字法拼写的藏语，内容是某僧人致一位佛教大师的信，除问候语外，提到他本人将前往某处（五台山）参拜文殊菩萨。贝利的转写和英译载《伦敦大学亚非学院学报》第36卷（1973年)②。

① H. W. Bailey, "Śrī Viśa Śūra and the Ta-uang", *Asia Major*, new Series, 11.1, 1964, pp. 1–26.参看黄盛璋《和田文〈于阗王尉迟徐拉与沙州大王曹元忠书〉与西北史地问题》，《历史地理》第3辑，1983年，第203—219页；荣新江、朱丽双《11世纪初于阗佛教王国灭亡新探——兼谈喀喇汗王朝的成立与发展》，《西域文史》第6辑，北京：科学出版社，2011年，第191—203页。

② H. W. Bailey, "Taklamakan Miscellany", *Bulletin of the School of Oriental and African Studies* 36.2, pp. 224–225. 参看金子良太《敦煌出土未解明文書一、二い就にて》，《豊山学報》第17、18合并号，1973年，第142—150页。

第五节

文学作品

1.《罗摩衍那》（*Rāmāyaṇa*）

敦煌于阗语写本，编号 P.2801、2781、2783，原为首尾相接的一件写本，后裂为三。用晚期于阗语编写的罗摩故事，形式采用本生经的方式，体裁为诗歌，共四百诗节。内容与梵文本差异很大，而与藏文本接近，部分情节与汉译佛典如《六度集经》保存的罗摩故事相同。贝利转写载《于阗语文献集》第 3 卷，英译载《伦敦大学亚非学院学报》第 10 卷（1940 年）[①]。此后虽然有一些相关的研究[②]，但和这部伟大诗歌的重

---

① H. W. Bailey, "Rāma", *Bulletin of the School of Oriental Studies* 10.2, pp. 365-376; Idem, "Rāma II", *Bulletin of the School of Oriental and African Studies* 10.3, pp. 559-598. 参见榎一雄《ベイリイ氏〈コータン語のラーマ王物語〉》,《東洋学報》第 28 卷第 2 号，1940—1941 年，第 139—150 页；同《補訂》,《東洋学報》第 28 卷第 3 號，第 143—144 页。

② 季羡林《〈罗摩衍那〉在中国》,《佛教与中印文化交流》(东方文化丛书)，南昌：江西人民出版社，1990 年，第 78—116 页；收入《季羡林文集》第 8 卷《比较文学与民间文学》，1996 年，第 289—324 页；R. E. Emmerick, "Two Problems in the Khotanese Rāmāyana", *Languages and Scripts of Central Asia*, London, 1997, pp. 25-29; Idem, "Polyandry in the Khotanese Rāmāyana", *Vividharatrakarandka: Festgabe für Adelheid Mette*, Swisttal-Odendorf, 2000, pp. 233-238；段晴《于阗语〈罗摩衍那〉的故事》，张玉安主编《东方民间文学比较研究》，北京：北京大学出版社，2003 年，第 138—157 页。

要性相比，还是太少了。

2. 抒情诗

敦煌于阗语写本，共有 6 个写本：Ch.00266 第 1 至 42 行（IOL Khot S.10），P.2025 第 7 至 79 行，P.2895 第 1 至 20 行，P.2896 第 49 至 55 行，P.2956 第 1 至 77 行，P.2022 第 7 至 10 行，长短不一，内容相同，均为晚期于阗语所写恋爱抒情诗，诗体，共 117 行，每四行一诗节，共 24 诗节。内容描写春天里的恋人恋爱，最后揭示英雄们因女子而身败名裂的教训。德莱斯顿的转写校刊载《瓦尔德施密特八十寿辰纪念印度学论集》①。

3. 凡夫俗子和贵臣之女的爱情故事诗

敦煌写本 P.2928，共 41 行，第 1—3 行为诗序，后面是诗歌正文，内容如题所示。首标年代为“天寿三年〔丑〕牛岁（965）六月十日”。贝利转写载《于阗语文献集》第 3 卷。贝利有《早期于阗的浪漫主义文学》一文②，马吉写有专著③。

4. 于阗语尉迟僧伽罗摩王颂

敦煌写本 P.2787 第 1 至 54 行，用晚期于阗语书写，散文体。用极其华美的词句，颂扬于阗王尉迟僧伽罗摩（Viśa’ Saṃgrāma，982—

---

① M. J. Dresden, “A Lyrical Poem in Khotanese, part I: Text”, *Beiträge zur Indienforschung. Ernst Waldschmidt zum 80. Geburstag gewidmet*, Herausgebeben vom Museum für Indische Kunst, Berlin, 1977, pp. 81–103. Cf. H. Kumamoto, “The Concluding Verses of a Lyrical Poem in Khotanese”, *Harānandalahari. Volume in Honour of Professor Minoru Hara on his seventieth Birthday*, eds. R.Tsuchida and A.Wezler, Reinbek, 2000 (2002), pp. 143–154.

② H. W. Bailey, “Romantic Literature in early Khotan”, *Mélanges d’orientalisme offerts à Henri Massé à l’occasion de son 75éme anniversaire,* Téhēran, 1963, pp. 17–20. Idem, “Canonical Quotations in the Khotanese *Book of Vimalakīrti*”, *Buddhist Asia 1. Papers from the First Conference of Buddhist Studies held in Naples in May 2001*, eds. G. Verardi and S. Vita, Kyoto: Italian School of East Asian Studies, 2003, pp. 85–101.

③ M. Maggi, *Pelliot Chinois 2928. A Khotanese Love Story* (Serie Orientale Roma LXXX), Roma: Istituto italiano per l’Africa e l’Oriente, 1997.

1006/1007？年在位）王的崇佛功德。贝利转写载《于阗语文献集》第 2 卷，英译载《泰东》新辑第 11 卷（1965 年）[①]。

5. 于阗使臣张金山燃灯发愿文

敦煌写本 Ch.i.0021a，a（IOL Khot S.21），共 47 行。前 11 行是汉文所写壬午年（982）十二月二十一日于阗使张金山燃灯文，后 36 行是于阗文发愿文，亦出自张金山之手，其中提到于阗王尉迟达磨中兴五年（982）七月，张金山等一行三百人出使沙州。贝利的转写和英译载《塞语文书：转写译注卷》[②]，施杰我重新做的转写和英译载《英国图书馆藏西域于阗文文献》[③]。张金山一名还见于于阗语《佛本生赞》、《悉昙娑罗》、《金刚乘赞文》，是入仕于阗的汉族人，公元 982 年曾代表于阗王廷出使沙州。

① H. W. Bailey, "Viśa Saṃgrāma", *Asia Major*, new series, 11.2, 1965, pp. 101–119.

② H. W. Bailey, *Saka Documents, Text volume*, pp. 67–70.

③ P. O. Skjærvø, *Khotanese Manuscripts from Chinese Turkestan in the British Library*, pp. 522–524.

第六节

对话手册与练习本

1. 梵文—于阗文双语对照会话练习簿

敦煌写本 P.5538 背第 9 至 87 行，共 171 个短语或词，先写梵文，然后接着写于阗文的翻译。部分内容是有文意的对话，有些是相关的词语，似是某个旅行者自编的会话练习。贝利的转写载《于阗语文献集》第 3 卷，熊本裕撰《西域旅行者所用梵文于阗文会话练习簿》有英译文，载日本《西南亚研究》第 28 号（1988 年）[①]。

2. 汉语于阗语双语对照词表

敦煌写本有若干此类对照表：S.5212 背（Or.8210/S.5212），共 8 行；Or.8212（162）前 12 行；P.2927 第 4 至 25 行。先用于阗语所用婆罗谜字母拼写汉语词句，再写于阗语对译词，内容多是旅行、食物、身体各部位的词汇，是于阗旅行汉地的使者所用手册。唯汉字用于阗语音写，不出现汉字，尚未完全比定出来。贝利转写载《于阗语文献集》第 2、3

① 熊本裕《西域旅行者用サンスクリット=コータン語会話練習帳》，《西南アジア研究》第 28 號，第 53—82 页。

卷，高田时雄《敦煌资料所见之中国语史的研究》有比定研究[①]，最新的转写、比定和英译见施杰我《英国图书馆藏西域于阗文文献》[②]。

3. 突厥—于阗双语词汇表

敦煌写本P.2892第166至185行，是用于阗文使用的婆罗谜文拼写的突厥语，先写突厥文，再写于阗文，内容对应，后半段多缺于阗文，所写主要是一些有关射箭的术语和马装具名词。从其前抄写的是《悉昙婆罗》医药文献来看，此表也是抄自某种专业书。贝利转写载《于阗语文献集》第3卷，恩默瑞克和罗纳塔斯（A. Róna-Tas）的重刊本载《中亚学刊》第36卷（1992年）[③]。

---

① 高田時雄《敦煌資料による中国語史の研究——九·十世紀の河西方言》,東京:創文社,1988年,第197—227页;又《コータン文書中の漢語語汇》,《漢語史の诸问题》京都大学人文科学研究所研究報告別冊,1988年,第71—127页;又《于阗文书中的汉语语汇》,钟翀译,作者《敦煌·民族·语言》,北京:中华书局,2005年,第213—305页。

② P. O. Skjærvø, *Khotanese Manuscripts from Chinese Turkestan in the British Library*, pp. 35–36, 44–46.

③ R. E. Emmerick and A. Róna-Tas, "The Turkish-Khotanese Wordlist Revisited", *Central Asiatic Journal* 36. 3–4, 1992, pp. 199–241.

附录一

一组反映10世纪于阗与敦煌关系的藏文文书研究

荣新江　朱丽双

由于公元8世纪末至9世纪中叶吐蕃对西域和河西地区的长期统治，在吐蕃统治结束以后相当长的一段时间内，藏文仍然是于阗王国与沙州归义军、甘州回鹘等地方政权之间往来信函的一种通用语。1929年即已刊布的钢和泰（A. von Staël-Holstein）收藏的藏文、于阗文文书，据蒲立本（Edwin G. Pulleyblank）考证，年代在925年前后的[1]。但法、英所藏藏文文书在相当长时间内没有被公布，相关研究进展不大。直到1981年乌瑞（G. Uray）发表《吐蕃统治结束以后河西和于阗诸政权中使用藏语的情况》一文，才从敦煌出土藏文文献中揭示出一批9世纪中叶以后的藏文官府文书[2]。以后，学者们又陆续找出更多的同类文

* 本文原载沈卫荣主编《西域历史语言研究集刊》第5辑，北京：科学出版社，2012年，第87—111页。收入本书时，格式上略有改订。

① E. R. Pulleyblank, "The Date of the Staël-Holstein Roll", *Asia Major*, new series, 4.1, 1954, pp. 91–95.

② G. Uray, "L'emploi du tibétain dans les chancelleries des états du Kan-sou et de Khotan postérieurs à la domination tibétaine", *Journal Asiatique* 269, 1981, pp. 81–90.

书[①]，其中有若干件是于阗王国与沙州归义军、甘州回鹘等政权往来的外交文书，并且几乎全部属于10世纪，也就是吐蕃统治结束之后。

自上世纪80年代初以来，这些有关10世纪于阗王国对外交往的文书成为一些学者的专门研究对象，或者在有关于阗王国、敦煌归义军、甘州回鹘等方面的研究中用作参考资料。但由于这些文书本身大多残缺不全，或者是书信草稿，同时也由于10世纪的西域、河西历史几乎是在敦煌文书的基础上逐渐建构起来的，许多相关的研究成果也是陆续产生出来的，所以前期的研究成果多不完备。目前我们至少对于与这些文书关系最为密切的归义军的历史以及归义军节度使的称号、用印等方面都有了较为系统的认知，因此，有必要对这批与于阗有关的藏文书信做一通盘的考察，以期在整理文本的基础上，对我们认识10世纪的于阗王国以及于阗与沙州的关系问题有所帮助。

以下大体上依据我们考证出来的年代先后对文书一一加以检讨。文书的释读与翻译得益于前贤甚多，谨致谢意。需要说明的是，由于本文讨论的文书主要是书信草稿，故藏文的拉丁转写将尽量依文书原来的格

---

① 武内紹人《敦煌·トルキスタン出土チベット語手紙文書の研究序說》，山口瑞鳳編《チベットの仏教と社会》，東京：春秋社，1986年，第563—602页；G. Uray，"New Contributions to Tibetan Documents from the post-Tibetan Tun-huang"，in H. Uebach and J. L. Panglung eds.，*Tibetan Studies. Proceedings of the 4th Seminar of the International Association for Tibetan Studies Schlosse Hohenkammar-Munich* 1985，München: Kommission für Zentralasiatische Studien，Bayerische Akademie der Wissenschaften，1988，pp. 515–528；T. Takeuchi，"A Group of Old Tibetan Letters Written under Kuei-i-chün: A Preliminary Study for the Classification of Old Tibetan Letters"，*Acta Orientalia Academiae Scientiarum Hung*，44.1–2，1990，pp.175–190；武内紹人《歸義軍期から西夏時代のチベット語文書とチベット語使用》，《東方学》第104辑，2002年，第124—110页；T. Takeuchi，"Sociolinguistic Implications of the Use of Tibetan in East Turkestan from the End of Tibetan Domination throuth the Tangut Period (9th=12th c.)"，in D. Durkin- Meisterernst，S. Raschmann et al. eds.，*Turfan Revisited: The First Century of Research into the Arts and Cultures of the Silk Road,* Berlin: Dietrich Reimer Verlag，2004，pp. 341–348.

式录文，以存原样。其他说明如下：

]abc　　前缺。

abc[　　后缺。

[abc]　　原卷无法识读，笔者据文意补。

[abc？]　　原卷无法识读，笔者据文意补，但不能确定。

abc（?）　笔者不能肯定是否识读正确。

a（b）　　原卷 *a* 有误，笔者据文意改为 b。

一、P.t.1120v《沙州府主曹尚书致菩萨于阗圣神天子书状》

本文书共 4 行文字，写在纸张的上端，前有部分残缺，下有余白。拉露（Marcelle Lalou）编《国立图书馆所藏敦煌藏文写本注记目录》有简要著录①。1981 年，乌瑞在讨论吐蕃统治结束后河西与于阗诸地使用藏文的情况时，曾介绍这件文书，认为它是习字②。1986 年，武内绍人在研究敦煌、新疆出土的藏文书信类型时，对这件文书做了转写与翻译，指出它是归义军时期的私人信件③。1988 年，乌瑞也对文书的收信人与发信人部分做了转写与翻译④。文书未收入《法藏敦煌藏文文献选集》⑤，彩色图版近年上传 IDP 网站。2007 年，文书的全文转写收入今

① M. Lalou, *Inventaire des Manuscrits tibétains de Touen-houang conservés à la Bibliothèque Nationale,* II, Paris: Bibliothèque Nationale, 1950, p.64.

② G. Uray, "L'emploi du tibétain dans les chancelleries des états du Kan-sou et de Khotan postérieurs à la domination tibétaine", p. 82.

③ 武内紹人《敦煌·トルキスタン出土チベット語手紙文書の研究序說》，第 589–590 页。

④ G. Uray, "New Contributions to Tibetan Documents from the post-Tibetan Tun-huang", p. 518.

⑤ A. Macdonald （A. Spanien） et Y. Imaeda, *Choix de documents tibétaines conservés à la Bibliothèque nationale, complété par quelques manuscrits de l'India office et du British Museum*, I-II, Paris: Bibliothèque nationale, 1978–1979.

枝由郎、武内绍人等编《法国国立图书馆和英国图书馆藏敦煌藏文文书》，解题称是归义军时期的书信草稿（letter draft）①。按，这封信虽残，但保存有完整的收信人、发信人和问候语，文字没有重复，很难说是习字，而更可能是一封没有完成的书信草稿，书信的正文应当寄往于阗。

转写：

1]pa ba' tha yas② kyi byang chu s[e]m③ pa' / / yu then gyi she zhin then [ce] [④ / /

2 / sha cu'i dbangs po dzo shang shi gyis mchis gsol ba' / / she zhin rje 'phrul kyi zha snga nas [/ /]

3] / / gnam sa la mnga' mdzad cing / / phyogs bzhi'i 'bangs / / nam ka'i skar ma 'd[ra ba]⑤

4]mos pa'i skyib su / / thugs kun la khyengs

---

① Y. Imaeda, T. Takeuchi, et al. eds., *Tibetan Documents from Dunhuang Kept at the Bibliothèque Nationale de France and British Library*, vol. 1, Tokyo: Research Institute for Languages and Cultures of Asia and Africa, Tokyo University of Foreign Studies, 2007, pp. 143-144.

② yas：原卷 ya- 写在 -s 的下面。tha yas 或即 mtha' yas，意为无边、无垠。参见武内紹人《敦煌·トルキスタン出土チベット語手紙文書の研究序說》，第 590 页；G. Uray, "New Contributions to Tibetan Documents from the post-Tibetan Tun-huang", p. 518.

③ s［e］m：参见武内紹人《敦煌·トルキスタン出土チベット語手紙文書の研究序說》，第 589 页；G. Uray, "New Contributions to Tibetan Documents from the post-Tibetan Tun-huang", p. 518.

④［ce］：ce 据乌瑞意见补（G. Uray, "L'emploi du tibétain dans les chancelleries des états du Kan-sou et de Khotan postérieurs à la domination tibétaine", p. 82；Idem, "New Contributions to Tibetan Documents from the post-Tibetan Tun-huang", p. 518）。另据其他文书，ce 后的残缺部分当作 zha sngar。

⑤ 'd[ra ba]：武内紹人作残缺处理（《敦煌·トルキスタン出土チベット語手紙文書の研究序說》，第 590 页）；《法国国家图书馆和英国图书馆藏敦煌藏文文献》作 la（Y. Imaeda, T. Takeuchi, et al. eds., *Tibetan Documents from Dunhuang Kept at the Bibliothèque Nationale de France and British Library*, vol.1）。

cings / / bangs mrdzod kying kor mang por m[dzad?][1]

翻译：

……无边菩萨、于阗圣神天［子尊前］：

沙州府主[2]曹尚书谨呈。圣神圣主[3]尊前，……治理天地，四方臣民如天星，……依止（?）敬信，衷心慈悯（?），处理（?）众多库藏kying kor（?）……。

按书信的发信人是 sha cu'i dbangs po dzo shang shi，对应于“沙州府主曹尚书”。乌瑞在最早考证这些属于归义军时期的文书时，曾利用二手资料归纳出文书所见不同时期沙州归义军节度使所使用的“尚书”、“太保”、“令公”、“司徒”、“大王”等称号的大致年份。他据“尚书”的称号给 P.t.1120v 所定的年代是约 920 年，所指为曹议金[4]。目

① m[dzad?]：武内紹人对 m 之后做残缺处理（《敦煌・トルキスタン出土チベット語手紙文書の研究序說》，第 590 页）；《法国国家图书馆和英国图书馆藏敦煌藏文文献》作 ma（Y. Imaeda，T. Takeuchi，et al. eds.，*Tibetan Documents from Dunhuang Kept at the Bibliothèque Nationale de France and British Library,* vol.1）。

② 府主（dbangs po）：dbangs 当作 dbang。dbang po 有“王”、“主”之意，在本文讨论的这组藏文文书中均指曹氏归义军节度使。敦煌汉文文书对曹氏归义军节度使有“府主太保”、“府主大王”之类的用语，“府主”是瓜沙民众对归义军节度使的俗称（荣新江《归义军史研究——唐宋时代敦煌历史考索》，上海：上海古籍出版社，1996 年，第 117—118、126、239 页），dbang po 当可译作“府主”。另关于古藏文文书中的 dbang po，参见 G. Uray，“The Title *dbang-po* in Early Tibetan Records”，in Paolo Daffina ed.，*Indo-Sino-Tibetica: Studi in onore di Luciano Petech,* Roma: Bardi Editore，1990，pp. 419-433.

③ 圣主（rje 'phrul）：武内紹人译作“化身”（《敦煌・トルキスタン出土チベット語手紙文書の研究序說》，第 590 页）；乌瑞译作 ruler of supernatural faculties（G. Uray，“New Contributions to Tibetan Documents from the post-Tibetan Tun-huang”，p. 519）。按据石泰安（R. S. Stein）研究，在古藏文碑铭和文书中，'phrul 主要指圣明、智慧、智力之意，P.t.1120v 和 P.t.984Cr 的 rje 'phrul 相当于汉语的“圣主”，本文从之。见 R. S. Stein，“Saint et Divin”，*Journal Asiatique*，269，1981，pp. 232-275，esp. p. 241，n. 24.

④ G. Uray，“L'emploi du tibétain dans les chancelleries des états du Kan-sou et de Khotan postérieurs à la domination tibétaine”，p. 86.

前，我们已有对曹氏归义军节度使称号的综合研究，其称尚书者仅曹议金一人，时在914—920年间[①]，则乌瑞所比定的发信人为曹议金可以确定无疑，而年代在914—920年间[②]。

文书第1行对收信人称作 byang chu s[e]m pa' yu then gyi she zhin then [ce]"菩萨、于阗圣神天[子]"；问候语部分称他是 she zhin rje 'phrul "圣神圣主"。按914—920年间于阗国王李圣天（Viśa' Saṃbhava，912—966年在位）在位，这些称号所指应当皆为李圣天。其中 she zhin then [ce]"圣神天子"为汉语的音译，"天子"是于阗王李圣天的自称，940年左右所绘莫高窟第98窟李圣天画像的题名就是"大朝大宝于阗国大圣大明天子"[③]。至于"菩萨"称号，也并非孤例，比如《钢和泰卷子》的于阗语部分即以"菩萨天子"（baudhasattä yastä）来指称李圣天[④]；敦煌汉文文书于阗天兴七年（956）十一月沙州的于阗回礼使索子全状文第27—28行提到"菩萨天子"，也指李圣天[⑤]，与本件文书的"菩萨、于阗圣神天子"正相符合。其他以菩萨称于阗王的例子，赤木崇敏提示有敦煌于阗语文书 Ch.i.0021b.a（新编号 IOL Khot S.47）用 baudhasaṭtu "菩萨"称于阗王尉迟苏罗（Viśa' Śūra，967—977年在位），Ch.i.0021a.a（IOL Khot S.21）用 baudasattū rre / baudasatv rāṃdä "菩萨王"称于阗王尉迟达磨（Viśa' Dharma，978—982年在位）[⑥]。这种

① 荣新江《归义军史研究——唐宋时代敦煌历史考索》，第131页。

② 赤木崇敏作914—924年，似为笔误。见其著《十世紀敦煌の王權と轉輪聖王觀》，《東洋史研究》第69卷第2号，2010年，第76、89页。

③ 敦煌研究院编《敦煌莫高窟供养人题记》，北京：文物出版社，1986年，第32页。

④ H. W. Bailey, "The Staël-Holstein Miscellany", *Asia Major*, new series, 2.1, 1951, pp. 4,44.

⑤ 张广达、荣新江《关于唐末宋初于阗国的国号、年号及其王家世系问题》，原载《敦煌吐鲁番文献研究论集》，北京：中华书局，1982年；此据作者《于阗史丛考》（增订本），北京：中国人民大学出版社，2008年，第30页。

⑥ 赤木崇敏《十世紀敦煌の王權と轉輪聖王觀》，第76—77页。两件文书的转写和翻译见 P. O. Skjærvφ, *Khotanese Manuscripts from Chinese Turkestan in the British Library*, London: The British Library, 2002, pp. 522-524;551-553.

称谓与“转轮王”（cakrrivarttä）的观念一样，体现了于阗王的神圣性[①]。

总之，P.t.1120v是914—920年间沙州归义军节度使曹议金致于阗国天子李圣天的书信草稿。有关这段时间内于阗与沙州交往的史料较少，因此，书信文字虽少，却是非常珍贵的记录。我们知道，914年曹议金接替张承奉成为归义军节度使，他改变了张氏归义军与周边地方政权的敌对态度，开始与甘州回鹘、西州回鹘、于阗王国建立友好关系。这封写于914—920年间的书信，应当就是在这样的背景下产生的。而912年即位的于阗王李圣天，显然已经立稳脚跟，治理天下，且府库充盈。书信表明，在李圣天娶曹议金之女为皇后之前，似乎于阗天子较沙州尚书的身份高出一筹。

二、《钢和泰卷子》藏文部分《于阗使臣上沙州太保状》

所谓《钢和泰卷子》又称《钢和泰杂纂卷》，是1918—1929年间在北京大学任教的白俄后裔、梵文学家钢和泰购藏的一卷敦煌文书。文书的一面用藏文书写，分三部分，1—22行是第一部分，23—36行是第二部分，都是来到敦煌的于阗使者上呈沙州节度使的状文，而且内容大体上相同，具体文字略有差别；37—41行是韵文十条。文书的另一面为于阗语文书，内容庞杂，包括于阗使臣在沙州做功德的发愿文、于阗使行程记、突厥部族名表、抒情诗，内容不完全关联，所以贝利（H. W. Bailey）称之为“杂纂卷”（Miscellany）[②]。

此卷最早由藏学家托马斯（F. W. Thomas）和于阗文专家科诺夫

---

① 参见文欣《中古时期于阗国政治制度研究》，北京大学历史学系硕士研究生学位论文，2008年6月，第29页。

② H. W. Bailey，“The Staël-Holstein Miscellany”，pp.1–45.

（Sten Konow）刊布，其中托马斯做了藏文的转写和英译[①]，黄盛璋曾据托马斯的英译转为汉文[②]。现参照前人成果，重新转写并翻译如下。

转写（尖括号内为原卷插写在行间之语；带中横线者为原卷划掉之语）：

1 ∿/ / the po lha rgyal po'i snyan du / / ywu then gyi' bangs'bal rgyal sum dang /

2 bdag cag pho nya byin gyi zhu ba gsol ba' / / co bo the bo rgyal po la myi gsol na / /

3 gzhan du zhu zhing gsol ba'i gnas ma mchis / / bdag cag ngan pa 'bangs na ning

4 'u then nas pho nya rdal gnyis mchis pa / / 'bal rgyal sum dang / su sha li dang / sha 'du

5 dpon yog myi bzhi 'u ten nas sngar mchis pa las 〈lam du rjes ngan dag mthong nas lam gsar pa rtol〉[③] bla'i rnga mo la ma[④] du gnyis kum /

6 ma shi tsam co bo the bo / / 'i spya ngar mchis / / slad kyis ham sin ca dang / 'bye tu tu

7 dang / co tu tu ~~bdag cag 'bangs byin~~[⑤] / / mnga' bdag lha rgyal po seng ge la zhu ba gsol

8 nas / / sha cur phyin ma thog du / / co bo la zhu ba gsol nas

---

① F. W. Thomas and S. Konow, "Two Medieval Documents from Tun-huang", *Publications of the Indian Institute* I.3: *Oslo Etnografiske Museums Skrifter* III.3, pp. 122–160.

② 黄盛璋《〈钢和泰藏卷〉与西北史地研究》，《新疆社会科学》1984年第2期，第60—73页。

③ las 的右上角有插入号+。

④ ma：当作 lam。参见 F. W. Thomas and S. Konow, "Two Medieval Documents from Tun-huang", p. 123.

⑤ byin：当作 phyin。

/ / mun dmag trang

9 rgyal po seng 'ge'i spya nga na g.yon① blangs mchid kyis 'tshal / / 'dir mchis nas

10 bsam 'tshad ma grub / / thugs khral dag gzhan gyurd 〈do cig ni glo ba re〉② / / seng ge rgyal po

11 '~~i drug bdun gyi~~ 〈gna'i〉③ dko④ mdzod kha phye nas / / ham sin ca dang / 'bye tu tu dang / co tu tu

12 la ~~co~~ dkor bzang pa 〈ma 'phangs ci mchis pa jo bo the bo la〉⑤ ~~bo~~ spya ngar brdzangs / pa lags / / jo bo lha rgyal po dang / jo⑥ the bo mched⑦

13 drung po bzhugs pas / / bdag bag 'bangs la yang dbyer ma mchis / / 'bangs 〈kyang〉⑧ ~~yul sha cul~~

14 gzhi 〈na〉⑨ rab du yun rings / / rad kos nas kos ma mchis / / yul⑩ gzhi na yang bdag cag

15 'bangs kyi kyim na bu tsa yang nyon mongs / / co bo the bo ~~la~~ yang thugs rje gzigs nas

16 zla ba phyi ma tshes gcig gnyis tshun cad du ~~lam snyan du zhu~~ / / lam thugs dpags

---

① g.yon：当作 yon。

② gyurd 的右上角无插入号+，但从第 29—30 行来看，括号内字为第二封书状采用。

③ gyi 的右上角无插入号+，但从第 30 行来看，gna'i 为第二封书状采用。

④ dko：当作 dkor。托玛斯读作 dkor，见 F. W. Thomas and S. Konow，"Two Medieval Documents from Tun-huang"，p.123.

⑤ pa 的右上角无插入号+，但从第 31 行来看，括号内字为第二封书状采用。

⑥ jo：其后缺 bo 字。

⑦ mched：后加字 -d 写在基字 ch- 的下面。

⑧ 'bangs 的右上角无插入号+，kyang 字亦未被第二封书状采用。

⑨ gzhi 的右上角无插入号+，na 字亦未被第二封书状采用。

⑩ yul：原作 yun，后改作 yul。

17 myi 〈cir〉① mdzad ~~na~~ / / zla ba ~~tsha~~ phyi ma tshes bcu yan chad thal na / / ~~de les② hu ten du mchi~~

18 rngo myi thog 〈shul ma thon (?) lam rab bu dog par mchi sang pod dpyid yan cad lam mchi thugs myi thub〉③ / / bdag cag'bangs kyang srog can lags 〈lam na dgra dang mjal na co bo the bo la yang bka mchu(i)d myi snyan〉④ / / seng 'ge rgyal pos kyang

19 'bangs la chad pa ~~la thug~~ 〈che thang du bcad〉⑤ / / de bzhin snyan du zhu / shul di ci myur du thugs d[p]ags cir mdzad

20 lam du ma shi ste zho myed par yul du phyin na / / slar yang co bo the bo' i zhal myur du mthong bar smon

21 bka' lung ci stsal na gnyer bkum / / zhu ba yang lam du me cong tu tu la gsol nas spya ngar

22 zhus ma zhus bdag cag la g.yar tshod ma mchis /

23 @ / / jo bo la myi zhu na gzhan du zhing gsol ba'i gan dam pa ma mchis / / bdag cag ngan pa 'bangs /

24 na ning 'u ten nas pho nya rdal gnyis mchis pa / / 'bal rgyal sum las stsogs pa sngar mchis pa las

25 lam du rjes ngan dag mthong nas / lam por nas snga phyin myi ma mchis pa'i lam sar brtol nas shul du bla

26 'i rnga mo gnyis bkum / / ma shi tsam co bo 'i spya ngar mchis / / slad kyis ham sin ce dang / 'bye tu tu dang / cong tu tu

---

① myi 的右上角有插入号+。

② les：当作 las。

③ thog 的右上角无插入号+，但从第 34—36 行来看，括号内字为第二封书状采用。

④ lags 的右上角无插入号+，但从第 35 行来看，括号内字为第二封书状部分采用。

⑤ thug 的右上角无插入号+，括号内字亦未被第二封书状采用。

27 mchis pa la / / jo bo seng ge lha rgyal po la 〈zhu ba gsol〉[1] nas / / sha cur phyin ma thog du / / jo bo the po la zhu ba gsol na / /

28 mun dmag trang / / jo bo seng ge rgyal po'i spya nga nas[2] kyang yon blangs / / mchid kyis 'tshald / / 'dir mchis

29 nas / / na ning bsam ba bzhin yang don ma grub / / thugs khral dag gzhan gyurd / / do cig la don 'di

30 co bo thugs khral du bzhes na / / bsgrub par glo ba re / / seng ge co bo rgyal pos kyang / / gna'i dkor

31 mdzod kha phye nas / / jo bo the po la ma 'phangs[3] nas / / sgo skyes bzang po spya ngar brdzangs / / jo bo rgyal po

32 dang jo bo the bo mched drung po lags / / ci ltar mdzad na jo bo mkhyen / / bdag cag 'bangs la yang dbyer myed

33 'dir yang yun rings / / 'u ten gyi gos 'dir mchis bas[4] / / myi la yang ngo tsha / / zla phyi ba tshes gcig

34 gnyis la btang bar ~~glo ba re~~ 〈ci gnang〉[5] / / dus kyang lags / / zhag bca[6] bcu mchi rngo[7] myi thog na shul rab du dog par mchi /

35 bde' bar yang myi thar / / mched 〈rnam〉[8] gnyis kyi bka' mchid yang myi snyan de / / sang pod dpyid las mchi thugs

---

① rgyal po 和 la 中间的上面有插入号+。

② 托玛斯称 nas 下有一符号，或表示去掉 nas（F. W. Thomas and S. Konow, "Two Medieval Documents from Tun-huang", p. 124）。笔者未见原卷，在其刊布的图版上无法识别。

③ 'phangs：或意同 'bag（沾污）。

④ mchis bas：其下有 pa nas de yang，nas 复被划掉。

⑤ ci gnang 插写在划掉的 glo ba re 之下，当为取代 glo ba re 之词。

⑥ bca：此词系衍文。

⑦ rngo：托玛斯误作 ngo。见 F. W. Thomas and S. Konow, "Two Medieval Documents from Tun-huang", p.124.

⑧ rnam 插写在 mched 之下，但 mched 的右上角无插入号+。

myi

36 thub 'bangs kyang srog can lags / / shul 'di dag zla ba 'di la tshes gnyis gsum thugs dpags cir mdzad / /

37 ๛ / / gcig du gdung rus btsun ba 'i sku / gnyis su khri gdugs brdal ba'i 'od / / gsum du

38 ma btubs kyin de mjald / / bzhi ru spung① sdug yid dang thad / / lgna ru bskor cing gzhan

39 la gzigs 〈myi gdang ngo〉② / / drug du bskor cing gzhan la gzigs / / bdun gyi khri lcams mdzes sdug

40 la / / brgyad kyi snyan snyungs 'di gsol lo / / dgu 'i man tshigs kar③ por pa / / bcu

41 'i dgung la mjal bar smon / /

翻译（尖括号内字为原卷插写在行间之语；带中横线者为原卷划掉之语；方括号内为笔者据文意补充之语）：

第一封书状（第 1—22 行）：

（1—2）太保、天王左右，于阗臣民末结心（'Bal rGyal sum）④与我等使人敬呈。（2—3）若不陈情阿郎⑤太保、天王，〔我等〕别

---

① spung：托玛斯认为当读作 spun，从之。见 F. W. Thomas and S. Konow, "Two Medieval Documents from Tun-huang", p. 124.

② 括号内字插写在 la gzigs 之下，但 la gzigs 上无插入号+。

③ kar：托玛斯认为或当作 gar。见 F. W. Thomas and S. Konow, "Two Medieval Documents from Tun-huang", p. 124.

④ 'bal rgyal sum：于阗语部分第 9 和 35 行分别作 bulu'nä rrgyaḍä sū'mä 和 baḍä rrgyaḍä sū'mä。bulu'nä 当来自藏语 blon，即"论"；至于 baḍä，贝利认为相当于藏语部分的 'bal，可能为此人家族之名称。见 F. W. Thomas and S. Konow, "Two Medieval Documents from Tun-huang", p. 129；H. W. Bailey, "The Staël-Holstein Miscellany", pp. 2–3, 9, 23.

⑤ 阿郎（co bo）：下文也作 jo bo，意为"主宰"、"主人"、"尊者"等，敦煌汉文文献有称归义军节度使作"阿郎"者，"阿郎"即"主人"之意，与藏文同，今用之。参见蒋礼鸿《敦煌文献语言词典》，杭州：杭州大学出版社，1994 年，第 1 页。

无他处可得陈情。(3—6)我等卑臣上年自于阗分作两般使人〔前来〕，末结心和苏舍利(Su Sha li)[①]及舍努(Sha' du)[②]主仆四人[③]先自于阗动身，〈途中因见凶兆，乃取新路，〉途中杀二良驼，乃得未死而至阿郎太保尊前。(6—9)后，韩信者(Ham sin ca)[④]和皮都督('Bye tu tu)[⑤]及张都督(Co tu tu)[⑥]~~我等臣民出发~~，向君主、狮子天王陈情〔出发〕。甫至沙州，即向阿郎陈情，呈报于“黑将军”(Mun dmag trang)、狮子王尊前取来信物。(9—10)自抵此地，所愿之事尚未完成，复转有他事(?)，〈其一[予我等]希望〉(?)。(10—12)狮子王开启~~六、七~~〈旧〉府库，〈为致意阿郎太保，〉赐给韩信者、皮都督和张都督佳妙〈清净〉之财而于尊前遣之。(12—13)阿郎天王与阿郎太保乃真诚兄弟，对于我等臣民亦无差别。(13—15)〔我等〕臣民至此地~~沙州~~已

---

① su sha li：于阗语部分第 9、39 和 42-43 行有 ttāgutta ka'rä ṣau ṣarrnädattä/ṣarrnadattä，意为“吐蕃的 ka'rä ṣau Ṣarrnädatta/Ṣarrnadatta”。托玛斯推测二者或可勘同，但贝利未置可否。F. W. Thomas and S. Konow，“Two Medieval Documents from Tun-huang”，p. 129；H. W. Bailey，“The Staël-Holstein Miscellany”，pp. 2,4,44. ka'rä，贝利最初疑作 region，地区；后译作 title，称号。见 H. W. Bailey，*Dictionary of Khotan Saka*，London: Cambridge University Press，1979，pp. 53-54.

② sha 'du：于阗语部分第 9 和 44 行作 hvaṃna/hvana ka'rä ṣau ṣaṃdū，意为“于阗的 ka'rä ṣauṢaṃdū”。F. W. Thomas and S. Konow，“Two Medieval Documents from Tun-huang”，p. 129；H. W. Bailey，“The Staël-Holstein Miscellany”，pp. 2,4,10,44.

③ 按文书作 myi bzhi，即四人，但实际列出的名字仅三人。

④ ham sin ca：于阗语部分第 10 行有 naṃpa-jaṃñai ṣau śväṃnakai，意为“Naṃpa Jamña 的ṣau Śväṃnakai”，第 39、45 行作ṣau śvänakai。托玛斯推测二者或可勘同，但贝利未置可否。F. W. Thomas and S. Konow，“Two Medieval Documents from Tun-huang”，p. 129；H. W. Bailey，“The Staël-Holstein Miscellany”，pp. 24,10,44.

⑤ 'bye tu tu 其人在于阗语部分未出现。

⑥ co tu tu：下面第 26 行作 cong tu tu，于阗语部分第 39 行作 cāṃ ttūttū。F. W. Thomas and S. Konow，“Two Medieval Documents from Tun-huang”，p. 129；H.W. Bailey，“The Staël-Holstein Miscellany”，pp. 4,24,44.

久，衣服亦无。我等臣民家中子孙在家乡实为烦忧。(15—17) ~~恳请~~阿郎太保慈悲鉴察，〔我等〕祈望于下月初一、二日内返乡。(17—19) 若不蒙允准，若过下月初十，则势不能~~回于阗~~。〈〔若〕误启程，则道途梗阻，明春之前不能上路。〉我等乃是凡人，〈途中若遇贼寇，于阿郎太保将〔有〕些些话语，〉狮子王亦将惩罚〔我等〕臣民。(19) 即此陈情左右，祈望早日启程，伏望允准。(20—22) 若得途路无危，乏资而抵吾故土，愿得异日早拜阿郎太保尊颜，任何教敕，〔皆将〕执行。〔此〕陈情于途中呈送明崇都督 (Me cong tu tu)①，是否已达尊前，我等不知 (?)。

第二封书状（第23—36行）：

(23) 若不陈情阿郎，并无其他贤者可以陈情。(23—26) 我等卑臣上年自于阗分作两般使人〔前来〕。末结心等先行，途中因见凶兆，遂弃之而取先前无行人之新道，途中杀二良驼，乃得未死而至阿尊前。(26—29) 后有韩信者、皮都督和张都督，向阿郎狮子天王陈情〔出发〕。甫抵沙州，即向阿郎太保陈情，呈报于"黑将军"、阿郎狮子王尊前取来国信。(28—30) 至此之后，未如上年所愿而成事，复转有他事 (?)。若蒙阿郎垂情，或有望完成一二。(30—31) 阿郎狮子王亦开启旧府库，为不污阿郎太保而〔给予我等〕佳妙信物，〔而后〕于尊前遣之。(31—32) 阿郎君王和阿郎太保乃真诚兄弟，阿郎当知该作如何。对于我等臣民亦无差别。(33) 〔我等〕至此已久，于阗〔携来之〕衣虽在，然已羞于见人。(33—36) ~~切望~~〈恳请〉于下月初一、二日〔将我等〕

---

① 按从于阗使呈文先致明崇都督来看，可能他本是沙州方面派去于阗的使臣，而后与于阗使一起返回。

发遣。〔我等在此〕已有时日，若十日内不能〔启程〕，则道途梗阻，难望平安抵达，〔汝〕兄弟二人也将有些些话语，而明春〔我等〕将不能〔前来〕。〔我等〕臣民亦是凡人，祈望于此月[①]初二、三日内启程，伏望允准。

韵文（第37—41行）：

其一，门第高贵之士；

其二，发自宝盖之光；

其三，会晤难相见者（?）；

其四，直面亲爱之同胞；

其五，察看侍从与其他（?）；

其六，察看侍从与其他；

其七，对美丽可爱之夫人；

其八，请问贵体无恙；

其九，尔后抛出话语；

其十，祈愿得见贵人。

第一封书状有多次删除、增加的痕迹，而且有些修改的部位并不十分明确，所以当是草稿。第二封书状卷面较前者干净，而且吸收了不少第一封书状修改的内容，所以当为改写后的本子，不过似乎也是草稿。托玛斯认为两封信的笔迹也不同。至于最后的韵文部分，托玛斯认为是校对者所写，提示他想要强调的重点[②]。

按钢和泰卷子背面于阗文文书所记年代为某王统治第十四年、狗年，

---

① 此月（zla ba'di）：似当作"下月"（zla ba phyi ma）。

② 参见 F. W. Thomas and S. Konow. "Two Medieval Documents from Tun-huang", pp. 128–129.

经蒲立本考证为于阗王李圣天的同庆十四年，即925年[①]。而后乌瑞根据蒲立本的研究以及文书于阗文部分的the pū和藏文部分的the po都是汉文“太保”的音译这一证据，将藏文部分的年代判断在归义军节度使曹议金时期，而且也是在925年，虽然他对曹议金太保称号的年份把握不准[②]。今天我们通检汉文文书，曹议金之称太保，可以肯定在925—927年间[③]。尽管归义军节度使曹元德、曹元忠、曹延恭、曹延禄都曾称“太保”，但考虑到藏文文书提到的于阗使臣至少有三人与于阗文部分提到的使臣名称可以勘合[④]，所以可以把这两件上呈归义军节度使的藏文书状放在925—927年间，其中的“太保”指曹议金。

值得注意的是，这两件藏文书状在称呼沙州节度使时，前后有所不同。第一封书状称作the po lha rgyal po“太保、天王”或co bo the bo rgyal po“阿郎太保、王”，第二封书状称作jo/co bo“阿郎”或jo bo the po/bo“阿郎太保”，也就是说不再以lha rgyal po“天王”或rgyal po“王”称之。但对于阗统治者的称谓则前后未变，作jo bo seng ge lha rgyal po“阿郎狮子天王”、jo bo seng ge rgyal po/seng ge co bo rgyal po“阿郎狮子王”、jo bo rgyal po“阿郎王”。曹议金之称“大王”是931年以后的事[⑤]，如果第一件书状的lha rgyal po或rgyal po是“大王”的“王”的意思，那就和我们所知的曹议金称大王的年代相抵牾。我们推测，这里的rgyal po“王”和lha rgyal po“天王”一样，反

① E. R. Pulleyblank, “The Date of the Staël-Holstein Roll”, pp. 90-91.

② G. Uray, “L’emploi du tibétain dans les chancelleries des états du Kan-sou et de Khotan postérieurs à la domination tibétaine”, p. 86.

③ 荣新江《归义军史研究——唐宋时代敦煌历史考索》，第132页。

④ F. W. Thomas and S. Konow. “Two Medieval Documents from Tun-huang”, p. 129 ; H. W. Bailey, “The Staël-Holstein luiscellany”, pp. 9-10, 24. 按黄盛璋根据托马斯的推测而径将藏文的Su Sha li与于阗文的Ṣarrnädatta/ Ṣarrnadatta等同、藏文的Ham sin ca与于阗文的Śvāṃnakai等同（《〈钢和泰藏卷〉与西北史地研究》，第64—65、73）。我们存疑。

⑤ 荣新江《归义军史研究——唐宋时代敦煌历史考索》，第132页。

映的是当时敦煌在佛教思想影响之下所流行的将归义军节度使比作转轮王的观念[①]。因此，它是藏文语境下的“天王”的意思，而不是汉文语意的“大王”，后者的用例可见P.t.1189r《肃州司徒致河西节度天大王书状》，这里对于河西节度使“天大王”，用的是汉语音译（thyen the'i 'wong）[②]。我们看到，《钢和泰卷子》第二件藏文书状即不用lha rgyal po或rgyal po来称呼沙州的统治者，这大概是于阗的使臣很快发现这个用法不妥，所以就不再用这种称呼了。在递呈给归义军节度使的正式文本上，也应当不会使用这一称呼。

文书另一饶有意味的叙述，是将于阗王和归义军节度使的关系称为“兄弟”，言“阿郎天王/君王与阿郎太保乃真诚兄弟”。我们知道，李圣天于934年娶曹议金女为妻，曹氏并以“皇后”或“天皇后”见称[③]。以兄弟相称似乎表明，本文书当撰写于934年以前。从另一个角度来看，虽然于阗为一独立的王国，而沙州曹氏不过镇守一方的归义军节度使，但在于阗使臣的眼里，双方的关系是平等的，犹如兄弟一般。

另外，两件藏文书状在指称于阗王时，有一他处未见之名，即Mun dmag trang，我们根据文意译作“黑将军”。正如托玛斯所言，trang当同'dren，意为“率领”[④]。至于mun dmag，赞拉·阿旺措成编著的《古藏文辞典》对此词有三种释义：一是秘密军队，二是侦察兵，三是判定世系等的名册[⑤]。按此词也见于米兰出土的藏文文书M.I.iv.132：[--]I

① 赤木崇敏《十世紀敦煌の王權と轉輪聖王觀》，第59—89页。

② 文书图版见IDP，内容与年代参见G. Uray, “L'emploi du tibétain dans les chancelleries des états du Kan-sou et de Khotan postérieurs à la domination tibétaine”, pp. 83-84, 87；武内紹人《敦煌·トルキスタン出土チベット語手纸文書の研究序說》，第582页。

③ 张广达、荣新江《关于唐末宋初于阗国的国号、年号及其王家世系问题》，第33—34页；张广达、荣新江《10世纪于阗国的天寿年号及其相关问题》，原载《欧亚学刊》第1辑，北京：中华书局，1999年，此据《于阗史丛考》（增订本），第300—301页。

④ F. W. Thomas and S. Konow, “Two Medieval Documents from Tun-huang”, p. 129.

⑤ bTsan lha Nga dbang tshul khrims, *brDa dkrol gser kyi me long zhes bya ba bzhugs so*, Mi rigs dpe skrun khang, 1996, p. 645.

[l]o la / / s[k?]un mkhar / nob chungu g.yung drung rtser / rkyen gyI / mun dmag spu tshugs dkar /。不过，这件文书的内容不甚明了，可能是一种名册（dkar chag），大概是说属于（? rkyen）小罗泊（Nob chung）的 g.Yung drung rtse 地方的 Mun dmag 的白毡（? spu tshugs dkar）云云①。另外，此词又见于《吐蕃王朝编年史》（IOL Tib J 750）的两处记载，其一在虎年（690/691）：dbyard btsan po bal po bzhugs shIng / blon che khrI 'brIng gyis 'o yugI tsha stengsu mun magI rtsis mgo bgyIs pha“夏，赞普住于跋布川，大论钦陵于'O yug 之 Tsha steng 制定 Mun mag 之名册”；其二在蛇年（729/730）：blon chen po cung bzang kyIs / dgun 'dun skyI sho ma rar bsduste / mun magI snon god brtsIs / dmag dru gu yul du drangs pha slar 'khord par lo gchIg /“大论 Cung bzang 于 Skyi Sho ma ra 召集冬季会盟，清点 Mun mag 之增损，〔尔后〕率军（dmag）赴突厥之境，还，是为一年。”②后两处的 mag 皆当同 dmag，对于 mun［d］mag，托玛斯认为是后方的半军事组织③；王尧、陈践分别译作“后备”和“预备军”④；杜晓峰（Brandon Dotson）于第一处译作 soldiers/conscripts“士兵/募兵”，第二处译作 soldiers“士兵”⑤。从《吐

① F. W. Thomas, *Tibetan Literary Texts and Documents concerning Chinese Turkestan*, II, London: The Royal Asiatic Society, 1951, p. 270; T. Takeuchi, *Old Tibetan Manuscripts from East Turkestan in the Stein Collection of the British Library*, vols. I-II, Tokyo: The Centre for East Asian Cultural Studies for Unesco, The Toyo Bunko; London: British Library, 1997–1998, no. 430.

② 见 B. Dotson, *The Old Tibetan Annals: An Annotated Translation of Tibet's First History*, Wien: Verlag der Österreichischen Akademie der Wissenschaften, 2009, pp. 306, 312.

③ F.W.Thomas, *Tibetan Literary Texts and Documents concerning Chinese Turkestan*, II, p. 270; III, 1955, pp. 6, 107.

④ 王尧、陈践译注《敦煌古藏文文献探索集》，上海：上海古籍出版社，2008年，第 91、96 页。

⑤ B. Dotson, *The Old Tibetan Annals: An Annotated Translation of Tibet's First History*, pp.97,117.

蕃王朝编年史》蛇年的这条记载来看，mun dmag 显然与 dmag 不同，杜晓峰的翻译似不够确切。但从我们讨论的 Mun dmag trang 来看，若将 mun dmag 作为后方的预备军来对待，似也不妥：独立的于阗国的国王怎么只是一支后方预备军的领袖呢？我们推测，到 10 世纪，mun dmag 的词义已经发生转变了吧。如果单纯从词语本身的意思来分析，mun 的基本含义是黑暗，因此我们是否可以将 Mun dmag trang 理解成“率领军队破灭黑暗的英勇将领”呢？我们知道，10 世纪初期的于阗周边不同政权林立，西面和北面有西迁葛逻禄、样磨、回鹘等突厥系的势力，东部先后有璨微、仲云及其他吐蕃余部，《高居诲行程记》言“自灵州渡黄河至于阗，往往见吐蕃族帐，而于阗常与吐蕃相攻劫。”① 958 年前往于阗的敦煌使者某富住还称李圣天“鸾（銮）驾亲征西幸”②。总而言之，Mun dmag trang 这个称号所提示给我们的信息值得深入思考。

还有一点值得注意，就是通过与同卷于阗语部分的比较，我们看到两部分的使臣名字并不完全相同，其中末结心（’Bal rGyal sum）、舍努（Sha’du）和张都督（Co/Cong tu tu）可分别与于阗语部分的Rrgyaḍä sū’mä、ṣau Ṣaṃdū 和 Cāṃttūttū 勘合；另外苏舍利（Su Sha li）与于阗语部分的ṣau Ṣarrnädatta/Ṣarrnadatta 勘同的可能性也比较大。其他韩信者（Ham sin ca）和皮都督（’Bye tu tu）不见于于阗语部分；而于阗语部分提到的人名如ṣau Śvāṃnakai、Paḍä-dūsä、Kharuṣai 和Khrrī-rttanä则不见于藏语部分。看来，于阗使可能是分批而至，这与两封藏语书状所述末结心等先行、皮都督等继之出发的内容是十分符合的。

综合以上，钢和泰藏卷的两件藏文书状，应当是 925—927 年间于阗使臣在敦煌呈给归义军节度使曹议金的，他们叙述了来沙州的情形并请求太保提供衣物，以便他们得以回乡。从这些使臣的状文中得知，在

---

①《新五代史》卷七四《四夷附录》，北京：中华书局，1974 年，第 917—918 页。

② 张广达、荣新江《于阗史丛考》（增订本），第 31—32 页。

于阗与沙州建立了外交往来后，于阗使臣前赴后继，克服途中的艰难险阻，前往沙州充使。在启程之时，于阗王会开启府库，以上好的信物送给沙州节度使。使臣一路艰辛到达沙州后，已经衣不蔽体，因此请求沙州统治者予以帮助，赐给衣服，并及时安排他们返回家乡。

三、P.t.984Cr《河西节度使沙州曹令公上圣神圣主（于阗王）书状》

最初法国国立图书馆将 P.t.984 分出两张纸，一大一小，分别编作 P.t.984(1)和 P.t.984(2)号，后来又新揭出一件新文书，编作P.t.984A 号，原来的 P.t.984(1)和 P.t.984(2)遂相应地改编作P.t.984B 和 P.t.984C 号①。拉露《国立图书馆所藏敦煌藏文写本注记目录》曾著录 P.t.984Cr，编作 P.t.984(2) 号②。1981 年乌瑞介绍了这件文书，将其年代定在曹议金的 931 至约 935 年之间③。1986 年武内绍人对文书做了完整的转写与翻译④。1988 年乌瑞再次讨论这件文书，重新考虑文书的年代，将其放在 931—1002 年之间⑤。这件文书未被《法藏敦煌藏文文献选集》收录，IDP 网站也尚无这件文书的彩色图版，不过近年金雅声、郭恩(M. Cohen)主编出版的《国立图书馆所藏敦煌藏文文献》⑥收有其黑白图版，卷面十分清晰。文书存 5 行，下缺。先录文如下：

---

① *Catalogue des manuscrits chinois de Touen-houang: Fragments chinois du fonds Pelliot Tibétain de la Bibliothéque nationale de France*, Paris: Bibliothéque nationale, 2001, p. 56.

② M. Lalou, *Inventaire des Manuscrits tibétains de Touen-houang conservés à la Bibliothéque Nationale*, p. 30.

③ G. Uray, "L'emploi du tibétain dans les chancelleries des états du Kan-sou et de Khotan postérieurs à la domination tibétaine", p. 82.

④ 武内紹人《敦煌·トルキスタン出土チベット語手紙文書の研究序說》，第 589 页。

⑤ G.Uray, "New Contributions to Tibetan Documents from the post-Tibetan Tun-huang", p. 518.

⑥ 第 9 册，上海：上海古籍出版社，2009 年，第 334 页。

转写：

1 ༄ / / rma chu chus bcad kyi / / ha se tser to / / sha cu'i dbang p[o] tshe'u leng

2 kong kyis mchId gsol ba'/ / she zhin rje ' phru kyi zha snga nas /

3 ston mtha' ma'I / ba mos / ch[u] grang ba dang[ ] / gnam sa la mnga' mdzad

4] / / nam ka'i skar ma 'dra ba kun

5] sa / / thugs rje kun la

[

翻译：

毗邻黄河地区之河西节度、沙州府主曹令公谨呈。圣神圣主尊前，季秋霜重水寒，……治理天地，……如天星，皆……，慈悲……。

值得注意的是，P.t.984Cr 的文字和上述 P.t.1120v《沙州府主曹尚书致菩萨于阗圣神天子书状》的文字，除了开头部分和一些专名词外，两者都保存的部分，文字几乎完全一样，现将两者所存文字比较如下，(A) = P.t.1120v，(B) = P.t.984Cr，为醒目起见，两两上下对照排列：

(A)] pa ba' tha yas kyi byang chu s[e]m pa'/ / yu then gyi she zhin then [ce] [/ /

(B) (此文书略收信人)

(A) / sha cu'i dbangs po dzo shang shi gyis mchis gsol ba' / /

(B) rma chu chus bcad kyi / / ha se tser to / / sha cu'i dbang p[o] tshe'u leng kong kyis mchId gsol ba' / /

(A) she zhin rje 'phrul kyi zha snga nas [/ /]

(B) she zhin rje 'phrul kyi zha snga nas /

(A)] / /

(B) ston mtha' ma'I / ba mos / ch[u] grang ba dang [ ] /

(A) gnam sa la mnga' mdzad cing / /

(B) gnam sa la mnga' mdzad [

(A) phyogs bzhi'i 'bangs / / nam ka'i skar ma 'd[ra ba]

(B)] / nam ka'i skar ma 'dra ba kun [ ] sa / /

(A)] mos pa'i skyib su / / thugs kun la khyengs cings / /

(B) thugs rje kun la [

(A) bangs mrdzod kying kor mang por m[dzad?]

据乌瑞的说法，P.t.984Cr 中的 she zhin rje 'phrul“圣神圣主”是指于阗王①。根据上述对比，其说完全成立。两者内容不同之处，是致信的方向正好相反，P.t.984Cr 是某位 ha se tser to / / sha cu'i dbang p[o] tshe'u leng kong“河西节度、沙州府主曹令公”致于阗王的书信。在曹氏归义军时期，“令公”有四种可能：(1) 928—935 年间的曹议金，更可能是 928—931 年间只称“令公”的时期，因为此后“令公”与“大王”并称，对于于阗这样的外国来说，可以径称“大王”；(2) 956—974 年间的曹元忠，更可能是在 956—960 年间，因为此后“令公”与“太傅”、“太师”、“大王”并称；(3) 976 年的曹延恭；(4) 984—1002 年间的曹延禄，而且其间他是“太师”、“令公”、“大王”并称②。

① G. Uray, "L'emploi du tibétain dans les chancelleries des états du Kan-sou et de Khotan postérieurs à la domination tibétaine", p. 82; Idem, "New Contributions to Tibetan Documents from the post-Tibetan Tun-huang", p. 518.

② 荣新江《归义军史研究——唐宋时代敦煌历史考索》，第 130—132 页。

看来，仅仅从“曹令公”一名还无法准确地判断文书的时间。

这件文书的 ha se tser to 当是汉文“河西节度”的音译[①]。从敦煌归义军时期的汉文文书来看，唐朝于大中五年（851）在敦煌设立归义军节度，但张议潮以降的归义军节度使为了发展自身的势力，往往自称“河西节度”。这一称号沿用到曹氏归义军时期，比如 P.3262《建窟功德记》称曹议金为“河西节度使尚书”[②]，P.3718(1)《张明集写真赞》称曹议金为“河西节度曹太保”[③]，S.1181《长兴二年（931）曹议金施舍回向疏》的“敕河西归义等军”节度也是曹议金，时已称“大王”[④]；S.4245 据考是修建莫高窟第 100 窟的《造窟功德记》，其中称曹元德为“河西节度使司空”[⑤]；P.3269《发愿文》中的“河西节度使司徒”，则指曹元深[⑥]；P.2642《结坛祭文》中的“河西节度府主太保”可能是曹元忠[⑦]；以后则很少见归义军节度使称河西节度了，其实从曹议金开始，归义军已经没有力量控制河西一道。由“河西节度”的称呼，似可排除曹延恭和曹延禄两位令公。那么，这里的令公，既可能是928—931 年间的曹议金，也可能是 956—960 年间的曹元忠。不过，从其文字与 P.t.1120v《沙州主曹尚书致菩萨于阗圣神天子书状》几乎完全相同来看，这封信起草的年份更可能是在 928—931 年间。敦煌文书表明，仅931 年一年，

---

① G. Uray, “L’emploi du tibétain dans les chancelleries des états du Kan-sou et de Khotan postérieurs à la domination tibétaine”, p. 82；武内紹人《敦煌·トルキスタン出土チベット語手紙文書の研究序說》，589 页；G. Uray, “New Contributions to Tibetan Documents from the post-Tibetan Tun-huang”, p. 518.

② 贺世哲《试论曹仁贵即曹议金》，《西北师大学报》1990 年第 3 期，第 42—43 页。

③ 姜伯勤、项楚、荣新江《敦煌邈真赞校录并研究》，台北：新文丰出版公司，1994 年，第 250 页。

④ 郝春文《英藏敦煌社会历史文献释录》第 5 卷，北京：社会科学文献出版社，2006 年，第 272—273 页。

⑤ 贺世哲《从供养人题记看莫高窟部分洞窟的营建年代》，敦煌研究院编《敦煌莫高窟供养人题记》，北京：文物出版社，1986 年，第 222—223 页。

⑥ 那波利贞《唐代社会文化史研究》，东京：创文社，1974 年，第 665—666 页。

⑦ 谭蝉雪《曹元德曹元深卒年考》，《敦煌研究》1988 年第 1 期，第 56 页。

就有沙州僧政范海印出使于阗（P.3718-2），又有归义军押衙氾润宁、阴员住等充使往于阗（P.4638）[①]，这封书信草稿的正本被他们带往于阗的可能性是存在的。

四、P.t.1106r《于阗王天子长兄致〔沙州〕弟登里尚书书状》+P.t.1106v《于阗王天子长兄致弟令公书状》

P.t.1106 著录于拉露《国立图书馆所藏敦煌藏文写本注记目录》，不过对其正面内容，《目录》仅称是物品清单[②]，直至 1988 年才由乌瑞发现其中包含一份与于阗相关的 10 世纪的书信[③]。文书的黑白图版见《法藏敦煌藏文文献选集》[④]，彩色图版见 IDP 网站。由于文书不仅残缺破损，而且涉及大量至今未能解读的织物与其他物品的名称，下面的描述主要参考乌瑞的意见。

P.t.1106r 文书第 1 行作 nu bo dang re shang she la skyes brdzangs pa'i skyes la[n du]"致弟登里尚书之回礼信物"，第 2—7 行为物品清单。接下去的第 8—15 行也为物品清单，但属于后来插入。其中第 12 行又另起一段：/ : / gcen po lha sras li rjes /"兄天子于阗王"。据乌瑞的意见，此行当和第 16—17 行相连：/ nu bo dang re shang shu la men tri rgya thags lnga bcu [ ]l ba'i tshong lan du / /，"致弟登里尚书作为购买五十……汉地丝绸之回赠〔物品〕"。不过其下没有物品清单。第 18—20 行虽仍是物品清单，但和第 12、16—17 的信件没有关系[⑤]。

---

① 荣新江《于阗王国与瓜沙曹氏》，《敦煌研究》1994 年第 2 期，第 112 页。

② M. Lalou, *Inventaire des Manuscrits tibétains de Touen-houang conservés à la Bibliothèque Nationale*, p. 61.

③ G. Uray, "New Contributions to Tibetan Documents from the post-Tibetan Tun-huang", pp. 520–521.

④ A. Macdonald (A. Spanien) et Y. Imaeda, *Choix de documents tibétaines conservés à la Bibliothèque nationale*, IIpls. 446–447.

⑤ G. Uray, "New Contributions to Tibetan Documents from the post-Tibetan Tun-huang", p.520.

我们把与于阗相关的文字转写如下：

12 ༄ / : / gcen po lha sras li rjes

16 / nu bo dang re shang shu la men

tri rgya thags lnga bcu [

17]l ba'i tshong lan du / /

翻译：

兄天子于阗王致弟登里尚书，作为购买五十……汉地丝绸之回赠〔物品〕。

乌瑞指出，这件文书既非副本，也非习字，而是书信草稿。他还认为，登里（dang re，源于回鹘文 täŋri，意为“天”）这种突厥称号用于沙州统治者应是 10 世纪末沙州开始突厥化的时期，又因归义军节度使的尚书称号不晚于 931 年，所以这位登里尚书应是 10 世纪末期某位节度使的弟弟或儿子[1]。

按曹氏归义军节度使除曹议金在 914—920 年间称尚书外，没有其他节度使在任期间称尚书的，而 912—920 年间的于阗王李圣天似乎也没有资格称曹议金为弟。乌瑞的看法很有见地，我们注意到敦煌汉文文书P.4046《天福七年（942）十一月二十二日曹元深回向疏》在祝愿司徒元深后，接着说：“尚书异俊，抱文武之宏才。”[2] 这位尚书大概就是尚未任节度使的曹元忠当时的加官[3]。如果把这件书信看作是李圣天致944 年即位之前的尚书曹元忠，则没有任何障碍。这一点和下面所论文书背面的内容也可

① G. Uray, "New Contributions to Tibetan Documents from the post-Tibetan Tun-huang", p. 521.

② ポール·ぺリオ、羽田亨编《燉煌遺书》影印本第一集，上海：东亚考究会，1926 年，第 15—16 页。

③ 荣新江《归义军史研究——唐宋时代敦煌历史考索》，第 113 页。

相互印证。不过我们还需解释 dang re“登里”一词的用法。这确实是个突厥（或回鹘）文的藏文借词，但这是于阗人使用的词汇，所以我们未必能够把这种回鹘的影响安在沙州归义军的头上。因为从公元 7 世纪初叶（唐朝初年）以来，突厥文化对于阗的影响既深且远，所以“登里”很可能早已进入于阗人的“天”的概念里面，到了 10 世纪，于阗人只不过是把“天”这个词用在尊敬的沙州统治家族成员身上，就像他们借用汉文写 thyen the'i 'wong“天大王”一样。

综合以上，我们可以将 P.t.1106r 定名为《于阗王天子长兄致〔沙州〕弟登里尚书书》。

P.t.1106v(1)《于阗王天子长兄致弟令公书状》早为乌瑞注意，他认为这是一件习字，并据“令公”称谓而将其年代定在 931 到约 935 年之间①。1986 年武内的文章对其做了转写与翻译②。1988 年乌瑞修正自己以前的看法，据文书所言的兄弟关系而将其定在曹元忠（945—974 年执政）或曹延禄（976 或 978—1002 年执政）的时代③。按，这件文书仅有两行字，写在纸张的中间部位，上、下约有 4 行宽的空白；上部空白以上的部分是以不同笔迹所写的藏文，共 6 行，书写方向与此文书相反，内容不详；下部空白以下的右下角有另一不同笔迹所写的 4 行字，内容也不详。我们讨论的这件文书第 1 行为发信人，第 2 行为收信人。以下先将文书转写与翻译，再据目前我们所掌握的归义军节度使的历史来考证其年代。

转写：

1 gcen po lha sras li rjes /

2 gcung le kong la gsol pa'gyis

---

① G. Uray, “L'emploi du tibétain dans les chancelleries des états du Kan-sou et de Khotan postérieurs à la domination tibétaine”, pp. 82,87.

② 武内紹人《敦煌·トルキスタン出土チベット語手紙文書の研究序說》，第 591 页。

③ G. Uray, “New Contributions to Tibetan Documents from the post-Tibetan Tun-huang”, pp. 519–520.

翻译：

兄天子于阗王谨呈弟令公。

如上所述，曹氏归义军时期的“令公”有四种可能，即928—931年的曹议金、956—960年的曹元忠、976年的曹延恭、984—995年的曹延禄。从兄弟相称来看，912—966年在位的于阗王李圣天娶曹议金之女为皇后，他可以与曹元忠兄弟相称；967—977年在位的于阗王尉迟苏罗（Viśa' Śūra，967—977年在位）是李圣天和曹氏之子，也可以和曹氏之侄曹延恭、曹延禄兄弟相称。尉迟苏罗王之后的于阗王是尉迟达磨(Viśa' Dharma，978—982年在位)，再后为尉迟僧伽罗磨（Viśa' Saṃgrāma，983—1006/1007？年在位)。由于于阗一般使用嫡长子继承制，所以983年以后在位的于阗王尉迟僧伽罗摩多半是尉迟苏罗王的晚辈，显然不能与984—995年的曹延禄称作兄弟。虽然从“令公”来看，P.t.1106v(1)的年代可以有956—960年和976年两种选择，但按照敦煌写本的一般常理，写在同一写本的正背面的文书，一般来说年代应相差不远。因此，这封看似书信信封上的书，最有可能是在956—960年间的某日于阗王李圣天致沙州节度使令公曹元忠的记录。

五、P.t.1256v 猪年（亥年）于阗使刘司空文书

拉露《国立图书馆所藏敦煌藏文写本注记目录》有文书的完整录文[①]。其黑白图版见《法藏敦煌藏文文献选集》[②]，彩色图版见IDP

① M. Lalou, *Inventaire des Manuscrits tibétains de Touen-houang conservés à la Bibliothèque Nationale*, p. 93.

② A. Macdonald(A. Spanien)et Y. Imaeda, *Choix de documents tibétaines conservés à la Bibiothèque nationale*, II, pl. 508.

网址。1981 年乌瑞判断其年代在 920 年以后[①]。1988 年王尧、陈践也对其做了藏文录文和汉文翻译，并推测其年代在 915 年或 927 年[②]。按这件文书下端被切断，但基本内容完整无损，文书分 6 行书写，第 6 行在文字之后有 5 个记号，记号意义不详。拉露怀疑是孩童涂鸦（enfantins），乌瑞则认为是身份标志（marques d'identité），他并指出第 2 个记号上写有名单中第 2 位使者（O rog can bo ka）的名字残痕[③]。文书上面有 4 道折痕，从第 2 道折痕与第 3 行文字重叠的情况看来，似文字先写，而后被折叠。文书所记为某猪年于阗使刘司空（Li'u Si kong）、尚减（Zho gam）一行出发往于阗时的人员名单，包括刘司空和尚减在内共 11 位。

转写：

1 α / / phag gi lo ston sla ra ba bcu drug la / / yu then gi pho nya li'u si kong dang / zho gam

2 las stsogs pa chas pa'i dus su / / ph[o] nya 'di rnams nyes o myed par yu then

3 du brdzang par khas blangs pa'i mying smra [ba'] / / pu sti bo zas u ga'/ o rog ca

4 bo ka to tog / / shab ta ra ku la rtse to tog / zi ma leg beg de mer to tog / jor lo od

5 can to tog / tul byer lig gol myis / o sta mam bras / shab ta ra nya can / bo co nya

---

① G. Uray, "L'emploi du tibétain dans les chancelleries des états du Kan-sou et de Khotan postérieurs à la domination tibétaine", pp. 84, 88.

② 见所著《敦煌吐蕃文书论文集》，成都：四川民族出版社，1988 年，汉译部分第 63—64 页；藏文部分第 95 页。收入作者《敦煌古藏文文献探索集》，藏文部分，第 221 页；汉文部分，第 290—291 页。

③ G. Uray, "L'emploi du tibétain dans les chancelleries des états du Kan-sou et de Khotan postérieurs à la domination tibétaine", p. 84.

6 us cag / /

翻译：

猪年孟秋十六日，于阗使刘司空和尚减等启程之际，应允此等使者无危而遣往于阗，其名如下：布悉帝部杂（Pu sti bo zas）于伽（u ga'）、乌褥者部伽（O rog ca bo ka）都督（to tog）、摄多罗贵罗子（Shab ta ra ku la rtse）都督、肆磨历北帝撼（zi ma leg beg de mer）都督、沩卢沃毡（Jor lo od can）都督、督俾历沽弥（Tul byer lig gol myis）、乌悉他蛮勃罗（O sta mam bras）、摄多罗野毡（Shab ta ra nya can）、部张野危绰（Bo co nya us cag）

第1行的 yu then gi pho nya li'u si kong“于阗使刘司空”，森安孝夫比定为曾于天福七年（942）入贡中原王朝的于阗使都督刘再昇，时间在940年代前后[①]。笔者之一荣新江与张广达先生在讨论敦煌出土于阗文献的年代时，也曾推测“猪年”指939年或951年[②]。对于于阗史研究者来说，刘再昇其人并不陌生。《新五代史》卷七四《四夷附录》记天福三年（938）晋高祖遣张匡邺、高居诲等前往于阗册封李圣天为大宝于阗国王。天福七年张匡邺等还，李圣天“又遣都督刘再昇献玉千斤及玉印、降魔杵等”[③]。此事又见于《新五代史》卷九《晋出帝纪》：“〔天福七年十二月〕丙子，于阗使都督刘再昇来，沙州曹元深、

① 森安孝夫《イスラム化以前の中央アジア史研究の現況について》，《史学雑誌》第89编第10号，1980年，第66页。

② 张广达、荣新江《关于敦煌出土于阗文献的年代及其相关问题》，原载北京大学中国古代史研究中心编《纪念陈寅恪先生诞辰百年学术论文集》，北京：北京大学出版社，1989年，此据作者《于阗史丛考》（增订本），第97页。

③《新五代史》卷七四《四夷附录》，第917—918页。

瓜州曹元忠皆遣使者附再昇以来。”[①]又《旧五代史》卷八一《晋少帝纪》：“天福八年（943）春正月……乙巳，于阗、回鹘入朝使刘再成等并授怀化大将军、将军郎将，放还蕃。”[②]刘再成当为刘再昇之误。从这几处记载可见，于阗使刘再昇曾在天福七年与敦煌归义军的使者等一起前往后晋朝贡，并于次年春被遣回国。那么刘再昇这次出使逗留敦煌的时间当在942—943年间，相当于虎年和兔年。此后的猪年有951年和963年，其中以951年的可能性较大，原因如下：首先，敦煌汉文文书P.3160《辛亥年（951）六月归义军押衙知内宅司宋迁嗣牒》对柴草支出有这样的记录：“廿日，看于阗使，煮肉两束。”[③]这里被归义军节度使特意看望的于阗使，其中当有比较重要的人物，或许他就是曾陪中原天使回国而后返回敦煌的刘再昇。其次，942—943年刘再昇的身份是“都督”，这大概是于阗官人的一种常见的称号，比如这里讨论的于阗使者名单中有4位是都督。但猪年来到敦煌的刘再昇被称作“司空”，按照中原的制度，这是高于尚书、仆射的加官名号，一般为节度使的加官，因此猪年的刘司空大概是都督刘再昇入贡中原成功以后被中原皇帝或于阗王赠赐的称号，年代一定在942—943年以后。P.5535于阗体梵文《陀罗尼咒》后用汉字题记：“大宝于阗国进奉使司空刘再昇”[④]。P.2782第1—61行是用韵文体写的于阗文《法华经纲要》，其第12行和61行有供养人的名字 ḍyau tceyi-śīṅä和ḍyau si-khūṃ[⑤]。据金子良太考证，分别

---

① 《新五代史》卷九，第91页。参看《旧五代史》卷八一《晋少帝纪》：“〔天福七年（942）十二月〕丙子，于阗、回鹘皆遣使贡方物。”（北京：中华书局，1974年，第1074页）

② 《旧五代史》卷八一《晋少帝纪》，第1075页。

③ 张广达、荣新江《于阗史丛考》（增订本），第88页。

④ 张广达、荣新江《巴黎国立图书馆所藏敦煌于阗语写卷目录初稿》，原载《敦煌吐鲁番文献研究论集》第4辑，北京：北京大学出版社，1987年，此据作者《于阗史丛考》（增订本），第146页。

⑤ H. W. Bailey, *Khotanese Text*, III, London: Cambridge University Press, 1968, pp. 58, 62. Cf. H. W. Bailey, “A Metrical Summary of the *Saddharma-puṇḍarīka-sūtra* in Gostana-deśa”, *Bulletin of Tibetology*, 2.2, 1965, pp. 5–7.

相当于"刘再昇"和"刘司空"[①]。这两件于阗文献的年代过去放在942—943年[②]，现在看来当是951年刘再昇敦煌逗留期间所遗。

文书最后列9位使者的名字，其中第1位的称号是于伽（u ga'，来自突厥语 Ügä），其后4位是都督（to tog,来自汉语，突厥语作 tutuq 或totoq），最后4位似没有官称。乌瑞推测这9位都是于阗人名[③],我们完全赞同。"于伽"和"都督"都是突厥化的官号，于伽之官衔当比都督高，所以列在前面，但最高位置的是司空，所以刘再昇是当然的使团首领。

六、P.t.1284《河西节度使曹太保致于阗王书状》

拉露《国立图书馆所藏敦煌藏文写本注记目录》对第1—5行没有著录，自第6行以下，分别编作 P.t.1284(1)、P.t.1284(2)和 P.t.1284(3)。乌瑞1981年的文章把第3—5行和6—11行的两种书状分别编作P.t.1284 (2)和 P.t.1284(3)，显然是把第1—2行预留为 P.t.1284(1)，这种做法较拉露进步。文书的黑白图版收入《法藏敦煌藏文文献选集》[④]，彩色图版见 IDP 网站。第1—2行残缺过甚，其意不明。乌瑞认为第3—5行是内容提要，第6—11行是书信习作的开头部分[⑤]。我们认为两者皆是书状草稿，而且似乎内容也有所关联。第11行下是纸缝，纸缝前后的纸质、颜色都不相同，应当是后来接上去的。第12行以下抄写两篇

---

① 金子良太《Pelliot 2782 文書所見のḌyau Tceyi-Śīnä》，《豊山学報》第22号，1977年，第128—125页。

② 张广达、荣新江《于阗史丛考》（增订本），第129页。

③ G. Uray, "L'emploi du tibétain dans les chancelleries des états du Kan-sou et de Khotan postérieurs à la domination tibétaine", p. 84.

④ A. Macdonald (A. Spanien) et Y. Imaeda, *Choix de documens tibétaines* conservés *à la Bibliothèque nationale*, II, pl.550.

⑤ G. Uray, "L'emploi du tibétain dans les chancelleries des états du Kan-sou et de Khotan postérieurs à la domination tibétaine", p. 84.

文献，后一种是《孔子项讬相问书》[①]。我们所处理的部分和乌瑞相同，故此采用乌瑞的编号。

转写：

3 ༄ / / sku bla gnyen zhIng brtsan pa'i mthu byin dang / / yab lha sras kyIs mnga' tang [

4 rje'I bka' sgrom dang / / the'I po yIg tshang skyel ba'I / / bka' 'dogs ki pho nya / / 'gi ba[' ?] /

5 dpon g.yog / / dpyId sla 'brIng po ngo la phebs / /

6 ༄ / / lha'I rgyal po ched po yab seng ge lI rje'I zha sngar /

7 /ha se byang ngos kyI tser to tshe'u de'i po'u gyis mchId

8 gsol ba' / / lha sras gyI zha snga nas / dgun tshIgs dbu ma la bab ste /

9 dgung lhags che ba dang / rin po chen 'dan khri la bzhengs skyod kyIs rub du 'o brgyal

10 na / / sku gnyen zhing btsun ba las snyun bzhas sam ma bzhas[②] / mchid yi ge las gu[s]

11 par snyun gsol zhing mchIs /

P.t.1284(2)第一封书状翻译（第3—5行）：

尊体安泰清吉之严者（?）与父、天子，福禄……，携带……王之函札(?)与发自太保记室[③]之令的使人……主仆将于仲春抵达。

---

① Cf. M. Soymié, "L'entrevue de Confucius et de Hiang T'o", *Journal Asiatique*, 242.3–4, 1954, pp. 311–392.

② bzhas sam ma bzhas：bzhas 似当作 bzhengs，例子见 P.t.1129，参看 T. Takeuchi, "A Group of Old Tibetan Letters Written under Kuei-i-chün", p.185.

③ 藏文 tshang skyel ba 字面的意思是“档案馆”，唐后期以降藩镇负责代节度使起草文书的掌书记，俗称“记室”，或即 tshang skyel ba 此处要表达的意思。

P.t.1284(3)第二封信稿翻译（第6—11行）：

天大王、父、狮子、于阗王尊前：

河西一路[①]节度曹太保谨呈。天子尊前，仲冬降临，寒风凛冽，圣躬于宝座治理，极甚辛劳。尊体清吉何似，谨修书恭问平安[②]。

这两封书状都是太保致父、天子/于阗王的书信，从后者来看，应当是河西归义军节度使曹氏某位太保给于阗王的书信，字迹都不算潦草，可能是为同一封信先后拟的草稿。由于P.t.1284(2)的内容基本上包含在P.t.1284(3)中，以下的讨论以后者为主。

这封书状的年代，乌瑞定为924—931年之间[③]，武内绍人放在约920—约1050年曹氏归义军时期(原文如此！)[④]。我们认为，判断此信年代的关键之处是这位归义军节度使曹太保称于阗王为“父”。

首先，曹氏称“太保”的有以下几个时段：曹议金在位的925—926—(927）年，曹元德的939年，曹元忠的947或950—955年，曹延恭的975年，曹延禄的（976）—978—980年[⑤]。如上所述，曹议金于934年嫁女予于阗王李圣天（912—966年在位）为妻，此前两人的关系被称为“兄弟”，故曹议金当无尊李圣天为父之理；曹元德、曹元忠与李圣天

---

① 河西一路（ha se byang ngos）：byang ngos的意思是“北部”、“北方”。此处汉译参考了P.t.1263藏汉对照词表，其中藏语ha se byang ngos，汉语作“河西一路”。参见荣新江《龙家考》，《中亚学刊》第4辑，北京：北京大学出版社，1995年，第147页。

② 对于P.t.1284（3），山口瑞凤译称谓部分分别作“神之大王、父、狮子之李国主陛下”和“河西北道之节度曹太保奏”。见其撰《吐蕃支配以後の諸文書》，《敦煌胡語文献》，東京：大東出版社，1985年，第518页。文书问候语部分的英译参见T. Takeuchi，“A Group of Old Tibetan Letters Written under Kuei-i-chün”，p.190.

③ G. Uray，“L’emploi du tibétain dans les chancelleries des états du Kan-sou et de Khotan postérieurs à la domination tibétaine”，p. 86.

④ 武内紹人《敦煌·トルキスタン出土チベット語手紙文書の研究序説》，第585页。

⑤ 荣新江《归义军史研究——唐宋时代敦煌历史考索》，第132页。

同辈，亦不合[①]；曹延恭、曹延禄与当时的于阗王尉迟苏罗（967—977年在位）是兄弟辈；再后是曹延禄与于阗王尉迟达磨（978—982年在位），他们的辈分关系不明[②]，因此唯一的可能是978年以后。

其次，从两地的婚姻关系来看。莫高窟第61窟主室东壁门北侧第七身供养人像题记作“大朝大于阗国天册皇帝第三女天公主李氏为新受太傅曹延禄姬供养”[③]，榆林窟第35窟洞口甬道北壁第一身供养人题记作“大朝大于阗金玉国皇帝的子天公〔主〕……”，其相对的南壁第一身供养人题记作“勅推诚奉化功臣归义军节度瓜沙等州观察处置管内营田押番落等使特进检校太师兼中书令炖煌王谯郡开国公食邑一千七百户曹延禄一心供养。”[④]可见这位李氏是于阗金玉国皇帝的公主、曹延禄的夫人。她的题名又见南林蒋氏旧藏《于阗公主供养地藏菩萨画像》：“故大朝大于阗金玉国天公主李氏供养。”[⑤]据榆林窟题记中曹延禄的“太傅”称号，可知供养人像是980年前后补绘的[⑥]。“李氏为新受太傅曹延禄姬”云云，是说李氏在此前后嫁给太傅曹延禄为妻。她的父王被称

---

① 王尧、陈践两位认为这是河西节度使太保曹元忠致于阗国王李圣天的信，见所撰《归义军曹氏与于阗之关系补证》，《西北史地》1987年第2期，第62页；收入《敦煌吐蕃文书论文集》，第41页。其说不可取。

② 荣新江《于阗王国与瓜沙曹氏》，第115—117页。近年吉田豊提出在李圣天和尉迟苏罗王之间另有一王，为李圣天之子、尉迟苏罗王之兄，时间在965—967年，这一结论疑点太多，我们不取。见其著《コータン出土8—9世紀のコータン語世俗文書に関する覺え書き》，神户市外国語大学外国学研究所，2006年，第76—78页；汉译见荣新江、文中智之《有关和田出土8—9世纪于阗语世俗文书的札记》(二)，朱玉麒主编《西域文史》第3辑，北京：科学出版社，2008年，第97—98页。

③ 敦煌研究院编《敦煌莫高窟供养人题记》，第164-165页。

④《敦煌艺术叙录》，第487—488页。题记文字略有校正。

⑤ 王国维《于阗公主供养地藏菩萨画像跋》，《观堂集林》卷二〇，北京：中华书局，1959年，第999页；张广达、荣新江《关于唐末宋初于阗国的国号、年号及其王家世系问题》，第22—23页。按画像今为美国费利尔美术馆（Freer Gallery of Art）收藏，图版见美术馆网站：http://www.asia.si.edu/collections/singleObject.cfm?ObjectNumber=F1935.11

⑥ 贺世哲、孙修身《〈瓜沙曹氏年表补正〉之补正》，《甘肃师范大学学报》1980年第1期，第78—79页。

作“于阗金玉国皇帝”，与李圣天被称作“大宝于阗国大圣大明天子”、“大宝国皇帝”截然不同[①]。过去我们曾把P.2787于阗语文书第51行的ysarnai bāḍa ū ranījai janaivai看作“金玉国”的于阗语对应词，因此把金玉国和这件文书所赞颂的尉迟僧伽罗摩年代放在一起[②]。这种说法虽然受到质疑[③]，金玉国并不一定与尉迟僧伽罗摩年代完全对等，但是很有可能，于阗金玉国是继李圣天的大宝国之后的于阗王国称号，金玉国皇帝的公主的年代一定在966年以后。

第三，从“太保”的称号来说，P.t.1284只能在曹延禄的976—980年间。从莫高窟第61窟供养人题记来看，约在980年前后。则此时的于阗王是尉迟达磨。虽然于阗长期以来实行嫡长子继承制，但因为李圣天超长的统治年代，所以不能排除在尉迟苏罗王逝世后，由于某种特别的原因，尉迟达磨以尉迟苏罗王同父异母的兄弟（更可能是兄弟之子）的身份而登上皇位。同时期的敦煌归义军节度使基本上是实行兄终弟及制，况且于阗王尉迟氏，甚至敦煌归义军曹氏皆非汉族[④]，不会十分严格地遵循汉族的伦理规范。所以这位曹延禄夫人李氏有可能是尉迟达磨王的女儿。唯有如此，P.t.1284(3)中归义军节度使太保称于阗王为父才顺理成章。还应当予以解释的是，据于阗语文书Ch.i.0021a.a(IOL Khot S. 21)，尉迟达磨王曾于982年派使臣前往沙州求娶汉女为皇后[⑤]。如果他在980年前后有女儿可以出嫁给曹延禄，那他一定曾有皇后，因为在他978年即

① 张广达、荣新江《关于敦煌出土于阗文献的年代及其相关问题》，第22—24页。

② 张广达、荣新江《关于唐末宋初于阗国的国号、年号及其王家世系问题》，第22—24页。

③ H. Kumamoto, "Some Problems of the Khotanese Documents", in R. Schmitt and P. O. Skjærvφ ed., *Studia Grammatica Iranica: Festschrift für Helmut Humbach*, München: R. Kitzinger, 1986, pp. 227–230.

④ 荣新江《敦煌归义军曹氏统治者为粟特后裔说》，《历史研究》2001年第1期，第65—72页。

⑤ P.O.Skjærvφ, *Khotanese Manuscripts from Chinese Turkestan in the British Library*, pp. 522–524.

位时没有皇后是难以想象的。后来不知何故，他的皇后去世或被废，故982年再向曹延禄求娶汉地女子为皇后。

第四，与P.t.1284(3)相关的有一件汉文文书P.2826《于阗王致沙州令公书》，其中于阗王称归义军节度使是“沙州节度使男令公”①，这种辈分称呼与P.t.1284(3)完全相同，因此也应当是曹延禄与尉迟达磨王之间的文书。据曹延禄称“令公”的年代，应当在984—1002年之间，而且可能是靠近前面的年份，因为以后“令公”和“太师”、“大王”合称②。

综合以上，P.t.1284(3)是归义军节度使曹延禄致于阗王尉迟达磨的书

---

① 上海古籍出版社、法国国家图书馆编《法藏敦煌西域文献》，第19册，上海古籍出版社，2001年，第9页。按，王重民曾指此为于阗王赐张淮深札，见所编《伯希和劫经录》，《敦煌遗书总目索引》，北京：商务印书馆，1962年，第273页；史苇湘认为是于阗王李圣天赐其婿曹延禄的信札，见所撰《丝绸之路上的敦煌与莫高窟》，《敦煌研究文集》，兰州：甘肃人民出版社，1982年，第120页；黄盛璋将此文书和P.t.1284(3)联系起来，认为是曹议金执政初年致于阗王李圣天的信，见所撰《关于沙州曹氏和于阗交往的诸藏文文书及相关问题》，《敦煌研究》1992年第1期，第37—39页。诸说均有无法解释之辈分关系，故不取。

② 以上解说是在荣新江《于阗王国与瓜沙曹氏》一文的基础上进一步论证，参看《敦煌研究》1994年第2期，第111—119页。按，P.2826上钤有“通天万寿之印”，故此以下各位学者都把此印与李圣天的“天寿”年号（963—966）联系起来，见Héléne Vetch，“Lettre de l'empereur de Khotan au commissaire militaire de Shazhou”，*Sérinde, Terre de Bouddha. Dix Siècles d'art sur la Route de la Soie. (Galeries nationalites du Grand Palais, Paris, 24 octobre* 1995–19 *février* 1996)，Paris: La réunion des musées nationaux，1995，pp. 61–62；李正宇《俄藏中国西北文物经眼记》，《敦煌研究》1996年第3期，第41页；森安孝夫《河西歸義軍節度使の朱印とその編年》，《内陸アジア言語の研究》25，2000年，第58—59页。但其时在归义军节度使位的曹元忠与李圣天的辈分显然非子父关系。又，赤木崇敏接受“通天万寿”与“天寿”年号的联系，但采用吉田豊的新说，把天寿归为假设的李圣天长子的年号。暂且不论吉田豊看法是否成立，如果是李圣天长子，那就更不能称曹元忠是“男”了。参看Takatoshi Akagi，“Six 10th Century Royal Seals of the Khotan Kingdom”，Y. Imaeda, M. T. Kapstein and T. Takeuchi eds., *New Studies of the Old Tibetan Documents: Philology, History and Religion* (Old Tibetan Documents Online Monograph Series vol. III)，Tokyo: Research Institute for Languages and Cultures of Asia and Africa, Tokyo University of Foreign Studies，2011，pp. 219–220.

信草稿，因为曹延禄娶其女儿为妻，所以延禄称他为父王。P.t.1284(2)的称谓（“父、天子”）与此相关，年代当也大体相同吧。这两封书信草稿没有什么实际的内容，但从双方的称谓来看，半个多世纪以来沙州处于长辈的优势地位似乎已经沦落，这个时期的于阗王可能在与疏勒的战争中变得强势，因此超过了文弱的曹氏晚期节度使曹延禄。

本文在前人研究的基础上，重新系统整理了用古藏文书写的于阗王国与沙州归义军政权之间的往来文书，提供新的转写、翻译，并尽可能把每件文书的年代放到较为明确的年代中间。但是，不论是从语言方面来看，还是从历史角度来说，我们目前还无法对10世纪的这批文书做出透彻的解读，只是力图接近原意而已。文中未能明了之处，至盼方家教正。

附录二

《于阗教法史》译注

朱丽双

一、前言

法藏敦煌藏文文书 P.t.960《于阗教法史》（*Li yul chos kyi lo rgyus*）为卷式写本，边缘有所破损，大小为 31 厘米×84 厘米，原编号 254，后重编作 960①。文书为藏文楷书（dbu can），卷面字迹清晰，虽有涂改、插入等现象，但一般情况下这些部分亦易辨识——除了第 20 行和第 99 行例外：这两处插入大段文字，插入部分自该行下面往后一直延伸写至卷子右边的上部，延伸部分文书破损，从而为识读带来困难。文书编撰者据所述内容的不同将其分为 18 个部分，一般以双垂线（nyis shad）后画并列两排的 4 个圆圈表示，但第 41 行的四个圆圈外尚有一大圈，第 59 行单垂线（phur shad）后画一排两个圆圈，不知何意。文书共存 114 行文字，卷首似残，无标题，卷末尾题作 dar ma mdo sde su rya ga rba dang / tsan dra ga rba dang / bye ma la pri tsa'I gzhung las

① M.Lalou，*Inventaire des Manuscrits tibétains de Touen-houang conservés ala Bibliothque Nationale*，II，Paris: Bibliothèque Nationale，1950，p.25.

mdo tsam zhig / mkhan po mo rgu bde shIl gyIs / gsar du bsgyuro / / lI yul chos kyI lo rgyus kyI dpe’ / / zhus /，意为“简要录自佛经《日藏经》、《月藏经》和《无垢光请问经》，大德论道沙门新译，《于阗教法史》抄本，校毕。”

这份文书最初由托玛斯英译，收于其著《有关西域的藏文文献与文书》第1卷①。后来恩默瑞克对文书做了全部转写，和他转写并翻译的《于阗国授记》一起出版②。再后，陈践和王尧对这份文书做了藏文录文和汉文翻译，分别收于《敦煌本藏文文献》③（藏文本）和《敦煌吐蕃文献选》④（汉文本）当中。以后，《法国国立图书馆藏藏文文书选集》第2卷收录了这份文书的黑白图版⑤。近年国际敦煌项目（IDP）将这份文书的彩色图版放上他们的网站，从而进一步便利学者研究。

这份文书内容丰富繁杂，包括于阗建国传说、于阗的守护神名号、于阗的菩萨名号、于阗的著名佛寺、于阗佛法灭没经过等，其部分内容

---

① F. W. Thomas, *Tibetan Literary Texts and Documents concerning Chinese Turkestan*, Part I, London: The Royal Asiatic Society, 1935, pp. 303–323. 按托玛斯此书共四卷，下文简称 *TLTD* I–IV。

② R. E. Emmerick, *Tibetan Texts concerning Khotan*, London: Oxford University Press, 1967, pp. 78–91. 下文简称 *TTK*。

③ bSod nams skyid（陈践）dang dBang rgyal（王尧）. *Tun hong nas thon pa'i gna' bo' ibod yid shog dril*, Pe cin: Mi rigs dpe skrun khang, 1983, pp. 256–278. 下文简称 *THT*。如上所述，据文书卷末题记，其题名当作 li yul chos kyi lo rgyus（于阗教法史），托玛斯和恩默瑞克均从之，陈、王二位将这份文书命名作 li yul du sangs rgyas chos lugs dar tshul skor（于阗佛教法兴盛情形），不知何所出。

④ 王尧、陈践译注《敦煌吐蕃文献选》，成都：四川民族出版社，1983年，第140—158页。标题作“于田教法史”。

⑤ Ariane Spanien and Yoshiro Imaeda, *Choix de documents tibétains conservés à la Bibliothèque nationale,* Tome II, Paris: Bibliothèque Nationale, 1979, pls. 244–245.

与《于阗国授记》(*Li yul lung bstan pa*)[①]、《牛角山授记》(*'Phags pa ri glang ru lung bstan pa*)[②]、《于阗阿罗汉授记》(*Li yul gyi dgra bcom bas lung bstan pa*)[③]及《僧伽伐弹那授记》(*dGra bcom pa dge 'dun 'phel gyi lung bstan pa*)[④]接近。各部分的对应关系,大致如下[⑤]:

第一部分 2—6 行“尉迟散跋婆王与赞摩伽蓝之修建”=《于阗国授记》,176a1—177b2 叶。

第二部分 6—11 行“尉迟毗梨耶王与瞿摩帝伽蓝之修建”=《于阗国授记》,177b7—178a3 叶。

第三部分 11—16 行“论道沙门之由来”=《于阗国授记》,178a4—178b2 叶。

---

① 卓尼版(Co ne,下文简称 C)《丹珠尔》(*bsTan 'gyur*)书翰部(spring yig)nye 函,173 卷,第 171b3—188a7 叶;德格版(sDe dge,下文简称 D)《丹珠尔》书翰部 nye 函,173 卷,第 171b6—188a7 叶;金汁写本(dGa'ldan/Golden,下文简称 G)《丹珠尔》第三品(skabs gsum pa)法相乘部(rgyu mtshan nyid theg pa'i skor)之书翰部(spring yig gi skor)nge 函,182 卷,第 540b5—567a3 叶;那塘版(Nar thang,下文简称 N)《丹珠尔》第三品法相乘部之书翰部 nge 函,182 卷,第 424b1—444a4 叶;北京版(下文简称 P)《丹珠尔》书翰部 nye 函,129 卷,第 448a3—468a8 叶,此据西藏大藏经研究会编《(影印北京版)西藏大藏经》,东京:东京学术社,1957 年,影印本第 301—309 页。

② 德格版《甘珠尔》(*bKa' 'gyur*)经部(mdo sde)ah 函,76 卷,第 220b6—232a7 叶;那塘版《甘珠尔》经部 a 函,76 卷,第 336b6—354b4 叶;拉达克窦宫写本(Stog Palace manuscript,下文简称 St)《甘珠尔》第三品法相乘部之经部 na 函,63 卷,第 413a3—429a7 叶。

③ 朱丽双《〈于阗阿罗汉授记〉对勘与研究》,《张广达先生八十华诞祝寿论文集》,台北:新文丰出版公司,2010 年,第 605—676 页。

④ 金汁写本《丹珠尔》第三品法相乘部之书翰部 nge 函,182 卷,第 525a4—536b4 叶;德格版《丹珠尔》书翰部 nye 函,173 卷,第 161b4—168b2 叶;那塘版《丹珠尔》第三品法相乘部之书翰部 nge 函,182 卷,第 412b7—420b2 叶;北京版《丹珠尔》书翰部 nye 函,129 卷,第 435a8—444a2 叶,此据西藏大藏经研究会编《(影印北京版)西藏大藏经》,影印本第 296—299 页。

⑤ 这部分所引《于阗国授记》等藏文佛经,若未特别指出,均指德格版。又,“=”并非表示内容完全相同,而是指一种对应关系。有关各部分的对应关系,另请参见 *TLTD* I, pp. 303-304.

第四部分 16—19 行“毗沙门与舍利弗决海”=《于阗国授记》，173a6—174a1 叶。

第五部分 19—32 行“于阗建国传说”=《于阗国授记》，174b6—176a3 叶。

第六部分 32—34 行“八大守护神”=《于阗国授记》，174b2—3 叶。

第七部分 34—35 行“四大龙王（缺）与五百菩萨”=《于阗国授记》，174a5—6 叶。

第八部分 35—36 行所记“灵验之伽蓝”散见于《于阗国授记》和《牛角山授记》各处。

第九部分 37—39 行“八大菩萨”=《于阗国授记》，174b1—2 叶；《牛角山授记》，222a6—222b6 叶。

第十部分 39—41 行“二部僧伽持见之情形”、第十一部分 41—47 行“于阗都城未来毁灭而成海子之情形”、第十二部分 48—49 行“世尊之告诫”不见于已知各种文献。

第十三部分 49—57 行“于阗最后正法毁灭之情形”=《僧伽伐弹那授记》，163a2—164b5 叶；《于阗阿罗汉授记》，169b3—170a1 叶=IOL Tib J 598，2b3—3a4 叶=法成译《释迦牟尼如来像法灭尽之记》，22—30 行。

第十四部分 57—59 行“吐蕃兴佛”=《僧伽伐弹那授记》，164b6—165a3 叶；《于阗阿罗汉授记》，170a7—171b6 叶=IOL Tib J 598，3b2 叶=法成译《释迦牟尼如来像法灭尽之记》，34—38 行。

第十五部分 59—76 行“佛法最后灭没之情形”=藏文《月藏经》，IOL Tib J 601.1， 2a3—3b8 叶；《僧伽伐弹那授记》，165a5—168b1 叶；《于阗阿罗汉授记》，170a4—7 叶=IOL Tib J 598， 3b2—6a4 叶=法成译《释迦牟尼如来像法灭尽之记》，38—67 行。按，有关佛法在憍萨弥国最后灭尽的故事，也见于汉译佛经失译《佛使比丘迦旃延说法没尽偈百二十章》，《大正藏》第 49 册，第 11b—12a 页；安法钦译《阿育王传》，《大正藏》第 50 册，第 126a—128b 页；求那跋陀罗译《杂阿含经》卷二五，《大正藏》第 2 册，第 177b—182a 页；玄奘译《阿毗达磨大毗婆沙论》，《大正藏》第 27 册，第 918a—b 页；那连提耶舍译《大方等大集月藏经·法灭尽品》，第 377a—380b 页；以及于阗文《赞巴斯塔书》[①]等。各经描述的异同及其相互关系，参见 Jan Nattier, *Once upon A Future Time: Studies in a Buddhist Prophecy of Decline*, Berkeley，California: Asian Humanities Press,1991，pp. 145—286。又，《阿育王传》的法文翻译见 J. Przyluski，*La légende de l' empereur Açoka*, Paris: P. Geuthner，1923，pp. 399—409。

第十六部分 76—86 行"守护于阗之佛像"=《牛角山授记》，226a7—230b2 叶。

第十七部分 86—110 行"无热龙王之故事"，不见于已知各种有关于阗的藏文文献。

第十八部分 110—114 行"于阗二部僧伽之数"=《于阗国授记》，187b6—188a4 叶。

以上的初步比较显示，《于阗教法史》好像是有关于阗的佛教文献的一种集成，其主要内容虽与《于阗国授记》等有某种渊源关系，但又非完全相同。由于篇幅限制，本文无法展开讨论，下面仅在前辈工作的基础上，对文书重新做转写，然后在每段转写之后附以汉文翻译和词汇注释。详细的对勘和研究，另详他文。

最后讨论一下文书的编撰年代与编撰之地。首先，文书第 1 行称"自地乳王至于阗王赞历（bTsan legs）传五十六代国王"云云，赞历王即《于阗国授记》记述的于阗王赞藏赞罗旦（bTsan bzang btsan la

① R. E. Emmerick，*The Book of Zambasta*, London: Oxford University Press，1968，pp. 398–421.

brtan)，他于9世纪初吐蕃统治于阗时接续尉迟曜为于阗王[①]。由此看来，《于阗教法史》当编撰于于阗王赞历在位时期，即9世纪上半叶。其次，文书在叙述佛法最后灭没之情形时，讲到与俱闪弥国王作战的三位恶王，分别为汉王、吐蕃王和回鹘王（第63行）。我们知道，吐蕃统治于阗始于8世纪末9世纪初，回鹘对于阗等丝路南道诸国造成军事威胁的时代较吐蕃要晚一些。据学者结合汉文、粟特文及于阗文的研究，在8世纪末9世纪初，回鹘与吐蕃在丝路北道争战并取胜；802年，疏勒受到回鹘进攻，随后受制于回鹘。与此同时，吐蕃统治下的于阗也处在回鹘攻击的威胁之下[②]。回鹘王与汉王、吐蕃王并列而为三恶王之一，这表明《于阗教法史》似编撰于9世纪初回鹘统治疏勒之后。第三，文书最后一部分记载于阗二部僧伽之数，共约5480人。其中于阗都城地方是4700余人，西部吉良、固城与度野约530人，东部坎城约250人。我们知道，《于阗国授记》的最后部分也记载了于阗寺院和僧人的数目，其中于阗都城地方的僧伽共计10000人；西部吉良、固城与杜瓦共计963人；东部不仅有坎城，还包括质逻、潘野、拔伽和O sku等地，共计僧伽438人；南部奴卢川和名迦地方的僧伽约有20人[③]。两相比较，可见在《于阗教法史》的成立年代，一是僧伽数目大大减少；二是地域范围也在缩小。这可能反映出当时于阗国境的收缩和于阗佛教渐次

① 朱丽双《〈于阗国授记〉的成立年代研究》，待刊。

② 张广达、荣新江《8世纪下半叶至9世纪初的于阗》，原载《唐研究》第3卷，北京大学出版社，1997年，此据作者《于阗史丛考》（增订本），北京：中国人民大学出版社，2008年，第254页；Y. Yoshida，"The Karabalgasun Inscription and the Khotanese Documents"，in Desmond Durkin-Meisterernst，Christiane Reck and Dieter Weber eds.，*Literarische Stoffe und ihre Gestaltung in mitteliranischer Zeit: Kolloquium anlässlich des 70. Geburtstages von Werner Sundermann*，Wiesbaden: Dr. Ludwig Reichert，2009，pp. 349–362；张湛、时光《一件新发现犹太波斯语信札的断代与释读》，《敦煌吐鲁番研究》第11卷，2008年，第71—99页；P. O. Skjærvø，"The End of Eighth-Century Khotan in Its Texts"，*Journal of Inner Asian Art and Archaeology*，3/2008 ［2009］，pp. 119–144.

③ 朱丽双《〈于阗国授记〉译注》（下），《中国藏学》2013年第3期，即出。

衰落的实际情形。如果笔者讨论《于阗国授记》成立于830年不误[①]，则《于阗教法史》当编撰于其后，国境收缩的原因或与连年战乱有关。第四，文书第32—34行记载于阗的八大守护神，他们的写法与《于阗国授记》不同，而与P.2893于阗语《发愿文》更为接近[②]。另第37—39行述于阗的八大菩萨分别为金刚手、观音、虚空藏、文殊、地藏、普贤、药王、弥勒，也与《于阗国授记》所列举的文殊、弥勒、观音、虚空藏、地藏、普贤、大势至、药王有别，而与P.2893于阗语《发愿文》完全相同[③]。P.2893于阗语《发愿文》的抄写年代经张广达和荣新江推测在10世纪中叶[④]，这进一步表明，《于阗教法史》当编撰于《于阗国授记》之后。综合以上，《于阗教法史》似编撰于9世纪上半叶，但晚于830年编撰的《于阗国授记》。

关于编撰之地，文书末题称摘录自《日藏经》、《月藏经》和《无垢光请问经》，并由“大德论道沙门新译”，但没有说明翻译之地及所译自的语言。托玛斯怀疑在敦煌[⑤]，Nattier认为在于阗，并译自于阗文[⑥]。文书中大量专名词似转写自于阗文，然而在9世纪与10世纪之间，于阗和敦煌关系密切，故成立之地在于阗或敦煌皆有可能吧。

有关下文转写与译注的几点说明如下：第一，下文各个部分的转写

---

① 朱丽双《〈于阗国授记〉的成立年代研究》，待刊。

② 荣新江、朱丽双《图文互证——于阗八大守护神新探》，樊锦诗、荣新江、林世田主编《敦煌文献、考古、艺术综合研究——纪念向达教授诞辰110周年国际学术研讨会论文集》，北京：中华书局，2011年，第192—196页。

③ H. W. Bailey，“Hvatanica IV”，*Bulletin of the School of Oriental and African Studies* 10.4，1942，pp. 892-893.

④ 张广达、荣新江《巴黎国立图书馆所藏敦煌于阗语写卷目录初稿》，原载《敦煌吐鲁番文献研究论集》第4辑，北京：北京大学出版社，1987年；此据作者《于阗史丛考》（增订本），第135—136页。

⑤ *TLTD* I，p. 307，n. 3.

⑥ Jan Nattier，*Once upon A Future Time: Studies in a Buddhist Prophecy of Decline*，Berkelcy California：Asian Humanities Press，1991，pp. 189，204.

和翻译乃是据文书自身的区分符号，每个部分的内容并不平均，有时很长，有时只是短短的两句话。至于每部分前面的标题，则为笔者所加。第二，关于专名词的翻译问题。若已知汉文文献有相应的专名词，则采用之；若没有相应的专名词，则据约定俗成的译法或藏文的意思进行意译；另外一些专名词似为外来语，意思不明，这种情况一般据敦煌吐蕃汉藏对音材料或利用学者构拟的汉字中古音进行翻译①。第三，使用符号：

[abc]　　原卷残缺，笔者斟酌文意并参考相关文献而加以补充的内容。

(abc)　　原卷行文有误，笔者斟酌文意并参考相关文献而加以校订的内容。

{abc}　　原卷多余的文字。

$_{a}b_{c}$　　原卷下标的文字写在其前或其后之字的下面。

［一二三］　汉译中方括号内之字，为笔者斟酌文意并参考相关文献而加以补充的内容。

二、转写与译注

尉迟散跋婆王与赞摩伽蓝之修建

(1)chos byung nas lo stong bdun brgya sum cu rtsa gum lon / / rgyal po sa nu nas / / lI rje btsan legs[1] kyI bar du / / rgyal po rabs lnga bcu rtsa drug / g[i]s bgy[i]s[2] (2) ... / de nas byang cub sems pa

---

① 郭锡良《汉字古音手册》(增订本)，北京：商务印书馆，2010 年；高田時雄《敦煌資料による中國語史の研究》，東京：創文社，1988 年；Edwin G. Pulleyblank, *Lexicon of Reconstructed Pronunciation in Early Middle Chinese, Late Middle Chinese, and Early Mandarin*, Vancouver: UBC Press，1991；周季文、谢后芳《敦煌吐蕃汉藏对音字汇》，北京：中央民族大学出版社，2006 年。

byams pa[3] dang / 'phags pa 'jam dpal gnyIs kyIs / / lI yul 'di dus gsum gyI sangs rgyas kyI zhing khud pa / lags par[4] thugs su chud nas / lI yul du gshegste [/] (3)[li] yul gyI myi rna{ṃ}ms kyI dge ba 'I bshes nyen mdzad pa'I phyir / / dang por tsar ma cu le[5] zhes bya ba'I tshal du gshegs ste / / byang cub sems pa byams pa nI / rgyal po byi dza ya sam bha ba[6] zhes byas bar / / (4)... -ms[7] kyI rgyal po mdzad / / 'phags pa 'jam dpal nI / dge slong be ro tsa na 'I lus su sprul te / / tsar ma cu le'i tshal na bzhu(g)s[8] nas / / dang po byis ba[9] phyugs rdzI rnams la / yI ge dang skad bstan [/] (5) d[e] nas chos byung ngo / / de nas rgyal po byi dza ya sam bha ba[10] dge ba'I bshes nyen 'phags pa 'jam dpal gyIs spruld pa / / dge slong be ro tsa na 'I slad du / / dang po lI yul du[11] tsar ma'I gtsug lag khang br[ts]i[gs][12] [/ /] (6)rgyal po sa nu 'i tsha bo / rgyal po ye'u la zhes bgyI bas / / lI yul 'u ten gyI mkhar dngar ldan gyI grong khyer chen po brtsigso / / 88/ /

[1] btsan legs：《于阗国授记》记于阗国第 56 代王作 btsan bzang btsan la brtan（D 176b3）；《汉藏史集》作 bzang btsan bzang la bstan。参见 Zhu Lishuang，"'The Annals of the Noble Land Khotan': A New Translation of a Chapter of r*Gya bod yig tshang chen mo", in Cultural Exchanges along the Silk Road: Festschrift in Honor of Professor Zhang Guangda on His Eightieth Birthday, forthcoming*.［2］g[i]s bgy[i]s：参见 *TTK*, p. 78。*THT*, p. 256 读作 gis bgyis。［3］byams pa 写在后面的 dang 字之下，dang 的左上方有一表示插入的+号。［4］lags par：*THT*, p. 256 校作 legs par，不确。［5］cu le：《于阗国授记》作 tsu le（D 176b7）。［6］byi dza ya sam bha ba：*THT*, p. 256 校作 bi dzya sam bhā ba，不确。［7］*TKK*, p. 78 读作...-s。［8］bzhu(g)s：原作 bzhus，意为溶化。*TLTD* I, p. 305, n.8、*TTK*, p. 78 和 *THT*, p. 256 均校作 bzhugs（居住），本文从之。［9］ba：*TTK*, p. 78 和 *THT*, p. 256 作 pa。［10］byi dza ya sam bha ba：*THT*, p. 256 校作 bi dzya sam bhā bas，不确。［11］du：*THT*, p. 256 失录。［12］br[ts]i[gs]：*TTK*, p. 79 和 *THT*, p. 256 作 brtsig。

(1)当佛法出现一千七百三十三年①，自地乳（Sa nu）②王至于阗王赞历（bTsan legs）传五十六代国王。(2)尔后，弥勒菩萨③和尊者文殊二者，领悟此于阗乃三世诸佛之不共佛土，遂前往于阗，(3)为作于阗人众之善友，先至赞摩（Tsa ma）④睢梨（Cu le）林，弥勒菩萨[化作]尉迟（Byi

---

① 王尧、陈践译注《敦煌吐蕃文献选》第147页误译作“一千七百三十年”。

② sa nu：梵文还原作Gostana，《大唐西域记》作“瞿萨旦那”，于阗文作Gaustana或Gāstana。综合多种文献记载，“地乳”既是于阗建国先祖的名字，也是于阗国之国名，所谓“先祖本因地乳资成，故于阗正音称地乳国焉”（范祥雍点校《大慈恩寺三藏法师传》，北京：中华书局，2008年，第120页）。相关讨论参见Sylvain Lévi, “Notes chinoises sur l'inde”, v, “Quelques documents sur le buddhisme indien dans l'asie centrale”, *Bulletin l'Ecole Française d'Extrême-Orient* 5（1905），pp. 258-259；P. Pelliot, *Notes on Marco Polo*, I, Paris: Adrien-Maisonneuve, 1959, pp. 408-425；R. E. Emmerick, “Names from Central Asia”, *Central Asiatic Journal*, vol. 12, 1968-1969, p. 89；山崎元一《アショーカ王傳説の研究》，東京：春秋社，1979年，第331—354页（英译见G. Yamazaki, “The Legend of the Foundation of Khotan”, *Memoirs of the Research Department of the Toyo Bunko*, 48, 1990, pp. 55-80）；张广达、荣新江《上古于阗的塞种居民》，原载《西北民族研究》1989年第1期，此据作者《于阗史丛考》（增订本），第165页；朱丽双《〈于阗国授记〉译注》（上），《中国藏学》2012年S1期文献、档案增刊，第240页。

③ byang cub sems pa byams pa：王尧、陈践译注《敦煌吐蕃文献选》第147页译作“救渡世人之弥勒菩萨”。按原文实无“救渡世人”之意。

④ tsar ma：也见于《于阗国授记》（D 176a5）。此处有一著名寺院“赞摩伽蓝”，汉文资料又作“拶摩寺”、“匝摩寺”等，于阗文作Tcarma。参见H. W. Bailey, *Khotanese Texts*, IV, London: Cambridge University Press, 1979, pp. 84, 130；*TTK*, p. 103；季羡林等校注《大唐西域记校注》下册，北京：中华书局，2008年，第1010—1011页；张广达、荣新江《于阗佛寺志》，原载《世界宗教研究》1986年第3期，此据作者《于阗史丛考》（增订本），第225—228页；朱丽双《〈于阗国授记〉译注》（上），第224页。

dza ya)①散跋婆（Sam bha ba)②王，(4)作……之王。尊者文殊化作比丘毗卢折那（Be ro tsa na)③，住于赞摩睢梨林。初向牧童④教授字母和语言，(5)于是佛法初被。尔后，尉迟散跋婆王为善友、尊者文殊所化之比丘毗卢折那首创于阗赞摩伽蓝。(6)地乳王之孙⑤叶护罗（Y'u la）王建于阗国都城城堡，即苏蜜⑥大城(dNgar ldan gyI grong khyer chen po)。

---

① byi dza ya：《于阗国授记》（D 176b5）作 bi dza ya，一般认为是于阗王家之姓，但也可能是于阗国王名号的一部分，唐朝史料音译作"尉迟"、"伏阇"等，于阗文作 Vij'ida、Viśya、Viśa'，梵文还原作 Vijaya。参见 *TLTD* I，pp. 105，305；P. Pelliot，*Notes on Marco Polo*，I，pp. 418–422；H. W. Bailey，*Khotanese Texts*，IV，p. 7；*TTK*，pp. 23，100；P. O. Kjærvø，"Kings of Khotan in the Eighth Century"，in P. Bernard and F. Grenet eds.，*Histoire et cultes de l'Asie centrale préislamique*，Paris: Editions du Centre National de la Recherche Scientifique，1991，pp. 257–259；文欣《中古时期于阗国政治制度研究》，北京大学历史系硕士研究生学位论文，2008 年 6 月，第 41—53 页；朱丽双《〈于阗国授记〉译注》（上），第 246 页。

② sam bha ba：梵文还原作 Sambhava，汉译据寺本婉雅《于闐国史》，京都：丁子屋，1921 年，第 22 页。参见 *TLTD* I，p.105；*TTK*，p. 23.

③ be ro tsa na：《于阗国授记》（D 176a5）作 bai ro tsa na，梵文还原作 Vairocana，当即《大唐西域记》所记的毗卢折那阿罗汉（第 1009—1011 页）。参见 *TLTD* I，pp. 102，305；*TTK*，pp. 21，101；朱丽双《〈于阗国授记〉译注》（上），第 244 页。

④ byis ba phyugs rdzI：*TLTD* I，p. 305 译作 children，cattle-herds，孩童和牧人们。王尧、陈践译注《敦煌吐蕃文献选》第 147 页译作"牧人"。按此词亦见于《于阗国授记》（D 176a6、176b7）。综合几处文意，似当作"牧童"解。

⑤ tsha bo：意为"孙子"（张怡荪主编《藏汉大辞典》，北京：民族出版社，2008 年，第 2246 页）。王尧、陈践译注《敦煌吐蕃文献选》第 148 页译作"甥"，不确。按据《于阗国授记》，Ye'u la 王为地乳王之子（D 176b4）。

⑥ dngar ldan gyI grong khyer chen po：也见于《于阗国授记》（D 172b1、176b4）、《无垢光请问经》（D 217b7—218a；cf. *TLTD* I，p.187）等；《汉藏史集》误作 lnga ldan（Zhu Lishuang，"'The Annals of the Noble Land Khotan':A New Translation of a Chapter of r*Gya bod yig tshang chen mo*"，forthcoming）。*TLTD* I，p. 104 译作 the great city Nectarean，苏蜜大城；*TTK*，p. 96 还原梵文作 *madhumatī，本文从之。

尉迟毗梨耶王与瞿摩帝伽蓝之修建

de nas rgyal po bi rya[1] 'u ten gyi mkhar dngar ldan[2] gyI steng / shar lho mtshamsu / (7)byung ste bltas na / / mkhar gyI phyi rol na / sha ba spu gser dang (d)ngul[3] gyI kha dog ltar snang ba zhIg mthong nas / / rgyal po 'khor dang bcas pas bsnyags[4] pa dang / da ltar 'gI'u te shan shod na / / 'gum tir gyI mchod (8)rten chen po bzhugs pa'i sar slebs nas / / bltas na / sha ba ni gnod sbyin gyi rgyal po kun tu rgyal bar gyur te / / gnod sbyin gyi rgyal po kun tu rgyal gyis / rgyal po la smras pa / / kye rgyal po chen po kyod kyIs / sa (9)' dir mchod rten gcIg brtsig pa' i rigs so zhes bgyis pa dang / rgyal pos smras pa / su' i phyir brtsig ces bgyIs pa dang / / sangs rgyas kyi pho nya dgra bcom ba[5] / 'bu ta 'du ta / dang / sang[6] ga sta dang / sang ga bo (10) yang dang / sang ga sta na ' di bzhi / khyod kyi dge ba' i bshes nyen du ' ong gis / de dag gi phyir rtsig shig ces bgyIs pa dang / / de ma thag tu dgra bcom ba bzhi yang der mngon du[7] gshegs nas / / chos bshad pas / rgyal po yang(11)dad pa'i shugs ched po sky(e)s ste / / mchod rten btsig pa'I phur bu yang der btab nas / / de 'I 'od tu 'gum tir gyI gtsug lag khang gi mchod rten chen po brtsIgs so / / 88/

[1] bi rya：《于阗国授记》作 bi dza ya bī rya（D 178a1-3），从之。*THT*, p.257 校作 bi dzyas，不确。[2] 其后有划掉的 du。[3]（d）ngu：原作 rngul，意为“汗、汗水”（张怡荪主编《藏汉大辞典》，第 698 页），此据《于阗国授记》校改（D 178a1。参见 *TTK*, p.79）。[4]bsnyags：*THT*, p. 257 校作 bsnyegs。[5]ba：*THT*, p.257 录作 pa。[6]此字前有一划掉的 ga。[7]mngon du 写在前后二字 der 和 gshegs 之下。

尔后，［尉迟］毗梨耶(Bi rya)[①]王于于阗都城苏蜜城堡上东南隅(7)眺望，见城堡外似有一金银毛色之鹿。王及其侍从追之，来至今牛头山('GI'u te shan)[②]下瞿摩帝（'Gum tir)[③](8)大窣堵波所在之处，见鹿化作

---

① bi rya：《于阗国授记》作 bīrya（D 178a1），梵文还原作 Vīrya（*TLTD* I，p. 108；*TTK*，p. 29），寺本婉雅《于阗国史》，第 25 页。有关此王及此段所述瞿摩帝伽蓝的修建，也见于《于阗国授记》（D 177b7—178a4）。参见朱丽双《〈于阗国授记〉译注》（上），第 249 页。

② 'gI'u te shan：也作 glang mgo ri、glang mgo'i ri、ri glang mgo、gau to shan、'ge'u to shan、'ge'u ton shan、'ge'u te shan、ghe'u to shan 等，其中 glang mgo ri、glang mgo'i ri 和 ri glang mgo 当是对中文“牛头山”的意译，其他则是音译，于阗文作 Gūttauṣạnä 或 Gauttūśạä，梵文还原作 Gośīrṣa。藏文亦作 ri glang ru，意为“牛角山”，梵文还原作 Gośṛṅga。所谓牛头山或牛角山，即《大唐西域记》卷十二所谓于阗王城西南二十余里的瞿室䬩伽山（第 1013 页），汉译《日藏经》又作“牛角峰山”（《大正藏》第 13 册，第 294b、294c、295a 页），此处有一牛头山寺。很可能，牛角山是较早期的名称，最晚至 9 世纪时渐以牛头山之名为汉地所知。牛头 / 角山的位置，一般认为在今和田市西南 26 公里喀拉喀什河东岸的库玛日山(Kohmārī)，今山上仍有当地人崇拜的麻扎和石窟。参见 Sylvain Lévi，“Notes chinoises sur l'inde”，iv，“Le pays de kharoṣṭra et l'écriture kharoṣṭrī”，*Bulletin l'Ecole Française d'Extrême-Orient* 4，1904，p. 555；Idem，“Notes chinoises sur l'inde”，v，“Quelques documents sur le buddhisme indien dans l'asie centrale”，p. 257，n. 2；A. Stein，*Ancient Khotan*，vol. 1，New Delhi: Cosmo Publications，1981，pp. 185–190；*TLTD* I，pp. 6，89，306；*TTK*，p. 95；张广达、荣新江《于阗佛寺志》，第 230—231 页；朱丽双《〈于阗国授记〉译注》（上），第 229 页。

③ 'gum tir：于阗语作 Gūmattīrä，此处有瞿摩帝伽蓝，见于《法显传》等汉文文献和于阗文文献的记载。参见 Sylvain Lévi，“Notes chinoises sur l'inde”，iv，“Le pays de kharoṣṭra et l'écriture kharoṣṭrī”，p. 556；Idem，“Notes chinoises sur l'inde”，v，“Quelques documents sur le buddhisme indien dans l'asie centrale”，p. 258；*TLTD* I，p. 108，n. 7；*TTK*，pp. 30，95；章巽校注《法显传校注》，中华书局，2008 年，第 12—14 页；张广达、荣新江《于阗佛寺志》，第 228—230 页；段晴、王炳华《新疆新出于阗文木牍文书研究》，《敦煌吐鲁番研究》第 2 卷，北京：北京大学出版社，1996 年，第 6—7 页；朱丽双《〈于阗国授记〉译注》（上），第 249 页。

散脂(Kun tu rgyal ba)夜叉王①。散脂夜叉王告[尉迟毗梨耶]王道："嗨！大王，你(9)宜于此地建一窣堵波。"王道："为谁而建？""佛之使者阿罗汉佛陀努大（'Bu ta 'du ta）、僧伽悉他（Sang ga sta）、僧伽菩阳（Sang ga bo yang）(10)、僧伽悉他那（Sang ga sta na）②，此四位来作你之善友，为他们而建。"即刻，四阿罗汉来至［王］前，为说佛法。王(11)遂起大信力，于彼处树立修建窣堵波之桩橛，尔后③建瞿摩帝伽蓝之大窣堵波。

论道沙门之由来

rgyal pos 'guṃ tIr brtsigs (12)pa'i tshe / bu chu ngu zhig khrid khrid pa las / / stord pa rjes bcad[1] de btsal na / / da ltar 'ge'u te shan gyI steng / 'jam dpa' gnas pa dang gnyIs kyI bar na / lung bu myI che ba zhig gI nang nas rnyed nas / / rgyal pos bu (13)rnyed pa'I sar / lung bu 'i nang du gtsug lag khang gcIg brtsig(s)ste / / rabs bdun gyi sangs rgyas kyI sha ri ram yang de na bzhugs ste / / dus gsum gyI mchod pa'i sa / gtsug lag khang gI mtshan a rya sta na zhes (14)bgyI

---

① gnod sbyin gyi rgyal po kun tu rgyal ba：kun tu rgyal ba，意为"遍胜"，梵文还原作Saṃjaya。《于阗国授记》作gnod sbyin gyi sde dpon chen po yang dag shes"散脂夜叉大将"（D 173b1），其中yag dag shes意为"正知"，梵文还原作Saṃjñāya。他的名字于其他藏文文献也作ming can、'du shes can等，梵文还原作Saṃjñin。又作sa nye，当来自于阗文Saṃñī。敦煌《瑞像记》作"莎耶摩利神"等，本文汉译据《月藏经》。关于这位守护神名字的不同写法、他在不同文献中身份的变化及其在敦煌洞窟中的形象，参见*TLTD* I，pp. 20，108，179；H. W. Bailey，"Hvatanica IV"，p. 912；*TTK*，pp. 28–29，104–105；荣新江、朱丽双《图文互证——于阗八大守护神新探》，第197—198、209页。

② 'bu ta 'du ta、sang ga sta、sang ga bo yang、sang ga sta na：梵文似可分别还原作Buddhadūta（佛使）、Saṃghastha（僧立）、Saṃghabo[dh]ya（僧觉）和Saṃghasthāna（僧处）。按这四位阿罗汉名字亦见于《于阗国授记》，作buddha du ta、kha ga da ta、kha ga ro yang、kha ga drod（D 177b7）。参见朱丽双《〈于阗国授记〉译注》（上），第249页。

③ de'I 'od tu：*TLTD* I，p. 306译作beneath it，不确。

ba lags ste / / rgyal pos bu chu ngu de yang thar par[2] btang ste / / mod la dgra bcom ba' I 'bras bu thob nas / / dang por lI yul du dgra bcom ba'i 'bras bu thob pa[3]'dI las snga ba ma byung / bas / 'di ni lam (15) ma nor par ston pa zhes mtshan mor gu bde shil du[4] btags ste / / thog ma mor gu bde shil[5] zhes bgyI ba 'i mying yang de las byungste / / slan cad mor gu bde shil yang thub ldan (16) gang che ba dang / bka' thub kyi mchog las btus ste / / mor gu bde shil du bskos pa lags / /88 /

[1] bcad：*THT*，p. 257 录作 bcang。[2] par：*THT*，p. 258 录作 pa。[3] 原卷本作 pa'i，但'i 被划掉。[4] shil du：两字中间有划掉的 du zhes bgyI ba'i myin yang de las byung ste /。[5] 其后有划掉的 du。

[尉迟毗梨耶] 王建瞿摩帝[窣堵波](12)时，携一孩童，[后]遗失，循迹而觅，于今牛头山上和文殊住所①二者间之一小沟谷内寻得。王(13)于寻得孩童之处，[即]小沟谷中，建一伽蓝，奉安七世佛之舍利。[此]伽蓝乃三时供养之地，名为圣地(A rya sta na)②。(14)王亦放彼孩童出家③，[彼孩童] 即刻得证阿罗汉果。[彼] 乃于阗最早得获阿罗汉果者，此前未有。彼(15)[亦]因是“示道者” (lam ma nor par ston pa) 而得名

---

① 托玛斯认为，这里所说的文殊住所即《牛角山授记》所记的 Par spong byed 伽蓝（*TLTD* I，p. 306，n. 7)。按，托玛斯所用为那塘版（329a6）；D 222b1 和 St 415b1 作 sPong byed。梵文作 Prahāṇa，见荻原雲来编纂《梵和大辞典》，台北：新文丰出版公司，1988 年，第 882 页；Lokesh Chandra，*Tibetan-Sanskrit Dictionary,* New Delhi: International Academy of Indian Culture and Aditya Prakashan， 2001，p. 495；朱丽双《〈于阗阿罗汉授记〉对勘与研究》，第 614—615 页。

② a rya sta na：《于阗国授记》ārya sta na（D 177b7），托玛斯和恩默瑞克还原梵文作 Āryastana（圣乳）(*TLTD* I，pp. 108，307；*TTK*，pp. 29，107)，似误；当作Āryasthāna，此处既是三时供养之地，则理合得名“圣地”。参见朱丽双《〈于阗国授记〉译注》（上），第 249 页。

③ thar pa btang：*TLTD* I，p. 307 译作 being freed and sent away，被释放并被送走。*THT*，p. 275 释作 rub tu byung，出家。本文从之。

"论道沙门"(Mor gu bde shil)①。初，论道沙门之名即源自于此。尔后，论道沙门亦从具力僧(16)中之能者与苦行僧中之殊胜者选取，任命为论道沙门②。

毗沙门与舍利弗决海

lI yul mtshor mchis pa'I tshe / / bcom ldan 'dās kyis byang phyogs kyI rgyal po / be sha ra ma ne[1] dang /◦/ (17)dge slong sha ri'i bu gnyis la bka' stsald pa / / da ltar mtsho mchis pa'i 'di[2] dus gsuṃ[3] gyi sangs rgyas kyI zhing khud pa lags ste / / phyis yul du gyur nas / / da ltar pad mo skyes pa'i sar yang / gtsug lag khang re re'byung / (18)byang cub[4] sems dpa' yang mang du 'byung gIs / / mtsho 'di khyed gyis gu du[5] pho la / slar yul du sgyur cIg ces bka' stsalnas / / byang phyogs kyI rgyal po be sha ra ma nI dang / dge slong sha rI'i bu gnyis kyis (19)sh[i]ng shan[6] du seg cang[7] gi rtsa ba dang / mdung gi ma rtses mtsho dral te / / mtsho yang skams nas / / sangs rgyas kyang mye ngan las 'dās ste / / lo brgya lon nas yul du

---

① mor gu bde shil：梵文还原作 Morgubdeśil。《于阗国授记》作 mo rgu de shi 或 mo rgu bde shi（D 176a6、178b1–2），梵文还原作 Morgubdeśi。为一种称号，意为"示道者"。也见于于阗文文书，作 mārgaupadeśai、mārgāpadaiśai 或 mārgapūdeśai，来自 mārga 和 upadeśaka-，和它对应的佛教混合梵文为 mārgadeśika-，巴利文作 maggadesika-（H. W. Bailey，*Khotanese Texts*，IV，pp. 86–88；P. O. Skjærvø，*Khotanese Manuscripts from Chinese Turkestan in the British Library: A Complete Catalogue with Texts and Translations*，London: The British Library，2002，pp. 508–509）。本文汉译据横山紘一、廣澤隆之著《瑜伽师地論に基づく梵藏漢対照·藏梵漢対照佛教語辞典》，東京：山喜房佛書林，1997 年，第 828 页。托玛斯认为，《于阗教法史》的 -shil 字表明，它可能编撰于沙州，因为在那里，古汉语的 shil 和 shi 没有区别（*TLTD* I，p. 307，n. 3），但恩默瑞克认为，末尾的 -l 可能是佛教混合梵文śīla-（意为"戒"）的影响（*TTK*，p. 102）。参见朱丽双《〈于阗国授记〉译注》（上），第 245 页。

② thub ldan gang che ba 和 bka' thub kyi mchog：*TLTD* I，p. 307 译作 who are great hermits and have accumulated excellent works of asceticism。*THT*，p. 275 分别释作 sdom pa gang gtsang（戒律清净）和 dka' spyad snying rus（吃苦耐劳）。

gyur to / / 88 /

［1］be sha ra ma ne：*THT*，p. 258 校作 bai shra ma ṇā。［2］'di 写在其后 dus 字的下面，dus 字左上有一表示插入的＋号。［3］gsuṃ：*THT*，p. 258 径作 gsum。［4］cub：*THT*，p. 258 作 chub。［5］gu du：*THT*，p. 259 校作 gudu。按 gu du 一词亦见于英藏敦煌藏文文书 IOL Tib J 597 和 598，法成译作“他方”。文书原文正确。参见朱丽双《〈于阗阿罗汉授记〉对勘与研究》，第 630 页。［6］sh［i］ng：原卷残缺，据文书第 42 行校。参见 *TTK*,p. 80. *THT*，p. 259 径作 shing shan，校作 shing gun，不确。［7］seg cang：*THT*，p. 259 正确地校作 gseg shang，此词亦见于《于阗国授记》（D 173b7）。

当于阗仍为海子，世尊命北方天王毗沙门（Be sha ra ma ne）[①]与(17)比丘舍利弗（Sha ri 'i bu）[②]二者道：“今此海子，乃三世诸佛之不共佛土，后将转成桑田。今莲花生长之处，伽蓝亦将一一出现，(18)众多菩萨亦将出现。此海子你［二位］去倾至一旁，使复成桑田。”北方天

① be sha ra ma ne：本文书中又作 be sha ra ma ni、bi sha ra ma ni、sha ra ma ni 等，对应于佛教混合梵文 Vaiśramaṇa。《于阗国授记》作 rnam thos kyi bu（D 172a4 等），汉译又作“多闻天王”，梵文还原作Vaiśravaṇa，于阗文作vrrīśamaṃ。参见 H. W. Bailey，“Hvatanica IV”，p. 912；*TLTD* I，p. 90；*TTK*，p. 101；荣新江、朱丽双《图文互证——于阗八大守护神新探》，第 200、211 页。

② sha ri 'i bu：佛陀十大弟子之一，梵文作Śāriputra。参见榊亮三郎《飜譯名義大集》，京都：鈴木学術財団，1962 年，第 79 页，1032 号；慈怡主编《佛光大辞典》第 4 册，北京：北京图书馆出版社，2004 年，第 3498 页。

王毗沙门和比丘舍利弗二者(19)于神山（Shing shan）①以锡杖尖和矛头决海，海子遂干。佛涅槃后百年，[于阗]转成桑田。

于阗建国传说

thog ma yul de'i (20)rgyal po sa nu zhes bgyI ba ni / / rgya gar gyi rgyal po a sho ka'i bu lags ste / / rgya gar gyI rgyal po a sho ka ljongs rgyu zhing yul tshol du / rgya gar gyi dmag mang po dang / 'khor du bcas ste mchi mchi ba las / 'u ten yang de tsam na mtsho na(?) chu(?) . . .stong(?) du mchis par… gnas(?) / der b… m… las / [btsun] mo las khye'u mtshan(?) …[1] bram dze dang ltas mkhan rnams bstsogs (21)nas / / mtshan ltar stsald pa las / ltas mkhan gyis bltas na / 'phags par mtshan bzang po dang ldan ba zhIg ste / / rgyal po khyod pas nI / bu rgyal bu 'di mnga' thang che zhes bgyIs pa dang / rgyal po phrag dog (22)skyed ste / khros nas / / bu yang dang mo btsas pa'i sar bor te / / rgyal pos bu bor ba'i sa ni / da ltar 'u ten[2] byang sgo'i nang logs lha gang[3] ring po 'i drung na / a rya ba lo bzhugs pa'I rgyab na / mgon po 'i rten kang[4] bzhugs pa lags / / (23)rgyal pos bu bor ba'I tshe / / byang phyogs kyI mgon po bI sha ra

---

① shing shan：也见于麻扎塔格出土 M. Tāgh.a.iii.0062、M. Tāgh.b.i.0097 等共三十余份文书（*TLTD* II，pp. 198 –212；Tsuguhito Takeuchi，*Old Tibetan Manuscripts from East Turkestan in the Stein Collection of the British Library,* vol. 2，Tokyo: The Centre for East Asian Cultural Studies for Unesco，The Toyo Bunko；London:British Library，1998，pp. 50，82），当是 Hedin 24 于阗文汉文双语文书所谓“神山堡”的神山，即今麻扎塔格，于阗文作 gara（H. W. Bailey，*Khotanese Texts,* IV，pp. 93，136）。参见张广达、荣新江《8 世纪下半叶至 9 世纪初的于阗》，第 243 页；张广达、荣新江《圣彼得堡藏和田出土汉文文书考释》，第 273 页；杨铭《吐蕃简牍中所见的西域地名》，收入作者《吐蕃统治敦煌研究》，台北：新文丰出版公司，1997 年，第 216 页。关于神山堡，参见侯灿《麻扎塔格古戍堡及其在丝绸之路上的重要位置》，《文物》1987 年第 3 期，第 63—75 页；殷晴《丝绸之路和古代于阗》，《西域史论丛》第 3 辑，新疆人民出版社，1990 年，第 77 页。

ma ni dang / dpal gyi lho mos sa'i nang nas nu ma phyung ste / / gsos nas bu yang ma gum ste / / myIng yang sa nur btags te / sha ra ma nis blangs nas / / rgya rje la (24)bu sto[ng] du grangs gcig gIs ma tshang bar / rgya rje'i bur phul te / / rgya rje 'i[5] gnang cen 'tshal zhIng mchIs mchis pa las / / dus chen po zhig gi tshe / rgya rje'I bu rnams rtse rtse ba las / / sa nu dang / rgya rje'i bu gzhan du / / (25)'thabs ste / / tshIg las ngan pa khyod rgya rje 'I bu ma yin te / gyI na rnyed pa dang / nged rgyal rIgs tha dad ces bgyis pa dang / rgyal bu sa nu myI dga' nas / mod la rgya rje la gsold pa / / bdag cag rgya rje 'i sras rnams de ring rtse rtse(26)ba las / / sras gzhan gyi mchid nas / / ngan pa khyod rgya rje 'i bu ma yin te / gyi na rnyed pa dang / nged rgyal rIgs bu yang dag pa yin te tha dad ces mchi na / / bdag rgya rje 'i bu ma lags par gyur na / bdag rgya rje 'i zham 'bring (27) na mchis na cI sman / / bdag yul tshol zhing phyogs gzhan du mchI bar cI gnang zhes gsold pa las / / rgya rjes kyang 'phral du khyod nga'I bu yang dag pa yin te / / bu gzhan de skad zer ba brdzun gyIs / ' gror myi gnang (28)zhes mchI ba las / / yang sa nu gal gyIs gcus ste / / gsol gsol nas / / rgya rjes kyang sha ra ma nIs bu byin ba 'di ' phags par yang sdug na / 'dug du ma rung zhes myI dga' nas / bu sa nus / (29)gsold ba[6] bzhin gnang ste / / rgya 'i dmag mang po dang ' khor du bcas ste / / brdzangs nas / yul tshol zhing lI yul phyogs su mchi ba dang / rgyal bu sa nu'I pha[7] rgya gar gyI rgyal po a sho ka'i blonpo / chen po / a ma ca ya shI[8] nongs byung nas / /(30)yul nas bskrad de / rgya gar gyi dmag mang po dang 'khor du bcas ste / lI yul phyogs su mchi ba dang / / shel chab gong ma 'I hang 'gu ' jor mjal nas / dang po ni rgyus ma 'tshal te / / so so nas g.yul bshams ste / thab mo bgyi bar / (31)bgyIs pa las / / mgon po bI sha ra ma nI dang / dpal gyI lha mo dang / sa 'I lha mo las stsogs pa dbus nas byung ste / / dang po'i rgyus kyang zhib tu bshad / / bran dang rje bor yang ngo shes par bstand / / sdums bgyis nas / / (32)dang po rgyal po sa nu dang / a ma ca ya shi rje gol[9] mjal nas / / gzhi 'di gnyis gis bzung ste / 'u ten gyI yul sa ni / de ltar bzung zhing btsugs so / /88 /

[1] 自'khor du bcas ste……至此，原卷上写在其后的bram dze dang ltas mkhan rnams bstsogs的下面并延伸至文书右边的上方，而于其前mang po dang后面的单垂符“/”上画一表插入的符号+。这段文字，拉露女士读作'khor du bcas ste mchi mchi ba las /'u ten yang de tsam na mtsho n[ang]... -du mchis pa ni . gnas / der b ···. m ··· las / mo dang khye'u mtshan (?) ···.（*TTK*, p. 80）。*THT*, p. 259读作'khor du bcas te mchi mchi ba las/'u ten sa 'di tsam na mtsho mchis pa yul spang mchis par snyam nas ……。今据IDP及ARTstor（http://www.artstor.org）的彩色图版并参考《于阗国授记》的相关记载重新释读如上，唯由于延伸部分文书破损严重，实难全部辨识。[2] 'u ten二字写在其后byang字的下面，byang字左上角有一表示插入的+号。[3] lha gang：*THT*, p. 259校作lha khang。[4] rten kang：*TLTD* I, p. 308, n. 7和*THT*, p. 259校作rten khang。[5] rgya rje'i：*THT*, p. 260校作rgya rjes，本文从之。[6] ba：*TTK*, p. 81作pa。[7] ba：*THT*, p. 260作pa。[8] ya shI：《于阗国授记》作ya sha（D 175b2），从之。参见*TLTD* I, p. 100；*TTK*, pp. 19, 104。[9] rje gol：*THT*, p. 261校作rje khol，本文从之。

初，彼国之(20)王名地乳者，乃天竺阿育王（A sho ka）①之子。天竺阿育王出游而寻找国土，偕同众多军队和侍从，到处漫游。尔时于阗都城地方［刚由］海子［而成虚旷之地。其妃于此生一男孩。阿育王］②集

① a sho ka：梵文还原作Aśoka，意为无忧（*TTK*, pp. 15, 97）。参见朱丽双《〈于阗国授记〉译注》（上），第239页。

② 方括号内字为笔者据文意并参考《于阗国授记》的相关内容补（D 175a1-3）。

诸婆罗门和相者，(21)令观其相如何。相者观之，［此子］乃具殊胜妙相，遂言道："王，与您相比，此王子更具权势。"王生嫉忌，(22)怒，将其子抛弃于最初出生之地。王抛弃[其]子之地，即今于阗都城北门内长佛堂①旁、圣观音菩萨（A rya ba lo）②居住之后面、护法神殿③所住［之处］。(23)王抛弃［此］子之时，北方护法神毗沙门和功德天女（dPal gyi lho mo）④使地中隆起一乳，育养之，此子得以未死，且得名地乳。毗沙门取之，献与汉王⑤为子，(24)[时］汉王恰少一子，难成千数。［地乳］深得汉王疼爱，如是成长。一次节庆，汉王诸子玩耍，地乳与汉王诸子发生(25)口角，［诸王子］道："小子，你非汉王之子，乃捡来之弃儿，与我等王族不同。"地乳王子懊恼，即向汉王求道："今日我等王子玩耍时，(26)其他王子言道：'小子，你非汉王之子，乃捡来之弃儿，与我等真正王族之子不同。'若我并非汉王之子，则我忝充汉王随从⑥(27)何益？请许我前去他方寻找国土。"汉王即言："你确系我子，其他孩子所言不对，不许[你]

---

① lha gang ring po：*TLTD* I，p. 308 译作 old temple，旧寺院。似不确。

② a rya ba lo：梵文还原作Āryāvalokiteśvara，即观音菩萨（*TLTD* I，p.308，n.6；*TTK*，p.107；王尧、陈践译注《敦煌吐蕃文献选》，第 149 页）。按《牛角山授记》述观音菩萨在于阗安住的伽蓝名'Od can，意为"具光"（D 222b2）；文书第 37 行作'Ju snya，梵文 Jyotsnā，即"光明"之意。参见 *TLTD* I，p. 15；H. W. Bailey，"Hvatanica IV"，p. 911；*TTK,* p. 96。

③ *TLTD* I，p. 308，n. 8 认为此处的护法神即指毗沙门天王。

④ dpal gyi lho mo：梵文还原作Śrī Devī，于阗文作Śśandrāmata。本文汉译据《释迦牟尼如来像法灭尽之记》。参见 *TLTD* I，p. 308；*TTK*，p. 98；H. W. Bailey，*Khotanese Texts*，Vol. IV，p. 12；朱丽双《〈于阗阿罗汉授记〉对勘与研究》，第 633 页。

⑤ 此汉王于《牛角山授记》作 ja/cha yang（D 223b1；N 341a1；St 417a3），托玛斯认为指秦始皇（*TLTD* I，p. 17，n. 3；p. 99，n. 8）。《汉藏史集》作 ci'u wang 或 ci wang，陈庆英译《汉藏史集》作"周王"（拉萨：西藏人民出版社，1986 年，第 49 页），参见 Zhu Lishuang，"'The Annals of the Noble Land Khotan'：A New Translation of a Chapter of *rGya bod yig tshang chen mo*"，*forthcoming.*

⑥ sham 'bring：当同 shabs 'bring，意为"随从、跟随"。参见张怡荪主编《藏汉大辞典》，第 2376 页。

走。”(28)但地乳主意已定，一再请求①。汉王［窃思］，此乃毗沙门所赐之子，虽殊胜可爱，终不宜久留。［虽］不乐意，［然］同意地乳(29)所求，派遣众多军队和侍从，偕同前行②，寻找国土而至于阗地方。［时］地乳王子之父天竺阿育王之臣阿摩支（A ma ca）③耶舍（Ya sha）④因犯错而(30)遭驱逐，偕同众多天竺军队及侍从⑤，［也］至于阗地方，与［地乳王子］在西玉河之香梧将（Hang 'gu 'jo）地方会面。其初［双方］不知详

---

① gal gyIs gcus ste / / gsol gsol nas / /：*TLTD* I，p.309 译作 with vehement reiteration urged his petition，反复诉说，一再请求。gal gyIs gcus ste，*THT*，p. 276 释作 u tshugs byas ste/，固执。这个句子，他们译作“再三恳求，一再吁请”（王尧、陈践译注《敦煌吐蕃文献选》，第 150 页）。按 gal gyis 收于《藏汉大辞典》，意为“强迫”、“强使”（第 353 页）；gcus 有“拧”、“扭紧”的意思（第 742 页），“强使着拧”，也就是“坚持己见”之意吧。

② *TLTD* I，p. 309 译作 sent him away with a large Chinese army in his train，派遣众多军队作他的随从而送他前行。按 bcas 作“带有、偕同、连带”的意思用时，常与 dang 字连用（Sarat Chandra Das，*A Tibetan-English Dictionary，with Sanskrit Synonyms*，Calcutta: The Bengal Seoretariat Book Depôt，1951，p. 392；张怡荪主编《藏汉大辞典》，第 751 页）。大概由于这个原因，托玛斯此处将'khor du bcas 译为“作为随从”。但修饰 bcas 的状语 dang，也可以用 la 类助词代替，意思不变（周季文、谢后芳编著《藏文阅读入门》，昆明：云南民族出版社，1998 年，第 151 页）。事实上，这种结构在本文书中多次出现。如文书第 34 行有 chos dang yul du bcas par srung ba，托玛斯即译作 guarding the religion together with the land，守护佛教和国土（*TLTD* I，p. 310）。

③ a ma ca：于阗文作āmāca，或作āmākya-，其又来自梵文āmātya-和 amātya-。在和田出土藏文文书中，a ma cha 又作 a mcha、a ma cha'、a ma ca、am cha、a ma cag 等，汉文史料作阿摩支。阿摩支的最初意思是国王的亲信和大臣，在于阗，它逐渐演变为一种荣誉称号。见 *TLTD* II，pp. 191–194；H. W. Bailey，*Khotanese Texts*，Vol. IV，p. 62；张广达、荣新江《〈大历三年三月典成铣牒〉跋》，原载《新疆社会科学》1988 年第 1 期；此据作者《于阗史丛考》（增订本），第 115—116 页；文欣《中古时期于阗国政治制度研究》，第 55 页。

④ ya sha：梵文作 Yaśa。关于阿育王大臣耶舍的故事，请见佛教譬喻故事集《天譬喻》（*Divyāvadāna*）（*TLTD* I，p. 100，n. 3；*TTK*，p. 19）。参见 John S. Strong，*The Legend of King Aśoka: A Study and Translation of the Aśokāvadāna*，Princeton，N. J.：Princeton University Press，1983.

⑤ *TLTD* I，p. 309 译作 with a large Indian army in his train，带着大量天竺军队作为随从。

情，各各布阵备战①，(31)时护法神毗沙门、功德天女、坚牢地神（Sa 'I lha mo）②等从中调解③，细述当初详情，君臣相见，遂得和解。(32)初，地乳王和阿摩支耶舍君臣相见，此地由二者［共同］执掌，于阗都城地区遂如是而得创建④。

八大守护神

lI yul du dam pa'i chos myI 'jig pa dang / yul gyI srungs ma chen po / (33)brgyad bzhugs pa la / / mgon po chen po be sha ra ma ni / sde dpon sa nye / a pa ra dzI ta / gha gha na swa ra / / su gar na ma la / lcags kyu / sta na ba ti / klu 'i rgyal po 'gra ha bad[1] ta la stsogs[2] pa / de dag gI 'khor dam tshig can / / spyir srung (34)ba ni

---

① *TLTD* I，p.309 译作 At first， unwilling to agree，they prepared batter. An interval having occurred in the fighting，……最初双方不能达成一致，准备作战。战斗中休息时，……。rgyus ma 'tshal，*THT*，P. 276 释作 ngo ma shes，不相识。按这个词亦见于《于阗国授记》（D 178b7）。综合文意分析，似当作“不知详情”理解。thab mo，同' thab mo，意为“斗争、战争”（张怡荪主编《藏汉大辞典》，第 1226 页）。thab mo bgyi，*THT*，p.276 释作' thab 'dzing byed，作战。本文从之。

② sa 'I lha mo：最初托玛斯还原梵文作 Bhūmi-Devī（*TLTD* I，p. 310），后恩默瑞克据梵文《金光明最胜王经》（*Suvarṇprabhāsottamasūtra*）还原作 Pṛthivīdevatā（*TTK*，p. 105。参见 Lokesh Chandra，*Tibetan-Sanskrit Dictionary*，p. 805），本文从之。于阗文可能是 būma -dīvya（P. O. Skjærvø，*Khotanese Manuscripts from Chinese Turkestan in the British Library*，pp. 500，522–523）。汉译据义净译《金光明最胜王经》，《大正藏》第 16 册，第 440a 页。

③ dbus nas byung ste：*TLTD* I，p. 310 译作 interposing，调解。本文从之。王尧、陈践译注《敦煌吐蕃文献选》第 150 页直译作“在中间出现”。

④ 这段描述于阗建国传说中的关键人物毗沙门、阿育王等也见于中兴五年（982）有关于阗王尉迟达摩（Viśa' Dharma）的于阗文文书 IOL Khot S.21 (Ch. i.0021a.a)，另外，地神被称作“地乳女神（milk-giving lady goddess of the earth）”；汉王作 Cayaṃ rre（咸阳王?）（P. O. Skjærvø，*Khotanese Manuscripts from Chinese Turkestan in the British Library*，pp. 522–523）。有意思的是，后者与《汉藏史集·圣地于阗国之王统》的记载基本相同：zhing sa cha yang rgyal po（咸阳地方之王?）。参见 Zhu Lishuang，“'The Annals of the Noble Land Khotan'：A New Translation of a Chapter of *rGya bod yig tshang chen mo*”，forthcoming.

sum khri / lha stong lnga brgya rtsa bdun srung ngo / / ༄༅/

[1] 基字 ba 后有一划掉的 ta。[2] la stsogs：*THT*, p. 261误作 lstsogs。

[为使] 于阗正法不灭而安住 [于此] 之八大地方守护神如下：(33)毗沙门大护法、散脂 (Sa nye) 大将、阿婆罗质多 (A pa ra dzI ta)①、迦迦那莎利神 (Gha gha na swa ra) ②、莎那末利神 (Su gar na ma la) ③、

---

① a pa ra dzI ta：《牛角山授记》作 lha mi pham pa（D 224b3），《于阗国授记》作 lha gzhan gyis mi thub pa（D 174b2）；《月藏经》及"难胜天子"。于阗文作 Aparājai[ja]tta，梵文作 Aparājita。本文汉译据敦煌《瑞像记》（S.2113），意为"难胜"。参见 H. W. Bailey, "Hvatanica IV", p. 912；*TTK*, p. 103；张广达、荣新江《敦煌"瑞像记"、瑞像图及其反映的于阗》，原载《敦煌吐鲁番文献研究论集》第 3 辑，北京：北京大学出版社，1986 年，此据作者《于阗史丛考》（增订本），第 175、209 页；荣新江、朱丽双《图文互证——于阗八大守护神新探》，第 196—197、211 页。

② gha gha na swa ra：汉译据敦煌《瑞像记》，对应于藏文 nam mkha'i dbyangs（《牛角山授记》，D 224b3），意为"虚空音"，于阗文作 Gaganasvarä，梵文作 Gaganasvara。参见张广达、荣新江《敦煌"瑞像记"、瑞像图及其反映的于阗》，第 175、209 页；Lokesh Chandra, *Tibetan-Sanskrit Dictionary*, p. 449；荣新江、朱丽双《图文互证——于阗八大守护神新探》，第 198、208 页。

③ su gar na ma la：《牛角山授记》作 lha gser gyi phreng ba can（D 224b3），《于阗国授记》作 lha'i bu gser phreng（D 174b3），《月藏经》作"金华鬘夜叉"，于阗文作 Svarṇamāla，梵文作 Suvarṇamāla。本文汉译据敦煌《瑞像记》。参见 *TLTD* I, pp. 20, 97, 310；H. W. Bailey, "Hvatanica IV", p. 913；*TTK*, pp. 13, 106, 107；张广达、荣新江《敦煌"瑞像记"、瑞像图及其反映的于阗》，第 175、209 页；Lokesh Chandra, *Tibetan-Sanskrit Dictionary*, p. 831；荣新江、朱丽双《图文互证——于阗八大守护神新探》，第 198—199、208—209 页。

阿隅阇天女（lCags kyu）①、悉他那天女（sTa na ba ti）②、吃利呵婆达多（'Gra ha bad ta）龙王③等。彼等之具誓眷属，共有守护神(34)三万、天神一千五百有七守护。

四大龙王（缺）与五百菩萨

klu'i rgyal po bzhi chos dang yul du bcas par srung ba'i mtshan /[1] /'di bzhi srung / byang cub sems dpa' lnga brgya ni / (35) rtag par bzhugs ste / / nyIs brgya lnga bcu ni dge slong pho smos kyi tshul du bzhugs / / nyis brgya lnga bcu ni khyim pa skya bo pho smos kyi tshul du bzhugs so / / ༈/

[1] 其后有1/4多行长的空白，似留待添加四大龙王之名。

---

① lcags kyu：意为"铁钩"。《于阗国授记》（D 174b3）和《牛角山授记》同（D 224b3），作lha mo lcags kyu can，意为"具钩天女"；《月藏经》作"阿那紧首天女"，于阗文作Aṃgūśa'，梵文拟作*Aṇkuśavatī。本文汉译据敦煌《瑞像记》。参见*TLTD* I，p. 97；H. W. Bailey，"Hvatanica IV"，p. 914；*TTK*，pp. 15，96；张广达、荣新江《敦煌"瑞像记"、瑞像图及其反映的于阗》，第175、209页；Lokesh Chandra，*Tibetan-Sanskrit Dictionary*，p.229；荣新江、朱丽双《图文互证——于阗八大守护神新探》，第199—200、209—210页。

② sta na ba ti：《牛角山授记》作lho mo gnas can（D 224b3-4），《于阗国授记》作lha mo gnas ldan ma（D 174b3），意为"有处天女"，《月藏经》作"他难阇梨天女"，于阗文作Sthānāvą，梵文作Sthānavatī。本文汉译据敦煌《瑞像记》。参见*TLTD* I，p. 310；H. W. Bailey，"Hvatanica IV"，p. 914；*TTK*，p. 98；张广达、荣新江《敦煌"瑞像记"、瑞像图及其反映的于阗》，第175、209页；荣新江、朱丽双《图文互证——于阗八大守护神新探》，第200、212—214页。

③ klu'i rgyal po 'gra ha bad ta：《牛角山授记》作klu'i rgyal po khyim 'tshig（D 224b3），《于阗国授记》作klu'i rgyal po gnas dros po（D 174b3），《月藏经》作"热舍龙王"。于阗文作Grrahavadatti或Grrahavattä，梵文拟作*Gṛhāvatapta。本文汉译据汉文《日藏经》（第294b页）。参见H. W. Bailey，"Hvatanica IV"，pp. 913-914；*TTK*，pp. 95-96，98；P. O. Skærvø，"A Khotanese Amulet"，in M. Macuch，M. Maggi and W. Sundermann eds.，*Iranian Languages and Texts from Iran and Turfan.Ronald E. Emmerick Memorial Volume*，Wiesbaden: Harrassowitz，2007［2008］，p. 390；段晴《明咒护身符》，中国新疆文物考古研究所、日本佛教大学尼雅遗址学术研究机构编著《丹丹乌里克遗址——中日共同考察研究报告》，北京：文物出版社，2009年，第273页；荣新江、朱丽双《图文互证——于阗八大守护神新探》，第199、203页。

守护佛法和国土的四龙王之名。（译者按：此处原缺字。）此四者守护。五百菩萨(35)常住［护持］。二百五十以比丘、比丘尼之仪安住，二百五十以在家男女俗徒之仪安住。

灵验之伽蓝

mtsho 'i nang nas dang po pad mo 'byung ba'i sar / gtsug lag khang re re (36)'byung ste / / 'ge'u te shan dang / 'gum tir dang / 'gun 'bang dang / tsar ma dang / 'dro tir dang / dar ma tir dang / sang tir dang / sko'i brong la stsogs[1] pa / gtsug lag khang gnyan po spyir sum brgya sum cu rtsa gsum bzhugs / / 88/ /

［1］la stsogs：*THT*，p. 262 误作 lstsogs。

初海子中涌现莲花之处，伽蓝亦一一(36)出现：牛头山、瞿摩帝、梧棒（'Gun 'bang）①、赞摩、陀驴帝（'Dro tir）②、达磨帝(Dar ma tir)③、

① 'gun 'bang：*TLTD* I，p. 310 误作 'gung 'bang。按文书下面第 102—103 行有 'go bang 伽蓝，二者形近，似可勘同。据下文所述，此伽蓝名字在于阗文中意为“茅屋”（spyil bu）。“茅屋”的于阗文作gavā(ṃ)，它来自梵文俗语（Prakrit）gabbha-，梵文作 garbha-（H. W. Bailey，“Hvatanica”，*Bulletin of the School of Oriental Studies* 8.4，1937，p. 923，n. 1；*TTK*，p. 95）。

② 'dro tir：据下文第 38 行所述，此处为地藏菩萨的住所。'Dro tir 同时也是于阗一个地区的名字，见于 M. Tāgh. 0492 等文书，是一个 tshar，相当于唐朝的乡。托玛斯认为它可能在王城西南，位于瞿摩帝和僧帝（Sang tir）之间。'Dro tir，于阗文作Drūttīrai。参见 F. W. Thomas，“The Language of Ancient Khotan”，*Asia Major*，first series，II，1925，p. 262；*TLTD* I，pp. 15，57，112，114；*LTTD* II，pp. 175–176；*TTK*，pp. 96–97；Tsuguhito Takeuchi，*Old Tibetan Manuscripts from East Turkestan in the Stein Collection of the British Library*，no. 63；Idem，“*Tshar*，*srang*，and *tshan*: Administrative Units in Tibetan-ruled Khotan”，*Journal of Inner Asian Art and Archaeology* 3/2008［2009］，p. 146；朱丽双《〈于阗国授记〉译注》（上），第 254 页。

③ dar ma tir：可能即《于阗国授记》所述尉迟散瞿罗摩王（Sangrāma）为善友耶舍修建的达磨讫帝（Dharma kīrti）伽蓝（D 182b1–7）。dar ma，梵文作 dharma（法）。参见 *TLTD* I，pp. 120–121；*TTK*，pp. 49–51.

僧帝（Sang tir）①、萨迦耶仙（sKo'i brong）②等，灵验之伽蓝共计三百三十三。

八大菩萨

(37)byang cub sems dpa' / rang byung ba brgyad da ltar lI yul na bzhugs pa'i mshan / / phyags na rdo rje ni gsang ba'I bdag po lags ste / / da ltar yang 'ge'u te shan gyi bang rim bla stengs / shong pya na bzhugs / / a rya ba lo ni 'ju snya na / (38)bzhugs / / nam ka'i snying po nI sko'i brong na bzhugs / / 'jam dpal dang / ma ni bha ba gnyis ni 'ge'u te shan na bzhugs / / sa'i snying po ni 'dro tir na bzhugs / / kun tu bzang po ni to la'i sang ga po long na bzhugs / / sman gyI (39)rgyal po ni 'ba' no co na [1] bzhugs / / byams pa ni 'bas no nya na bzhugso / /88 /

[1] *THT*, p. 262 误作 con。

(37)今安住于阗之八大自成菩萨之名如下：金刚手即秘密主③，今仍于牛头山最上层常边(Shong pya)住，圣观音于住萨野('Ju snya)④(38)住，虚

---

① sang tir：也见于《于阗国授记》（D 180b2），它同时是一地名。于阗文作 Sattīra（*TTK*，p.106）。参见朱丽双《〈于阗国授记〉译注》（上），第 255 页。

② sko'i brong：此伽蓝梵文名称还原当作 Satkāya-prahāṇa，藏文音写当作 Sad ka ya pra ha na。它亦见于英藏敦煌汉文文书 S. 2113A 第 56—57 行："虚空藏菩萨于西玉河萨迦耶仙寺住"（张广达、荣新江《敦煌"瑞像记"、瑞像图及其反映的于阗》，第 175、206 页），本文汉译据此。参见朱丽双《〈于阗阿罗汉授记〉对勘与研究》，第 614—615 页。又 sko'i brong 的词源及意思不详，brong 或来自于阗文 buvan-（be destroyed），sko 字不明。参见 H. W. Bailey，*Dictionary of Khotan Saka*，London:Cambridge University Press，1979，p. 299.

③ gsang ba'I bdag po：梵文还原作 Guhyakādhipati，字面上的意思为"秘密主"，据张怡荪主编《藏汉大辞典》，它是金刚手的异名（第 3006 页）。另参见榊亮三郎《翻譯名義大集》上册，第 291 页，4337 号；*TTK*，p. 106.

④ 'ju snya：这个名称也见于于阗文写卷 P. 2893，作 Jūsña，梵文 Jyotsnā，意为"光明"（H. W. Bailey，"Hvatanica IV"，pp. 892，893，911）。参见上文"圣观音菩萨"条。

空藏于萨迦耶仙住，文殊和摩尼跋陀罗(Ma ni bha ba)[①]二者于牛头山[②]住，地藏于陀驴帝住，普贤于奴卢川(To la)[③]之僧伽逋砻（Sang ga po long)[④]住，药(39)王于马囊将('Ba'no co)[⑤]住，弥勒于马斯囊野（'Bas no nya)[⑥]住。

二部僧伽持见之情形

dge 'dun sde gnyis kyI lta ba ni / dge slong pho smos sde gnyis

① ma ni bha ba：似音写自于阗文 Māṇabhāva，梵文作 Maṇibhadra，藏文意译当作 Nor bu bzang po，意为“贤财”。据《佛光大辞典》，它是八大夜叉之一，为毗沙门天王的眷属（第 1 册，第 271c 页）。参见朱丽双《〈于阗国授记〉译注》（上），第 248 页。

② 据《牛角山授记》，文殊菩萨加持的牛角山伽蓝名 sPong byed（D 222b1）。又于阗文写卷 P.2893 述文殊菩萨住于牛角山迦叶佛（Kāśyapa）之舍利堂（H. W. Bailey，“Hvatanica IV”，pp. 892，893，911）。按据《于阗国授记》，牛头山一山谷中有奉安迦叶佛佛骨的窣堵波（D 178a4）。

③ to la：于阗文作 Ttula（H. W. Bailey，“Hvatanica IV”，pp. 892，893，911）。《于阗国授记》和《于阗阿罗汉授记》也作 mdo lo，*TLTD* I，p. 100，n.6 和 *TTK*，p. 96 认为 to la 是 mdo lo 的当地名称，本文从之。参见朱丽双《〈于阗阿罗汉授记〉对勘与研究》，第 632 页；朱丽双《〈于阗国授记〉译注》（上），第 242、244 页。

④ sang ga po long：《牛角山授记》述普贤菩萨加持的伽蓝名 dGe 'dun skyong，意为“僧护”（D 222b6），又于阗文写卷 P. 2893 述普贤菩萨住于 Ttula 的 Sagapālāṃ（H. W. Bailey，“Hvatanica IV”，pp. 892，893，911），Ttula 和藏文 To la 当可比对，即奴卢川。如此，dGe'dun skyong、Sagapālāṃ 和 Sang ga po long 三者正相对应，梵文还原当作 Saṃghapāla。又于阗语文书 IOL Khot Wood 25 讲到 Saṅghapālanā 的僧团云云（P. O. Skjærvø，*Khotanese Manuscripts from Chinese Turkestan in the British Library*，p. 566），似也可堪同。参见 *TLTD* I，pp. 16，311；*TTK*，p. 106.

⑤ 'ba' no co：《牛角山授记》述药王菩萨加持的伽蓝名 Ba no co（D 222b5），于阗文写卷 P. 2893 述药王菩萨住于 Banācvā（H. W. Bailey，“Hvatanica IV”，pp. 892，893，911），三者写法虽略异，当可勘同无误。

⑥ 'bas no nya：《牛角山授记》述弥勒菩萨加持的伽蓝名 Bi si mo nya（D 222b3），于阗文写卷 P.2893 述八大菩萨守护于阗，其中一位失名，住于 Bisanāña/Bisināña（H.W.Bailey，“Hvatanica IV”，pp. 892，893，911）。此地名还见于于阗语文书 Hedin 50，作 Besanaña（H. W. Bailey，*Khotanese Texts*，IV，pp. 155–156）。'Bas no nya、Bi si mo nya 和 Bisanāña/Bisināña、Besanāña，当指一地。

las / theg pa chen po pa[1] ni / rnam par myi rtogs pa dang / dpa' bar 'gro ba'i (40) ti nge 'dzin gyi sgor 'jug / / nyan thos pa nI bden ba bzhi'i sgor 'jug ste / / dge 'dun sde gnyIs dang / skya bo las theg pa chen po 'i sgor 'jug pa dang / nyan thos kyi sgor 'jug pa mang nyung gi tshad ni / / theg pa chen po pa ni / (41)rta'i lus kyI spu tsam / theg pa chu ngu pa ni rta'i rna ba'i spu tsam ste / mang nyung gI tshad ni de tsam zhig bzhugso / /༤༤ /

[1] pa 字写在其后的 ni 字下面，ni 字左上角有一表示插入的+号。

二部僧伽之持见情况如下：二部僧伽比丘和比丘尼中，行大乘法者执不妄想（rnam par myi rtogs pa）①和首楞严(40)三昧地（dpa' bar 'gro ba'i ti nge 'dzin）②；行声闻乘者执四谛。二部僧伽与在家人中，行大乘法者和行声闻乘者多少之数：行大乘法者(41)约如马身之毛，行小乘法者约如马耳之毛，多少之数大约如是。

于阗都城未来毁灭而成海子之情形

li yul 'u ten slar 'jig cIng mtshor 'gyur ba'i dus ni / / nam dge ba bcu myi spyod pa'i dus na / / (42)yul gyi srungs ma mgon po dam

① rnam par myi rtogs pa：意为“无分别”（张怡荪主编《藏汉大辞典》，第 1570 页），梵文还原作 avikalpa。本文汉译据榊亮三郎《翻譯名義大集》，第 479 页，7452 号。参见 *TLTD* I，p. 311；*TTK*，p. 98.

② dpa 'bar 'gro ba'i ti nge 'dzin：梵文还原作Śūramgama-samādhi。参见榊亮三郎《翻譯名義大集》上册，第 40 页，506 号；第 479 页，7452 号；*TLTD* I，p. 311；Lokesh Chandra，*Tibetan-Sanskrit Dictionary*，pp. 470，485。王尧、陈践译注《敦煌吐蕃文献选》第 151 页译作“唯识师和中观师之禅定”，不确。按和田出土有梵文和于阗文写本《首楞严三昧经》（*Śūraṃgama-samādhi Sūtra*），见 R. E. Emmerick，*The Khotanese Śūraṅgamasamādhisūtra*，London: Oxford University Press，1970. 汉译情况参见广中智之《于阗梵文佛典的流行和于阗语的翻译》，朱玉麒主编《西域文史》第三辑，北京：科学出版社，2008 年，第 60—61 页。

tshIg can rnams dang / srungs ma lha klu rnams kyIs / shIng shan[1] gyI rong yang slar rub par byIs nas / / shel cu ltag 'og gnyis kyI chab kyang / 'u ten gyi mkhar dngar ldan gyi nang da ltar tshong (43)dus chen po 'i glad na / 'gum tIr gyi gtsug lag khang ched po pra ba sha bzhugs pa'i gtsug lag khang / gI sgor 'dus nas / slar yang mtshor 'khyil te / mtshor gyur p(a'i)[2] / tshe / / sha ri ram gzhan ni klu rnams kyis 'tshald / te / / (44)so so'i gnas na mchod pa bgyid / / sangs rgyas rabs bdun gyi sha ri ram shas nI da ltar 'ge'u te shan gyI steng 'jam dpal gna's[3] pa dang gnyis kyI bar na / lung bu myi che ba zhig gI nang na / / rgyal pos bu stor pa rnyed pa'i sar (45)gtsug lag khang gcIg brtsIgs pa lags ste / / da ltar dus gsum gyi mchod pa'i sa'i gtsug lag khang mtshan a rya sta na zhes bgyI ba de na sha rI ram gyI shas bzhugs ste / / lI yul slar mtshor gyurd pa'i tshe ni / a rya sta na'I (46)gtsug lags khang bzhugs pa'i lung bu de yang / slar kha rub nas / / sa gzhi de nas sha rI ram sus kyang myi 'tshal bar bzhugs ste / / nam sangs rgyas byams pa 'jig rten du mgon du gshegs pa'i dus na / / lI yul gyI / (47)mtsho yang slar skams nas / / yul du 'gyur / / gtsug lag khang sha rI ram bzhugs pa'I lung bu de yang / slar kha bye nas / / sangs rgyas byams pa 'khor dang bcas pa'I mchod gna's[4] su 'gyur ro / / ༈/ /

[1] shIng shan：*THT*, p. 263 校作 shIng gun，不确。[2] p(a'i)：原作 pai，*TTK*, p. 83 校作 pa'i，本文从之。*THT*, p. 263 读作 pa，不确。[3] 原卷 gna's 的后加字'a 写在基字 na 的下面。*TTK*, p. 83 和 *THT*, p. 263 均作 gnas。[4] gna's：*TTK*, p. 83 作 gnas。

关于于阗都城后毁灭而转成海子时之情况如下：当［于阗人众］不行十善之时，(42)［于阗］地方之守护神，［包括］诸具誓护法和诸天龙，复将闭合神山之峡谷，东西玉河之水亦将汇聚于于阗都城苏蜜城堡内、

今 (43) 大集市上方①、瞿摩帝大伽蓝——［即］婆罗跋舍（Pra ba sha）②［佛堂］所在之伽蓝——一带③，尔后潴聚而成海子。当［于阗］转成海子之时，诸龙寻找其他舍利，(44)于各自之住所供养。七世佛之部分舍利，［奉安］于今牛头山上与文殊住所二者间之一小沟谷内④、国王于寻得遗失孩童之地(45)所建之一伽蓝，［即］今三时供养之地、名为圣地之伽蓝奉安之部分舍利，当于阗复又转成海子之时，圣地(46)伽蓝所在之小沟谷将会闭合，舍利在彼，无人能觅。当弥勒佛来作世间护主，于阗之(47)海子复将干涸，转成桑田，［奉安］舍利之伽蓝所在的小沟谷亦将开放，成为弥勒佛及其眷属之应供处所。

世尊之告诫

(48) / bcom ldan 'dās[1] kyis bka'stsald pa / / yul lI yul gyI lung bstan 'di myi phal gyis bcang [2] du yang myI rung / thos pa'I bsod nams kyang bskal pa gcig gI sdig 'byang / / plags pa'I[3] bsod nams nI / bskal (49)pa grangs myed pa'i sdig [4] 'byang / / dge slong las stsogs {ste}chos spyod pa rnams la 'chi zhing[5] sems dkrug du [6] myi rung / bla na myed pa'I chos yang dag pa yin no / / ༄༅/

［1］'dās：*TTK*, p. 83 作 'das。［2］bcang：*TTK*, p. 83 作 bcar。［3］plags pa：*TLTD* I, p. 313, n. 2 校作 klags pa；*THT*, p. 276 释作 bklags pa；*TTK*, p. 83 校作 blags pa，本文从之。［4］sdig：*THT*, p. 264 误作 sdug。［5］原卷 rnams 后的 la 写在 rnams 的再后加字 sa 的下面；rnams 的后面有一划掉的 kyI；

---

① 原文 glad，参见于张怡荪主编《藏汉大辞典》。据达斯编《藏英词典》，它有 on the top, on the head（上面，顶上）之意（Sarat Chandra Das, *A Tibetan-English Dictionary, with Sanskrit Synonyms*, p. 257）。

② pra ba sha：尚见于下文第 80 和 110 行。

③ sgor：*TLTD* I, p. 312 译作 entrance，入口；王尧、陈践译注《敦煌吐蕃文献选》第 151 页译作“门面”。笔者认为当作 skor 理解，意为“附近、一带”。

④ 按相似的句型亦见于上文第 12 行，不同之处仅在第 12 行于 'ge'u te shan gyI steng 后有一单垂线。

'chi zhing 写在 sems 的下面，sems 的左上角有一表示插入的+号。'chi，*TLTD* I，p. 313 译作“死亡”；*THT*，p. 264 校作 mchi（存在、有），似均不确。笔者认为当作'chad（说、讲），原文形近而误。［6］du：*TTK*，p. 84 作 tu。

(48)世尊告曰：“此《于阗国授记》凡俗人不宜持有。闻听之福德可清除一劫之罪，谛听之福德可(49)清除无数劫之罪。不宜对比丘等行法者讲说［此《授记》］而扰乱其心，因［此］乃无上正法。”

于阗最后正法毁灭之情形

lI yul du tha[1] ma dam pa'I chos 'jIg pa'I dus ni / / stod kyI (50)mkhar bzhi 'i dge 'dun rnams[2] ril gyIs 'u ten du gshegs ste 'dus pa las / / de'i tshe lI rnams bdud kyIs bslus nas / dam pa'I chos dang dge 'dun la ma dad pas / / dge 'dun la skur pa 'debs / / nor rdzas la rku 'phrog (51)byed cIng / / dkon mchog gsum gyI nor rdzas dang / tshar dang rkyen ris ril kyis phrogs nas / / lIs kyang gcags pa myI 'dra nas / de'i 'og du[3] / / dge 'dun ril kyis gshegs ste / / gtsug lag khang tsar mar 'dus nas / / (52)'dIr ni lis kyang myi gcags na / gar 'dong ba'i rigs shes[4] bka' gros su mdzad pa las / / dus de tsam na yang bod kyI lha btsan po las dam pa'I chos la dad la / dge 'dun la bkur[5] stI rim gro che bas / / de nas bod / /(53)yul du gshegs par chad nas / / de 'i tshe dge 'dun gyI 'phral kyI bshos gsol ba yang ma mchis / / par gyur te / / chad pa las / tsar ma 'i gtsug lag khang gi 'og nas / gter sgrom bu zhig gi nang nas / gser gyI (54)bshos cha bdun byung ste / / dgung sla gsum gyI bar du ni dge 'dun ril kyI 'tsho ba yang des sbyard / / de nas dgun gyI dus la bab nas / dge 'dun ril kyIs tsar ma nas 'dro tir du shul byung ste / / gshegs nas / / 'dro tir na (55)byang cub[6] sems dpa' sa 'i snying po rang byung bzhugs pa'I gtsug lag khang gi gong na / / bog rI myi che ba zhig mchis pa de'i tshe na rang zhIg ste / de'I nang na{s} kyang mu tIg bre gang byung ste / des kyang dgung sla gsum gyI 'tsho ba sbyard te / /(56)de nas {shul} dpyid sla ra ba la shul myes kar du byung ste / gshegs pa / / myes kar du yang byang phyogs kyI rgyal po rnam thos kyI bu dang / dpal gyI lha mo chen mos / myi'i lus su sprul te / dpyId sla gsum gyI 'tsho ba sbyar nas / /(57)de nas cha rdzas kyang zla la bgyIs ste / / dbyar sla ra ba la bod yul du gshegs nas / / de'i tshe na slar skya bor babs pa dang / shul du chab 'tshald pa yang mang / /88 /

[1] tha 前有一划掉的 na。[2] rnams 写在 ril 的下面。[3] du：*TTK*, p. 84 和 *THT*, p. 264 作 tu。[4] shes 写在后面 bka'字的下面，bka'的左上角有一表示插入的+号。[5] 基字 ka 的上面有一划掉的元音 I。[6] cub：*THT*, p. 265 作 chub。

关于于阗最后正法毁灭时之情形如下：西部(50)四城之众比丘皆前往于阗都城集合。尔时，于阗人众为魔所惑，不信正法和僧伽，诽谤僧伽，盗窃财物，(51)三宝之财物、粮食①和田园皆被掠夺，于阗人亦不许［僧伽］居住②。尔后，僧伽皆前往赞摩伽蓝聚会，(52)商议道："此处于阗人不许［我等］居住③，前去何方为宜？"尔时，因吐蕃之神圣赞普

① 原文 tshar，*TLTD* I，p. 313 译作 parishes，教区。陈践、王尧释作 bza' 'bru 'am / lho chas /，粮食或食品（*THT*，p.276）。按张怡荪主编《藏汉大辞典》收有 tshar ma 一词，意为"收割了的禾稼"（第 2263 页）。陈、王二位的解释似可接受。

② *TLTD* I，p. 313 译作 Li also presented an altered disposition，于阗人亦改变了性情。王尧、陈践译注《敦煌吐蕃文献选》第 152 页译作"比丘在于田（阗）无法再安住下去"。按据西北民族学院藏文教研组编《藏汉词典》，gcags pa 为'jags pa 的未来式和过去式，而'jags pa 有"居住、坐定"之意（兰州：甘肃民族出版社，2008 年，第 245 页。参见张怡荪主编《藏汉大辞典》，第 884 页；安世兴（rNam rgyal tshe ring）编著《古藏文词典》（*Bod yig brda rnying tshig mdzod*），北京：中国藏学出版社，2001 年，第 168 页），于此处可得正解。

③ 参见上注。

(lha btsan po)[1]信奉正法，敬重、承侍僧伽，遂决定(53)前去吐蕃。彼时僧伽已无临时斋供，［食物］断绝。［尔时］自赞摩伽蓝下现一小宝箧，内含七份(54)黄金之馐膳[2]，于三个月间供给僧伽全部生活［所需］。尔后冬季来临，众僧伽离开赞摩，向陀驴帝道上行去，在陀驴帝，(55)自成地藏菩萨安住之伽蓝上方的一小亭阁(？)[3]尔时自然毁坏，内现一升珍珠，供给［僧伽］三个月生活[所需]。(56)尔后春正月［来临]，[众僧伽］遂向名迦（Myes kar)[4]道上行去。在名迦，北方天王毗沙门和大功德天女化作人身，供给春三个月间生活［所需］。(57)于是带着物品(？)[5]，［众僧伽］于孟夏之月到达吐蕃。尔时许多［僧人］还俗，

① lha btsan po：《唐蕃会盟碑》有'phrul gyI lha btsan po，相应的汉文作“圣神赞普”。本文据此而译。参见王尧编著《吐蕃金石录》，北京：文物出版社，1982年，第3、5、44页；Fang Kuei Li and W. South Coblin，*A Study of the Old Tibetan Inscriptions*，Taibei: Institute of History and Philology Academia Sinica（Special Publications No.91），1987，pp. 38，77，82–84.

② 这个句子，王尧、陈践译注《敦煌吐蕃文献选》第152页译作“从杂尔玛寺下库藏小匣里，得到十四块金子做的供神食品”。不确。

③ 原文bog rI，*TLTD* I，p.314译作dome；王尧、陈践译注《敦煌吐蕃文献选》第153页译作“小山”。按张怡荪主编《藏汉大辞典》（第1843页）和安世兴编著《古藏文词典》（第352页）有bog re一词，意为“亭阁、楼台”。两词或意思相通。

④ myes kar：《于阗国授记》作me skar（D 175b2），《于阗阿罗汉授记》作mye skar，也作mdo lo mye skar，法成译《释迦牟尼如来像法灭尽之记》均作“奴卢川”。笔者推测，奴卢川（mDo lo）为行政区名，而Me/Mye skar或Myes kar是奴卢川的行政机构所在之地。参见朱丽双《〈于阗阿罗汉授记〉对勘与研究》，第631—633页；朱丽双《唐代于阗的羁縻州与地理区划研究》，第88—89页。

⑤ 原文cha rdzas kyang zla la bgyIs ste，意义不明。因zla bo有“朋友”、“助伴”之意（张怡荪主编《藏汉大辞典》，第2482页），姑且翻译如上。*TLTD* I，p.314译作when nothing was lfet，当一无所余；王尧、陈践译注《敦煌吐蕃文献选》第153页译作“剩下的财物全部用完”，似均为猜测。

许多在路上死去①。

吐蕃兴佛

dus de tsam na / bod kyi lha btsan po dang / rgya rjer yang dbon zhang du mdzad / (58)nas / / kong[1] co yang lha btsan po 'i khab tu bzhes ste / / kong cos bod yul du gtsug lag khang ched po gcig brtsigs nas / / rkyen ris kyang bcad de / / dge 'dun ril kyis kyang der gshegs nas / 'tsho ba yang kong cos sbyar te / / (59)bod yul du theg pa chen po 'i chos kyang rgyas par byung nas / §/

[1] kong 前有一划掉的 ce。

尔时，吐蕃之神圣赞普与汉王（rgya rje)②结成甥舅关系（dbon zhang)③，(58)公主（Kong co)④嫁神圣赞普为妻。公主于吐蕃建一大伽蓝，

---

① *TLTD* I, p.314 译作 at that time there were many who sank back into the laity or perished of thirst on the way, "那时许多［僧人］还俗或在路上渴死"。chab 'tshald pa，陈践、王尧释作 ltogs shi thebs pa，饥饿而死（*THT*, p.277），这个句子他们译作"及至此时，有许多僧人还俗，有许多在路上饿死"（王尧、陈践译注《敦煌吐蕃文献选》，第 153 页）。按张怡荪主编《藏汉大辞典》（第 788 页）和安世兴编著《古藏文词典》（第 148 页）收有 chab'tshal ba 一词，其意为"浪费、消耗"，本文据此翻译如上。

② rgya rje：此词见于《唐蕃会盟碑》，作 rgya'I rgyal po chen po rgya rje hwang te，相应的汉文作"大唐文武孝德皇帝"（指唐穆宗，820—824 年在位）；也见于 IOL Tib J 601.2《于阗阿罗汉授记》，法成译作"汉王"，本文汉译据此。参见王尧编著《吐蕃金石录》，第 3、5、44 页；Fang Kuei Li and W. South Coblin, *A Study of the Old Tibetan Inscriptions*, pp. 38, 77, 87。

③ dbon zhang：此词见于《唐蕃会盟碑》，本文汉译据此。参见王尧编著《吐蕃金石录》，第 3、5、44—45 页；Fang Kuei Li and W.South Coblin, *A Study of the Old Tibetan Inscriptions*, pp.38, 77, 84-85. 关于这个词汇的最新研究，见 Brandon Dotson, "The 'Nephew-Uncle' Relationship in the International Diplomacy of the Tibetan Empire (7th-9th Centuries)", in Brandon Dotson, et al. eds, *Contemporary Visions in Tibetan Studies. Proceedings of the First International Seminar of Young Tibetologists, London*, 9-13 August 2007, Chicago: Serindia Publications, 2009, pp. 223-238.

④ kong co：据《于阗阿罗汉授记》，吐蕃第七代王娶汉菩萨公主为妃，尔后吐蕃之境广兴佛法。托玛斯认为这位公主即金城公主（*TLTD* I, pp. 60, 80）。

划定［供奉伽蓝之］田园，僧伽全部至彼，由公主供给生活［所需］，(59)吐蕃之境广兴大乘佛法。

佛法最后灭没之情形

lo bcu gnyis kyI bar du ni / dge 'dun dang skya bo phal yang chos spyod cing rab tu bde skyId pa las / / der yang bdud kyi sde 'khrugs ste / / 'brum nag las stsogs pa / / (60)nad kyi sna mang du bdud kyis btang nas / / kong co yang snying kar 'brum nag byung nas gum / / de nas skya bo rnams ma dad pa skyes ste / / 'bruṃ[1] nag dang nad sna mang po byung ba yang / dge 'dun sde 'di rnams bod yul du phyin pas / / (61)nyes shes mchI nas / / bod yul du yang dge 'dun gcig kyang gnas su myi gnang zhes mchI ste / / so sor bskrad pa las / de nas kyang dge 'dun ril kyis / / rgya gar yul gyI gan dha[2] rar gshegs / rgya gar (62)yul phan cad na / nye bar bzhugs pa'i dge 'dun gyI rnams kyang / / yul gan da[3] rar dus gcIg du 'dus ste gshegs nas / / de 'I tshe rgya gar gyI yul ke'u shan byI'i[4] man 'dre / seng ge 'I bu rgyal po 'dre[5] spe sad ces bgyi ba / zhIg skyeste / / (63)de'i dus na / ke 'u sham 'byIr[6] / rgyal po chen po chen po[7] gsum la / rgya rje dang / bod kyI rgyal po dang / hor gyi rgyal po rnams kyis dmag stong phrag brgya drangs nas / / ke'u sham 'byI 'i[8] rgyal po 'dro spe sad ces bgyI ba la brgal te / / lo bcu (64)gnyIs kyi bar du bkye[9] ba las / / rgyal po gsum gyI dmag gis ma thub nas / / dmag kyang rIl kyis zad pa dang / ke'u sham byi 'i[10] rgyal po 'dro spe sad kyIs bsams pa / / bdag gIs tshe 'dI la 'dI snyed gyI dmag myI zhig bsad pas / / (65)mtshams myed pa'i sdig pa byas na / sdig pa ci ltar byas na 'byang bar 'gyur zhes / bsams / gcIg tu smras te 'gyod pa'i sems skyes nas / / 'gyod tshangs dang / sdIg pa sbyang zhing bshags par / bsam ste[11] / / phyogs bzhir dge 'dun spyan (66)'dren pa'i pho nya bkye ste / /'dzam bu glIng gI dge 'dun las babs pa dang / shul du chab 'tshald[12] pa 'i slad ma / / dge 'dun stong phrag brgya zhig 'dus pa'I nang na / / dgra bcom ba gcig dang / sde[13] snod gsum dang ldan ba yang gcIg las / (67)myi bzhugs ste / / dge 'dun spyan 'drend pa'i pho nyas / / dge 'dun rnams gshegs su gnang ste / / 'dir byon lags shes / / rgyal po la gsold pa dang / / rgyal po yang 'phags par dga 'ches ste / / dad pa'I (68)shugs chen po skyes nas / / de tsam na dus sla dror gyurd pas / / cIg car sang gdugs tshod kyang gsol / / phyag kyang 'tshal / / dge 'dun gyI na bza'dang / yon du dbul bu[14] yang sta gon bgyI zhing bsar zhes byung ba las / /(69)de'i nub mo dgung sla nya'i dusu bab ste / / dgung sla nya'i dusu bab ste / / dge 'dun gso' sbyin[15] mdzad pa'i tshe / / dIr bi le sde (snod) gsum dang ldan ba zhir zhag[16] gI slob ma ang ghan des / / dgra bcom ba su rag bsad / / dgra bcom ba'I srungs ma gnod sbyin / /(70)'dra dha mu kas / drI bi [17] le shir zhag[18] bsad de / / de'i tshe dge 'dun yang 'phra l la sde gnyis su ched de / nang 'khrugs nas mtshon kar bkye ste / / dgung ma sangs par / dge 'dun gcIg kyang ma lus ste / / nang par dkon mchog (71)gsum gyi mying shes shing / 'don pa myed par gyur nas / nam nangs ste rgyal po mal nas langs nas / / dge 'dun la phyag kyang 'tshal / spyan 'dren cIng mchi mchi ba las / / de'I nub mo dge 'dun gcIg kya(ng) ma lus (72)shes thos nas / / rgyal po yang myi dga' ba'i ngud mo 'i sgra chen po phyung nas / / sdug bsngal ba'i smre sngags[19] rnam pa mang po smre ste / / lus sa la brdabs nas / thugs ngan cher mdzad de / / de'i nub mo dam pa'i chos(73)kyang nub nas / / sa yang cher g.yos / / 'jig rten gyi zas kyI ro rnam pa drug kyang nub / / naṃ ka las[20] khrag gI char pa yang bab[21] nas / / de 'i nub mo sum cu rtsa gsum gyi gnas nas / shag kya thub pa'I yum sgyu ma'I ' khor lnga brgya yang (74)[22] / / skra bshig ste gshegs nas / / nam ka las ngud mo'i sgra chen po phyung ste / / 'dzam bu'I glIng du dam pa'I chos nub pa'i thugs ngan cher mdzad nas / / dge 'dun tshe 'da's(75)pa rnams kyI skra dang / sen mo rnams bsdus ste / / slar sum cu rtsa gsum gyI gnam sdeng du bsnams nas / / mchod sten ched po gcIg brtsig ste / /[23] mchod pa mdzad do / / dam pa'i chos nub nas / nI / / de nas lo (76)nyes pa dang / nad sna tshogs 'byung ste / dus kyang phyir zhing ngan par 'gyur ro / / ༈/

[1] 'bruṃ：*THT*，p.266 径作 'brum。[2] dha：*THT*，p.266 校作 dhā。[3] da：*THT*，p.266 校作 dhā。[4] ke'u shan byI：*THT*，p.266 校作 ko'u sham bhir。[5] 'dre：*THT*，p.266 误作 'dro。[6] ke'u sham'byIr：*THT*，p.266 校作 ko'u sham bhir。[7] 此处似多一 chen po。[8] ke'u sham 'byI 'i：*THT*，p. 266 校作 ko'u sham bhir。[9] bkye：*TLTD* I，p. 315，n. 6 读作 brkye；*THT*，p. 266 误作 bgye。[10] ke'u sham byi'i：*THT*，p. 266 校作ko'u sham bhir。[11] bsam ste：*TTK*，p. 85 和 *THT*，p. 267 作 bsamste。[12] 'tshald：*THT*，p. 267 作 'tshal。[13] sde 写在前面的单垂线之下，单垂线左上角有一表示插入的+号。[14] dbul bu：*THT*，p. 267 校作 dbul ba。[15] gso' sbyin：*TTK*，p. 86 读作 gs'o sbyin；*THT*，p. 267 校作 gso 'sbyong，本文从之。[16] dIr bi le：*TLTD* I，p. 316 读作 dri bi le；*THT*，p. 267 作 dIr ba li。按文书第70 行作 drI bi le。[17] bi：*THT*，p. 267 作 ba。[18] shir zhag：*THT*，p. 267 校作 shri shag，不确。[19] 其后有划掉的 mang po 二字。[20] naṃ ka las 写在其后的 khrag 下面，khrag 的左上角有一表示插入的+号。naṃ：*THT*，p. 268径作 nam。[21] 其后有一划掉的 pa。[22] 此行前面有划掉的字 'jIg rten gyI ro rnam pa drug kyang nub。[23] 双垂线后有划掉的 da ltar yang。

十二年间，僧伽和在家人多行佛法，甚是安乐。后因魔众扰乱，出现黑痘等(60)各种疾病，公主亦因胸间长出黑痘而死。于是在家人不再信奉［正法］，言道："黑痘与各种疾病之出现乃因此等僧伽前来吐蕃所致，(61)故有大罪，不宜留居吐蕃。"一一驱逐。于是僧伽皆向天竺国之乾陀罗（Gan dha ra）[①]而去。在天竺(62)之外[②]附近[国家]居住的众僧伽亦一时皆向乾陀罗聚集而去。尔时，天竺俱闪弥国（Ke'u shan byI）[③]大军王（Man 'dre seng ge）[④]生一子，即难当王（'Dre spe sad）[⑤]。(63)尔时于俱闪弥国，汉王、吐蕃王和回鹘[⑥]王等三大国王引十万大军，与俱闪弥国难当王战，十(64)二年间鏖战，三国王之军不能取胜，全军覆没。

---

① gan dha ra：梵文作 Gandhāra，也见于《于阗阿罗汉授记》，汉译据法成译《释迦牟尼如来像法灭尽之记》。参见 *TLTD* I，pp. 84，314；Lokesh Chandra，*Tibetan-Sanskrit Dictionary*，p. 117；朱丽双《〈于阗阿罗汉授记〉对勘与研究》，第 645 页。

② 原文 phan cad，收于安世兴编著《古藏文词典》，意为“以后，以外；那以前”（第 326 页）。

③ ke'u shan byI：文书第 63 行作 ke'u sham 'byI，《于阗阿罗汉授记》作 ke'u sha 'byI，梵文还原作 Kauśāmbī，汉译亦作“憍赏弥”、“拘睒弥”、“拘蓝尼”等，本文汉译据法成译《释迦牟尼如来像法灭尽之记》。参见 *TLTD* I，p. 315；*TTK*，p. 93；慈怡主编《佛光大辞典》第 7 册，第 6064c–6065b 页；朱丽双《〈于阗阿罗汉授记〉对勘与研究》，第 644–645 页。

④ man 'dre seng ge：藏文《月藏经》IOL Tib J 601.1 作 mhen dra se na、men drha se na、men dra se na（2a6、2a7、2a9），D 217b7 作 ma hen dra se na，N 333a6 和 333b1 作 ma he na 'dra se、ma he na 'dra se na；于阗文作 Mahindraysenä，梵文还原作 Mahendrasena（*TLTD* I，p. 315，n. 4；R. E. Emmerick，*The Book of Zambasta*，pp. 398–399；*TTK*，p. 102），本文汉译据安法钦译《阿育王传》（第 126c 页）和那连提耶舍译《月藏经·法灭尽品》（第 377c 页）。求那跋陀罗译《杂阿含经》卷二十五音译作“摩因陀罗西那”（第 177c 页）。参见 J. Przyluski，*La légende de l'empereur Açoka*，p. 401；Jan Nattier，*Once upon A Future Time: Studies in a Buddhist Prophecy of Decline*，pp. 290–291.

⑤ 'dre spe sad：下文第 63、64 行作'dro spe sad；藏文《月藏经》IOL Tib J 601.1 作 drus sprha lha hra、du spra ba sa、du spra sa ha（2a6、2a9、2b2），D 217b7 和 218a5 作 du spra sa ha sta，N 333a6 作 du pra sa ha；《僧伽伐弹那授记》意译作 bzod dka'（D 167a3，a5，a6。参见 *TLTD* I，pp. 66，315），意为“难忍”；于阗文作 Duṣpraysavä，梵文还原作 Duṣprasaha（R. E. Emmerick，*The Book of Zambasta*，pp. 398–399；*TTK*，p. 97）；本文汉译据《杂阿含经》（第 177c 页）。《阿育王传》（第 126c 页）和《月藏经·法灭尽品》（第 377c 页）作“难看”，当以《杂阿含经》的汉译名与《僧伽伐弹那授记》意译藏文的意思更为相符，本文从之。参见 J. Przyluski，*La légende de l'empereur Açoka*，p. 402；Jan Nattier，*Once upon A Future Time: Studies in a Buddhist Prophecy of Decline*，p. 291.

⑥ hor：汉译据法成译《释迦牟尼如来像法灭尽之记》。参见朱丽双《〈于阗阿罗汉授记〉对勘与研究》，第 618 页。

俱闪弥国难当王窃思："我此生杀戮如许之多军人，(65)作下无间罪业，如何才能净除罪业？"自言自语①，心生懊悔。[王]思悔过自新，净除并忏悔罪业，遂向四方派遣使者，(66)迎请僧伽。南赡部洲（'Dzam bu glIng)②之僧伽中，除去还俗者和在路上死去者，所聚之十万僧伽中，无一阿罗汉和熟悉三藏者(67)。迎请僧伽之使者禀告国王道："[您] 准许前来之众僧伽业已至此"。国王亦极为欢喜，生起极大信力。(68)时已午后，[国王]邀请 [僧伽] 次日共进午斋，［向僧伽］致礼，[下令]安排并准备奉献给僧伽的衣服及 [其他] 供品。(69)当晚是满月，乃僧伽作长净(gso' sbyin)③之时，一位三藏法师④室史迦(Zhir zhag)⑤之弟子安伽陀

---

① gcIg tu smras te：*TLTD* I，p.315 页译作 continually saying，不断地说。王尧、陈践译注《敦煌吐蕃文献选》第 154 页译作"当众说出"。

② 'dzam bu glIng：梵文还原作 Jambudvīpa。参见榊亮三郎《飜譯名義大集》，第 217 页，3050 号。

③ gso 'sbyin：梵文还原作 poṣadha，音译"布萨"。参见荻原雲来编纂《梵和大辞典》，第 815 页；Lokesh Chandra，*Tibetan-Sanskrit Dictionary*，p.832.

④ dIr bi le sde［snod］gsum dang ldan ba：dIr 当作 dri，dri bi le 当来自于阗文 ttrivīlai 或 ttṛvīlei（R.E.Emmerick，*The Book of Zambasta*，pp.404-405；*TTK*，"Introduction"；Jan Nattier，*Once upon A Future Time: Studies in a Buddhist Prophecy of Decline*，p.202），梵文作 tripiṭakācarāya，意为"三藏法师"，与其后的藏文 sde［snod］gsum dang ldan ba 意思相同，汉文《阿育王传》（第 127c 页）、《杂阿含经》（第 179a-c 页）和《月藏法·法灭尽品》（第 377c-378a 页）均称这位法师为"三藏法师"、"三藏比丘"、"三藏上座"，或简称"三藏"。

⑤ zhir zhag：下文第 70 行作 shir zhag；藏文《月藏经》IOL Tib J 601.1 作 shIr shag、shIr she ka、shIr sha ka、shIr she kya（2b5、2b6、3a3、3a5、3a7），D 218b4 和 218b5 作 shir ṣhya ka，并解释其意为 slab ma can，即"有弟子"，N 334a7 等作 shir sha ka；《僧伽伐弹那授记》作 shir sha ka（D 167a7。参见 *TLTD* I，pp.67，316）；于阗文作Śśärṣakä，梵文还原作 Śīrṣaka（R.E.Emmerick，*The Book of Zambasta*，pp.404-405；*TTK*，p.105）；本文汉译据玄奘译《阿毗达磨大毗婆沙论》（第 918b 页）。《阿育王传》作"多弟子"（第 127a 页），《佛使比丘迦旃延说法没尽偈百二十章》作"尸师"（第 11b-c 页），《杂阿含经》作"弟子"（第 178a 页），《月藏经·法灭尽品》作"失师迦"（第 378a、379a 页）。按汉文《阿育王传》和《杂阿含经》均称这位法师名字的由来是因为有众多弟子，《杂阿含经》译名似缺一"多"字。参见 J.Przyluski，*La légende de l'empereur Açoka*，p.403；Jan Nattier，*Once upon A Future Time: Studies in a Buddhist Prophecy of Decline*，p.292.

(Ang ghan)[①]杀阿罗汉苏剌多（Su rag)[②]，阿罗汉之守护神夜叉$_{(70)}$大提木佉（'Dra dha mu ka)[③]杀三藏法师室史迦。尔时，僧伽即刻分为两派，内部争斗，寻诸武器。天尚未明，僧伽[皆死]，一不余留，至次晨$_{(71)}$已

---

① ang ghan：藏文《月藏经》IOL Tib J 601.1 作 a gan dhe'I、a gan（3a5、3a7），D 219b3 作 aṃ ga da，并解释其意为 dpung gi tshogs 'jigs su rung，即“宜使军队畏惧”，N 335b2 和 335b4 作 a gya di、a ga di；《僧伽伐弹那授记》D 167b6 作 a kan，G 535b3、N 419b5、P 443a4 作 a gan（参见 *TLTD* I，pp. 68，315）；于阗文作 Aṃggada-，梵文作 Aṅgada（R. E. Emmerick，*The Book of Zambasta*，pp. 414–415；*TTK*，p. 107）；本文汉译据《杂阿含经》（第 179b 页）。《佛使比丘迦旃延说法没尽偈百二十章》作“阿斯”（第 12a 页），《阿育王传》作“噫伽度”（第 127c 页），汉文《月藏经·法灭尽品》作“鸯伽多”（第 378b 页）。参见 J. Przyluski，*La légende de l'empereur Açoka*，p. 407；Jan Nattier，*Once upon A Future Time: Studies in a Buddhist Prophecy of Decline*，p. 294.

② su rag：*TLTD* I，p. 316 误作 ra su rag。藏文《月藏经》IOL Tib J 601.1 作 su ra da、so ra da（3a2、3a4、3a6），D 219a5，a6 等作 su ra ta，并解释其意为 des pa，即“温和、敦厚”，N 335b2 等作 su ra da；《僧伽伐弹那授记》D 167b5 作 su ta ra，G 535b2、N 419b4、P 443a2 作 su ra ta（参见 *TLTD* I，p. 67）；于阗文作 Sūratä，梵文还原作 Sūrata（R. E. Emmerick，*The Book of Zambasta*，pp. 414–415；*TTK*，p. 106）；本文汉译据《阿毗达磨大毗婆沙论》（第 918b 页）。《杂阿含经》作“修罗他”（第 178a、179a–b 页），《佛使比丘迦旃延说法没尽偈百二十章》作“须赖”（第 12a 页），汉文《月藏经·法灭尽品》作“涑罗多”（第 378b 页）；《阿育王传》作“修陀罗”（第 127c 页），与藏文《僧伽伐弹那授记》德格版合。参见 J. Przyluski，*La légende de l'empereur Açoka*，p. 403；*Jan Nattier，Once upon A Future Time: Studies in a Buddhist Prophecy of Decline*，pp. 293–294.

③ 'dra dha mu ka：藏文《月藏经》IOL Tib J 601.1 作 'dhId dha mu kha（3a7），D 219b4 作 da dhi mu kha，并解释其意作 zho gdong dir rga mu kha（按 zho 为“酪”，gdong 为“脸”，dir rga mu kha 四字可还原梵文作 dīrgha-mukha，意为“长脸”，合起来的意思为“乐面长脸”），N 335b4 作 dri ta mukha；《僧伽伐弹那授记》作 ka ra ta，并称他是阿罗汉修罗他的弟子（slob ma），而非夜叉（gnod sbyin）（D 167b7。参见 *TLTD* I，pp. 68，316）；于阗文作 Dadämukhä（R. E. Emmerick，*The Book of Zambasta*，pp. 414–415；*TTK*，p. 97），梵文当作 Dadhimukha，而非托玛斯所说的 Dṛḍhamukha（*TLTD* I，p. 316，n. 6）；本文汉译据《杂阿含经》（第 179c 页）。《阿育王传》作“乐面”（第 127c 页），《佛使比丘迦旃延说法没尽偈百二十章》仅作“大鬼神”（第 12a 页）；汉文《月藏经·法灭尽品》音作“目佉檀提”（第 378c 页），似误，当作“檀提目佉”；《阿毗达磨大毗婆沙论》仅作“天龙药叉”（第 918c 页）。参见 J. Przyluski，*La légende de l'empereur Açoka*，p. 407；Jan Nattier，*Once upon A Future Time: Studies in a Buddhist Prophecy of Decline*，pp. 294–295.

无知道并能念诵三宝之名者。天明，国王起身，将向僧伽致礼而去迎请，听闻那晚僧伽［皆死］，一不余留。(72)国王亦抑郁，号啕涕泣，痛哭悲号，身体撞地，内心极为愁恼。那晚正法(73)毁灭，大地震动，世间六味消失，天降血雨。那晚自三十三天，释迦牟尼之母的五百眷属亦(74)披发而降，自虚空中发出痛苦哭声，为南赡部洲正法灭亡而起悲恸，［她们］聚起已逝诸僧伽(75)之发甲，复携至三十三天上，建一大窣堵波而作供养。正法灭尽，于是灾害(76)与各种疾病滋生，时世重又变得恶劣。

守护于阗之佛像

de nas bcom ldan ’das kyIs / / rgyal po be sha ra ma ni[1] / dang / lha klu lI yul gyI srungs ma rnams la / / lI yul du chos rIng du bzhugs pa dang / / (77)bsrung bar gtad de / lha klu rnams kyis kyang zhal gyis bzhes nas / / de’i tshe sungs ma rgyal po chen po dang lha klu rnams gyIs / / sangs rgyas la gsold pa / bcom ldan ’das dus slad[2] ma la / sems can rnams dad pa chung / (78)dkon mchog gsum la bkur sti chung / / yul de’I dbang po rnams kyang yo gal bgyId pa ’gyur te / / de’I dus na lha klu srungs ma rnams kyI mthu stobs kyang / nyams par ’gyur[3] na / / de la cI ltar bgyI zhes gsold pa dang / / sangs rgyas (79)shag kyas bka’ stsald pa / / phyi ma’I dus na yul skyob pa / dang / / dam pa’I chos ring du bzhugs pa’I slad du / / ngas byang cub sems dpa’ dang / gzugs brnyan dang sprul pa’i sku gzugs sheng yong phur dang / lha gang [4] ’byor ’byi (80)zhes bgyI ba dang / / ’u ten gyI tshong dus chen po na / lha gang[5] pra ba sha na sku[6] gzugs gyI mtshan ro je[7] gro ma dang / / gtsug lag khang bzha sang gre ma na spruld pa’I sku gzugs dze’u pa ni dang / gtsug lag khang tsar ma ’jo na / / (81)sku gzugs tor kong bzhugs pa dang / tong kan smad na gtsug lag khang rnyIng pa bor ba[8] zhig na / sku gzugs shen 'ja' zhes bgyI ba dang / sku gzugs 'der tI ba nI dang / to la na lha gang kor zhI bi na / sku gzugs gcig (82)bzhugs pa dang / du rya na / rgya gar yul nas sprul te gshegs pa'i sku gzugs gcIg bzhugs pa dang / ko sheng gI mkhar sgo na / rgya gar yul nas gshegs pa'I sprul pa'i sku gzugs lug pur drug bzhugs pa 'dI rnams / / (83)yul gyI mtshams srung bar bka' stsal to / / kham sheng na zhugs ngam gyi dbus na / yang / / sngon gyI sangs rgyas 'od srung gI sha ri ram gyI mchod rten rang byung zhig bzhugs pa'i gtsug lag khang gI mtshan / sya s[k]u zhes bgyI ba [dang /][9] (84)a shi shan na / gang zhig bzhugs pa yang gnyan rab ste / mchod rten 'dI rnams gyI byin kyi rlabs kyis byin kyIs brlabs pa lags ste / / yul phyogs de dag du dgra / dang 'khrug pa'am / myI bde ba nad dang / lo nyes la stsogs[10] (85)pa byung na / / yul phyogs der mdo sde sa[11] dha[12] rma pun dārI ka dang / bye ma la prI tsa'i nang nas / sngags kyI snying po brgya rtsa brgyad / sangs rgyas kyis zhal nas gsungs pa klog cIng / bsod nams spel te / lha klu srungs ma rnaṃs[13] la (86)rtag tu dam tsig bskul na / / dam pa'i chos ring du bzhugs zhing / yul phyogs su myi dge ba thams cad zhi ba dang / / yul brtan bar 'gyur ro / /༄ /

[1] be sha ra ma ni：*THT*，p. 268 作 be shar ma ni，校作 bai shra ma nā。[2] slad：*TTK*，p. 87 和 *THT*，p. 269 作 slar。[3] 前加字'a 写在基字 ga 之左下，ga 的左上有一表示插入的+号。[4] gang：*THT*，p. 269 校作 khang。[5] gang：*THT*，p. 269 校作 khang。[6] sku 前有一划掉的 ka。[7] ro je：*THT*，p. 269 作 rdo rje。[8] ba：*THT*，p. 269 作 ra。[9] 方括内录文据 *TTK*，p. 88。[10] la stsogs：*THT*，p. 270 误作 lstsogs。[11] sa：*THT*，p. 270 校作 sya。[12] dha：原作 dhar，后加字 ra 被划掉。[13] rnaṃs：*THT*，p. 270 径作 rnams。

尔时，世尊将［于阗］付嘱于毗沙门天王和天、龙［等］于阗之诸守护神，令其守护于阗，使佛法长住。(77)诸天、龙亦承许［守护］。尔时，守护神［毗沙门］大天王和诸天、龙请求世尊道："世尊，当未来世众生信仰衰落，(78)不再恭敬侍奉三宝，此境之诸国主亦偏袒［一方］①。尔时，若天、龙诸守护神威力亦变式微，对此该当如何？"世尊(79)释迦牟尼告言："为于未来世守护［此］境和使正法长住，我令菩萨、影像（gzugs brnyan）②和瑞像（sprul pa' i sku gzugs）③守护国境：圣容佛（Sheng yong phur）和摩乌弥（'Byor' byi）佛堂(80)及于阗都城大集市之婆罗跛舍佛堂，罗阇枷喇磨（Ro je gro ma）④佛像安住；跋若僧枷喇磨（bZha sang gre ma）⑤伽蓝，朱盘你（Dze'u pa ni）⑥瑞像安住；赞摩将

① 原文 yo gal，陈践、王尧释作 phyogs ris，偏袒、偏向（*THT*，p. 277）。本文从之。

② gzugs brnyan：也见于《于阗阿罗汉授记》，本文汉译据《释迦牟尼如来像法灭尽之记》。参见朱丽双《〈于阗阿罗汉授记〉对勘与研究》，第 617 页。

③ sprul pa'i sku gzugs：意为"化身佛像"，疑据敦煌洞窟和敦煌《瑞像记》中所谓的瑞像。

④ ro je gro ma：《于阗国授记》记 Rā dza gra ma 佛像自天竺飞来，在于阗都城苏蜜城堡住，加持并守护于阗（D 174a4）。文书此处的 Ro je gro ma 或即《于阗国授记》的 Rādza gra ma，于阗文文献有 Rājagrrāmai jasta be（bsa），可能也与此有关（*TTK*，pp. 13，104）。又，文书第 109—110 行讲到于阗都城中间的海眼为婆罗跛舍佛堂的化身佛像所制，而敦煌所出《瑞像记》（S. 5659、S. 2113）和敦煌洞窟第 72、231、237 等窟的瑞像榜题有"释迦牟尼佛真容从王舍城腾空而来在于阗国海眼寺住"等记载（张广达、荣新江《敦煌"瑞像记"、瑞像图及其反映的于阗》，第 171、172、174、185、218 页），王舍城，梵文作 Rājagṛha，所谓自天竺飞来的 Rā dza gra ma/Ro je gro ma 佛像，梵文还原作 Rājagrāma，意为"王村"，与"王舍"意思相近，或许即《瑞像记》/瑞像榜题的释迦牟尼佛真容。

⑤ bzha sang gre ma：据《于阗国授记》，于阗尉迟王散瞿罗摩（Tib. Sang gra ma；Skt. Saṅgrāma）曾建 bZha' sang gre re ma 伽蓝（D 184b1），两者当可勘同。bZha sang gre ma/bZha' sang gre re ma 的意思，可能即是尉迟散瞿罗摩寺（Vijaya Saṅgrāma /Saṅgrāmārāma monastery），于阗文作 Viśe' sagrārmā。见 *TLTD* I，p.125，n.3；*TTK*，p.103.

⑥ dze'u pa ni：据《于阗国授记》，尉迟散瞿罗摩王时，Tse'u pa na 佛像自朱居盘（Cu gu pan，今新疆叶城）来至于阗国，两者当可勘同（D 183b7。参见 *TTK*，p.103）。又，敦煌洞窟第 231 窟的瑞像榜题有"朱俱半国佛腾空于奴越寺住"（张广达、荣新江《敦煌"瑞像记"、瑞像图及其反映的于阗》，第 221 页），唯"奴越寺"与 bZha sang gre ma 伽蓝在语音和意思上均难勘同。

(Tsar ma 'jo)①伽蓝，(81)土罗工(Tor kong)②佛像安住。下东香(Tong kan smad）有一废旧伽蓝，神者（Shen'ja'）佛像和提罗地婆你（'der tI ba nI）③佛像安住；奴卢川之骨什比（Kor zhI bi）佛堂有一佛像 (82)安住。度野地方(Du rya)，自天竺化身而至之一尊佛像安住。固城(Ko sheng)④之城门，自天竺而来之六尊熔铸（? lug pur）瑞像安住。(83)又于坎城(Kham sheng)⑤肉晻（Zhugs ngam)⑥之中部，［有］一伽蓝名

---

① tsar ma 'jo：此伽蓝也见于 M.Tāgh.a.iii.0012、M.Tāgh.b.i.0046 和 M.Tāgh.0181，参见 *TLTD* II，p.182。它应当位于赞摩（Tsar ma）地方。

② tor kong：《牛角山授记》作 thor khong，为燃灯佛（Tib. de bzhin bshegs pa Mar me mdzad；Skt. Tathāgata Dīpaṃkara）佛像，住在 Din dzya（N 作 Di na dzya）伽蓝（D 227a5。参见 *TLTD* I，pp.25，317）。按 thor kong/khong 可能指吐火罗。由于在藏文抄本中后加字 ra 和 nga 形态十分相似，thor kong/khong 或原作 thor kor/khor，而它可能来自 tukāra 或 tukhāra。在五世纪初，tukāra/tukhāra 指吐火罗斯坦的第四期贵霜王朝。如是，那么这尊佛像或来自吐火罗地区。参见 William Samolin，"A Note on Kidara and the Kidarites"，*Central Asiatic Journal* 2（1956），pp.295–297；Buddha Prakash，"Ṭhākura"，*Central Asiatic Journal* 3（1957/1958），pp.227–232；荣新江《小月氏考》，《中亚学刊》第 3 辑，北京：中华书局，1990 年，第 51 页。

③ 'der tI ba nI：于阗文文献有一菩萨名 Ditkabanī，*TTK*，p.97 推测可能即此佛像，也即《大唐西域记》所记"地迦婆缚那"伽蓝中的夹纻立佛像，自屈支国（龟兹）来（第 1014—1015 页）。

④ ko sheng：也作 ku sheng、kong sheng，当即《新唐书·地理志》七下所记于阗西二百里的固城镇。参见朱丽双《唐代于阗的羁縻州与地理区划研究》，《中国史研究》2012 年第 2 期，第 83—84 页。

⑤ kham sheng：也作 skam sheng、kam sheng，汉文作"坎城"，于阗文作 Kaṃdva。据《新唐书·地理志》七下，坎城位于于阗东三百里。从相关文献记载来看，坎城是于阗一个十分重要的城镇。关于它的具体位置，斯坦因等认为在策勒（Cira）达玛沟（Domoko）乡北部的 Uzun-Tati 和 Ulūgh-Ziārat 地方，文欣则提出在今于田县克里雅（Keriya）河流域，笔者同之。参见 A. Stein，*Ancient Khotan*，vol.1，p.176；vol.2，pp.452–464；H. W. Bailey，*Khotanese Texts*，Vol.IV，pp.9，135–137；*TTK*，p.93；张广达、荣新江《〈大历三年三月典成铣牒〉跋》，第 110 页；文欣《中古时期于阗国政治制度研究》，第 90—93 页；朱丽双《唐代于阗的羁縻州与地理区划研究》，第 78—80 页。

⑥ zhugs ngam：《于阗国授记》作 zhugs ngams，并称它在奴卢川（To la）地方，于阗语作 Sher bzang（D 175b3-4）。坎城和奴卢川为两处不同的地方，其中或有误，也可能本来即为两个地方。参见 *TLTD* I，pp.100，318；*TLTD* II，pp.204–205，223–224；*TLTD* III，p.9.

耶斯俱(Sya sku)，内有往昔迦叶佛之自成舍利塔；(84)在阿施山(A shi shan)①，凡安住者皆十分灵验，因有此等窣堵波的加持力之加持。这些地方若有外敌、战争或疾病、天灾等发生，(85)于此念诵《妙法莲花经》(*Sa dha rma pun dā rI ka*)②和《无垢光请问经》(*Bye ma la prI tsa*)③中佛曾亲自演说之一百零八真言藏(sngags kyI snying po)，将会增进福德，促进天、龙诸守法神(86)恒常承诺，使正法长住，地方上之罪恶皆得息灭，国土长治久安。

无热龙王之故事

rgya gar gyI yul gyi rgyal po mying 'bal bu song dar gyi dkor pa / (87)shi ri dan zhes byI pa / 'phags par chos la dad pa che / snyIng rje che / nor phyugs cI mchis pa / dkon mchog gsum la / mchod cing yon du phul / / ma rabs phongs pa la[1] / sbyIn gtong bgyId / nor phyugs (88)dang bran kol yang bas nas / dbul bar rgyal pos thos nas / / bul sod kyang bran dang nor phyugs mang mo zhig / rgya pos stsald pa las / / de yang dkon mchog gsum la yon du phul ba las / bar skabs der / (89)sog dag tshong pa myi lnga brgya zhIg / rgyal po de 'i yul 'dab du ma phyIn bar / / shul 'khyams ste / / 'gum ba la thug pa las / lha ma srIn a ga skrI la skyabs su gsol te / smon lam btab pa dang /

---

① a shi shan：于阗语文书 SI P 103.46 有 Aśī镇，不知是否与此有关。见 R. E. Emmerick and M. I. Vorob'ëva -Desjatovskaja，*Saka Documents, Text Volume* III，London: School of Oriental and African Studies，1995，no. 315，p. 154.

② sa dha rma pun dārI ka：梵文还原作Saddharmapuṇḍarīkasūtra，藏文作 Dam pa'i chos padma dkar pa'i mdo sde。参见榊亮三郎《飜譯名義大集》上册，第 104 页，1335 号；*TLTD* I，p. 318，n. 8；*TTK*，pp. 96，103.

③ bye ma la prI tsa：梵文还原作 *Vimalaprabhāparipṛcchā*，藏文作 Dri ma med pa'i'od kyis zhugs pa。参见 *TLTD* I，pp. 137–258，318，*TTK*，p. 101.陈践、王尧释作 don yod zhags pa'i mdo（*THT*，p. 277），译作《不空羂索经》（王尧、陈践译注《敦煌吐蕃文献选》，第156 页），不确。

shul rnyed cing ma gum̩[2] ste / (90)yul du phyin na / myi gson po gcig gIs mchod cing gsol bar byis pa las / shul yang slar rnyed nas / rgyal po 'bal bu song[3] dar gyI yul du phyin nas / / lha ma srin mchod cing gsol ba'i myi de / mjal bar smas pas /(91)dkor pa shi ri dan gyis thos nas / / shi ri dan gyIs bsams pa / bdag tshe[4] rabs grangs myed pa tshun cad / shIng rta 'I phang lo 'khor ba bzhin du / 'jIg rten na 'khor zhing skye skye ste / / de lta bu she dag la skyo ma zhes (92)nas / rgyun chad ma myong ste / / da nga'I lus ngan pa 'dI lta zhig la phangs zhIng gces pa yang cI yod / / sems shan[5] gzhan gyI lus phangs par sems shing / 'jIgs pa'I skyabs kyang bya / / sog dag tshong pa (93)myI mang mo zhIg gI ra ba yang bskang bar bya[6] snyam nas / sog dag la lus btsongs ste / / lus rIng du nor blangs pa'i rnams kyang / dkon mchog gsum la mchod cIng yon du phul / / ma rabs brel phongs (94)pa la sbyin gtong bgyis lags nas / / sog dag la khyed gyIs bka' stsald pa cI mchis / bka' lung nod cing mchis shes[7] bgyIs pa dang / sog dag gIs / shi ri dan la khrus bgyId du stsal te / / lcags (95)thag gis bcIngs nas / / lcags kyI phur pa la dkrIste / / ce sha btso ba bzhing du zhugs la bsregs nas / / shI ri dan dad pa'I shugs che ba'i slad du / / lha klu rnams kyis bskyabs ste / gnam nas kyang char pa phab / pas / mye tsha bas (96)kyang gnod par ma gyur te / / sog dag gIs kyang bkrol te btang nas / / shI ri dan gyis yang bsams pa / 'dzam bu glIng bzhi'i sems can[8] skye ba rnam bzhi la skye ba thams cad / bza' ba dang btung bas / tshim bar (97)bgyIs na / bsod nams che ste / bdag gzod bla na myed pa'I 'bras bu thob yang dag / bdag tshe 'di / 'das nas / / phyogs shIg na / mtsho chen po zhig yod par de'i rgyal por skyes ste / / phyogs bzhIr 'dzam bu gling (98)bzhir chu 'bebs par gyur cIg ces smon lam btab pa las / / mtsho der klu'i rgyal por gyur te / /

myIng a 'da' bad ces bgyI / / yang kham sheng du chos gzugs shIng spel ba dang / / gtsug lag khang brtsig par(99)dad nas / / smon lam gyI dbang gI mthus / / kham sheng gI spa 'jI yos kyI bur skyes pa las / / 'u ten gyI gtsug lag khang 'dro tIr du thar par zhugs nas / [9] 'phags pa dgra bcom ba'i mthu thob ste / dge slong 'phags pa dgra bcom ba'i mtshan no g[e] je'u zhes bgyi ba dang spa ['j]I yos kyi pho bo spa 'shor gyi bu / 'phags pa dgra bcom ba[10] sa prI zhes bgyi ba dang / (100)pha spun po gnyis gtsug lag khang 'dro tir na gnas gnas pa las / / kham sheng du chas ste / dge ba'i bshes gnyen bgyI ba'I slad du / / 'u ten nas shul myes kar du byung ste / / mchis pa las / / myes kar du (101)phyin na / spa zhig gI sgo na shol po'i skyed shing bzang po dag cig mthong nas / / de nas kham sheng[11] du phyin nas / / 'phags pa de gnyis nang 'gran par chad de / / gtsug lag khang gang sngar lags / 'gan de (102)brdung ba gang snga zhes 'gran ba las / / 'phags pa sa[12] pr[i]s gtsug lag khang 'go bang zhes bgyI ba de na / sngon mtsho chen po zhig mchIs pa der / / klu las gtsug lag khang gI sa gzhi bslangs nas / mtsho thur du / (103)bsnur te / / da ltar 'dre'u se ra 'I mtsho lags / / 'phags pa sa prIs ni ran las rings thabs su spyIl bu gcig bgyIs nas / / de ma thag du 'gan de brdungs ste / / lI skad du spyIl bu la 'gō bang zhes bgyI / / 'phags pa dgra bcom ba (104)no ge je'u gis or nyong gi gtsug lag khang gi dog sa thog ma / brtags nas / / slar myes kar du mchis ste / / spa de la bdag kham sheng du gtsug lag khang gcIg rtsig na / skyed shIng 'di kun bslangs[13] pa las / / spas bsams pa kham sheng du / (105)gtsug lag khang rtsig pa'I shing 'dI nas slong ba 'dI / bdag la 'gam 'am cI zer ba zhig snyam nas / 'dod na rIl gyIs khyer cIg ces bgyIs pa las / / 'phags pa dgra bcom bas[14] skyin ba'i chags[15] bshad bgyIs nas / / phyag brnyan / (106)bdun mchis pas / / mtshan gcIg tu shing kun rtsa ton du rang byung ste / / lnga drug tsam zhig pam por bsdogs nas / / kham sheng[16] logs su rang[17] mchI ba mthong nas / / de nas gtsug lag khang brtsigs ste / / de ni gtsug lag khang (107)or nyong zhes bgyI ba lags / / gtsug lag khang de lags nas / / slar klu'I rgyal por gyur te / / myIng ma dros klu'I rgyal po[18] zhes bgyI / / rgya gar yul gyI mying ni ro je gre ga na / bya rgod spungs pa'I ri la / sangs rgyas shag kya thub pa[19] (108)chos nyan du mchis pa las / chos[20] mnyan nas / / sangs rgyas kyIs lung bstan pa / / bskal pa 'dI'i phyed zad na / / sred[21] pa'i sangs rgyas su grub ste / dus gsum gyI sangs rgyas gyIs / / sems can rnams kyI don mdzad de / / khams gsuṃ[22] gyi sems (109)can cI ltar bsgral ba bzhin du / / mthu yod par gyur cig ces dbang bskur nas lung bstan to / /[23] lI yul 'u ten gyI dbus mtsho'i myig ni / / 'u ten gyI mkhar dngar ldan gyI nang na / tshong dus ched po'i glad na / / 'guṃ[24] tir gyI gtsug lag khang (110) pra ba sha'i sku gzugs sprul pa bzhugs pa'I zhabs kyi 'og lags ste / / mtsho'i myig ni da ltar yang / pra ba sha'I sku gzugs sprul pa'I zhabs kyIs mnan[25] te mchIs pa lags / / ༄༅/

[1] 其后有划掉的 mchod pa bgyId。[2] guṃ：*THT*, p. 271 径作 gum。[3] song：*THT*, p. 271 作 mong。[4] 其后有划掉的 ba。[5] shan：*THT*, p. 271 校作 can，本文从之。[6] bya：*THT*, p. 271 缺录。[7] 其后有划掉的 sha。[8] 其后有划掉的 rnams。[9] 其右上角有一表示插入的+号，而于此行下面小字插入一段话（'phags pa dgra bcom pa'i ......'shor gyi bu），并延伸写至卷子右边的上面。这段文字，拉露女士读作'phags pa dgra bcom pa'i mthu thob ste / dge slong 'phags pa dgra bcom ba'i mch- . . . no ga nje'u zhes bgyi ba dang spa ji yos kyi pho bo spa 'shor gyi bu /（*TTK*, pp. 89—90）；*THT*, p. 272 读作'phags pa dgra bcom pa'i mthu thob ste / dge slong 'phaḍ pa dgra bcom ba tI ma bho ga je'u zhes bgyi bar mchis pa'i pho bo sa mas gyi nu。

按这段文字的上升部分于《法国国立图书馆藏藏文文书选集》的黑白图版上难以辨识，但据IDP提供的彩色图版基本可读。现重新释读并转写如上。［10］ba：*THT*，p. 272 作 pa。［11］sheng：*THT*，p. 273 误作 shes。［12］sa：*TLTD* I，p.321 作 s[y]a。［13］bslangs：*THT*，p.273 校作 smras。［14］bas：*THT*，p.273 作 pas。［15］基字 cha 上有划掉的元音 I，录文据 *TLTD* I，p. 321，n.14 和 *TTK*，p. 90。*THT*，p. 273 作 tshigs。［16］其后有划掉的 du。［17］rang 字写在后面的 mchI 字下。［18］其后有划掉的 cha。［19］pa：*THT*，p. 274 校作 par。［20］chos：*THT*，p. 274 误作 tshos。［21］sred：*THT*，p.274 校作 srid。［22］gsuṃ：*THT*，p.274 径作 gsum。［23］/ /：其上有一表示插入的+号，但下面无字。［24］'guṃ：*THT*，p. 274 径作 'gum。［25］前加字 ma 后有一划掉的 na。

天竺国有王名末部送达('Bal bu song dar)①，其司库(dkor pa)②(87)施黎袒 (Shi ri dan)③虔诚敬信正法，具大悲心，所有财物皆献给三宝作供养，［或］向穷人发放布施。财物(88)和仆役用尽，［遂成］赤贫。国王闻之，救济④而赐［他］许多仆役和财物。这些［他］亦献给三宝作供养。尔时，(89)五百粟特(Sog dag)⑤商人［前往］彼国王之境⑥，未至而迷途，

① 'bal bu song dar：托玛斯推测梵文可能是 Prabhusundara（*TLTD* I，p. 318，n. 11）。

② dkor pa：据张怡荪主编《藏汉大辞典》，意为“司库”和“庙产管理人”（第62页）。榊亮三郎《飜譯名義大集》有 dkorgyi bla 一词，梵文作 gañja-pati，汉译“管库的、司库”(第257页，3701号)。

③ shi ri dan：梵文可能是Śrīdhana，意为“祥财”。参见 *TLTD* I，p. 318，n. 11；*TTK*，p. 105.

④ 原文 bul sod，*TLTD* I，p. 319 和王尧、陈践译注《敦煌吐蕃文献选》第156页均译作“救济”，本文从之。

⑤ sog dag：参见 *TLTD* I，p. 319，n. 4；Fang-kuei Li，“Notes on Tibetan *Sog*”，*Central Asiatic Journal* 3，1957/1958，pp. 139–140；*TTK*，p. 106；Helmut H. R. Hoffmann，“The Tibetan Names of the Saka and the Sogdians”，*Asiatische Studien* 25，1971，pp.440–455.

⑥ 原文'dab，*TLTD* I，p.319 译作 province。王尧、陈践译注《敦煌吐蕃文献选》第156页译作“这边”。笔者认为'dab 可能是'dabs 字（意为“旁侧、近处”）之误，yul 'dabs 或有“边境”之意。

面临死亡，故向魔鬼阿伽斯黎（A ga skrI）请求护佑，誓愿道："若找到道路而得不死，(90)到达[彼]境，将以一活人供养。"请毕重又找到道路，遂至末部送达国王之境。［尔后众商人］聚会商谈供养魔鬼之人，为(91)司库施黎祖所闻。施黎祖窃思："我自无数世代以来，如车轮运转一般，于世间不停轮回流转，我[1]对如是［轮回］不知厌离，(92)不曾停止轮回。今我爱惜此劣身何益？亦当思爱惜他人之身，［将他们］自畏惧中解救。不如让如是众多粟特商人(93)如愿以偿。"想毕［司库］遂将其身卖给粟特人，身价所得之财亦献给三宝作供养及向穷人发放布施。(94)［尔后司库］对粟特人言道："你等请垂示，任何教敕，［我］都接受。"粟特人令施黎祖沐浴，以铁(95)链系之，缚于铁桩之上，如同煮肉一般，以火烧之。施黎祖以大信力故，诸天、龙护佑之，天亦降雨，故炙热之火(96)未能使之伤害。粟特人遂将他释放。施黎祖又想："我已使四赡部洲一切四生[2]之饮食满足，(97)具大福德，我当先得证无上果，逝后于某处之大海子转生为王，于四方令四赡部洲降雨。"(98)誓愿毕，［司

① 原文 she dag，可能是 she bdag 之误，意为"我"（西北民族学院藏文教研组编《藏汉词典》，第 882 页）。

② 原文 skye ba rnam bzhi，可能指众生出世的四种方式，即胎生、卵生、湿生、化生。

库］于彼海子转生为龙王，名曰阿那婆达（A 'da' bad）①。［他］又致力于在坎城创建和发展佛教，修造伽蓝，(99)以愿力故，转生为坎城萨波

① a 'da 'bad：即文书第107行的无热（Ma dros）龙王。汉译又作“阿耨达龙王”、“阿那婆达多龙王”等，于阗文作Anavadatä，梵文作Anavatapta。参见榊亮三郎《飜譯名義大集》上册，第228页，3239号；*TTK,* p. 107。也见于近年和田丹丹乌里克发现的一份于阗文护身符，见P. O. Skjærvø，“A Khotanese Amulet”，pp. 387–401；段晴《明咒护身符》，第273—274页。《大唐西域记》卷一：“则瞻部洲之中地者，阿那婆答多池也，（原注：唐言无热恼。旧曰阿耨达池，讹也。）在香山之南，大雪山之北，周八百里矣。金、银、琉璃、颇胝饰其岸焉。金沙弥漫，清波皎镜。八地菩萨以愿力故，化为龙王，于中潜宅，出清冷水，给赡部洲。是以池东面银牛口，流出殑伽河，（原注：旧曰恒河，又曰恒伽，讹也。）绕池一匝，入东南海；池南面金象口，流出信度河，（原注：旧曰辛头河，讹也。）绕池一匝，入西南海；池西面琉璃马口，流出缚刍河，（原注：旧曰博叉河，讹也。）绕池一匝，入西北海；池北面颇胝师子口，流出徒多河，（原注：旧曰私陁河，讹也。）绕池一匝，入东北海。或曰潜流地下出积石山，即徒多河之流，为中国之河源云。”（上册，第39页）两处所述相合，文书所言司库转世的阿那婆达龙王当即《大唐西域记》所载八地菩萨于阿那婆答多池化生的龙王。另据昙无谶译《大方等大集经》卷二十二《虚空目分》第十，此龙王有三位弟弟，分别是龟兹国龙王海德、于阗国龙王乐藏宝、波罗越国龙王山德（CBETA本《大正藏》第13册，第156c—157a页）。看来正如段晴教授所说，阿那婆达多龙王在古代丝路沿线的佛教信仰地区曾经十分著名（段晴《明咒护身符》，第274页），而文书此处所述正是此龙王的来历及其在于阗的主要事迹。又，关于这位龙王名字的由来，西晋法立和法炬译《大楼炭经》卷一《阎浮利品》有详细说明，抄录如下：

何谓为阿耨达龙？过阿耨达龙，天下余诸龙王以三热见烧。阿耨达龙王不以三热见烧。复次天下诸余龙王，过阿耨达龙王，余龙王热沙雨身上，烧炙燋革，燋革已烧肤，烧肤已烧筋，烧筋已烧骨，烧骨已烧髓，烧炙甚毒痛。过阿耨达龙王，余龙王皆见热，阿耨达龙王独不热，是故名为阿耨达。是为第一事。复次天下过阿耨达龙王，余龙王起淫欲事相向时，热风来吹其身，燋龙身，即失无颜色得蛇身，便恐不喜，天下诸所龙王过阿耨达，诸龙王得热，阿耨达龙王独无热，是故名为阿耨达。是为二事。复次天下诸龙王，过阿耨达龙王，余龙王，诸金翅鸟王悉入其宫，悉恐怖取食之。若金翅鸟自念言欲入阿耨达龙王宫，适念是便自无央数灾变及其身。过阿耨达龙王，天下余龙王皆见是毒热，阿耨达龙王独不见热，是故名阿耨达。是为三事。以三事故，名为阿耨达龙王（CBETA本《大正藏》第1册，第278c—279a页）。

关于这位龙王，还可参见西晋竺法护译《佛说弘道广显昧经》（CBETA本《大正藏》第15册，第488b—506c页）、藏文《无热龙王请问经》（*'Phags pa klu'i rgyal po ma dros pas zhus pa zhes bya ba theg pa chen po'i mdo*）（德格版《甘珠尔》经部pha函，58卷，第206a1—253b7叶）等。

(sPa)① 持友（'Ji yos）之子，于于阗都城之陀驴帝伽蓝出家②，获尊者阿罗汉之威力。比丘尊者阿罗汉名囊偈昭（No ge je'u)③者与萨波持友之兄、［即］萨波阿赏（'Shor）之子尊者阿罗汉萨婆黎（Sa pri)④₍₁₀₀₎弟兄二人⑤原住陀驴帝伽蓝，［后］去坎城，为作善友，自于阗都城向名迦道上行去。［二位尊者］到达名迦时，₍₁₀₁₎于一位萨波之门前见到优良

---

① spa：于阗文作 spāta 或 spā，汉文作“萨波”，意为“领导、首长”，负责征税等事宜。见 H. W. Bailey，*Khotanese Texts*，IV，pp. 55，173–176；张广达、荣新江《〈大历三年三月典成铣牒〉跋》，第 109 页；池田温《麻扎塔格出土盛唐寺院支用簿小考》，敦煌研究院编《段文杰敦煌研究五十年纪念文集》，北京：世界图书出版公司，1996 年 8 月，第 219 页；吉田豊《Sino—Iranica》，《西南アジア研究》第 48 号，1998 年，第 45 页；Yutaka Yoshida，“Some Reflections about the Origin of *čamūk*”，森安孝夫編《中央アジア出土文物論叢》，京都：朋友書店，2004 年，第 132—133 页；文欣《于阗国官号考》，《敦煌吐鲁番研究》第 11 号，上海：上海古籍出版社，2008 年，第 133—138 页。

② thar par zhugs：直译为“入解脱”，王尧、陈践译注《敦煌吐蕃文献选》第 157 页译作“出家”，本文从之。

③ no ge je'u：托玛斯认为 no ge 可能来自梵文 nāga，即龙（*TLTD* I，p. 320，n. 10；*TTK*，p. 98）。Hoernle.143a 有僧人名 no ge 'dra shil 和 no ge 'dradra，见 Tsuguhito Takeuchi，*Old Tibetan Manuscripts from East Turkestan in the Stein Collection of the British Library*，no. 358.

④ sa pri：《于阗国授记》有尊者阿罗汉名 sPyi pri，是于阗王尉迟 Kīrti 的善友（D 182a1，a3），两者或可勘同。参见 *TTK*，p.98.

⑤ pha spun po gnyis：*TLTD* I，p. 320 译作...and his paternal relative，these two；*TTK*，p. 90 校作 pha spun gnyis po；陈践、王尧校作 pha spad po gnyis（*THT*，p. 272），译作“父子俩”（王尧、陈践译注《敦煌吐蕃文献选》，第 157 页）。从上下文分析，这里的 pha spun po gnyis 是指 No ge je'u 和 Sa pri 弟兄二人。按 pha spun 一词收入达斯编《藏英词典》，意为 brothers by the same father，父系兄弟（Sarat Chandra Das，*A Tibetan-English Dictionary*，p. 815）；又收入张怡荪主编《藏汉大辞典》，释义为（1）父亲和叔伯，（2）父系弟兄（第 1695 页）。另据 Martin Brauen 在拉达克地区的调查，pha spun 指一种社团成员，这种社团往往由 2—10 户左右（最常见者为 4—6 户）家庭组成，他们具有相互的权利和义务，敬奉共同的护法神（pha lha），而且共同拥有焚化死者的火炉（“The Pha—spun of Ladakh”，in Michael Aris and Aung San Suu Kyi ed.，*Tibetan Studies in Honour of Hugh Richardson*，Warminster，England: Aris and Phillips *LTD.*，1980，p. 54）。看来，pha spun 这个词有悠久的历史，其含义古今有所变化。

之大蒲柳树。尔后抵达坎城。二位尊者相互较量，决定谁先［建成］伽蓝，(102)谁先击犍槌。尊者萨婆黎［所建之］梧棒（'Go bang)[①]伽蓝地方，昔日乃一大海子。［他］向龙［王］求得［修建］伽蓝之地基，［尔后］向下倾移海子，(103)即今陀罗唯西罗（'Dre'u se ra）海子。尊者萨婆黎及时迅速地建一茅屋，立即击起犍槌。在于阗语中，茅屋称为'Gō bang。尊者阿罗汉(104)囊偈昭先考察踒喁（Or nyong）伽蓝之地基，尔后前去名迦，对［前述］那位萨波言道："我欲于坎城建一伽蓝，乞赠全部大［蒲柳］树。"萨波窃思："在坎城(105)建伽蓝而于此求取树木，是试探我[②]吗？"说："若想要，可全部取之。"尊者阿罗汉讲了偿还的事[③]，即有仆人(106)七位来，一夜间树皆连根自起，约五六根束为一捆，向坎城自行而去，［为人］所见。于是建成伽蓝，此即踒喁伽蓝。(107)于此伽蓝，［尊者］复转生为龙王，名曰无热龙王。［无热龙王］前往天竺国王舍城(Ro je gre ga)[④]之灵鹫山(Bya rgod spungs pa'I ri)[⑤]听释迦牟尼佛(108)讲法。听法毕佛授记道："此劫至半时，［你］将如愿成佛。［你］将如三世诸佛利益众生、(109)救度三界有情一般具有威力。"言毕加持且做授

---

① 'go bang：参见上文"梧棒"（'Gun 'bang）条。

② 原文 bdag la 'gam，意思不明。*TLTD* I，p. 321 译作 an advantage for me，对我有利。王尧、陈践译注《敦煌吐蕃文献选》第 158 页译作"对我的试探"。按'gam 字在各种字典中均释为"干吞/吃"（Sarat Chandra Das，*A Tibetan-English Dictionary,* p. 289；西北民族学院藏文教研组编《藏汉词典》，第 176 页；张怡荪主编《藏汉大辞典》，第 489 页)，bdag la 'gam，直译为"吃我"，或有"试探"之意。现参考前人译文，姑且翻译如上。

③ 原文 skyin ba'i chags，*TLTD* I，p. 321 译作 the occasion(?) of the loan，借期（?）。王尧、陈践译注《敦煌吐蕃文献选》第 158 页译作"回向"。按 skyin pa 收于张怡荪主编《藏汉大辞典》，意为"偿还物、借人财物后偿还的代替品"（第 147 页）。chags 字此处意思不明，张怡荪主编《藏汉大辞典》收有 chags rgya 一词，意为"借约"（第 779 页）。现综合文意，姑且翻译如上。

④ ro je gre ga：梵文还原作 Rājagṛha，藏文作 rgyal po'i khab。参见榊亮三郎《翻譯名義大集》上册，第 277 页，4107 号；*TLTD*，I，p. 322，n. 5；*TTK*，p. 104.

⑤ bya rgod spungs pa'I ri：梵文作 Gṛdhrakūṭaparvata。参见榊亮三郎《翻譯名義大集》上册，第 278 页，4115 号；*TTK*，p. 101.

记。于阗都城地方中间之海眼(mtsho'i myig)①，在于阗都城苏蜜城堡里面、大集市上方、瞿摩帝伽蓝 (110)婆罗跋舍［佛堂］之化身佛像的脚下。海眼今仍为婆罗跋舍［佛堂］的化身佛像之足所镇压。

于阗二部僧伽之数

lI yul 'u ten na / dge 'dun sde gnyis (111)kyI grangs / / dge 'dun pho smos gnyIs la / / bzhI stong bdun brgya lhag tsam bzhugs / gyIl yang man cad / ko sheng dang / dur ya yan cad na / dge 'dun pho smos gnyis la / lnga brgya sum cu tsam bzhugs / / kam sheng na dge 'dun (112)sde gnyis la nyis brgya lnga bcu tsam bzhugs ste / / gyIl yang man cad / ko sheng dang / 'u ten gzhi[1] dang / kam sheng yan cad na / spyIr dge 'dun sde gnyis las / rkyen pa dang 'tsho ba sgos sbyor yan cad lnga stong bzhi (113)bgya brgyad cu tsam bzhugs ste / / da ltar yang dge 'dun de dag gI nang na yang / / byang cub[2] sems pa thabs kyIs rol cIng sems shan[3] gyI don mdzad cIng sprul pa yang mang du gzhugs so / / dar ma mdo sde su rya ga rba dang / (114)tsan dra ga rba dang / bye ma la pri tsa'I gzhung[4] las mdo tsam zhig / mkhan po mo rgu bde shIl gyIs / gsar du bsgyuro / / lI yul chos kyI lo rgyus kyI dpe'[5]/ / zhus /

［1］其后有划掉的 man ca。*TTK*, p. 91 和 *THT*, p. 274 读作 man ca，校作 man cad。［2］cub：*THT*, p. 275 作 chub。［3］shan：*THT*, p. 275 校作 can，本文从之。［4］前加字 ga 前有划掉的 ma。［5］dpe'：*THT*, p. 275 作 dpe'i。

于阗都城地方之二部僧伽(111)之数，比丘、比丘尼二者共约四千七百

① mtsho'i myig：王尧、陈践译注《敦煌吐蕃文献选》第 158 页译作“海心”。

余人。自吉良(gyIl yang)[①]至固城和度野，比丘、比丘尼二者共约五百三十。坎城之二部僧伽(112)约二百五十。自吉良至固城、于阗都城地方和坎城，二部僧伽，包括家人（las / rkyen pa）和拥有私产者在内，共约五千(113)四百八十。至今于彼诸僧伽中，许多乃是菩萨以方便化身，利益众生。简要录自佛经[②]《日藏经》(*Su rya ga rba*)[③]、(114)《月藏经》（*Tsan dra ga rba*)[④]和《无垢光请问经》，大德论道沙门新译，《于阗教法史》抄本，校毕。

① gyIl yang：《于阗国授记》作 gyil kyang（D 188a4），当即《新唐书·地理志》七下所记于阗西三百九十里的吉良镇，地在今皮山县西南的克里阳（Kilian）。参见 F. W. Thomas, "The Language of Ancient Khotan", pp. 259–261；王小甫《唐·吐蕃·大食政治关系史》，北京：北京大学出版社，1995 年，第 116 页；朱丽双《唐代于阗的羁縻州与地理区划研究》，第 82—83 页。

② dar ma mdo sde：*TLTD* I，p. 323 作 Dar–ma–sūtras，王尧、陈践译注《敦煌吐蕃文献选》第 158 页作“经藏”。按 Dar ma 源自梵文 dharma，相当于藏文的 chos（Kurtis R. Schaeffer and Leonard W. J. van der Kuijp，*An Early Tibetan Survery of Buddhist Literature: The Bstan pa rgyas pa rgyan gyi nyi ‘od of Bcom ldan ral gri*，Cambridge，Mass.: The Harvard Orental Series，The Department of Sanskrit and Indian Studies，Harvard University，2009，pp. 3–4），意为“佛法”，dar ma mdo sde，即指佛经。

③ su rya ga rba：梵文还原作 *Sūryagarba*，藏文作 *Nyi ma'i snying po'i mdo*。参见 *TLTD* I，p. 323；*TTK*，p. 106.

④ tsan dra ga rba：梵文还原作 *Candragarba*，藏文作 *'Phags pa Zla ba'i snying pos zhus pa* 或简称 *Zla ba'i snying po*。参见 *TLTD* I，p. 323；*TTK*，p. 99。按和田出土有梵文写本《月藏经》残片，见 Hoernle 文书 No.143a，收入 A. F. Rudolf Hoernle，*Manuscript Remains of Buddhist Literature Found in Eastern Turkestan*，First edition，Oxford 1916；Reprinted，St. Leonards：Ad Orientem，1970，pp. 103–108.

参考文献

一、西文部分

Akagi, T. "Six 10th Century Royal Seals of the Khotan Kingdom", *New Studies of the Old Tibetan Documents: Philology, History and Religion* (Old Tibetan Documents Online Monograph Series vol.III), eds. by Y. Imaeda, M. T. Kapstein and T. Takeuchi, Tokyo, 2011, pp. 217–229.

——. "The Genealogy of the Military Commanders of the Guiyijun from Cao Family", *Dunhuang Studies: Prospects and Problems for the Coming Second Century of Research*, eds. by Irina Popova and Liu Yi, St.Petersburg: Slavia, 2012, pp.8–13.

Asmussen, J. P. *The Khotanese Bhadracaryādeśanā. Text, Translation and Glossary together with the Buddhist Sanskrit Original,* Copenhagen, 1961.

Bailey, H. W. "An Itinerary in Khotanese Saka", *Acta Orientalia* XIV.4, 1936, pp. 258–267+2pls.

——. "Vajra-prjñā-pāramitā", *Zeitschrift der Deutschen Morgenlä-ndischen Gesellschaft* 92: 2–3, 1938, pp. 575—593, 605–606.

——."Rāma", *Bulletin of the School of Oriental Studies* X.2, 1940, pp. 365–376.

——."Rāma II", *Bulletin of the School of Oriental and African Studies* X.3, 1940, pp. 559–598.

——."Hvatanica IV", *Bulletin of the School of Oriental and African Studies* X.4, 1942, pp. 886–924.

——."Kanaiska", *Journal of Royal Asiatic Society* 1942, 14–28, 1942, p. 250.

——."A Turkish-Khotanese Vocabulary", *Bulletin of the School of Oriental and African Studies* XI.2, 1944, pp. 290–296.

——.*Khotanese Texts*, I, II, III, V, VII, 1954, 1956, 1963, 1985

——. "Seven Princes", *Bulletin of the School of Oriental and African Studies* XII. 3–4, 1948, pp. 616–624.

——."A Khotanese Text concerning the Turks in Kantsou", *Asia Major*, ns. I.1, 1949, pp. 28–52.

——.*Khotanese Buddhist Texts*, 1st ed. 1951; revised ed., Cambridge, 1981.

——."The Staël-Holstein Miscellany", *Asia Major*, ns. II.1, 1951, pp. 1–45.

——."Vijaya Sangrāma", *Asia Major*, ns.VII.1–2, 1959, pp. 11–24.

——. "The Preface to the *Siddhasāra-śāstra*", *A Locust's Leg. Studies in Honour of S. H. Taqizadeh*, London, 1962, pp. 31–38.

——."The Profession of Prince Tcūṃ-ttẹhi", *Indological Studies in Honor of W. Norman Brown*, ed. E. H. Schafer, New Haven, 1962, pp. 18–22.

——."Romantic Literature in Early Khotan", *Mélanges d'orientalisme offerts à Henri Massé à l'occasion de son 75ème anniversaire*, Téhéran, 1963, pp. 17–20.

——. "Śrī Viśa Śūra and the Ta-uang", *Asia Major*, ns. XI.1, 1964, pp. 1–26.

——. "Lyrical Poems of the Sakas", *Dr. J. M. Unvala Memorial Volume*, Bombay, 1964, pp. 1–5.

——. "Viśa Saṃgrāma", *Asia Major*, ns. XI.2, 1965, pp. 101–119.

——. "A Metrical Summary of the *Saddharmapundarīka-sūtra* in Gostana-deśa", *Bulletin of Tibetology* II.2, 1965, pp. 5–7.

——. "Vajrayāna Texts from Gostana", *Studies of Esoteric Buddhism and Tantrism in Commemoration of the 1150th Anniversary of the Founding of Koyasan*(《高野山開創千百五十年記念：密教学密教史論文集》), 高野山大学, 1965, pp. 27–40.

——. "The Sudhana Poem of Ṛddhiprabhāva", *Bulletin of the School of Oriental and African Studies* XXIX.3, 1966, pp. 506–532.

——. "A Tale of Aśoka", *Bulletin of Tibetology* III.3, 1966, 5–11.

——. *Saka Documents* (Corpus Inscriptionum Iranicarum, Part II: Inscriptions of the Seleucid and Parthian Period and of Eastern Iran and Central Asia, Vol.V: Saka): Plates. Portfolio. IV, London, 1967.

——. "Altun Khan", *Bulletin of the School of Oriental and African Studies* XXX.1, 1967, pp. 95–104.

——. *Saka Documents, Text Volume*, London, 1968.

——. *Sad-dharma-puṇḍarīka-sūtra. The Summary in Khotan Saka*, Canberra, 1971.

——. "The Kingdom of Khotan", *Papers on Far Eastern History* IV, 1971, pp.1–16.

——. "The Story-telling in Buddhist Central Asia", *Acta Asiatica* 23, 1972, pp. 63–77.

——."The Khotanese Summary of the *Sad-dharma-puṇḍarīka -sūtra* ",《大正大学研究纪要》第 57 号,1972,pp. 530–526.

——."The *Pradaksina-sūtra* of Chang Tsiang-kuin",*Buddhist Studies in Honour of I. B. Horner*,eds. L. Cousins et al.,Dordrecht–Boston,1974, pp. 15–18.

——." *Mahāprajñpāramitā - sūtra*", *Prajñāpāramitā and Related System.Studies in Honor of Edward Conze*,ed. L. Lancaster,Berkeley, 1977,pp.153–162.

——."Vajrayāna in Gostana-deśa",*The Journal of the International Association of Buddhist Studies* I. 1,1978,pp. 53–56.

——.*Dictionary of Khotan Saka*,Cambridge,1979.

——."The Great Prince Tcūṃ-ttehi",*Studies in Indo-Asian Art and Culture* vol. VI,ed. L. Chandra, 1980,pp. 49–50.

——.*The Culture of the Sakas in Ancient Iranian Khoṭan*,New York,1982.

——."Khotanese Saka Literature",*The Cambridge History of Iran* 3 (2):*The Seleucid, Parthian and Sasanian Periods,* ed. E.Yarshater, Cambridge, 1983,pp. 1230–1243.

Bailey,H. W. & E. H. Johnston."A Fragment of the Uttaratantra in Sanskrit",*Bulletin of the School of Oriental Studies* VIII.1,1935,pp. 77–89+pl.II.

Bazin,L. *Les systemes chronologiques dans le monde turc ancien*, Budapest,1991.

Brough,J. "Legends of Khotan and Nepal",*Bulletin of the School of Oriental and African Studies* XII.2,1948,pp. 333–339; also in: *John Brough Collected Papers*,pp. 47–53.

Chandra,L. "Tun-huang as Power and Virtue",*Acta Orientalia*

Academiae Scientiarum Hungaricae 55: 1–3, 2002, pp. 89–98.

Clauson, G. L. M. "The Geographical Names in the Staël -Holstein Scroll", *Journal of Royal Asiatic Society*, 1931, pp. 297–309.

——. "The Turkish-Khotanese Vocabulary Rre-edited", *İslâm Tikikleri Enstitüsü Dergisi* V, 1973, pp. 37–45.

Conze, Ed. *The Prajñāpāramitā Literature*, 2nd ed. revised and enlarged, Tokyo, 1978.

Csongor, B. "A Chinese Buddhist Texts in Brāhmī Script", *Unicorn (Chi-lin)* 10, 1972, pp. 36–77.

Degener, A. "Zur Übersetzungstechnik in der khotanischen *Vajracchedikā*", *Zeitschrift der Deutschen Morgenländischen Gesellschaft* 139: 2, 1989, pp. 346–367.

Dresden, M.J. "Jātakastava or 'Praise of the Buddha's Former Births'", *Transactions of the American Philosophical Society*, ns. 45:5, 1955, pp. 397–508.

——. "Notes on Khotanese Poetry", *Indological Studies in Honor of W. Norman Brown*, New Haven, 1962, pp. 42–50.

——. "A Lyrical Poem in Khotanese, Part I: Text", *Beiträge zur Indienforschung. Ernst Waldschmidt zum* 80. *Geburtstag gewidmet*, Berlin, 1977, pp. 81–103.

——. "Khotanese (Saka) Manuscripts: A Provisional Handlist", *Varia 1976* (Acta Iranica 12), Téhéran-Liège-Leiden, 1977, pp. 27–85.

Duan Qing. *Das Khotanische Aparimitāyuh-sūtra. Ausgabe, Übersetzu-ng, Kommentar und Groβa*, Reinbeck–Stuttgart, 1992.

Dudbridge, G. & R. E. Emmerick. "Pelliot tibétain 0821", *Studia Iranica* 7:2, 1978, 283 285+pl. XV.

Eliasberg, D. "Les signatures en forme d'oiseau dans les manuscrits chinois de Touen-houang", *Contributions aux études sur Touen-houang*, ed. M. Soymié, Genève-Paris, 1979, pp. 29–44.

Emmerick, R. E. "A Khotanese Fragment: P 5536 bis", *Hommage et opera minora, Monumentaum H. S. Nyberg I* (Acta Iranica 4), Téhéran-Liège-Leiden, 1975, pp. 223–236.

——. "The Confession of Acts", *Varia 1976* (Acta Iranica 12), Téhéran -Liège-Leiden, 1977, pp. 87–115.

——. "The Concluding Verses of the Khotanese *Vajracchedikā*", *Prajñāpāramitā and Related System. Studies in Honor of Edward Conze*, ed. L. Lancaster, Berkeley, 1977, pp. 83–92.

——. "Three Monsters in Khotan", *Studia Iranica*, VI.1, 1977, pp. 65–74.

——. *A Guide to the Literature of Khotan*, 1st ed., Tokyo, 1979.

——. "Contributions to the Study of the *Jīvaka-pustaka*", *Bulletin of the School of Oriental and African Studies* XLII.2, 1979, pp. 235–243.

——. "The Historical Importance of the Khotanese Manuscripts", *Prolegomena to the Sources on the History of Pre-Islamic Central Asia*, ed. J. Harmatta, 1979, pp. 167–177.

——. "The Verses of Prince Tcūṃ-ttehi:", *Studia Iranica* 9 : 2, 1980, pp. 185–193.

——. *The Siddhasāa of Ravigupta*. vol. 1: The Skaskrit Text, Wiesbaden, 1980.

——. "A Stanza from the Verses of Prince Tcūṃ-ttehi:", *Societies and Languages of the Ancient Near East. Studies in Honour of I. M. Diakonoff*, eds. M. A. Dandamayev et al., Warminster, 1982, pp. 62–63.

——. *The Siddhasāra of Ravigupta*. vol. 2: The Tibetan version with facing English translation (VOHD Supplementbände 23.2), Wiesbaden,

1982.

——. "Buddhist among Iranian Peoples", *The Cambridge History of Iran* 3(2): *The Seleucid, Parthian and Sasanian Periods*, Cambridge, 1983, pp. 949–964.

——. "Research on Khotanese: A Survey (1979—1982)", *Middle Iranian Studies*, eds. W. Skalmowski & A. van Tongerloo, Leuven, 1984, pp. 127–145.

——. "A Khotanese Version of the *Sūtra of the Lord of Healing*", *Buddhism and Its Relation to Other Religions. Essays in Honour of Dr. Shozen Kumoi on his seventieth Birthday* (《雲井昭善博士古稀記念;仏教と異文化》), Kyoto, 1985, pp. 225–232.

——. "Some Verses from the *Lankāvatārasūtra* in Khotanese", *A Green Leaf. Papers in Honour of Professor Jes P. Asmussen* (Acta Iranica 28), Téhéran-Liège-Leiden 1988, pp. 125–133.

——. *A Guide to the Literature of Khotan*, 2nd ed. revised and enlarged, Tokyo, 1992.

——. "The Dunhuang MS. Ch 00120: Its Importance for Reconstructing the Phonological System of Khotanese", *Turfan and Tun-huang. The Texts, Encounter of Civilizations on the Silk Route*, ed. A. Cadonna, Firenze, 1992, pp. 145–170.

——. "*The Mahāusauvarcalādi Ghee*", *Memoriae munusculum. Gedenkband für A. von Gabain*, eds. K. Röhrborn & W. Veenker, Wiesbaden, 1994, pp. 29–42.

——. "From the *Mañjuśrīnairātmyāvatārasūtra*", *Bauddhavidyāsudhākarah. Studies in Honour of Heinz Bechert on the Occasion of his 65th Birthday*, eds. P. Kieffer-Pültz & J.-U. Hartmann, Swisttal-Odendorf, 1997, pp. 81–90.

——. "Two Problems in the Khotanese Rāmāyana ", *Language and Scripts of Central Asia,* eds. Sh. Akiner & N. Sims-Williams, London, 1997, pp. 25–29.

——. "More Verses from the *Mañuśrīnairātmyāvatārasūtra", Sūryacandrāya . Essays in Honour of Akira Yuyama on the Occasion of his 65th Birthday,* eds. P. Harrison & G. Schopen, Swisttal-Odendorf, 1998, pp. 33–42.

Emmerick, R. E. & E. G. Pulleyblank. *A Chinese Text in Central Asian Brāhmī Script. New Evidence for the Pronunciation of Late Middle Chinese and Khotanese,* Roma, 1993.

Emmerick, R. E. & A. Róna-Tas . "The Turkish-Khotanese Wordlist revisited", *Central Asiatic Journal* 36: 3–4, 1992, pp. 199–241.

Filigenzi, A. & M. Maggi, "Pelliot tibétain 2222: a Dunhuang Painting with a Khotanese Inscription", *Journal of Inner Asian Art and Archaeology,* III, ed. J. Lerner and L. Russel-Smith, 2009, pp. 83–89.

Hamilton, J. "Autour du manuscrit Staël-Holstein ", *T'oung Pao* XLVI, 1958, pp. 115–153.

——. "Le pays des Tchong-yun, Čungul , ou Cumuda au Xe siè-cle", *Journal Asiatique* 265, 1977, pp. 351–379.

——. "Les règnes khotanais entre 851 et 1001", *Contributions aux études sur Touen-houang,* ed. M. Soymié, Genève-Paris, 1979, pp. 49–54.

——. "Sur la chronologie khotanaise au IXe-Xe siècle ", *Contributions aux études de Touen-houang* III, ed. M. Soymié, Paris, 1984, pp. 47–53.

——. *Manuscrits ouïgours du IXe-Xe siècle de Touen-houang. textes établis, traduits, et commentés,* I-II, Paris, 1986.

Hansen, V. "The Tribute Trade with Khotan in Lisht of Materials found at the Dunhuang Library Cave", *Bulletin of the Asia Institute, new series*, 19 (Iranian and Zoroastrian Studies in Honor of Prods Oktor Skjaervo), 2005 (2009), pp. 37–46.

Henning, W. B. "Argi and the 'Tokharians'", *Bulletin of the School of Oriental Studies* IX.3, 1938, pp. 545–571.

Hoernle, A. F. R. "The *Vajracchedikā*", *Journal of Royal Asiatic Society*, 1903, pp. 364–365.

——. *Manuscript Remains of Buddhist Literature found in Eastern Turkestan. Facsimiles (of Manuscripts in Sanskrit, Khotanese, Kuchean, Tibetan and Chinese) with Transcripts, Translations and Notes*, edited in conjunction with other scholars by A. F. R. Hoernle, with critical introductions and vocabularies [vol.I], Oxford, 1916.

——. "An Ancient Medical Manuscript from Eastern Turkestan", *Commemorative Essays to presented Sir Ramakrishna Gopal Bhandarkar*, Poona, 1917, pp. 415–432.

Hovdhaugen, E. "Turkish Words in Khotanese: A Linguistic Analysis", *Norsk Tidsskrift for Sprogvidenskap* XXIV, 1971, pp. 163–209.

Inokuchi, T. "The Translation of Buddhist Texts at Tun-huang", *Journal Asiatique* 269, 1981, pp.99–100; 收入作者《中央アジアの言語ヒ仏教》, 附録。

Konow, S. "The *Vajracchedikā* in the Old Khotanese Version of Eastern Turkestan", *Manuscript Remains of Buddhist Literature found in Eastern Turkestan*, Oxford, 1916, pp. 214–288, 330–356+pls.V-XI.

——. "The *Aparimitāyuh Sūtra*: the Old Khotanese Version together with the Sanskrit Text and the Tibetan Translation", *Manuscript Remains of Buddhist Literature found in Eastern Turkestan*, Oxford, 1916, pp. 289–356.

——. *Saka Versions of the Bhadrakalpikāsūtra*, Oslo, 1929.

——.*A Medical Text in Khotanese. Ch. II 003 of the India Office Library, with Translation and Vocabulary*, Oslo, 1941.

——. "The Khotanese Texts of the Staël-Holstein Scroll", *Acta Orientalia* XX, 1948, pp. 133–160.

Kumamoto, H. *Khotanese Official Documents in the Tenth Century A.D.*, University of Pennsylvania Dissertation, 1982.

——. "The Khotanese Documents of the Pelliot MS P.2786", *Proceedings of the Thirty-First International Congress of Human Sciences in Asia and North Africa, Tokyo-Kyoto 31st August-7th September 1983*, vol.2, ed. T. Yamamoto, Tokyo, 1984, pp. 987–989.

——. "Some Problems of the Khotanese Documents", *Studia Grammatica Iranica. Festschrift für Helmut Humbach*, eds. R. Schmitt & P. O. Skjærvø, München, 1986, pp. 227–244.

——. "Two Khotanese Fragments concerning Thyai Padä-tsā", *Tokyo University Linguistics Paper* 11, 1991, pp. 101–120.

——. "Some Khotanese Letters in Verse", *Tokyo University Linguistics Paper* 12, 1991, pp. 59–80.

——. "More Khotanese Letters and Verses", *Tokyo University Linguistics Paper* 13, 1993, pp. 145–184.

——. "Miscellaneous Khotanese Documents from the Pelliot Collection", *Tokyo University Linguistics Paper* 14, 1995, pp. 229–257.

——. "The Khotanese in Dunhuang", *Cina e Iran. Da Alessandro Magno alla Dinastia Tang*, eds. A. Cadonna e L. Lanciotti, Firenze, 1996, pp. 79–101.

——. "Textual Sources for Buddhism in Khotan", *Collection of Essays 1993. Buddhism across Boundaries-Chinese Buddhism and the Western Regions*, eds. E. Züricher, L. Sander et al., Taiwan, 1999, pp. 345–

360.

——. "The Concluding Verses of a *Lyrical Poem in Khotanese*", *Harānandalaharī. Volume in Honour of Professor Minoru Hara on his seventieth Birthday,* eds. R. Tsuchida & A. Wezler, Reinbek, 2002, pp. 143–154.

——."Paul Pelliot and the *Deśanā-parivarta* of the *Suvarṇabhāsasūtra*", *Bulletin of the Asia Institute,* new series, 19 (Iranian and Zoroastrian Studies in Honor of Prods Oktor Skjaervo), 2005 (2009), pp.77–82.

Lancaster, L. "A Study of a Khotanese PrjñāpāramitāTexts: After the Work of Sir Harold Bailey", *Prjñāpāramitā and Related System.Studies in Honor of Edward Conze*, ed. L. Lancaster, Berkeley, 1977, pp.163–183.

Laufer, B. *Jade. A Study in Chinese Archaeology and Religion*, Chicago, 1912.

——.*Sino-Iranica. Chinese Contributions to the History of Civilization in Acient Iran, with special reference to the history of cultivated plants and products*, Chicago, 1919.

Lévi , S. "Notes chinoises sur l'Inde, v: Quelques documents sur le bouddhisme Inden dans l'Asie centrale (première partie)", *Bulletin de l'École Française d'Extrême-Orient* V.3–4, 1905, pp.253–305.

Macdonald, A. et Y. Imaeda. *Choix de documents tibétaines conservés à la Bibliothèque nationale I, complété par quelques manuscrits de l'India office et du British Museum*, Paris, 1978.

Maggi, M. "Late Khotanese Numerals from 1 to 36 in Tibetan Transcription", *Proceedings of the Second European Conference of Iranian Studies, held in Bamberg, 30th September to 4th October 1991,* by the Societas Iranologica Europaea, eds. B. G. Fragner et al., Roma, 1995, pp. 425–443.

——. “A Chinese-Khotanese excerpt from the Mahasahasrapramardani”, *La Persia e l'Asia Centrale da Alessandro al X Secolo*, Roma, 1996, pp. 123–137.

——. “Preliminary Remarks Concerning an Edition of the Khotanese *Sudhanāvadāna* ”, *Turfan, Khotan und Dunhuang. Vorträge der Tagung “Annemarie v. Gavain und die Turfanforschung”*, veranstaltet von der *Berlin-Brandenburgische Akademie der Wissenschaften in Berlin (9.-12. 12.1994)*, eds. R. E. Emmerick, W. Sundermann, I. Warnke & P. Zieme, Berlin, 1996, pp.201–209.

——. *Pelliot Chinois 2928. A Khotanese Love Story*, Roma, 1997.

——. “Two Reinterpretations in the Khotanese *Sudhanāvadāna* ”, *Manuscripta Orientalia, International Journal for Oriental Manuscript Research* III.1, 1997, pp. 6–8.

——. “Canonical Quotations in the Khotanese *Book of VimalaKīrti* ”, *Buddhist Asia 1. Papers from the First Conference of Buddhist Studies held in Naples in May 2001*, eds. G. Verardi & S. Vita, Kyoto: Italian School of East Asian Studies, 2003, pp. 85–101.

——. “More Verses from the Khotanese *Book of Vimalakīti”, Religious Themes and Texts of Pre-Islamic Iran and Central Asia. Studies in Honour of Professor Gherardo Gnoli on the Occasion of his 65th Birthday on 6th December 2002*, eds. C. G. Cereti, M. Maggi & E. Provasi, Wiesbaden, 2003, pp. 247–255.

——. “Khotanese Literature”, *A History of Persian Literature . Companion volume 1: The literature of pre-Islamic Iran*, ed. E. Yarshater, New York, 2007, pp. 348–357.

Ning Qiang. “Doplomatic Icons: The Social and Political Meanings of the Khotanese Images in Dunhuang Cave 220", *Oriental Art* XLIV: 4, 1999, pp. 2–15.

——. *Art, Religion, and Politics in Medieval China. The Dunhuang Cave of the Zhai Family*, Honolulu, 2004.

Pelliot, P. "Un fragment du *Suvarṇaprabhāsasūtra* en iranien oriental", *Mémoires de la Société de Linguistique de Paris*, 18, 1913, pp. 89–125.

——. "Cotan", *Notes on Marco Polo* I, Paris, 1959, pp. 408–425.

——. *Grottes de Touen-Houang, carnet de notes de Paul Pelliot. inscriptions et peintures murales*, I-VI, Paris, 1981–1992.

Pulleyblank, E. G. "The Date of the Staël-Holstein Roll", *Asia Major*, ns. IV.1, 1954, pp. 90–97.

Rong Xinjiang. "Caves of the Thousand Buddhas", *Encyclopædia Iranica* V, 1992, pp. 97–99.

——. "Ye Changchi: Pioneer of Dunhuang Studies", *IDP NEWS*, No. 7, 1997, pp. 1–5+3pls.

——. "The Nature of the Dunhuang Library Cave and the Reasons of Its Sealing" (tr. V. Hansen), *Cahiers d'Extreme-Asie* 11 (1999–2000) (Nouvelles etudes de Dunhuang), ed. J.-P. Drège, Paris-Kyoto, 2000, pp. 247–275.

——. "Khotanese Felt and Sogdian Silver: Foreign Gifts to Buddhist Monasteries in Ninth and Tenth-Century Dunhuang", *Asia Major*, 3rd ser. XVII.1, 2004 (2005), pp. 15–34.

Schafer, Ed. H. *The Golden Peaches of Samarkand. A Study of T'ang Exotics*, Berkeley-Los Angeles, 1963.

Skjærvø, P. O. "The Khotanese *Hṛdayasūtra*", *A Green Leaf. Papers in Honour of Professor Jes P. Asmussen* (Acta Iranica 28), Téhéran-Liège-Leiden, 1988, pp. 157–171+pls. II-IV.

——.*Khotanese Manuscripts from Chinese Turkestan in the British Library.A Complete Catalogue with Texts and Translations*,with contribution by U.Sims-Williams,London: British Library Publishing,2002.

——."Fragments of the *Ratnakūta-sūtra* (*Kāśyapaparivarta*) in Khotanese",*Religious Themes and Texts of Pre-Islamic Iran and Central Asia. Studies in Honour of Professor Gherardo Gnoli on the Occasion of his 65th Birthday on 6th December 2002*,eds. C. G. Cereti,M. Maggi & E. Provasi,Wiesbaden,2003,pp. 409–420,pls.11–12.

——.*The Most Excellent Shine on Gold,King of Kings of Sutras. The Khotanese Suvarnabhāsottamasūtra*. Vol. I: The Khotanese text with English translation and the complete Sanskrit text; Vol II: Manuscripts, commentary,glossary,indexes (Central Asian Sources V–VI),Cambridge (Mass.),Harvard University. The Department of Near Eastern Languages and Civilizations,2004.

——."Iranians,Indians,Chinese and Tibetans: the Rulers and Ruled of Khotan in the First Millennium",*The Silk Road. Trade,Travel,War and Faith*,eds. S. Whitfield & U. Sims-Williams,London,2004,pp. 34–42.

Soper,A. C."Representations of Famous Images at Tun-huang",*Artibus Asiae* XXVII.4,1965,pp. 349—364+figs.1–9.

Soymié ,M."Quelques representations de statues miraculeuses dans les grottes de Touen-houang",*Contributions aux études de Touen-houang III*,ed. M. Soymié,Paris,1984,pp. 77–102.

Spanien,A. et Y. Imaeda.*Choix de documents tibétaines conservés à la Bibliothèque nationale I,complété par quelques manuscrits de l'India office et du British Museum*,Paris,1979.

Stein,M.A. *Ancient Khotan. Detailed Report of Archaeological Explorations in Chinese Turkestan*,2 vols.,Oxford,1907.

——.*Serindia. Detailed Report of Explorations in Central Asia and Westernmost China*, 5 vols., Oxford, 1921.

——.*Innermost Asia. Detailed Report of Explorations on Central Asia, Kansu and Eastern Iran*, 4 vols., Oxford, 1928.

Takeuchi, T. "Sociolinguistic Implications of the Use of Tibetan in East Turkestan from the End of Tibetan Domination throuth the Tangut Period (9th—12th c.)", *Turfan Revisited: The First Century of Research into the Arts and Cultures of the Silk Road*, eds. D. Durkin-Meisterernst, S. Raschmann et al., Berlin: Dietrich Reimer Verlag, pp. 341–348.

Thomas, F. W. *Tibetan Literary Texts and Documents concerning Chinese Turkestan*, I-III, London, 1935, 1951, 1955.

Thomas, F. W. & S. Konow. "Two Medieval Documents from Tun-huang", *Publications of the Indian Institute* I.3: *Oslo Etnografiske Museums Skrifter* III.3, 1929, pp. 122–160.

Uray, G. "The Old Tibetan Sources of the History of Central Asia up to 751 A.D. A Survey", *Prolegomena to the Sources on the History of Pre-Islamic Central Asia*, ed. J. Harmatta, Budapest: Akadémiai Kiadó, 1979, pp. 275–304.

——. "L'emploi du tibétain dans les chancelleries des états du Kan-sou et de Khotan postérieurs à la domination tibétaine", *Journal Asiatique* CCLXIX, 1981, pp. 81–90.

——."New Contributions to Tibetan Documents from the post-Tibetan Tun-huang", *Tibetan Studies. Proceedings of the 4th Seminar of the International Association for Tibetan Studies Schlosse Hohenkammar-Munich 1985*, eds. H. Uebach & J. L. Panglung, München, 1988, pp. 515–528.

Vetch, H. "Lettre de l'empereur de Khotan au commissaire militaire de Shazhou", *Sérinde, Terre de Bouddha. Dix Siècles d'art sur la Route de la Soie.(Galeries nationalites du Grand Palais, Paris, 24 octobre 1995 –19 février 1996)*, Paris: La réunion des musées nationaux, 1995, pp. 61–62.

Whitfield, S. & U. Sims-Williams eds., *The Silk Road. Trade, Travel, War and Faith*, London: The British Library, 2004.

Williams, J. "The Iconography of Khotanese Painting", *East and West* 23:1–2, 1973, pp. 109–154.

Yamamoto, T. & O. Ikeda. *Tun-huang and Turfan Documents concerning Social and Economic History III, Contracts (A), (B)*, Tokyo, 1987.

Yoshida, Y. "Viśa' Śūra's Corpse Discovered?", *Bulletin of the Asia Institute*, new series, 19 (Iranian and Zoroastrian Studies in Honor of Prods Oktor Skjaervo), 2005(2009), pp. 233–238.

Zhang Guangda & Rong Xinjiang. "Les noms du royaume de Khotan, les noms d'ère et la lignée royale de la fin des Tang au début des Song", *Contributions aux études de Touen-houang III*, ed. M. Soymié, Paris, 1984, pp.23–46+pls.I-IV.

Zhao Feng & Wang Le. "Textiles and Clothing Excavated from the Tombs of Busak in Khotan", *Journal of Inner Asian Art and Archaeology*, III, ed. J. Lerner and L. Russel-Smith, 2009, pp. 171–189.

二、日文部分

赤木崇敏《甲午年五月十五日陰家婢子小娘子榮進客目》,《敦煌写本研究年報》第 7 号,2013 年,第 241—266 页。

——《10 世紀コータンの王統·年号問題の新史料——敦煌秘笈羽 686 文書》,《内陸アジア言語の研究》XXVIII,2013 年,第 101—128 页。

井ノ口泰淳《ウテン語普賢行願讃考》,《仏教学研究》第 16/17 号,1959 年,第 87–97 页;收入作者《中央アジアの言語と仏教》,第 168—182

页。

——《ウテン語仏名経に就いて》,《印度学仏教学研究》第8卷第2号,1960年,第208–211页;收入《中央アジアの言語と仏教》,第210—216页。

——《ウテン語資料によるViśa王家の系譜と年代》,《龍谷大学論集》第364号,1960年,第27—43页;收入《中央アジアの言語と仏教》,第217—238页。

——《トカラ語及びウテン語の仏典》,西域文化研究会編《西域文化研究》第4,别冊,京都:法藏館,1961年,第317—388页;收入《中央アジアの言語と仏教》,第46—167页。

——《普賢行願讃考》(一)(二),《龍谷大学論集》第412、420号,1978、1982年,第35—50、23—33页;收入《中央アジアの言語と仏教》,第183—209页。

——《中央アジアの言語と仏教》,京都:法藏館,1995年。

伊藤唯真《于闐文(Khotanese)金剛経歸敬文に就て》,《仏教学纪要》第1集,1952年,第1—5页。

——《ウテン文金剛般若経に於ける二三の問題》,《印度学仏教学研究》第2卷第2号,1954年,第207—209页。

岩松浅夫《敦煌のコータン語仏教文献》,山口瑞鳳編《敦煌胡語文献》(講座敦煌6),東京:大東出版社,1985年,第141—183页。

上山大峻《大蕃国大德三藏法师沙門法成の研究》,《東方学報》(京都)第38冊,1967年,第133—198页;第39冊,1968年,第119—222页;收入作者《敦煌仏教の研究》,京都:法藏馆,1990年,第84—246页。

荣新江《唐宋時代于闐史概説》,木田知生訳,《竜谷史壇》第97号,1991年,第28—38页。

榎一雄《ベイリイ氏〈コータン語のラーマ王物語〉》,《東洋学報》第28卷第2号,1940年,第139—150页;同《补訂》,《東洋学報》第28卷第3号,1941年,第143—144页;收入《榎一雄著作集》第3卷,東京:汲古書院,1993年,第408—421页。

——《仲雲族の牙帳の所在地について》,《東洋史論叢:鈴木俊教授還曆記念》,東京,1964年,第89—102页;收入《榎一雄著作集》第1卷,東京:汲古書院,1992年,第149—161页。

——《禺氏辺山の玉》,《東洋学報》第66卷第1—4号,1985年,第109—132页;收入《榎一雄著作集》第1卷,第265—285页。

小野勝年《敦煌の釈迦瑞像図》,《竜谷史壇》第63号,1970年,第28-61页。

片山章雄《Toquz Oγuzと「九姓」の諸問題について》,《史学雜志》第90编第12号,1981年,第39—55页。

金子良太《敦煌出土未解明文書一、二に就いて》,《豊山学報》第17—18号,1973年,第150—142页。

——《敦煌出土張金山関係文書》,《豊山学報》第19号,1974年,第109—118页。

——《Pelliot 2782文書所見のḌyau Tceyi-śīṅä》,《豊山学報》第22号,1977年,第125—130页。

橘堂晃一《敦煌出土コータン語〈右繞仏塔功德経〉》,《仏教史学研究》第45卷第2号,2002年,第22—53页。

熊本裕《コータン語文献概說》,山口瑞鳳編《敦煌胡語文献》(講座敦煌6),東京:大東出版社,1985年,第101—140页。

——《西域旅行者用サンスクリット=コータン語会話練習帳》,《西南アジア研究》第28号,1988年,第53—82页。

小山満《ホータン地区ブザク古墓出土の木棺》,《シルクロード研究》第3号,2002年,第1—11页。

高田時雄《敦煌資料による中国語史の研究——九·十世紀の河西方言》,京都:創文社,1988年。

——《コータン文書中の漢語語汇》,《漢語史の諸問題》,京都大学人

文科学研究所研究報告別冊,1988 年,第 71—127 页。

田久保周誉《敦煌出土于闐語秘密経典集の研究——論説篇·賢劫仏名と毗盧遮那仏の研究》,東京:春秋社,1975 年。

——《仏教文书による于闐語とその文字の考證》,《豊山教学大会紀要》第 3 号,1975 年,第 31—43 页。

武内紹人《敦煌·トルキスタン出土チベット語手紙文書の研究序説》, 山口瑞鳳編《チベットの仏教と社会》, 東京: 春秋社,1986 年,第 563—602 页。

——《歸義軍期から西夏時代のチベット語文書とチベット語使用》,《東方学》第 104 辑,2002 年,第 124—110 页。

寺本婉雅《于闐国史》,京都:丁字屋書店,1921 年,(重印:《于闐国仏教史の研究》,東京:国書刊行会,1974 年);收入《寺本婉雅著作選集》第 3 卷,東京:うしお書店,2005 年。

長澤和俊《絹の西漸と文化交流》,《東洋学術研究》第 10 卷第 3 号,1971 年,第 75—103 页。

——《五代·宋初における河西地方の中継交易について》,《松田寿男博士古稀記念·東西文化交流史》,東京:雄山閣,1975 年,第 109—119 页;收入作者《シルクロード史研究》,第 291—304 页。

——《継业の西域行程について》,《東洋学術研究》第 14 卷第 6 号,1975 年,第 112—134 页;收入《シルクロード史研究》,第 564—585 页。

——《高居誨の于闐紀行について》,《東洋学術研究》第 16 卷第 4 号,1977 年,第 133–154 页;收入《シルクロード史研究》,第 540—563 页。

——《シルクロード史研究》,東京:国書刊行会,1979 年。

野村博《北京図書館蔵敦煌文書"麗 73 号"于闐文》,《東洋史苑》第 7 号,1973 年,第 16—25 页。

莲池利隆《Khotan 本〈アパリミタ一ユル陀罗尼経〉について》(1)(2),《印度学仏教学研究》第 42 卷第 1 号, 第 43 卷第 1 号,1993—1994

年,第136—138页、第212—214页。

——《Khotan本アショーカ王傳とカニシカ王傳について》,《印度学仏教学研究》第50卷第2号,2002年,第247—250页。

藤枝晃《沙州歸義軍節度使始末》(一)—(四),《東方学報》(京都)第12册第3分,1941年,第58—98页;第12册第4分,1942年,第42—75页;第13册第1分,1942年,第63—95页;第13册第2分,1943年,第46—98页。

水谷真成《Brāhmī文字転写〈罗什訳金剛経〉の漢字音》,《名古屋大学文学部十周年記念論集》,名古屋:名古屋大学文学部,1959年,第749—774页。

御牧克巳《无量寿宗要経》,牧田諦亮、福井文雅編《敦煌と中国仏教》(講座敦煌7),東京:大東出版社,1984年,第167—172页。

森安孝夫《イスラム化以前の中央アジア史研究の現状について》,《史学雜誌》第89編第10号,1980年,第50—71页。

——《河西歸義軍節度使の朱印とその編年》,《内陸アジア言语の研究》XV,2000年,第1—121页。

吉田豊《イラン語圏の仏教信仰とイラン語仏典》,《平成10~14年度・文部科学省科学研究費補助金・特定領域研究(A)118〈古典学の再構築〉研究成果報告集II:A01〈原典〉調查班研究報告》論集《原典》,2003年,第217—238页。

——《コータン出土8—9世紀のコータン語世俗文書に関する覺え書き》,神户市外国語大学外国学研究所,2006年。

米澤雅美《ホータン出土彩色四神木棺にみる十世紀の中原と西域》,岡内三真編《中国シルクロードの變遷》,東京:雄山閣,2007年,99—128页。

ウィットフィールド(R.Whitfield)《西域美術——大英博物館スタイン・コレクション》,共3卷,東京:講談社,1982—1984年。

ベイリィ(H. W. Bailey)《コータン語〈法華経綱要〉について》,金子良太訳,《豊山学報》第16号,1971年,第1—25页。

三、中文部分

白玉冬《于阗文P.2741文书所见鞑靼驻地Buhäthum考》,《西域文史》第2辑,北京:科学出版社,2007年,第231—243页。

贝利(H.W.Bailey)《于阗王国》,荣新江译,《新疆社会科学研究》1989年第3期,第37—43页。

——《中亚佛教时期的说讲故事》,许章真译,《西域与佛教文史论集》,台北:学生书局,1989年,第3—33页。

伯希和(P.Pelliot)《塞语中之若干西域地名》,冯承钧译,《西域南海史地考证译丛二编》,上海:商务印书馆,1934年,第46—47页。

——《伯希和敦煌石窟笔记》,耿昇、唐健宾译,甘肃人民出版社,1993年。

岑仲勉《敦煌于阗文件地理译考》,《岑仲勉史学论文续集》,北京:中华书局,2004年,第275—357页。

陈明《印度梵文医典〈医理精华〉研究》,北京:中华书局,2002年。

——《敦煌出土胡语医典〈耆婆书〉研究》,台北:新文丰出版公司,2005年。

程溯洛《〈宋史·于阗传〉中几个问题补正》,《西北史地》1990年第1期,第1—17页;收入作者《唐宋回鹘史论集》,北京:人民出版社,1994年,第306—337页。

程越《古代和田玉向内地输入综略》,《西域研究》1996年第3期,第36—42页。

段晴《于阗文中的八曜》,《民族语文》1988年第4期,第36—40页。

——《于阗文的蚕字、茧字、丝字》,《季羡林教授八十华诞纪念论文集》上卷,南昌:江西人民出版社,1991年,第46—50页。

——《于阗经文中“作茧自缚”的来源》,《民族语文》1993 年第 1 期,第 63—66 页。

——《几件与册封于阗王有关的于阗文书》,叶奕良编《伊朗学在中国论文集》第 2 集,北京:北京大学出版社,1998 年,第 9—13 页。

——《于阗语〈罗摩衍那〉的故事》,张玉安主编《东方民间文学比较研究》,北京:北京大学出版社,2003 年,第 138—157 页。

——《于阗文本〈修慈分〉》,《西域文史》第 3 辑,北京:科学出版社,2008 年,第 1—57 页。

敦煌文物研究所《莫高窟第 220 窟新发现的复壁壁画》,《文物》1978 年 12 期,第 41—46 页。

恩默瑞克(R.E.Emmerick)《于阗文文献的历史重要性》,王欣译,《新疆文物》1992 年译文专刊,第 93—98 页。

高田时雄《于阗文书中的汉语语汇》,钟翀译,作者《敦煌·民族·语言》,钟翀等译,北京:中华书局,2005 年,第 213—305 页。

古正美《于阗与敦煌的毗沙门天王信仰》,敦煌研究院编《2000 年敦煌学国际学术讨论会文集·历史文化卷》上,兰州:甘肃民族出版社,2003 年,第 34—66 页。

——《从天王传统到佛王传统——中国中世佛教治国意识形态研究》,台北:商周出版社,2003 年。

广中智之《汉唐于阗佛教研究》,乌鲁木齐:新疆人民出版社,2013 年。

和田地区文管所编著《于阗》,乌鲁木齐:新疆美术摄影出版社,2004 年。

贺世哲《从供养人题记看莫高窟部分洞窟的营建年代》,敦煌研究院编《敦煌莫高窟供养人题记》,北京:文物出版社,1986 年,第 194—236 页。

华涛《萨图克布格拉汗与天山地区伊斯兰化的开始》,《世界宗教研究》1991 年第 3 期,第 10—23 页。

——《西域历史研究(八至十世纪)》,上海:上海古籍出版社,2000 年。

黄盛璋《和田塞语七件文书考释》,《新疆社会科学》1983 年第 3 期,第 107—120 页。

——《和田文〈于阗王尉迟徐拉与沙州大王曹元忠书〉与西北史地问题》,《历史地理》第 3 辑,1983 年,第 203—219 页。

——《〈钢和泰藏卷〉与西北史地研究》,《新疆社会科学》1984 年第 2 期,第 60—73 页。

——《于阗文〈使河西记〉的历史地理研究》上、下,《敦煌学辑刊》1986 年第 2 期、1987 年第 1 期,第 1—18 页、第 1—13 页。

——《敦煌写卷于阗文〈克什米尔行程〉历史地理研究》,《新疆文物》1994 年第 4 期,第 27—48 页。

——《中外交通与交流史研究》,合肥:安徽教育出版社,2002 年。

黄振华《于阗文研究概述》,中国民族古文字研究会编《中国民族古文字研究》,北京:中国社会科学出版社,1984 年,第 64—86 页。

——《于阗文贤劫经千佛名号考证》,《中国民族古文字研究》第2辑,天津:天津古籍出版社,1993 年,第 1—36 页。

吉田豊《有关和田出土 8—9 世纪于阗语世俗文书的札记》(二),荣新江、广中智之译,《西域文史》第 3 辑,北京:科学出版社,2008 年,第 97—108 页。

——《有关和田出土 8—9 世纪于阗语世俗文书的札记》(一),广中智之译,荣新江校,《敦煌吐鲁番研究》第 11 卷,上海:上海古籍出版社,2009 年,第 147—182 页。

季羡林《〈罗摩衍那〉在中国》,作者《佛教与中印文化交流》,南昌:江西人民出版社,1990 年,第 78—116 页;收入《季羡林文集》第 8 卷《比较文学与民间文学》,南昌:江西人民出版社,1996 年,第 289—324 页。

贾丛江《唐末宋初于阗人的社会生活》,《新疆文物》1997 年第 3期,第 75—81 页。

贾应逸《藏经洞遗书与和阗佛教遗址》,敦煌研究院编《2000 年敦煌学国际学术讨论会文集·历史文化卷》上，兰州：甘肃民族出版社，2003 年，第 83—103 页。

——《七至九世纪的新疆佛教艺术》，古正美编《唐代佛教与佛教艺术》，台南：觉风佛教艺术文化基金会，2006 年，第 223—238 页。

——《山东兖州兴隆塔地宫出土遗物与新疆于阗佛教关系考》，《新疆师范大学学报》2010 年第 1 期，第 105—114 页。

贾应逸、祁小山《印度到中国新疆的佛教艺术》，兰州：甘肃教育出版社，2002 年。

——《佛教东传中国》，上海：上海古籍出版社，2006 年。

井之口泰淳《于阗语资料所记之尉迟王家系谱和年代》，荣新江译，《新疆文物》1988 年第 2 期，第 113—124 转 131 页。

克林凯特（H. -J. Klimkeit）《丝绸古道上的文化》，赵崇民译，乌鲁木齐：新疆美术摄影出版社，1994 年。

李吟屏《佛国于阗》，乌鲁木齐：新疆人民出版社，1991 年。

——《于阗牛角山新考》，《新疆大学学报》1992 年第 3 期，第 61—64 转70 页。

——《和田历代交通路线研究》，马大正、王嵘、杨镰主编《西域考察与研究》，乌鲁木齐：新疆人民出版社，1994 年，第 173—194 页。

——《古于阗坎城考》，马大正、杨镰主编《西域考察与研究续篇》，乌鲁木齐：新疆人民出版社，1998 年，第 236—262 页。

——《新疆和田出土彩棺及其相关问题》，《考古与文物》2002 年增刊，第 52—61 页。

——《和田考古记》，乌鲁木齐：新疆人民出版社，2006 年。

——《和田春秋》，乌鲁木齐：新疆人民出版社，2006 年。

李正宇《归义军曹氏"表文三件"考释》，《文献》1988 年第 3 期，第 3—14 页。

——《敦煌遗书 P.4065 表文三件的初步考释》，《新疆社会科学》1988

年第 3 期,第 94—101 页。

——《俄藏中国西北文物经眼记》,《敦煌研究》1996 年第 3 期,第36—42 页。

烈维(S. Lévi)《大藏方等部之西域佛教史料》,冯承钧节译,《史地丛考续编》,上海:商务印书馆,1932 年;收入同译者《西域南海史地考证译丛九编》,北京:中华书局,1958 年,第 160—234 页。

林梅村《敦煌写本钢和泰藏卷所述帕德克城考》,《敦煌研究》1997 年第 1 期,第 127—133 页。

——《昆山之玉》,作者《古道西风》,北京:三联书店,2000 年,第 77—84 页。

——《丝绸之路考古十五讲》, 北京: 北京大学出版社,2006 年,第 185—220 页。

马雍《萨曼王朝与中国的交往》,《学习与思考》1983 年第 5 期,第 69—75 页;收入作者《西域史地文物丛考》,北京:文物出版社,1990 年,第 174—182 页。

梅林《莫高窟第 244 窟于阗太子题记再审查》,《敦煌研究》2009 年第 2 期,第 4—7 页。

孟凡人《五代宋初于阗王统考》,《中国边疆史地研究》1992 年第3 期;收入作者《新疆考古与史地论集》,第 215—231 页。

——《新疆考古与史地论集》,北京:科学出版社,2000 年。

片山章雄《关于 Toquz Oγuz 和“九姓”的若干问题》,刑玉林、刘世哲译,《民族译丛》1986 年第 5 期,第 42—53 页。

蒲立本(E. G. Pulleyblank)《钢和泰藏卷年代考》,荣新江译,《新疆文物》1988 年第 2 期,第 125—131 页。

任树民《北宋时期的于阗》,《西域研究》1997 年第 1 期,第 27—32 页。

荣新江《九、十世纪于阗族属考辨》,《新疆社会科学》1987 年第4 期,第 76—83 页。

——《从敦煌的五台山绘画和文献看五代宋初中原与河西于阗间的文化交往》,《文博》1987 年第 4 期,第 70—77 页。

——《敦煌文献和绘画反映的五代宋初中原与西北地区的文化交往》,《北京大学学报》1988 年第 2 期,第 55—62 页。

——《关于唐宋时期中原文化对于阗影响的几个问题》,《国学研究》第 1 卷,北京:北京大学出版社,1993 年,第 401—424 页。

——《于阗王国与瓜沙曹氏》,《敦煌研究》1994 年第 2 期,第111—119 页。

——《归义军史研究——唐宋时代敦煌历史考索》,上海:上海古籍出版社,1996 年。

——《敦煌藏经洞的性质及其封闭原因》,《敦煌吐鲁番研究》第2卷,北京:北京大学出版社,1997 年,第 23—48 页。

——《敦煌归义军曹氏统治者为粟特后裔说》,《历史研究》2001 年第 1 期,第 65—72 页。

——《中古中国与外来文明》,北京:三联书店,2001 年。

——《略谈于阗对敦煌石窟的贡献》,敦煌研究院编《2000 年敦煌学国际学术讨论会文集·历史文化卷》上,兰州:甘肃民族出版社,2003 年,第 67—82 页。

——《唐代于阗史概说》,中国新疆文物考古研究所、日本佛教大学尼雅遗址学术研究机构编著《丹丹乌里克遗址——中日共同考察研究报告》,北京:文物出版社,2009 年,第 5—31 页。

——《绵绫家家总满:谈十世纪敦煌于阗间的丝织品交流》,包铭新主编《丝绸之路·图像与历史》,上海:东华大学出版社,2011 年,第 35—46 页。

荣新江、朱丽双《图文互证——于阗八大守护神新探》,樊锦诗、荣新江、林世田主编《敦煌文献·考古·艺术综合研究——纪念向达先生诞辰 110 周年国际学术研讨会论文集》,北京:中华书局,2011 年,第190—218

页。

——《一组反映10世纪于阗与敦煌关系的藏文文书研究》,沈卫荣主编《西域历史语言研究集刊》第5辑,北京:科学出版社,2012年,第87—111页。

——《于阗国王李圣天事迹新证》,《西域研究》2012年第2期,第1—13页。

——《11世纪初于阗佛教王国灭亡新探——兼谈喀喇汗王朝的成立与发展》,朱玉麒主编《西域文史》第6辑,北京:科学出版社,2011年,第191—203页。

沙知《敦煌契约文书辑校》,南京:江苏古籍出版社,1998年。

沙武田《敦煌石窟于阗国王"天子窟"考》,《西域研究》2004年第2期,第60—68页。

——《敦煌P.4049"新样文殊"画稿及相关问题研究》,《敦煌研究》2005年第3期,第26—32页。

——《敦煌石窟于阗国王画像研究》,《新疆师范大学学报》2006年第4期,第22—30页。

——《敦煌画稿研究》,北京:民族出版社,2006年。

沙武田、段小强《莫高窟第454窟窟主的一点补充意见》,《敦煌研究》2003年第3期,第7—9页。

沙武田、赵晓星《归义军时期敦煌文献中的太子》,《敦煌研究》2003年第4期,第45—51页。

施杰我(P. O. Skjærvø)《于阗——西域的一个早期佛教中心》,文欣译,朱玉麒主编《西域文史》第1辑,北京:科学出版社,2006年,第87—110页。

施萍亭《本所藏〈酒帐〉研究》,《敦煌研究》创刊号,1983年,第142—155页。

苏北海、丁谷山《瓜沙曹氏政权与甘肃回鹘、于阗回鹘的关系》,《敦煌研究》1990 年第 3 期,第 32—39 页。

苏远鸣(M.Soymié)《敦煌石窟中的瑞像图》,耿昇译,《法国学者敦煌学论文选萃》,北京:中华书局,1996 年,第 151—175 页。

孙修身《于阗媲摩城、坎城两地考》,《西北史地》1981 年第 2 期,第 67—72 页。

——《莫高窟佛教史迹画内容考释》(1),《敦煌研究文集》,兰州:甘肃人民出版社,1982 年,第 332—353 页。

——《莫高窟佛教史迹画内容考释》(2),《敦煌研究》试刊号,1982 年,第 98—110 页。

——《莫高窟佛教史迹画内容考释》(3),《敦煌研究》第 2 期,1983 年,第 88—107 页。

——《莫高窟的佛教史迹故事画》,《中国石窟·敦煌莫高窟》第 4 卷,北京:文物出版社,1984 年,第 204—213 页。

——《敦煌佛教艺术和古代于阗》,《新疆社会科学》1986 年第 1期,第 52—59 页。

——《莫高窟佛教史迹画内容考释》(9),《敦煌研究》1988 年第 4 期,第26—35 页。

——《中国新样文殊与日本文殊三尊五尊像之比较研究》,《敦煌研究》1996 年第 1 期,第 44—58 页。

——(主编)《敦煌石窟全集》12《佛教东传故事画卷》,香港:商务印书馆,1999 年。

谭蝉雪《〈君者者状〉辨析——河西达怛国的一份书状》,《1994 年敦煌学国际研讨会文集·宗教文史卷》下,兰州:甘肃民族出版社,2000 年,第 100—114 页。

汤开建、王叔凯《关于于阗政权与喀剌汗王朝关系的探讨》,《敦煌学辑刊》1984 年第 1 期,第 110—121 页。

唐耕耦、陆宏基《敦煌社会经济文献眞迹释录》,5 辑,北京:书目文献出版社、全国图书馆文献缩微复制中心，1986—1990 年。

王国维《于阗公主供养地藏菩萨画像跋》，《观堂集林》第 20 卷，1921 年，叶 23a—25a；北京：中华书局，1959 年，影印版，第 999—1003 页；石家庄：河北教育出版社，2001 年，第 619—622 页。

王欣《唐末宋初于阗王国的社会经济》，《中国历史地理论丛》2004 年第 1 期，第 52—56 页。

王尧、陈践《于阗教法史——敦煌古藏文写卷 P.t.960 译解》，《西北史地》1982 年第 3 期；收入作者《敦煌吐蕃文献选》，第 140—159 页。

——《敦煌吐蕃文献选》，成都：四川民族出版社，1983 年。

——《归义军曹氏与于阗之关系补正——P.t.1285 号吐蕃文书译释》，《西北史地》1987 年第 2 期，第 60—62 页；收入作者《敦煌吐蕃文书论文集》，第 33—41 页。

——《敦煌吐蕃文书论文集》，成都：四川民族出版社，1988 年。

王一丹《波斯、和田与中国的麝香》，《北京大学学报》1993 年第2 期，第 78—88 页。

韦陀(R. Whitfield)《瑞像图(摘要)》，《(1987)敦煌石窟研究国际讨论会文集·石窟艺术编》，沈阳：辽宁美术出版社，1990 年，第328—329 页。

乌瑞(G. Uray)《吐蕃统治结束以后甘肃和于阗官府中使用藏语的情况》，耿昇译，《敦煌译丛》1，兰州：甘肃人民出版社，1985 年，第 212—220 页。

吴艳春《从和田布扎克彩棺看唐——五代长安文化对西域的影响》，《新疆师范大学学报》2009 年 3 期，第 79—84 页。

谢继胜《吐蕃天王图像式样考——兼析于阗毗沙门或兜跋毗沙门天王渊源》，沈卫荣、谢继胜主编《贤者新宴——王尧先生八秩华诞藏学论文集》，北京：中国藏学出版社，2010 年，第 177—195 页。

新疆《和田简史》编纂委员会《和田简史》，郑州：中州古籍出版社，2002 年。

杨森《五代宋时期于阗皇太子在敦煌的太子庄》,《敦煌研究》2003 年第 4 期,第 40—44 页。

殷晴《丝绸之路和古代于阗》,《新疆史学》1980 年第 1 期,第53—65 页。

——《和田玉古今谈》,《新疆社会科学》1981 年第 1 期,第 83—87页。

——《关于大宝于阗国的若干问题》,《新疆历史论文续集》,乌鲁木齐:新疆人民出版社,1982 年,第 241—258 页。

——《于阗尉迟王家世系考述》,《新疆社会科学》1983 年第 2 期,第 123—146 页。

——《古代于阗的南北交通》,《历史研究》1992 年第 3 期,第 85—99 页。

——《古代于阗和吐蕃的交通及其友邻关系》,《民族研究》1994 年第 5 期,第 65—72 转 9 页。

——《和田采玉与古代经济文化交流》,《新疆文物》1994 年第 3 期,第 77—84 页。

——《丝路探微四题》,《西域研究》1996 年第 1 期,第 60—71 页。

——《蚕桑西传研究》,《新疆文物》1996 年第 3 期,第 57—65 页。

——《中国古代养蚕技术的西传及其相关问题》,《民族研究》1998 年第 3 期,第 56—65 页。

——《从出土文书看唐末宋初于阗的社会经济——兼及南道复兴后的玉石贸易》,《新疆文物》2000 年第 1—2 期,第 57—69 页。

——《唐宋之际西域南道的复兴——于阗玉石贸易的热潮》,《西域研究》2006 年第 1 期,第 38—50 页。

张广达、荣新江《关于唐末宋初于阗国的国号、年号及其王家世系问题》,《敦煌吐鲁番文献研究论集》,北京:中华书局,1982 年,第179—209 页。

——《和田、敦煌发现的中古于阗史料概述》,《新疆社会科学》1983 年第 4 期,第 78—88 页。

——《敦煌“瑞像记”、瑞像图及其反映的于阗》,《敦煌吐鲁番文献研究论集》第 3 辑,北京:北京大学出版社,1983 年,第 69—147 页,图 20—34。

——《于阗佛寺志》,《世界宗教研究》1986 年第 3 期,第 140—149页。

——《巴黎国立图书馆所藏敦煌于阗语写卷目录初稿》,《敦煌吐鲁番文献研究论集》第 4 辑,北京:北京大学出版社,1987 年,90—127页。

——《敦煌文书 P.3510 (于阗文)〈从德太子发愿文〉(拟) 及其年代——〈关于于阗国的国号、年号及其王家世系问题〉一文的补充》,《1983 年全国敦煌学术讨论会文集·文史遗书编》上,兰州:甘肃人民出版社,1987 年,第 163—175 页。

——《关于敦煌出土于阗文献的年代及其相关问题》,北京大学中国中古史研究中心编《纪念陈寅恪先生诞辰百年学术论文集》,北京:北京大学出版社,1989 年,第 284—306 页。

——《十世纪于阗国的天寿年号及其相关问题》,《欧亚学刊》第 1 辑,北京:中华书局,1999 年,第 181—192 页。

——《于阗史丛考(增订本)》,北京:中国人民大学出版社,2008 年。

张小刚《敦煌瑞像图中的于阗护国神王》,《敦煌研究》2005 年第 1 期,第 50—55 页。

——《敦煌所见于阗牛头山圣迹及瑞像》,《敦煌研究》2008 年第 4期,第 6—11 页。

——《敦煌壁画中的于阗装饰佛瑞像及其相关问题》,《敦煌研究》2009 年第 2 期,第 8—15 页。

赵丰、王乐、万芳、李甍《和田布扎克彩棺墓出土的织物与服饰》,赵丰、伊弟利斯·阿不都热苏勒主编《大漠联珠——环塔克拉玛干丝绸之路服饰文化考察报告》,上海:东华大学出版社,2007 年,第 90—99 页。

朱丽双《〈于阗阿罗汉授记〉对勘与研究》,《张广达先生八十华诞祝寿论文集》,台北:新文丰出版公司,2010 年,第 605—676 页。

——《敦煌藏文文书所记于阗佛寺的创立——〈于阗教法史〉译注之一》,《敦煌研究》2011 年第 1 期,第 81—87 页。

——《敦煌藏文文书 P.t.960 所记于阗建国传说——〈于阗教法史〉译注之二》,《敦煌研究》2011 年第 2 期,第 113—118 页。

——《敦煌藏文文书 P.t.960 所记守护于阗之神灵——〈于阗教法史〉译注之三》,《敦煌研究》2011 年第 4 期,第 113—118 页。

——《敦煌藏文文书 P.t.960 所记佛法灭尽之情形——〈于阗教法史〉译注之四》,《敦煌吐鲁番研究》第 12 卷,上海:上海古籍出版社,2011 年,第 123—135 页。

——《有关于阗的藏文文献:翻译与研究》,北京大学历史系博士后出站报告,2011 年。

——《敦煌藏文文书 P.t.960 所记于阗的佛像、伽蓝与僧伽——〈于阗教法史〉译注之五》,新疆吐鲁番学研究院编《语言背后的历史——西域古典语言高峰论坛论文集》,上海:上海古籍出版社,2012 年,第 204—214 页。

——《唐代于阗的羁縻州与地理区划研究》,《中国史研究》2012 年第 2 期,第 71—90 页。